U0541606

国家社科基金后期资助项目

朱子仁论研究

Research on Zhu Xi's Theory of Ren

赖尚清 著

创于1897　The Commercial Press

图书在版编目(CIP)数据

朱子仁论研究 / 赖尚清著. —北京：商务印书馆，2023

ISBN 978-7-100-16098-8

Ⅰ.①朱… Ⅱ.①赖… Ⅲ.①朱熹（1130—1200）—仁—思想评论 Ⅳ.① B244.72 ② B222.05

中国版本图书馆 CIP 数据核字（2018）第 097738 号

权利保留，侵权必究。

朱子仁论研究
赖尚清 著

商 务 印 书 馆 出 版
（北京王府井大街36号 邮政编码100710）
商 务 印 书 馆 发 行
北京顶佳世纪印刷有限公司印刷
ISBN 978-7-100-16098-8

2023年11月第1版　　　开本 710×1000　1/16
2023年11月北京第1次印刷　印张 24¼
定价：125.00 元

国家社科基金后期资助项目
出版说明

　　后期资助项目是国家社科基金设立的一类重要项目，旨在鼓励广大社科研究者潜心治学，支持基础研究多出优秀成果。它是经过严格评审，从接近完成的科研成果中遴选立项的。为扩大后期资助项目的影响，更好地推动学术发展，促进成果转化，全国哲学社会科学工作办公室按照"统一设计、统一标识、统一版式、形成系列"的总体要求，组织出版国家社科基金后期资助项目成果。

全国哲学社会科学工作办公室

本书获得湖南大学岳麓书院发展基金资助

目 录

序 ……………………………………………………………… 1

仁　说 ………………………………………………………… 3

第一章　朱子仁论的伊洛渊源 ……………………………… 1
　　第一节　程颢的仁论 …………………………………… 1
　　第二节　程颐的仁论 …………………………………… 19
　　第三节　杨时的仁论 …………………………………… 30
　　第四节　谢良佐的仁论 ………………………………… 37
　　第五节　吕大临的仁论 ………………………………… 42
　　第六节　胡宏的仁论 …………………………………… 50
　　第七节　张栻的仁论 …………………………………… 55

第二章　朱子早期仁论研究 ………………………………… 63
　　第一节　李侗与朱子论仁——以《延平答问》为中心 … 63
　　第二节　湖湘学派对朱子早期心性思想的影响 ……… 79

第三章　"《洙泗言仁录》辩"研究 ………………………… 96
　　第一节　"《洙泗言仁录》辩"书信详考 ……………… 96
　　第二节　"《洙泗言仁录》辩"义理研究 ………………108

第四章 "'观过知仁'辩"研究 ········· 127
第一节 "'观过知仁'辩"书信详考 ········· 127
第二节 "'观过知仁'辩"义理研究 ········· 136

第五章 "'知觉言仁'辩"研究 ········· 160
第一节 "'知觉言仁'辩"书信详考 ········· 160
第二节 "'知觉言仁'辩"义理研究 ········· 166

第六章 "《仁说》之辩"研究 ········· 187
第一节 "《仁说》之辩"书信详考 ········· 187
第二节 "《仁说》之辩"义理研究 ········· 208

第七章 朱子《仁说》义理研究 ········· 243
第一节 天地以生物为心 ········· 246
第二节 心之德、爱之理 ········· 256
第三节 朱子对"离爱言仁"说的批判 ········· 280
第四节 朱子和张栻《仁说》异同 ········· 287

第八章 综论朱子仁论及其哲学体系的特质 ········· 292
第一节 朱子"生理"思想研究 ········· 292
第二节 论朱子哲学中的"太极"与"理一分殊" ········· 309
第三节 论朱子"仁者,理即是心,心即是理" ········· 322
第四节 朱子和伊藤仁斋、戴震之仁论比较研究 ········· 335
第五节 论儒家的道德律——普遍公共利益原则 ········· 349

附录一 "《洙泗言仁录》辩"书信详考编表 ········· 362
附录二 "'观过知仁'辩"书信详考编表 ········· 365

附录三 "'知觉言仁'辩"书信详考编表 …………… 367
附录四 "《仁说》之辩"书信详考编表 …………… 369
参考文献 …………… 372
后记 我向往在思想的天空自由翱翔 …………… 376

序

《朱子仁论研究》对朱子仁论的伊洛渊源、朱子早期仁论、湖湘学派对朱子早期心性论的影响做了深入讨论；对主要发生在朱子和湖湘学者之间的四大辩论"《洙泗言仁录》辩""观过知仁辩""知觉言仁辩""《仁说》之辩"做了深入研究。尤其是，本书对四大辩论涉及的朱子等学者的近百封书信进行了坚实的考证，确定其时间、序次和往复关系，推翻了既有研究的考订结论，找到了更为坚实的支点。

有关朱子"仁说"以及南宋道学关于"洙泗言仁""观过知仁"等的辩论，是南宋理学和朱子学研究的重要课题，此类主题以前虽有学者进行过分散研究，但本书在广泛掌握相关成果的基础上，通过大量收集第一手资料，加以整体梳理，深入考证分析，其研究与结论已经超越了现有的海内外研究，达到了本课题研究的最新水平。此外，本书对朱子中年时代的心性论、功夫论在南宋理学的意义做了总体分析，对如何用康德哲学理解朱子学也提出了对台港新儒家的回应和自己的分析，这些都是难能可贵的。

本书结构合理，文字平实，线索清晰，显示了作者基础扎实、学风认真的特点。本书的突出特点是全面和深入，在仔细研读文本、反复体贴其意义的基础上，深入分析，细致考论，使得本书在朱子前中期仁论及其所涉及问题上比现有的研究更为深入，辨析更为精细，把握更为全面，考证更为翔实，体现出作者已经具有很强的从事学术研究的能力。本书对朱子前中期仁论所做的研究，不论在整体上还是在部分上，不论在资料上还是在分析上，都达到了比较高的学术水平。希望作者在本书的基础上，进一步努力，在朱子哲学思想研究的方面，做出更多的成绩。

陈来

2023 年 6 月 25 日

仁 说[①]

　　仁作为天地生物之心，乃是最普遍的宇宙精神，是支配宇宙生成、演化的自然法则和道德原则，是善、美、真等存在价值与人文理想的终极源泉，同时也是中国文化的根本精神与最高信仰之所在。

　　仁是宇宙万物同体的根据，因而，宇宙秩序中每一成员，其天生就是平等的，其平等是物格和人格的平等。然而，理一而分殊，宇宙秩序中的每一成员当依据其自身的德性成就而承担相应的道德责任和宇宙职能。

　　宇宙万物莫不天生禀有此宇宙精神而为自身的精神，以自作主宰，因而又是生而自由的。宇宙万物因遵循具有普遍必然性的自然法则与道德原则而自由。作为与天地参的人，有免于受贫困、疾病等物质约束的经济之自由，有免于受不良法律与政治制度约束的政治之自由，有免于受私欲、恶念约束的道德之自由，同时还有仰不愧、俯不怍，上下与天地参，通流无滞的精神之自由。

　　仁包义礼智，因而人人皆有认识宇宙秩序的理论理性以及承担道德责任的实践理性，宇宙万物各自承担与自己德性成就相适应的责任及享受由此而来的权利，宇宙由此而获得普遍的正义。仁是一种恻隐之心，宇宙万物都有其独立的价值而非只是工具，应获得普遍的尊重。仁是一种辞让之心，应以对方的利益为重，行絜矩之道，己所不欲，勿施于人，己欲立而立人，己欲达而达人。

　　由仁而生发的社会礼俗、法律制度和政治组织是人之公共意志、共同利益之代表，其目的是追求人类和谐之共存以及物质、精神财富之共享，制止妨碍、损害他人正当利益的企图和行为。

[①] 此为作者本人之《仁说》，乃根据朱子《仁说》之义理，并结合时代之精神而作。

由仁而生发的宇宙精神,是一种繁荣共生的精神,溥天下而无物我之私的廓然大公精神,民吾同胞、物吾与也,博施而能济众的博爱精神,苟日新、日日新之行健、自强精神。仁者追求的是天下为公、选贤与能的人文秩序以及宇宙无一物而不得其养、不适其性的宇宙秩序。

第一章　朱子仁论的伊洛渊源

第一节　程颢的仁论[①]

程颢，字伯淳，称明道先生，生于北宋仁宗明道元年（1032年），死于北宋神宗元丰八年（1085年）。其弟程颐，在《明道先生行状》中说："孟子没而圣学不传，以兴起斯文为己任。"[②] 在《明道先生墓表》中又说："周公没，圣人之道不行，孟轲死，圣人之学不传。道不行，百世无善治；学不传，千载无真儒。……先生生千四百年之后，得不传之学于遗经，志将以斯道觉斯民。……先生出，倡圣学以示人，辨异端，辟邪说，开历古之沉迷，圣人之道得先生而后明，为功大矣。"[③] 程颐在这两篇文章中，都盛赞程颢得不传之"圣人之学"于孟子死后之千四百年。那么，何为孔孟"不传之学"呢？

我们知道，孔孟所开创的儒学，其精髓是仁学。程颢是宋明理学的奠基者之一，他在继承孔孟仁学传统的基础上，提出了自己的新仁学。学者一般认为"理"在程颢的思想体系中占有最重要的地位，此固然不错。但是，更进一步说，"仁"才是程颢思想的核心。黄宗羲在《宋元学案·明道学案》中说："宗羲案：明道之学，以识仁为主。"[④] 从"仁"来理解程颢的思想，更贴近其思想的实质。《宋名臣言行录外集》卷二载："先生每见上，必言君道以至诚仁爱为本，未尝及功利。"[⑤] 仁学是程颢得君行道，用来救补世道人心的根本，可以说，这就是孔孟"不传之学"。

宋神宗元丰二年己未（1079年），程颢48岁时，弟子蓝田吕大临东见

[①] 赖尚清：《程颢仁说思想研究》，《中国哲学史》2014年第1期。
[②] ［宋］程颢、程颐：《二程集》，北京：中华书局，1981年，第638页。
[③] 同上注，第640页。
[④] ［清］黄宗羲：《宋元学案》，北京：中华书局，1986年，第542页。
[⑤] ［宋］李幼武：《宋名臣言行录外集》，清文渊阁四库全书本，第298页。

明道，记有《元丰己未吕与叔东见二先生语》(即《东见录》与《附东见录后》)，其中有后人称为《识仁篇》的语录，全文如下：

> 学者须先识仁。仁者，浑然与物同体。义、礼、知、信皆仁也。识得此理，以诚敬存之而已，不须防检，不须穷索。若心懈则有防，心苟不懈，何防之有？理有未得，故须穷索。存久自明，安待穷索？此道与物无对，大不足以名之，天地之用皆我之用。孟子言"万物皆备于我"，须反身而诚，乃为大乐。若反身未诚，则犹是二物有对，以己合彼，终未有之。(一本下更有未有之三字)又安得乐？《订顽》意思，乃备言此体。以此意存之，更有何事？"必有事焉而勿正，心勿忘，勿助长"，未尝致纤毫之力，此其存之之道。若存得，便合有得。盖良知良能元不丧失，以昔日习心未除，却须存习此心，久则可夺旧习。此理至约，惟患不能守。既能体之而乐，亦不患不能守也。①

程颢《识仁篇》与张载《西铭》被后世誉为北宋儒学最著名的仁论文献，对后世的影响很大，开启了此后从二程到朱子关于仁学众多而热烈的辩论，成为当时儒学界主要话语。下面便以《识仁篇》为中心，详细阐明程颢的仁论。

一、学者须先识仁

《识仁篇》开篇就说"学者须先识仁"，说明"识仁"功夫在程颢仁论中具有首要的地位。《识仁篇》所谓的"识"，不是认识论所说的"识"或"知"，而是一种体悟、觉解、默会、感通，是中国哲学德性修养的基本功夫。在程颢看来，在宇宙万物所呈现的生意、春意中，最可以"识仁"或"观仁"：

> 万物之生意最可观，此元者善之长也，斯所谓仁也。②
> 周茂叔窗前草不除去，问之，云："与自家意思一般。"③

---

① [宋]程颢、程颐：《二程集》，第16～18页。
② 同上注，第120页。
③ 同上注，第60页。

观鸡雏。（此可观仁。）①

仁便是一个木气象，恻隐之心便是一个生物春底气象。②

从万物的生意、春意及生长畅茂中，最易识"仁"，这是程颢的一种指点语，要人默而识之，从中体会"仁"的深意。程颢以生意观仁的思想，主要是受《易传》"天地之大德曰生"（《系辞下传》）的影响，认为生生是天地的大德，又说"大哉乾元，万物资始"（《乾卦·彖传》）、"大哉坤元，万物资生"（《坤卦·彖传》）。在《周易》中，乾坤两卦分别指象天地，而"资始""资生"便是天地生生的大德。对生的强调可谓是中国哲学的重要传统，但是《周易》却没有把生生大德与"仁"联系起来，程颢则明确用万物的生意、春意来指点仁，是儒家仁学思想的重要发展。仁和万物生意的这种关联，一方面是说明作为人道的仁是天地生意、春意的一体贯注；另一方面也在说明仁者境界所呈现的气息，即温润、和柔的仁者气象；同时，也包含着天道是人道的价值根源和存在本原的内涵，而仁又是众善之源、百行之本，即由仁再生发出众善百行。所以，程颢说："元者善之长也，斯所谓仁也"，"仁便是一个木气象，恻隐之心便是一个生物春底气象"。

程颢仁学思想的另外一个重要特点是从感通来指点"仁"。从生意观仁是从人与天地万物，即人道与天道关联的角度体贴仁；从感通的角度来识仁，则是从个体内在生命、人际关系的角度来默契仁：

医家以不认痛痒谓之不仁，人以不知觉不认义理为不仁，譬最近。③

医家言四体不仁，最能体仁之名也。④

人之一肢病，不知痛痒，谓之不仁。人之不仁，亦犹是也。盖不知仁道之在己也。知仁道之在己而由之，乃仁也。⑤

---

① ［宋］程颢、程颐：《二程集》，第60页。
② 同上注，第54页。
③ 同上注，第33页。
④ 同上注，第120页。
⑤ 同上注，第366～367页。

值得注意的是，程颢主要从个体生命的非本真态来反证仁所具有的生命与德性本真特征，仁本来是一种当人面对同胞或宇宙万物的苦难、不幸情境时自然从本心中流出的一种恻隐之心，不安、不忍之心。人之所以会有这种恻隐之心，是因为人与万物的息息相通、相感，而不仁则是一种漠视、硬心肠、麻木。程颢认为人的这种不仁的状态，最可以从"医家言四体不仁"中体解出来。因为若"四体不仁"，则"不知觉""不识痛痒"，是一种病态。程颢借医家的说法来体仁，应该说是非常生动的，人人皆可一语而悟，与孟子"人乍见孺子将入于井，皆有怵惕恻隐之心"（《孟子·公孙丑上》）一样，皆活生生的。这说明程颢对仁有很深的体悟，故能随机点化。另一方面，也说明程颢对医学知识具有很深的涵养。程颢的这种思想主要源自《黄帝内经·素问》："帝曰：'……痹或痛，或不痛，或不仁，或寒，或热，或燥，或湿，其故何也？'岐伯曰：'痛者，寒气多也，有寒故痛也。……其不痛、不仁者，病久入深，荣卫之行涩，经络时疎，故不通。'"程颢认为人生来就禀赋有仁心、仁德，人只要"知仁道之在己而由之"，就是"仁"。天地的生生之仁和人的感通之仁是一脉相承的，人的感通之仁是天地生生之仁的贯注，因为人和天地万物本来就是一体感通的。

从感通的角度知仁，其极致就是仁者浑然与物同体的天地境界。所以，程颢的这种"知觉言仁"说，是关联着其"仁者，浑然与物同体"的本体论与境界论来说的，即此种知觉意义的仁，主要不是对己之病痛的知觉，而是对同胞和宇宙万物之病痛及不幸情境所生发的恻隐之心。因为在程颢看来，人与天地万物本来一体，宇宙乃是一大生命，从生意、春意可以看出宇宙之仁，从知觉、恻隐可以看出人道之仁，宇宙之仁和人道之仁一体贯注，血脉贯通。正是由于仁者浑然与物同体，所以能像人知觉自身躯体病痛一样感通到宇宙生命的病痛，从而生发一种恻隐之心。

二、仁者，浑然与物同体

程颢在《识仁篇》接着"学者须先识仁"之后，便说"仁者，浑然与物同体"。在这里，程颢所说的"仁者"是一种具有仁德之人，他的境界达到了"浑然与物同体"的天地境界。程颢即本体、即功夫、即境界地说仁，这是程颢仁论的特点，即化境之圆融。冯友兰先生说："'浑然与物同体'，这是程颢对于宇宙、人生的理解。他认为，万物本来是一个整体，它们之间有着休戚相关的内部联系。他认为，学道学要首先明白这个道理。但道学并不是一种知识,所以仅仅'识得此理'还不行,更重要的是要实在达到这种境界,要真实感觉到自己与物同体。"① 程颢认为天人是一体的,宇宙就是一个大身体,从万物的春意、生意中最可观解宇宙之仁;而四体不仁,最可以从反面体认仁之名义气象。程颢说:"道,一本也"②,"天人本无二,不必言合"③,"须是合内外之道,一天人"④,程颢所说的一本,就是天人同一根本、根源,天人原本就是息息相通的同一整体,如同人之身体一样,自然感通,痛痒相知。程颢又说:

> 医书言手足痿痹为不仁,此言最善名状。仁者,以天地万物为一体,莫非己也。认得为己,何所不至?若不有诸己,自不与己相干。如手足不仁,气已不贯,皆不属己。故"博施济众",乃圣人之功用。仁至难言,故止曰"己欲立而立人,己欲达而达人,能近取譬,可谓仁之方也已"。欲令如是观仁,可以得仁之体。⑤
>
> "刚毅木讷",质之近乎仁也;"力行",学之近乎仁也。若夫至仁,则天地为一身,而天地之间,品物万形为四肢百体。夫人岂有视四肢百体而不爱者哉?圣人,仁之至也,独能体是心而已,曷尝支离多端而求之自外乎?故"能近取譬"者,仲尼所以示子贡以为仁之方也。医书有以手足风顽谓之四体不仁,为其疾痛不以累其心故也。夫手足在我,而疾痛不与知焉,非不仁而何?世之忍心无恩者,其自弃亦若是而已。⑥

程颢认为,仁者把天地万物看作是一体的,都是大我的一部分。仁者有这样的觉解,就会把万物看成与自己是息息相关的。否则,就像医书所说的手足痿痹不仁时,由于气已不贯,本来是自己的手足,也痛痒不知,就跟不属于自己的一样。在《论语·雍也》篇中,"子贡曰:'如有博施于民而能济众,何如?可谓仁乎?'子曰:'何事于仁,必也圣乎!尧、舜其犹

---

① 冯友兰:《中国哲学史新编》,见《三松堂全集》第10卷,郑州:河南人民出版社,2001年,第107页。
② [宋]程颢、程颐:《二程集》,第117页。
③ 同上注,第81页。
④ 同上注,第59页。
⑤ 同上注,第15页。
⑥ 同上注,第74页。

病诸！夫仁者，已欲立而立人；已欲达而达人。能近取譬，可谓仁之方也已。'"程颢同意孔子的观点，认为"'博施济众'，乃圣人之功用"。因为仁很难形容，所以孔子能近取譬，给子贡指点为仁的方法。程颢认为如是观仁，可以得仁之体。陈来先生认为，先秦儒家的仁学强调博施济众的人道主义，但"在程颢看来，这样的仁学还不是'仁'的最高境界。他认为，博施济众只是仁的'用'（表现），还不是仁的'体'（根本）。仁在根本上是一种最高的精神境界，这种境界就是'与万物为一体'、'浑然与万物同体'。程颢的这个思想与周敦颐提出孔颜乐处一样，都是突出儒家思想中对于最高精神境界的追求"①。程颢说："'博施济众'，云'必也圣乎'者，非谓仁不足以及此，言'博施济众'者乃功用也"②，"语仁而曰'可谓仁之方也已'者，何也？盖若便以为仁，则反使不识仁，只以所言为仁也。故但曰仁之方，则使自得之以为仁也"③。

程颢"仁者，浑然与物同体"的仁学，继承了中国先秦哲学"天人合一"的思想，程颢的发展在于把"天人合一"与"仁"联系起来，认为是仁者的一种最高境界。《老子》说："道生一，一生二，二生三，三生万物。万物负阴而抱阳，冲气以为和。"老子在宇宙生成论上论证了宇宙万物都是根源于道，统一于道，乃是一种和融感通的生命整体。《孟子·尽心上》也说："万物皆备于我矣。反身而诚，乐莫大焉。强恕而行，求仁莫近焉。"孟子隐约地把万物同体和仁联系了起来。《庄子·齐物论》也说："天地与我并生，而万物与我为一。"《庄子·天地篇》说："通于天地者，德也；行于万物者，道也"，"泛爱万物，天地一体也"。《庄子》一书作者也认为天人一体，道行于万物，德通于天地，主张"泛爱万物"。老庄等道家更强调天道、天德之一体与感通，而儒家则更强调人道之一体与感通。程颢万物同体的仁学主张，其思想来源主要是先秦道家和儒家。

程颢万物同体的仁学，也受到了张载《西铭》的影响，在《识仁篇》中，程颢就说"《订顽》意思，乃备言此体"，《订顽》即是《西铭》，"备言此体"的"体"指的是"仁体"。张载在《西铭》中提出了一种乾父、坤母，民胞、物与的天地境界，但是张载还没有直接指出这种把天地万物

---

① 陈来：《宋明理学》，北京：生活·读书·新知三联书店，2011年，第90～91页。
② [宋]程颢、程颐：《二程集》，第15页。
③ 同上注，第4页。

看成与自己息息相关、休戚与共的境界就是仁者浑然与物同体的境界，这是程颢与张载不一样的地方。程颢说："《西铭》某得此意，只是须得佗子厚有如此笔力，佗人无缘做得。孟子以后，未有人及此。得此文字，省多少言语。且教佗人读书，要之仁孝之理备于此，须臾而不于此，则便不仁不孝也。"程颢对张载的《西铭》推崇备至，认为孟子之后，无人能达此仁者境界。同时，认为仁孝之理备于《西铭》。不过，程颢说话浑沦、圆融，他又说："《订顽》一篇，意极完备，乃仁之体也。学者其体此意，令有诸己，其地位已高。到此地位，自别有见处，不可穷高极远，恐于道无补也。"①程颢在此提醒学者，不可穷高极远，因为这样于道无补。这也说明程颢在极力称赞张载《西铭》"意极完备，乃仁之体"的同时，也指出其中不足之处在于，只提示学者最高的仁者境界，而没有说如何达到这种境界，即没有提示学者识仁、观仁的功夫，而这是程颢认为学者必须首先解决的，所以程颢说"学者须先识仁"，即学者必须首先具有识仁的功夫，明白浑然与物同体的天地境界是如何得来的。

三、所以谓万物一体者，皆有此理

上面我们讨论了程颢如何指点学者识仁、观仁的功夫，以及仁者所达到的"浑然与物同体""以天地万物为一体"的仁者境界。但是，仁者与万物同体的最终根据是什么？这是内在于《识仁篇》的逻辑而产生的一个问题，《识仁篇》中虽未提及，但是在程颢的仁学系统中却给出了明确的答案：

> 所以谓万物一体者，皆有此理，只为从那里来。"生生之谓易"，生则一时生，皆完此理。②

程颢引用《易·系辞下》"生生之谓易"来论证宇宙乃一生之大流，易就是宇宙变化流行的总体。一方面，宇宙万物的生成，都同禀赋有理，这理就是所以万物一体的最终根据；另一方面，天地万物的生成，皆"只从那里来"，也就是从"理"来，此理即是天理、生理，也就是仁体。程颢说：

---

① ［宋］程颢、程颐：《二程集》，第15页。
② 同上注，第33页。

"上天之载，无声无臭，其体则谓之易，其理则谓之道，其用则谓之神，其命于人则谓之性，率性则谓之道，修道则谓之教。"①此中的"其"字指的是形而上的"理"或天理，宇宙万物的生成是一个"无声无臭"的天道、天理、天命流行的过程，没有所谓人格神的主宰者，其流行变易的总体、统体就是"易"，其所以变易流行的根据、原理就是"道"，其流行变化的奇妙作用、神秘莫测就是"神"，天所命予、赋予人的就是性，人按照天性行事就是人道，修养、陶冶这种人道就是教化。但是，学界在引用程颢此语时，往往只注意"理"的所以根据的含义，其实，在程颢的哲学系统中，"理"除了所以根据的含义外，它还是宇宙万物的本原，这是必须特别注意的。朱子在解释程颢上段话时说："体，是体质之体，犹言骨子也。易者，阴阳错综，交换代易之谓，如寒暑昼夜，阖辟往来。天地之间，阴阳交错，而实理流行，盖与道为体也。寒暑昼夜，阖辟往来，而实理于是流行其间，非此则实理无所顿放。犹君臣父子夫妇长幼朋友，有此五者，而实理寓焉。故曰'其体则谓之易'，言易为此理之体质也。"②朱子此解是比较相应于程颢的，即"易"是流行的总体，是"实理"流行的体质、载体。牟宗三认为："'其体则谓之易，其理则谓之道，其用则谓之神。'此中其体、其理、其用，皆指'上天之载'本身说，即皆指无声无臭、生物不测之天道本身说，是故易、道、神，亦是此天道本身之种种名，所指皆一实体也。此无声无臭之帝、天、天道、天命，既转为道德的、形而上的创生实体，寂感真几（creative reality, creative feeling），则就易之穷神知化以明天道言，此天道之'体'即是'易'。"③牟氏认为易、道、神"所指皆一实体"，"道德的、形而上的创生实体"，这一看法值得商榷。在程颢此语中，形而上的只是理体，也就是说"上天之载，无声无臭"指的是"天理"；"易"则是此天理本体流行变易的总体，已属形而下，"道"是"易"流行变化的所以根据，"神"则是"易"流行变化的神妙莫测。也就是说，"易""道""神"都是同一天理本体流行过程中某个方面，"其理则谓之道"的"理"作为所以根据，与作为万物本原的"理"已经有所不同，是同一理本体在流行过程中所呈现的分殊的理。

---

① ［宋］程颢、程颐：《二程集》，第4页。
② ［宋］朱熹：《朱子语类》，见朱杰人、严佐之、刘永翔主编《朱子全书》（修订本）第14～18册，上海：上海古籍出版社，合肥：安徽教育出版社，2010年，第3186～3187页。
③ 牟宗三：《心体与性体》第2册，台北：联经出版事业公司，2003年，第26页。

程颢说："天者理也。"① 又说："吾学虽有所受，天理二字却是自家体贴出来。"② 这说明程颢认为天理或理在其学说体系、个人修养功夫中具有非常重要的意义。黄宗羲之子黄百家说："百家谨案：《乐记》已有灭天理而穷人欲之语，至先生始发越大明于天下。盖吾儒之与佛氏异者，全在此二字。吾儒之学，一本乎天理。而佛氏以理为障，最恶天理。先生少时亦曾出入老、释者几十年，不为所染，卒能发明孔、孟正学于千四百年无传之后者，则以'天理'二字立其宗也。"③ "以'天理'二字立其宗"，说明了"天理"在程颢思想中的极其重要的地位，黄百家的评论是非常准确的。程颢当然知道"天理"二字并不是其首先提出来的，因为在《礼记·乐记第十九》中便有："人生而静，天之性也；感于物而动，性之欲也。物至知知，然后好恶形焉。好恶无节于内，知诱于外，不能反躬，天理灭矣。夫物之感人无穷，而人之好恶无节，则是物至而人化物也。人化物也者，灭天理而穷人欲者也。"《礼记》虽拈出了"天理"的思想，但是还限于人生心性修养论的层面。而程颢的突出贡献是认为"天理"是贯通天人的所以根据、原理，并与其仁论联系起来。宋明时期的儒学又称为理学，即是由于自程颢开始，体贴出了天理作为存在本原与价值源头这一极为尊崇的地位。宇宙万物都以生生为其存在的物质基础，但是必须有生理来贞定之，宇宙人生方能不失其序，因此，天理是宇宙万物互生互养、和谐共存的终极根据。这"理"就是形而上的道：

> 《系辞》曰："形而上者谓之道，形而下者谓之器。"又曰："立天之道曰阴与阳，立地之道曰柔与刚，立人之道曰仁与义。"又曰："一阴一阳之谓道。"阴阳亦形而下者也，而曰道者，惟此语截得上下最分明，元来只此是道，要在人默而识之也。④

程颢指出阴阳是形而下之气，而道则是所以一阴一阳的根据和原理，程颢这里所谓的道，也就是其所说的理或天理。因为理是形而上的，它不能仅仅通过闻见而得，所以程颢说紧要在人"默而识之"。程颢据此批评张载：

---

① [宋]程颢、程颐：《二程集》，第132页。
② 同上注，第424页。
③ [清]黄宗羲：《宋元学案》，第569页。
④ [宋]程颢、程颐：《二程集》，第118页。

"'形而上者谓之道，形而下者谓之器。'若如或者以清虚一大为天道，则（一作此。）乃以器言而非道也。"①程颢批评张载所说的"清虚一大"乃是气，属于形而下的器的层面，不能和形而上的道的层面相混淆。只有形而上的天道、天理方能作为价值的根源和存在的本原。

程颢认为理是形而上的，它没有时空的限制，亘古长存，与人事的善恶无关："天理云者，这一个道理，更有甚穷已？不为尧存、不为桀亡。人得之者，故大行不加，穷居不损。这上头来，更怎生说得存亡加减？是佗元无少欠，百理具备。"②程颢认为天理没有穷已，亘古亘今都在起作用，不为尧善而存，不为桀恶而亡。人只要体贴出此天理，就能大行不加、穷居不损。因为人人都生而完具此天理，所以无少欠缺。程颢又说："形而上为道，形而下为器，须着如此说。器亦道，道亦器，但得道在，不系今与后，己与人。"③"万物皆只是一个天理，己何与焉？"④这说明程颢充分认识到了理的客观性、普遍性、超越性，不以人的主观意志、善恶和社会的好坏为转移。所以他又说："理则天下只是一个理，故推至四海而准，须是质诸天地，考诸三王不易之理。故敬则只是敬此者也，仁是仁此者也，信是信此者也。又曰：'颠沛造次必于是。'又言'吾斯之未能信'，只是道得如此，更难名状。"⑤由于天理是至善的形上本体，亘古长存，是自然、社会、人生的当然极则和存在原理，所以它具有某种宗教的意义，是人虔敬、尊崇、信仰的对象。程颢这是以道德代替宗教，试图建立一种道德的形而上学来作为儒家道德理想主义的基石，以此建立社会人生的当然法则、道德价值和人生意义。

程颢体贴出天理，认为它是万物变易的所以根据，区分形上、形下，并认为理是仁者所以与万物为一体的根据、原理，这是他的突出贡献。但是程颢还没有用下定义的方式明确把仁和理联系起来，虽然程颢已有"仁孝之理"的说法。

---

① ［宋］程颢、程颐：《二程集》，第118页。
② 同上注，第3页。未注明谁语，当为程颢的语录。
③ 同上注，第4页。
④ 同上注，第30页。
⑤ 同上注，第38页。

四、义礼智信皆仁

宋明儒者不但强调对最高境界的体悟与觉解，更重视仁者境界在人伦日用中的呈现，在日常事务中体现仁，而不是把仁作为一个空洞的教条。所以程颢在《识仁篇》中接着"学者须先识仁。仁者，浑然与物同体"之后，便说："义、礼、智、信皆仁也。"仁义礼智信，是儒家所说的人伦五常，作为个人修身的道德法则、规范，具有普遍、永恒的意义，即具有普世的价值。二程说：

> 仁、义、礼、智、信五者，性也。仁者，全体；四者，四支。仁，体也。义，宜也。礼，别也。智，知也。信，实也。①

仁义礼智信是天赋予人的本性，天然完具，自然而有。用人来做比喻，仁是人身的全体，而义礼智信则是四肢。仁既是全德，也是义礼智信的本体，义礼智信都是仁在各方面的表现，如义是仁体合宜的表现，礼是仁体别异的表现，智是仁体觉知的表现，信则是仁体诚实的表现。这里，以仁为体，而义礼智信为用的思想体现得还不是很直接明显。在下面的一条语录中，二程则明确提出仁体义用的思想：

> 仲尼言仁，未尝兼义，独于《易》曰："立人之道曰仁与义。"而孟子言仁必以义配。盖仁者体也，义者用也，知义之为用而不外焉者，可与语道矣。世之所论于义者多外之，不然则混而无别，非知仁义之说者也。②

二程认为，孔子多言仁，但没有仁义兼说，即没有把仁义联系起来，而孟子则仁义并举，如孟子说："仁，人心也。义，人路也。"（《孟子·告子上》）其实孟子不但仁义并举，而且把仁义礼智作为人的四种最基本的德性，认为人皆有作为恻隐、羞恶、辞让、是非的四端之心，而且仁义礼智根于心。不同之处在于，二程认识到了仁和义礼智信的体用关系，认为仁

---

① ［宋］程颢、程颐：《二程集》，第14页。
② 同上注，第74页。未知谁语。

是全体，本体，义礼智信则是仁的分殊表现或发用。所以程颐又说：

> 四德之元，犹五常之仁，偏言则一事，专言则包四者。①

程颐认为，作为天道元亨利贞四德中的元，犹如仁义礼智信五常中的仁。如果单说，则仁和元只是一德，如果兼说，则元包亨利贞，仁包义礼智信四者。

程颢不但强调一本、一体，同时又强调义礼智信皆仁，这是其思想圆融的表现。后来的程颐、杨时、李侗、朱子等都非常强调理一分殊，可以说和程颢的思想是一脉相承的。不过，程颢的思想还是偏于强调一本、同体、理一、浑然，对分殊的强调还是不够的。因为程颢的思想主要还是一种道德伦理的思想，在道德的修养中，强调一本、贯通、圆融，这是道德修养的特点所致，特别是程颢即本体、即功夫、即境界的道德理论，是久久纯熟之后所呈现的一种化境。而程颐、朱子的思想体系中，在强调德性修养的同时，更强调获得仁者境界的功夫，而且其思想学说融入了很多知识论的成分。要格事事物物之理，以成就一种关于自然社会的知识，必须强调宇宙万物的分殊。道德论和知识论的方法是不一样的，知识论强调经验分析、即物穷理，而道德论则强调体悟默契、反身省察，必须分清两者各自的界限，方不会以一偏来攻另一偏。

五、识得此理，以诚敬存之

程颢在《识仁篇》中接着说："识得此理，以诚敬存之而已，不须防检，不须穷索。"所谓"识得此理"中的"此理"，是作为仁者所以浑然与物同体的根据的天理，"以诚敬存之"中的"之"，也应是天理或仁理。程颢认为，仁者通过识仁的功夫，认识到仁者所以浑然与物同体的根据是天理后，剩下的便只是"诚敬"的"存理"功夫。在先秦，《中庸》特别强调"诚"在宇宙、人生中的地位，认为："诚者，天之道也；诚之者，人之道也。诚者不勉而中，不思而得，从容中道，圣人也。诚之者，择善而固执之者也。"又说："自诚明，谓之性。自明诚，谓之教。诚则明矣，明则诚矣。"《中庸》认为有"诚"和"诚之"，"自诚明"和"自明

---

① ［宋］程颢、程颐：《二程集》，第699页。

诚"两种不同修养功夫，认为"诚者"是天之道，"自诚明"是一种"不勉而中，不思而得，从容中道"的上乘功夫，率性而行，便是天道、天理的流行和表现，这也就是孟子所谓"由仁义行"而非"行仁义"的功夫，《孟子·离娄下》说："舜明于庶物，察于人伦，由仁义行，非行仁义也。"程颢也认为仁者只需"以诚敬存之而已，不须防检，不须穷索"，如果"诚敬"存理的功夫发生了松懈，则需有防检；天理未得，才需要穷索。仁者已经体贴出"天理"，只需存久自明，不待穷索。程颢认为"此道与物无对，大不足以名之，天地之用皆我之用。孟子言'万物皆备于我'，须反身而诚，乃为大乐。若反身未诚，则犹是二物有对，以己合彼，终未有之。（一本下更有未有之三字）又安得乐？《订顽》意思，乃备言此体。以此意存之，更有何事？"也就是说"识仁"是仁者体悟、觉解仁道、仁理的功夫，"浑然与物同体"是仁者"识仁"之后所具有的一种天地境界，"天理"是仁者所以浑然与物同体的根据、原理，而"诚敬"则是仁者存养仁理的一种功夫，四者具有内在的逻辑联系。"学者识得仁体，实有诸己，只要义理栽培。如求经义，皆栽培之意"①，也就是诚敬存理的功夫。又说："诚者合内外之道，不诚无物"②，"'天地设位而易行乎其中'，只是敬也。敬则无间断，体物而不可遗者，诚敬而已矣，不诚则无物也。《诗》曰：'维天之命，於穆不已，於乎不显，文王之德之纯'，'纯亦不已'，纯则无间断"③。程颢认为人应该无间断地诚敬以事天，就像文王一样，天赋命不已，人也应以此诚敬的态度来体物，这样，自己的德行也就能"'纯亦不已'，纯则无间断"。诚敬是一种对越在天的一种具有宗教性的态度，"'忠信所以进德'，'终日乾乾'，君子当终日对越在天也。盖上天之载，无声无臭，其体则谓之易，其理则谓之道，其用则谓之神，其命于人则谓之性，率性则谓之道，修道则谓之教。孟子去其中又发挥出浩然之气，可谓尽矣。（一作性。）故说'神如在其上，如在其左右'，大小大事而只曰'诚之不可掩如此夫'。彻上彻下，不过如此"④。也就是诚敬是一种终日对越在天、彻上彻下的存仁功夫，不可稍有间断，正如天道流行一样，无声无臭，孟子所说的"吾善养吾浩然之

---

① [宋]程颢、程颐：《二程集》，第15页。
② 同上注，第9页。
③ 同上注，第118页。
④ 同上注，第4页。

气"的功夫也就是诚敬的功夫。所谓"纯亦不已"即是仁体的发用流行，天理作为当然法则无时不呈现于人伦日用之中。程颢又说："'毋不敬'，可以对越上帝。"[①]程颢认为仁道"与物无对"，人只要做诚敬存养功夫，便能"只心便是天"[②]，"大而化，则已与理一，一则（一无此字。）无已"[③]。"纯于敬，则己与理一，无可克者，无可复者。"[④]也就是仁者实现了天道与人道、心与理的合一，达到了合一便无可克、无可复，而且没有间断。程颢认为这就是孟子所说的"反身而诚"，"万物皆备于我"的浑然与物同体的一种天地境界，拥有此种境界的人，心中便能自然生发出大乐。如果反身未诚，则己与物有对，有边界、隔阂，以己合彼，则不能实现万物皆备于我的境界，乐也无从生发了。程颢认为张载的《西铭》同样体悟到了此仁体，觉解到了浑然与物同体的仁者境界，但是却未言"诚敬"的存养功夫，这是不够的，即有本体而无功夫，学者不知道此仁者境界是从哪里来的，也容易丧失。程颢之所以强调诚敬的存仁功夫，是因为其所体贴出的天理是"於穆不已"的生理本体，此本体只要不被私欲所间断，便是天命之流行，此理体也就是仁体、诚体。

程颢在《识仁篇》的最后，特别拈出孟子的"必有事焉而勿正，心勿忘，勿助长"的功夫，认为此功夫和诚敬存理的功夫一样，未尝致纤毫之力。程颢说："'必有事'者，主养气而言，故必主于敬。'勿正'，勿作为也。'心勿忘'，必有事也。'助长'，乃正也。"[⑤]也就是说，"必有事"是诚敬的功夫，即"勿忘"，"正"则是助长，也就是上文所说的防检、穷索。因为仁体、理体的发用本身就是天道流行的过程，天道自然无为，所以人只需做诚敬的存养功夫，勿正、勿助长；在"必有事"的时候，则应该寂然不动、感而遂通、通而不留，纯是此仁体"於穆不已"的流行过程。程颢这种诚敬存养功夫表明《识仁篇》和《定性书》具有内在的联系，可以在求仁、为仁的功夫上把《识仁篇》和《定性书》最终统一起来。

---

① ［宋］程颢、程颐：《二程集》，第118页。
② 同上注，第15页。
③ 同上注，第135页。此语在《遗书》卷三十五，伊川先生语一，入关语录（或云明道先生语）。
④ 同上注，第1171页。
⑤ 同上注，第12页。

六、定性

《定性书》即《答横渠先生定性书》，自朱子以来学者一般都认为，此性指心。如朱子说："'定性'字说得也诧异。此'性'字，是个'心'字义。明道言语甚圆转，初读未晓得，都没理会；子细看，却成段相应。此书在鄠时作，年甚少。"[1] 冯友兰即认为"朱熹的这句话很对。《定性书》所说的实际是心无内外，朱熹为什么觉得诧异呢？因为在中国古代哲学中，性、心两个字的意义没有严格区别，在道学中，性、心两个字成为两个主要的术语，它们的意思有了严格的区分。朱熹很推崇张载的一句话：'心统性情。'既然是性、情的统一，那就是把三个术语的意思确定下来了。照这个确定的意义，所谓'定性'应该是'定心'"[2]。牟宗三也说："始因心之不贞定而连及说性不贞定，因而始有'定性'之语义要求性之贞定，即要求如何能使心不为物累，因而使吾人可以获得性之表现时之常贞定。然则不是'定性'，乃是在'性之表现'时之心耳"，"说定心，通顺显明，说定性并不通顺显明"[3]。不过，如果我们知道张载和程颢讨论"定性"的背景是《礼记·乐记》中的"人生而静，天之性也。感于物而动，性之欲也。物至知知，然后好恶形焉。好恶无节于内，知诱于外，不能反躬，天理灭矣"，则不难理解。"定性"，即是指性之动静的问题。而且，在朱子哲学中，心统性情，性发为情，因此，也存在性之动静的问题。只是把"定性"解释为"定心"，更好理解罢了。朱子说"此书在鄠时作，年甚少"，不过认为"《定性书》是二十二三时作"[4]，却是把时间提得早了些，目前学界一般认为是程颢二十七八岁时所作。郭晓冬认为"公元1058年，宋仁宗嘉祐三年戊戌，二十七岁。调鄠县主簿。在鄠县期间作《定性书》"[5]。

《识仁篇》用的是"诚敬"存仁的功夫，可以说是"无事"时之涵养功夫；《定性书》用的则是"无心""无情"的功夫，可以说是"必有事"

---

[1] ［宋］朱熹：《朱子语类》，第3209页。
[2] 冯友兰：《中国哲学史新编》，第113页。
[3] 牟宗三：《心体与性体》第2册，第249页。
[4] ［宋］朱熹：《朱子语类》，第3107页。
[5] 郭晓冬：《识仁与定性》，上海：复旦大学出版社，2006年，第179页。不过，郭氏仍为此书可能是嘉祐三年或嘉祐四年作，现在无法证实。

时的功夫，此功夫强调去除私心、私智。因为，人之所以不能与天地万物为一体，其根源在于自私、用智，性有内外，不能做到内外两忘，其结果是不能澄然无事，不能做到动亦定、静亦定。程颢在《定性书》①中说：

> 所谓定者，动亦定，静亦定，无将迎，无内外。苟以外物为外，牵己而从之，是以己性为有内外也。且以性为随物于外，则当其在外时，何者为在内。是有意于绝外诱，而不知性之无内外也。既以内外为二本，则又乌可遽语定哉。

程颢指出，所谓定，是动亦定、静亦定的大定，要达到此种心境，必须无将迎、无内外。"将迎"便是《识仁篇》所引的《孟子》所说的"助长"。程颢在此着意要破除的是性有内外的思想，如果认为性有内外，则是二本，就不能做到定。其实质就是有小我、私己，斤斤于得失、祸福、利害，这样就有内外、物我、群己的间隔，而不能做到浑然与万物为体的仁者境界。因此，程颢接着便即境界、即功夫而说道：

> 夫天地之常，以其心普万物而无心；圣人之常，以其情顺万事而无情。故君子之学，莫若廓然而大公，物来而顺应。

程颢认为，天地覆载、生养万物无不周遍，而没有自己的私心，皆自然而然。作为圣人的仁者因其达到浑然与物同体的天地境界，则能行合内外之道，天道与人道至诚无息，於穆不已，故能像天地之常一样，"以其心普万物而无心"，"圣人之常，以其情顺万事而无情"，"无情"指的是无私情，而不是说圣人没有喜怒哀乐等自然情感，而是圣人能做到寂然不动，感而遂通，寂照照寂，动亦定，静亦定。此如《庄子·逍遥游》所说"至人无己，神人无功，圣人无名"，即没有私己、私功、私名的一种至人、神人、圣人境界。君子则应效仿天地、圣人，使其心如圣人之心一般"廓然而大公"，"物来而顺应"，这样便能像镜子一样物来便照，照而不留，没有丝毫的留滞、染污和执着。仁者拥有这样的心境，面对外诱之私，便能当下堪破，化外诱于无形。所以关键的不是外境的善恶、美丑，以及自己的得

---

① ［宋］程颢、程颐：《二程集》，第460～461页。

失、祸福和利害，而是破除私己的间隔和限制。所以程颢又说：

> 人之情各有所蔽，故不能适道，大率患在于自私而用智。自私则不能以有为为应迹（一作物。），用智则不能以明觉为自然。今以恶外物之心，而求照无物之地，是反鉴而索照也。

程颢说，人之患主要在于自私和用智，用智指的是不能率性自然，机心太多，其根源还是自私。"自私则不能以有为为应迹"，说的是人如果自私，便会产生执着之心，其心意便会胶着于一事一物给私己带来的得失和祸福，因此，不能像镜子照物一样，照而不有，应而不留；"用智则不能以明觉为自然"，说的是人一旦有私心，人心之明觉便会产生蒙蔽与歪曲，不能按照事物的本来面目来感应，由于掺和了个人的私心和私情，便不能自然应物。所以程颢又说：

> 圣人之喜，以物之当喜；圣人之怒，以物之当怒。是圣人之喜怒，不系于心而系于物也。是则圣人岂不应于物哉？乌得以从外者为非，而更求在内者为是也？今以自私用智之喜怒，而视圣人喜怒之正为如何哉？夫人之情，易发而难制者，惟怒为甚。第能于怒时遽忘其怒，而观理之是非，亦可见外诱之不足恶，而于道亦思过半矣。

圣人之心如镜，其应事接物当然不能无喜怒哀乐。圣人之喜怒，以物之当喜、物之当怒，不系于心而系于物；常人之喜怒则自私而用智，常有偏曲、迁移，不能像圣人一样"观理之是非"，也就是以理之当喜、理之当怒而喜怒。程颢所说的系于物，也就是系于理。不论在《识仁篇》，还是在《定性书》，程颢都非常重视理，识仁就是识仁理，定性也就是定于是非之理。《识仁篇》所要识的仁体，也就是理体；《定性书》用来贞定此心的也是此仁体、理体，因为此仁体、理体即是道体，自然无为、廓然大公，无内外之间隔，所以喜怒能一一依于理之是非，其实本质上是天理本体於穆不已之发用的过程。所不同的是，《识仁篇》强调的是"诚敬"的功夫，《定性书》强调的是"无心""无情"的功夫。《识仁篇》所要存的是"万物皆备于我"的大我，"浑然与物同体"的大心；《定性书》所要破的是"自私而用智"的私我，"以己性为有内外"的私心。由于受主题

"定性"的限制,《定性书》讲的主要是如何贞定、澄定内心,但是其所要去除的私己、私情、私智,与"克己复礼"的为仁功夫具有内在的联系。因此,《识仁篇》和《定性书》双剑合璧,乃程颢仁论及为仁功夫一体之两面。

七、明道气象

儒家向来不但注重对仁者境界的觉解,而且注重行仁、修仁和为仁的日用功夫。因此,我们不能仅注重程颢的仁论,同样要善观由程颢所达到、呈现的仁者气象。盖气象是一个人修为达到一定境界后,在身体和言行上所自然呈现的一种表征、一种气息。《大学》说"德润身,心广体胖",即人的德性修养会对身体有一种滋润、浸润的作用。《孟子·尽心上》也说:"君子所性,仁义礼智根于心,其生色也睟然,见于面,盎于背,施于四体,四体不言而喻。"也就是说人的德性,都根源于人心,人心的存养达到了一定境界和程度之后,必然会在人的身体外部表现出来,所谓睟面盎背就是这个意思。这是儒者以理润身、转化气质而达到心理气合一的最高境界的呈现。

程颐在《明道先生行状》中说:

> 先生资禀既异,而充养有道:纯粹如精金,温润如良玉;宽而有制,和而不流;忠诚贯于金石,孝悌通于神明。视其色,其接物也,如春阳之温;听其言,其入人也,如时雨之润。胸怀洞然,彻视无间;测其蕴,则浩乎若沧溟之无际;极其德,美言盖不足以形容。①

从这一段话可以看出程颐非常善于观人之德性与气象。这也表明,程颐晚年的修养与境界已经达到了很高的程度,"有有德之言,有造道之言,有述事之言。有德者,止言己分事。造道之言,如颜子言孔子,孟子言尧、舜。止是造道之深,所见如是"②。伊川之言,可谓造道之言。"纯粹如精金",按宋明理学家来说,即是天理流行,而无一毫人欲之私的一种修养与境界,如王阳明说:"圣人之所以为圣,只是其心纯乎天理而无人欲之

---

① [宋]程颢、程颐:《二程集》,第637页。
② 同上注,第21页。未知谁语。

杂，犹精金之所以为精，但以其成色足而无铜铅之杂也"①；"温润如良玉"，则是说程颢待人接物温润、和泽；"宽而有制，和而不流"，则是说其人能从容中道，虽宽容却不失节制，虽温和却不流荡；"忠诚贯于金石"，即程颢《识仁篇》所说的一种"诚敬"的气息；"孝悌如神明"，则是一种"纯亦不已"地"对越上帝"的态度；"春阳之温""时雨之润"，则是天地生物之气象；"胸怀洞然，彻视无间"，也就是一种"廓然大公"、"物来顺应"、"情顺万物而无情"、内外无间、一性浑然的胸次和意境；"测其蕴，则浩乎若沧溟之无际；极其德，美言盖不足以形容"，则是"浑然与天地万物为一体"，"万物皆备于我"的宇宙胸怀和天地境界。"侯仲良曰：'朱公掞见明道于汝州，逾月而归，告人曰："光庭在春风中坐了一月。"'"②《宋元学案》亦载："游定夫访龟山，龟山曰：'公适从何来？'定夫曰：'某在春风和气中坐三月而来。'问其所之，乃自明道处来也。"③ 程颢说："人必有仁义之心，然后仁与义之气睟然达于外。"④ 可谓有德之言乎！

第二节　程颐的仁论

程颐，字正叔，称伊川先生，生于北宋仁宗明道二年（1033年），死于北宋徽宗大观元年（1107年）。"年十四五，与明道同受学于舂陵周茂叔先生。……年十八，上书仁宗以王道为心、生灵为念。……间游太学，时海陵胡翼之先生方主教导，尝以《颜子所好何学论》试诸生，得先生所试，大惊，即延见，处以学职。"⑤ 从程颐所作的《颜子所好何学论》来看，其早年即究心于儒家心性之学，不可谓不颖悟绝人。在二程的仁论中，理与仁的关系都很突出，理可谓是核心。程颢的仁论体悟性特点很强，浑然圆融，而程颐的仁论则注重辨析仁字的名义字义，条分缕析。

---

① ［明］王阳明：《阳明全书》，四库备要本，第46页。
② ［宋］程颢、程颐：《二程集》，第346页。
③ ［清］黄宗羲：《宋元学案》，第578页。
④ ［宋］程颢、程颐：《二程集》，第70页。
⑤ ［宋］朱熹：《晦庵先生朱文公文集》，见《朱子全书》（修订本）第20～25册，第4565页。

一、仁性爱情

程颐认为:"性即理也。所谓理,性是也。"① 在程颐的哲学中,理是形而上的本体:"离了阴阳更无道,所以阴阳者是道也。阴阳,气也。气是形而下者,道是形而上者。形而上者则是密也。"② 程颐此处所说的"道",即是理。理存在于阴阳之中,但是阴阳不即是理,理是阴阳变化过程中的根据或原理。阴阳是形而下的气,理则是形而上的本体。因理之深微不可见,所以说是"密"。程颐认为"性即理",把人性提到了道德本体的地位,与人的感性欲望便区分开来。这样,孟子所说的"性善",便有了形而上的本体根据,这是程颐对儒家人性学说的重要发展。朱子特别称赞程颐"性即理"的思想:"伊川说话,如今看来,中间宁无小小不同?只是大纲统体说得极善。如'性即理也'一语,直自孔子后,惟是伊川说得尽。这一句便是千万世说性之根基。"③"伊川'性即理也',横渠'心统性情'二句,颠扑不破。"④ 程颐根据"性即理"的思想,提出了仁性爱情的学说:

> 问仁。曰:"此在诸公自思之,将圣贤所言仁处,类聚观之,体认出来。孟子曰:'恻隐之心,仁也。'后人遂以爱为仁。恻隐固是爱也。爱自是情,仁自是,岂可专以爱为仁?孟子言恻隐为仁,盖为前已言'恻隐之心,仁之端也',既曰仁之端,则不可便谓之仁。退之言'博爱之谓仁',非也。仁者固博爱,然便以博爱为仁,则不可。"⑤

程颐认为必须将孔孟言仁的语录类聚而观,确实体会、默契于身。孟子说恻隐之心是仁,后人便认为爱就是仁。程颐则认为恻隐是爱,是人的一种道德情感;仁则是性,是爱的情感的所以根据,它是道德本体。因此,不可便以爱为仁。也就是说,性即理,而理是形而上的本体,而情作为性之所发,乃形而下的道德情感,两者处于不同的层次,因此,程颐认为仁只能是性,也就是理,而不能是爱。程颐把仁和理联系起来,而理粹然至

---

① [宋]程颢、程颐:《二程集》,第292页。
② 同上注,第162页。
③ [宋]朱熹:《朱子语类》,第3107~3108页。
④ 同上注,第229页。
⑤ [宋]程颢、程颐:《二程集》,第182页。

善，与孟子性善论是完全一致的。孟子说恻隐之心是仁的端绪，既然是端绪，便不能把恻隐之心等同于仁。就此而言，韩愈说博爱为仁也是不对的。仁者固然能爱人，但以博爱为仁则不可。"或问：'爱何以非仁？'子曰：'爱出于情，仁则性也。仁者无偏照，是必爱之。'"① "仁者必爱，指爱为仁则不可。不仁者无所知觉，指知觉为仁则不可。"② 程颐"仁性爱情"的思想，应该说是与孔孟的仁论有一定的距离的，其中最大的不同即是孔孟没有把仁、性本体化，形而上学化。程颐把仁理解为是一种道德本体，使仁具有了一种普遍性和超越性。程颐的仁论有一种明显的理性化特征，严格区分仁性和爱情，容易导致性和情割裂开来的流弊，导致一种离爱言仁的倾向。程颐认为，可以从不仁者无知觉来默契仁，但是认为仁就是知觉则不可。程颐这里所说的知觉，主要是一种类似视听言动的知觉能力，与孟子所说的恻隐之心，程颢所说的体悟万物一体而流出的痛痒相关的仁心觉情还是有比较大的区别的。应该说程颐之所以反对以知觉言仁，主要是反对佛教"作用是性"的思想。程颐认为，知觉与爱一样同是属于形而下的层面，特别是程颐认为的知觉还包括认识上的知觉能力，与道德无关。因此，程颐反对知觉言仁是有其深刻道理的。

  仁义礼智信，于性上要言此五事，须要分别出。若仁则固一，一所以为仁。恻隐则属爱，乃情也，非性也。恕者入仁之门，而恕非仁也。因其恻隐之心知其有仁。③

程颐认为，人的道德本性，只有仁义礼智信，必须一一加以分别。"若仁则固一，一所以为仁"，则是说仁是本心之全德，可以包括义礼智信。如果偏言之，则仁只是一事；专言之，则包括了义礼智信。恻隐是一种爱人的情感，不是性理；"己所不欲，勿施于人"的"恕"，乃是入仁之门，即求仁的功夫，而不能说它就是仁。恻隐之心也一样，由恻隐之心发，可以看出人皆本具有仁性。

  问："仁与心何异？"曰："心是所主处，仁是就事言。"曰："若是，

---

① ［宋］程颢、程颐：《二程集》，第1180页。
② 同上注，第1174页。
③ 同上注，第168页。

则仁是心之用否？"曰："固是。若说仁者心之用，则不可。心譬如身，四端如四支。四支固是身所用，只可谓身之四支。如四端固具于心，然亦未可便谓之心之用。"或曰："譬如五谷之种，必待阳气而生。"曰："非是。阳气发处，却是情也。心譬如谷种，生之性便是仁也。"①

程颐在这里反对仁是心之用，是因为在程颐哲学里，心主要还是用，而不是体。"心譬如谷种，生之性便是仁也"，说明在程颐哲学中，心不能认为是理。心如谷种，已是形而下的流行、发用、质具的层面，而仁作为性、理、体却是形而上的层面，所以程颐只能认同生之性是仁。因此，程颐又否定仁和心的关系如谷种和谷种之阳气生发的关系，认为阳气之发则是情。程颐在这里虽然讨论了心、性、情及它们和仁的关系，但是还是比较模糊，没有发展到朱子心统性情那么明确。程颐说："称性之善谓之道，道与性一也。以性之善如此，故谓之性善。性之本谓之命，性之自然者谓之天，自性之有形者谓之心，自性之有动者谓之情，凡此数者皆一也。"②也就是说，性之善是就理言，性即是理，理即是道。人的道德本性就是命，此自然本有的道德本性，非由外烁，乃是天赋而有。性必须通过有形有象的心来表现，性的发用就是情，从根本上说，它们都是同一的。之所以认为道、性、命、天、心、情是一，是因为"至微者理也，至著者象也，体用一源，显微无间"③，本体和发用从根本上说是一致的，深微的本体必须从显著的事象中表现出来。由此我们可知，程颐所说的"理"也是生理，也是於穆不已之本体，即存在的本原和价值的源头。

程颐之所以要明确将性和情区分开来，是与其哲学系统密不可分的。程颐说："一阴一阳之谓道，道非阴阳也，所以一阴一阳，道也，如一阖一辟之谓变。"④"离了阴阳更无道，所以阴阳者是道也。阴阳，气也。气是形而下者，道是形而上者。"也就是阴阳及由阴阳二气所产生的万事万物都属于形而下的气世界，而理、道则是一阴一阳之气阖辟变化的所以根据、原理，此是形而上者。仁作为性，属于形而上的理范畴，情属于形而下的气范畴，所以程颐说仁是性，爱是情，不可便以爱为仁。程颐区分理气的

---

① ［宋］程颢、程颐：《二程集》，第183～184页。
② 同上注，第318页。
③ 同上注，第582页。
④ 同上注，第67页。

宇宙论、仁性爱情的心性论，对朱子的宇宙论和心性论都有重要的影响，但是朱子的心性论与程颐的心性论相比，又有重大的发展，不可以程颐的性属理范畴、情属气范畴，便推出朱子的仁属于理范畴，心和情属于气范畴。在程颐的心性论中，心和理的关系、仁和心的关系也没有得到充分的讨论和合理的安置，这是其仁论的一个主要缺陷，这成为朱子仁论努力克服的一个因素。

二、论性，则仁为孝弟之本

《论语·学而第一》："有子曰：'其为人也孝弟，而好犯上者，鲜矣；不好犯上，而好作乱者，未之有也。君子务本，本立而道生。孝弟也者，其为仁之本与！'"孔子的学生有若认为，君子修养自己的德行应该抓住根本，先立乎其大者，德有本，如水之有源、木之有根，大本既立，则仁道就会随之而生，日渐充盛广大。儒家强调培养人之德行应从家庭开始，发自不容已之亲情，爱莫大于爱亲，敬莫先于敬兄。应从家庭伦理中的孝弟开始培养自己仁德，因此，有若说孝弟是为仁之本。

> 问："'孝弟为仁之本'，此是由孝弟可以至仁否？"曰："非也。谓行仁自孝弟始。盖孝弟是仁之一事，谓之行仁之本则可，谓之是仁之本则不可。盖仁是性（一作本。）也，孝弟是用也。性中只有仁义礼智四者，几曾有孝弟来？（赵本作几曾有许多般数来？）仁主于爱，爱莫大于爱亲。故曰：'孝弟也者，其为仁之本欤！'"[①]

程颐认为行仁应自孝弟始，即孝弟是为仁之功夫。程颐把"孝弟为仁之本"的"为"解释为"行"，而不是判断动词"是"。如果解释为"是"，则程颐是不赞成的，因为孝弟只是仁之一事，正如爱与知觉一样，孝弟也不就是仁，不能把孝弟和仁相等同。孝弟是行仁之本，而不是仁之本。因为仁是性，孝弟则是用。性中只有仁义礼智四德，没有孝弟。程颐基于其体用关系的立场，认为体用不可混淆，否定孝弟是仁之本，是有其道理的。程颐又说：

---

① ［宋］程颢、程颐：《二程集》，第183页。

> 有子曰："其为人也孝弟。"孝弟顺德也，故不犯上，岂复有逆理乱常之事？德有本，本立则其道充大。孝弟于其家，而后仁爱及于物，所谓亲亲而仁民也，故为仁以孝弟为本。论性，则仁为孝弟之本。①

程颐认为孝弟是一种顺德，所以具有这种德行的人不会有逆理乱常之事。人的德行如果有其根本，则容易充养盛大。孝弟行于家，然后仁民、爱物，此即孟子所说的："君子之于物也，爱之而弗仁；于民也，仁之而弗亲。亲亲而仁民，仁民而爱物。"（《孟子·尽心上》）所以程颐说为仁以孝弟为本，即要从事仁的实践，必须从亲亲、孝亲、敬长开始。但是，孝弟是一种德行，是用，而仁是一种德性，是体。体是用的根本，因此，论性则仁为孝弟之本。

程颐否定爱、知觉是仁，以及否定孝弟是仁之本，都与其严分形上、形下的哲学系统有关。程颐认为仁是性，而性即是理，使儒家的仁德具有了普遍必然性、超越永恒性，应该说是儒家仁论的一个重要飞跃，即把儒家仁德上升到了本体论的高度，高扬儒家德性生命的理性层面、理想层面。但是，如果过于强调理性层面，也容易造成体用隔绝。儒家仁论应该是一个有体有用、即体即用之学，本体固然重要，用以贞定感性生命，但是不能失去感性生命的活泼、温润和丰饶，而流于抽象、干枯和单一。程颐在和弟子杨时讨论张载《西铭》时提出了"理一分殊"的命题，应该说是一个非常重要的命题，有利于克服这种流弊。

三、公最近仁

程颢在《定性书》中说："君子之学，莫若廓然而大公，物来而顺应"，"患在于自私而用智"。在《识仁篇》中说："若反身未诚，则犹是二物有对，以己合彼，终未有之。"这说明妨碍仁的德性的主要是人的私心，有私心则以己合彼，不能为仁。所以孔子说："克己复礼为仁。"（《论语·颜渊第十二》）程颐继承了这种思想，提出了"公最近仁"的思想：

> "唯仁者能好人，能恶人。"仁者用心以公，故能好恶人。公最近

---
① ［宋］程颢、程颐：《二程集》，第1133页。

仁。人循私欲则不忠，公理则忠矣。以公理施于人，所以恕也。①

孔子在《论语·里仁》中说："唯仁者能好人，能恶人。"程颐认为仁者用心以公，所以能好恶人。人循私欲则不能尽己，故不忠，以公理之心尽己则忠，以公理之心施人则恕。程颐又说："忠恕所以公平，造德则自忠恕，其致则公平。"②程颐认为能行忠恕则能达致公平，因此修德应从忠恕开始。《中庸》说"忠恕违道不远"，"违"是离，"道"是仁道，也就是忠恕最近仁道。也就是说忠恕是求仁、为仁的一种切近功夫。程颐又体贴出公和忠恕的关系，认为公是公理，也就是所以忠恕的标准、根据，同时也是忠恕之行产生的一种公正、正义的社会结果。

> 又问："如何是仁？"曰："只是一个公字。学者问仁，则常教他将公字思量。"③
> 仁道难名，惟公近之，非以公便为仁。④

要体会仁字意味，应常思量公字。不过，程颐虽然认为公字近仁，但并不认为公就是仁。那么如何是仁呢？

> 仁之道，要之只消道一公字。公只是仁之理，不可将公便唤做仁。（一本有将字。）公而以人体之，故为仁。只为公，则物我兼照，故仁，所以能恕，所以能爱，恕则仁之施，爱则仁之用也。⑤

程颐说，公只是仁的道理，所以不可便将公作仁。将仁的道理体会默契于人心则是仁。也就是说，仁不能单是理，还必须在人的日用常行中体现出来，才能是仁，否则就有体无用。如果用心以公，则能物我兼照，无所偏私，所以说是仁。仁则能推己及人，所以能恕，所以能爱。恕是仁的敷施，爱是仁的发用。恕和施都是仁的发用层面，公则是仁的本体层面。在

---

① ［宋］程颢、程颐：《二程集》，第 372 页。
② 同上注，第 153 页。
③ 同上注，第 285 页。
④ 同上注，第 63 页。
⑤ 同上注，第 153 页。

这里，程颐不仅明确地把仁和理联系了起来，而且认为公是仁理，并探讨了仁与公、忠恕以及爱的关系，应该说是程颐注重分殊的一种表现，与其兄程颢注重理一形成对照。而且，程颐认为公作为理还不就是仁，理还必须发露于心，产生爱和恕等仁之用才能算仁德的实现、完成。所以，若从定义说，则仁是性，是理，但是仁作为德，还必须做"公而以人体之"的为仁功夫，还必须在日用中表现出来才能算仁德的完成。程颐"以公言仁"的思想，也是儒家仁论的一个重要进展。仁的本义是爱，但是如果不能爱之以公，则容易流于私爱、偏爱、溺爱；忠恕虽然是行仁之方，但是其所依据的标准也只能是公理；儒家强调克己复礼的为仁功夫，也是因为此中所说的"己"是私己、私欲，因此与公理也有某种关系。程颐强调公天下而无物我之私的廓然大公的仁者境界，丰富了儒家仁论的内涵，有利于把儒家为仁功夫及仁者境界统一起来。天理最本质的内涵就是公理，也就是普万物而无心的天心，其对治对象也就是损人害己之私欲，宋明理学都强调私欲尽净、天理流行，廓然而大公的仁者境界和体天下万物的宇宙胸怀。

四、敬即便是礼，无己可克

程颢在《识仁篇》中说"识得此理，以诚敬存之"，突出了诚敬存仁的功夫，但是何以谓敬，程颢则语焉不详。程颐则特别强调主敬求仁的功夫：

"非礼勿视，非礼勿听，非礼勿言，非礼勿动。"视听言动一于礼之谓仁，仁与礼非有异也。孔子告仲弓曰："出门如见大宾，使民如承大祭。己所不欲，勿施于人。"夫君子能如是用心，能如是存心，则恶有不仁者乎？而其本可以一言而蔽之曰："思无邪。"①

棣又问："克己复礼，如何是仁？"曰："非礼处便是私意。既是私意，如何得仁？凡人须是克尽己私后，只有礼，始是仁处。"②

"出门如见大宾，使民如承大祭"，只是敬也。敬则是不私之说也。才不敬，便私欲万端害于仁。③

---

① [宋]程颢、程颐：《二程集》，第322页。
② 同上注，第286页。
③ 同上注，第154页。

敬则无己可克,(一有"学者之"字。)始则须绝四。(一有去字。)①
敬即便是礼,无己可克。②

在《论语·颜渊第十二》中有孔子与弟子颜回关于如何为仁的著名的对话:"颜渊问仁。子曰:'克己复礼为仁。一日克己复礼,天下归仁焉。为仁由己,而由人乎哉?'颜渊曰:'请问其目?'子曰:'非礼勿视,非礼勿听,非礼勿言,非礼勿动。'"孔子认为克己复礼是为仁的功夫,如果能一日克己复礼,则天下归仁。而且为仁完全是个人所自愿,而不是受到别人的约束。非礼勿视听言动是克己复礼为仁功夫的细目。程颐认为,视听言动如果都完全依凭于礼,则便为仁。仁和礼没有什么差异,君子如果能以敬恕存心,哪里有不仁?为仁功夫的根本可以一言加以概括,即要做到内心没有邪妄的思虑、念头。程颐认为非礼是因为人有私意,有私意便不仁。因此,要克尽己私,以符合礼的规范和要求:"视听言动一于礼,谓之仁","凡执守不定者,皆不仁也"③,"视听言动,非理不为,即是礼,礼即是理也。不是天理,便是私欲。人虽有意于为善,亦是非礼。无人欲即皆天理"④。程颐明确地把礼和理,克己复礼和天理、人欲联系了起来。

"仲弓问仁。子曰:'出门如见大宾,使民如承大祭。己所不欲,勿施于人。在邦无怨,在家无怨。'"(《论语·颜渊第十二》)程颐认为,孔子所说的"出门如见大宾,使民如承大祭",说的是敬。敬就是没有私意,人一旦不敬,便私欲万端而害仁。敬则无己可克。人心往往都有所陷溺,所以须先做孔子"毋意,毋必,毋固,毋我"(《论语·子罕第九》)的"绝四"功夫。人若能敬便合礼,合礼则无己可克。程颐把《论语》两处关于仁的对话联系了起来,克己是去私意的功夫,因为人往往都有私意,所以必须先做克己复礼的功夫。但是,敬的功夫与克己不同,因为敬便是礼,所以做到了敬便无己可克。这与程颢的《识仁篇》是一致的:"识得此理,以诚敬存之而已,不须防检,不须穷索。若心懈则有防,心苟不懈,何防之有?理有未得,故须穷索。存久自明,安待穷索?"也就是说敬是存养的功夫,克己复礼则是去欲的功夫,两者是互补而相成的求仁功夫。程颐

---

① [宋]程颢、程颐:《二程集》,第157页。
② 同上注,第134页。
③ 同上注,第1178页。
④ 同上注,第144页。

"敬则无己可克"的"敬",应该不是如庄正严肃、心虑专一、知觉常醒等一般意义上的敬,而是此一般意义上的主敬功夫达到的一种"诚敬"状态,毕竟在达到此状态之前,还必须先做"绝四"的功夫。所以此处的"敬"是私欲尽净、天理流行意义上的"诚敬",在此状态中,人已经由仁义行、从容中道,从心所欲而不逾矩。

五、伊川气象

一般认为程颢气象如和风庆云,有似颜子,程颐气象则严毅。黄百家说:"顾二子虽同受学濂溪,而大程子德性宽宏,规模阔广,以光风霁月为怀;二程气质刚方,文理密察,以峭壁孤峰为体。其道虽同,而造德自各有殊也。"① 这是有道理的。程颐特重持敬的功夫,敬除了主于心的功夫,也包括仪容、饰貌、辞气等方面的齐整、严肃。程颐作过《四箴》,即视、听、言、动四箴,在序中说:"四者身之用也,由乎中而应乎外,制于外所以养其中也。"② 由此可看出程颐持敬功夫的细密。"先生在经筵,每当进讲,必宿斋豫戒","先生容貌庄敬,于上前不少假借","一日讲罢未退,上折柳枝,先生进曰:'方春发生,不可无故摧折。'"③ 程颢似乎具有先知之明般说:"异日能使人尊严师道者,吾弟也。"④ 著名的程门立雪的故事,说的也是程颐与弟子游酢、杨时之间的事:"游定夫、杨中立来见伊川。一日,先生坐而瞑目,二子立侍,不敢去。久之,先生乃顾曰:'二子犹在此乎?日暮矣,姑就舍。'二子者退,则门外雪深尺余矣。其严厉如此。"⑤ 这都说明程颐在弟子和皇上面前严肃与庄敬的儒者气象。正如《礼记·祭义第二十四》所说:"致礼以治躬则庄敬,庄敬则严威。"湖湘学派的著名学者胡安国在奏状中说:"伏见元祐之初,宰臣司马光、吕公著秉政当国,急于得人,首荐河南处士程颐,乞加召命,擢以不次,遂起韦布,超居讲筵。自司劝讲,不为辩辞,解释文义,所以积其诚意,感通圣心者,固不可得而闻也。及当官而行,举动必由乎礼;奉身而去,进退必合乎义。其

---

① [清]黄宗羲:《宋元学案》,第540页。
② [宋]程颢、程颐:《二程集》,第588页。
③ 同上注,第589~590页。
④ 同上注,第346页。
⑤ [宋]程颢、程颐:《二程遗书》,清文渊阁四库全书本,第222页。

修身行法，规矩准绳，独出诸儒之表。"①

"先生谓绎曰：'吾受气甚薄，三十而浸盛，四十、五十而后完。今生七十二年矣，校其筋骨，于盛年无损也。'又曰：'人待老而求保生，是犹贫而后蓄积，虽勤亦无补矣。'绎曰：'先生岂以受气之薄而后为保生邪？'夫子默然曰：'吾以忘生徇欲为深耻。'"程颐幼小时气质薄弱，但是因为有长期不懈的持敬修养功夫，筋骨和中气日益壮盛，正如《礼记·表记第三十二》所说："君子庄敬日强，安肆日偷。""有人劳正叔先生，曰：'先生谨于礼四、五十年，应甚劳苦。'先生曰：'吾日履安地，何劳何苦？佗人日践危地，此乃劳苦也。'"②在外人看来，程颐在视听言动、容貌辞气等方面过于谨礼，应该非常劳苦，程颐则认为自己日履安地，何劳之有！此语非从礼敬中获得大受用者不能说出，所谓如人饮水，冷暖自知也。盖礼者理也，礼不是做给别人看的，而是跟自己息息相关的礼仪规范，能循礼而行，则自然外无妄动，内无邪思，行无愧悔，心则安泰。

晚年程颐受到迫害，被编管涪州，经此磨难，"伊川归自涪州，气貌容色髭发皆胜平昔。门人问何以得此？先生曰：'学之力也。大凡学者，学处患难贫贱，若富贵荣达，即不须学也。'"③程颐认为患难贫贱正是学处。又一则故事说："伊川先生自涪州顺流而归，峡江峻急，风作浪涌，舟人皆失色，而先生端坐不动。岸旁有问者云：'达后如此？舍后如此？'伊川先生意其非凡人也，欲起揖之，而舟去远矣。"④这些都说明程颐持敬功夫的得益，以及晚年气象的从容、泰定，超然于得失、荣辱、祸福之上。人说程颐"晚年接学者，乃更平易，盖其学已到至处，但于圣人气象差少从容尔"⑤，说得似乎不妥，因为在人生重大的变故中最能看出一个人的持敬功夫与境界。能于得失、荣辱、祸福上从容，则何事不从容？"戢山尝曰：'小程子大而未化，然发明有过于其兄者'"⑥，当是指其所至理境不若其兄程颢圆熟，没有进入化境。"先生既没，昔之门人高弟，多已先亡，无有

---

① [宋]程颢、程颐：《二程遗书》，第223页。
② 同上注，第6页。
③ [宋]程颢、程颐：《二程集》，第430页。
④ 同上注，第445页。
⑤ 同上注，第436页。
⑥ [清]黄宗羲：《宋元学案》，第588页。

能形容其德美者。然先生尝谓张绎曰：'我昔状明道先生之行，我之道盖与明道同。异时欲知我者，求之于此文可也。'"① 程颐的理境到晚年仍未达到化境，是其理论重于分析、明辨，注重分殊与格物致知的缘故，不能简单由此说二程之高低优劣。盖化境亦有不同，义理上的化境和功夫上的化境、德性上的化境和知识上的化境都有所不同。程颐的哲学能在尊德性中开出道问学之知识论的面向，其重要性绝不可低估。

第三节 杨时的仁论

杨时（1053年—1135年），字中立，福建将乐人，人称龟山先生，谥文靖。朱子在30岁时，推举谢上蔡在程门"从游诸公间所见最为超越"②。不过在35岁写的《祭延平李先生文》中却说："道丧千载，两程勃兴，有的其绪，龟山是承。龟山之南，道则与俱。"③ 以杨时为二程道统的承继者。"明道在颖昌，先生寻医，调官京师，因往颖昌从学。明道甚喜，每言曰：'杨君最会得容易。'及归，送之出门，谓坐客曰：'吾道南矣。'"④ 此处先生指杨时，明道称赞杨时聪睿善学，在他学成回福建时，明道说："吾道南矣。"所以《宋元学案》也说："祖望谨案：明道喜龟山，伊川喜上蔡，盖其气象相似也。龟山独邀耆寿，遂为南渡洛学大宗，晦翁、南轩、东莱皆其所自出。"⑤ 杨时在道学史上的地位又因三传而有朱子大大提升，黄百家说："二程得孟子不传之秘于遗经，以倡天下。而升堂睹奥，号称高弟者，游、杨、尹、谢、吕其最也。顾诸子各有所传，而独龟山之后，三传而有朱子，使此道大光，衣被天下，则大程'道南'目送之语，不可谓非前谶也。"⑥ 著名的程门立雪，说的便是程颐和杨时、游酢的故事，说明杨时求学问道之诚。

---

① ［宋］程颢、程颐：《二程集》，第346页。
② ［宋］谢良佐：《上蔡语录》，见朱杰人、严佐之、刘永翔主编《朱子全书外编》第3册，上海：华东师范大学出版社，2010年，第39页。
③ ［宋］朱熹：《晦庵先生朱文公文集》，第4064页。
④ ［宋］程颢、程颐：《二程外书》，明弘治陈宣刻本，第45页。
⑤ ［清］黄宗羲：《宋元学案》，第944页。
⑥ 同上注，第947页。

一、仁者与物无忤

程颢认为仁者浑然与物同体，与天地万物为一体，性无内外。杨时也认为仁者与物无忤，视天下无一物之非仁：

> 无伐善，故能若此，视天下无一物之非仁也，夫谁与之校？①
> 问："所解《论语》'犯而不校'处云：'视天下无一物之非仁也，故犯而不较。'此如四海皆兄弟之义看否？"曰："然。仁者与物无忤，自不见其有犯我者，更与谁校？如孟子言仁者无敌亦是此理。"②

《论语·公冶长第五》载子路、颜渊侍奉孔子，孔子问他们的志向，颜子说："愿无伐善，无施劳。"无伐善、无施劳即是没有人、己之间隔，不以善骄人，施与别人而不存施与的想法。《论语·泰伯第八》："曾子曰：'以能问于不能，以多问于寡，有若无，实若虚，犯而不校，昔者吾友尝从事于斯矣。'"曾子赞扬颜子有谦逊的品德，心量广大，能涵容万物。杨时认为，颜子之所以有如此品德，那是因为他视天下无一物不在吾仁的遍覆之中，仁者的胸怀与物无忤，不见彼己之间隔。所以杨时又说："沟浍之量不可以容江河，江河之量不可以容沧海，有所局故也。若君子则以天地为量，何所不容！"③君子以天地为量，即是君子以宇宙为自己的胸怀之所及，此即张载所说："大其心则能体天下之物，物有未体，则心为有外。世人之心，止于闻见之狭。圣人尽性，不以见闻梏其心，其视天下无一物非我，孟子谓尽心则知性知天以此。天大无外，故有外之心不足以合天心。"④杨时所说的"视天下无一物之非仁"，也就是张载所说的"视天下无一物非我"；"仁者与物无忤"，即是张载的"物有未体，则心为有外"，"天大无外，故有外之心不足以合天心"。仁者之心如天地之心，即程颢所说的"天地之常，以其心普万物而无心"⑤。杨时答人之问说："吕与叔尝作克己复礼颂，曾见之否？其略曰：'洞然八荒，皆在我闼。孰曰天下，不归吾

---

① [宋]朱熹：《论孟精义》，见《朱子全书》（修订本）第7册，第292页。
② [宋]杨时：《龟山集》，清文渊阁四库全书本，第94页。
③ 同上注，第83页。
④ [宋]张载：《张载集》，北京：中华书局，1979年，第24页。
⑤ [宋]程颢、程颐：《二程集》，第460页。

仁.'斯言得之。"① 杨时又说："只为不是物我兼体，若物我兼体则固一矣，此正孟子所谓善推其所以为者乃是参彼己为言。"② "物我兼体"，也就是天地万物浑然一体，痒疴疾痛莫不与己息息相关。程颢、张载、杨时都极力推扬性无内外、心合天心、物我兼体、与物无对的一种天地境界，把儒家博施济众的情怀推到了极致。其实，本质上是性合道体、心参天心、德化天地的一种仁者胸次和宇宙情怀，这集中表现为张载的"为天地立心，为生民立命，为往圣继绝学，为万世开太平"。

二、知其理一，所以为仁；知其分殊，所以为义

"理一分殊"是程颐和杨时讨论张载的《西铭》时，由程颐首先提出的思想。杨时在《寄伊川先生》信中说：

> 某窃谓：道之不明，智者过之，《西铭》之书，其几于此乎！昔之问仁于孔子者多矣。虽颜渊、仲弓之徒所以告之者，不过求仁之方耳。至于仁之体，未尝言也。孟子曰："仁，人心也；义，人路也。"言仁之尽，最亲无如此者。然本体用兼举两言之，未闻如《西铭》之说也。孔孟岂有隐哉？盖不敢过之，以起后学之弊也。且墨氏兼爱，固仁者之事也。其流卒至于无父，岂墨子之罪耶？孟子力攻之，必归罪于墨子者，正其本也。故君子言必虑其所终，行必稽其所弊，正谓此耳。《西铭》之书，发明圣人微意至深。然而言体而不及用，恐其流遂至于兼爱，则后世有圣贤者出，推本而论之，未免归罪于横渠也。某窃意此书，盖西人共守而谨行之者也。愿得一言，推明其用，与之并行，庶乎学者体用兼明，而不至于流荡也。横渠之学造极天人之蕴，非后学所能窥测。然所疑如此，故辄言之，先生以为何如？③

杨时认为，孔孟言仁，不言仁体，不过指示求仁之方，因此切于修行和日用。如果要把仁上提到本体论的高度，也应该从体用两方面而言，不能如张载之《西铭》只言体而不言用。孔孟之所以没有把仁说得过高，是怕在后世产生流弊。墨子主张兼爱，这固然是仁之事，但是最后其流弊却是无

---

① [宋]杨时：《龟山集》，第121页。
② 同上注，第117页。
③ 同上注，第132页。

父。《西铭》有体而无用，其流弊恐怕也将和墨子主张兼爱的流弊一样。杨时认为仁者固有高远的境界，但是还必须有在人伦日用中行之有效的功夫和方法。杨时的质疑是有其深刻道理的，其实对程颐的仁论也特别适用。张载的仁论固然高远，但是还没有如程颐严分体用、形上形下，片面强调仁是性、理、体，则往往容易导致有体而无用，漠视人的合理情感和正常欲望。程颐在《答杨时论〈西铭〉书》中说：

> 前所寄史论十篇，其意甚正，才一观，便为人借去，俟更子细看。《西铭》之论，则未然。横渠立言，诚有过者，乃在《正蒙》。《西铭》之为书，推理以存义，扩前圣所未发，与孟子性善、养气之论同功（二者亦前圣所未发），岂墨氏之比哉？《西铭》明理一而分殊，墨氏则二本而无分（老幼及人，理一也。爱无差等，本二也）。分殊之蔽，私胜而失仁；无分之罪，兼爱而无义。分立而推理一，以止私胜之流，仁之方也。无别而迷兼爱，至于无父之极，义之贼也。子比而同之，过矣。且谓言体而不及用，彼欲使人推而行之，本为用也，反谓不及，不亦异乎？①

程颐不赞成杨时对《西铭》的看法，认为张载立言过高之病不在《西铭》，而在《正蒙》。认为《西铭》推理以存义，扩前圣所未发，与孟子性善、养气之论同功，不能和墨子兼爱的学说相提并论，因为《西铭》"理一而分殊"，墨子则"二本而无分"。杨时认为《西铭》"乾称父，坤称母；予兹藐焉，乃混然中处。故天地之塞，吾其体；天地之帅，吾其性。民吾同胞，物吾与也。大君者，吾父母宗子；其大臣，宗子之家相也。尊高年，所以长其长；慈孤弱，所以幼吾幼。圣其合德，贤其秀也。凡天下疲癃残疾、惸独鳏寡，皆吾兄弟之颠连而无告者也"，说的都是"理一"，即天地万物都同一本体，所以提倡"民胞物与"的天地境界，而没有说到分殊。因此，杨时的质疑其实是有道理的。但是，程颐的反驳也很雄辩，因为儒家之仁背后有义的节制，不能等同于墨子之兼爱。墨子主张爱无差等则是二本，即把自己的父母等同于别人的父母，在实践上也是不可行的，所以还得主张"施由亲始"。程颐认为应"推理以存义"，即仁理是一，义则是

---

① ［宋］程颢、程颐：《二程集》，第609页。

分殊，理一中包含分殊，如孟子"亲亲而仁民，仁民而爱物"，即爱有差等，此即是分殊。程颐认为过于分殊，其流弊是"私胜而失仁"；但是如果不做区分，则"兼爱而无义"。为仁之方就是从分殊中推明理一，以防止私胜而失仁的流弊。无差别则迷失于兼爱，其极端的后果是无父，这就是贼义。《西铭》主张推以及人，不但爱己亲，也爱人之亲，这就是用，不能说其有体而无用。杨时《答伊川先生》书说：

> 前书所论，谓《西铭》之书以民为同胞，长其长、幼其幼，以鳏寡孤独为兄弟之无告者，所谓明理一也。然其弊无亲亲之杀，非明者默识于言意之表，乌知所谓理一而分殊哉？故窃恐其流遂至于兼爱。非谓《西铭》之书为兼爱而发，与墨氏同也。古之人所以大过人者，无他，善推其所为而已。老吾老以及人之老，幼吾幼以及人之幼，所谓推之也。孔子曰："老者安之，少者怀之。"则无事乎推矣。无事乎推者，理一故也。理一而分殊，故圣人称物而平施之，兹所以为仁之至，义之尽也。何谓称物，亲疏远近，各当其分，所谓称也。何谓平施，所以施之，其心一焉，所谓平也。某昔者窃意《西铭》之书，有平施之方，无称物之义。故曰："言体而不及用"，盖指仁义为说也。故仁之过，其蔽无分，无分则妨义；义之过，其流自私，自私则害仁。害仁则杨氏之为我也，妨义则墨氏之兼爱也，二者其失虽殊，其所以得罪于圣人则均矣。《西铭》之旨，隐奥难知，固前圣所未发也。前书所论，窃谓过之者，特疑其辞有未达耳。今得先生开论丁宁，传之学者，自当释然无惑也。①

杨时说他认为《西铭》"以民为同胞，长其长、幼其幼，以鳏寡孤独为兄弟之无告者"，有理一而无"亲亲之杀"，说的是其流弊，不是说《西铭》是为兼爱而发，与墨子相同。古人善推其所为，"老吾老以及人之老，幼吾幼以及人之幼"，到孔子"老者安之，少者怀之"，则无事于推，这是因理一的缘故。理一而分殊，故圣人称物而平施，这样就能做到仁至义尽。所谓称物，就是"亲疏远近，各当其分"；所谓平施，是说在称物时，其心公平允当。杨时说自己之前认为《西铭》有平施，而无称物，所以说"言

---

① ［宋］杨时：《龟山集》，第133页。

体而不及用"，这是从仁义来说的，即有仁而无义。仁之过，其蔽是无分殊，无分殊则妨义；义之过，其流则自私，自私则害仁。害仁如杨朱的为我，害义如墨子的兼爱。从答信看，杨时全面继承了程颐"理一分殊"的观点，并用"称物平施"来进一步阐述，可谓知言。杨时的发展在于把"理一分殊"和儒家的仁义学说明确联系起来。

> 天下之物，理一而分殊。知其理一，所以为仁；知其分殊，所以为义。权其分之轻重，无铢分之差，则精矣。①
>
> 论《西铭》曰：河南先生言理一而分殊。知其理一，所以为仁；知其分殊，所以为义。所谓分殊，犹孟子言亲亲而仁民，仁民而爱物。其分不同，故所施不能无差等。或曰：如是则体用果离而为二矣。曰：用未尝离体也。且以一身观之，四体百骸皆具，所谓体也；至其用处，则屦不可加之于首，冠不可纳之于足，则即体而言分在其中矣。②

在此，杨时提出了"天下之物，理一而分殊"，把程颐思想扩展到了天地万物。进而提出"知其理一，所以为仁；知其分殊，所以为义"，仁是理一，义是分殊。分殊是指孟子的亲亲而仁民，仁民而爱物。其分不同，则所施有差等。理一是体，分殊是用；体用不可分离，理一中包含了分殊，分殊中也蕴含了理一。杨时的这些思想应该说是相当精湛的。

三、知仁与求仁

程颢在《识仁篇》中提出"学者须先识仁"，所以杨时非常注重知仁与求仁的功夫。如杨时说："大抵须先理会仁之为道，知仁则知心，知心则知性，是三者初无异也。横渠作《西铭》，亦只是要学者求仁而已。"③杨时在这里特别重视"知"的作用，孟子说"仁，人心也"（《孟子·告子上》），又说："尽其心者，知其性也。知其性，则知天矣。存其心，养其性，所以事天也。"（《孟子·尽心上》）不过，杨时"知仁则知心"的说法似乎有点颠倒，应该是知心则知仁。为了突出"知"的作用，也不惜改孟子"尽心

---

① ［宋］杨时：《龟山集》，第158页。
② 同上注，第90页。
③ 同上注，第106页。

知性"为"知心知性"。

> 李似祖、曹令德问何以知仁,曰:"孟子以恻隐之心为仁之端,平居但以此体究,久久自见。"因问似祖:"令德寻常如何说隐?"似祖云:"如有隐忧,勤恤民隐,皆疾痛之谓也。"曰:"孺子将入于井,而人见之者,必有恻隐之心。疾痛非在己也,而为之疾痛,何也?"似祖曰:"出于自然不可已也。"曰:"安得自然如此?若体究此理,知其所从来,则仁之道不远矣。"二人退,余从容问曰:"万物与我为一,其仁之体乎?"曰:"然。"①

杨时认为从孟子的恻隐之心可以知仁。李似祖认为,人之恻隐之心乃是人自然生发的道德情感,在遇到孺子将入于井等情境时,便自然发作。杨时说应从这自然不可已的恻隐之心体会其所从来,则可知仁。这则对话可以证明应该是"知心则知仁",而不是"知仁则知心"。因为仁是理,性即是理,所以知仁则知性。杨时肯定"万物与我为一为仁之体",这种说法也是值得商榷的。以万物一体为仁体,在程颢是没有明说的,在程颢的仁论中,仁体是理,而不是简单地以万物一体为仁体。这说明杨时虽然是二程高弟,其思想还有不少不通透的地方,对二程仁论的理解也有偏差。这种偏差在谢上蔡的仁论中体现得更加明显。

> 问:《论语》言仁处,何语最为亲切?曰:皆仁之方也。若正所谓仁,则未之尝言也。故曰:"子罕言利。与命与仁。"要道得亲切,唯孟子言:"仁,人心也",最为亲切。②

杨时认为,孔子言仁只说为仁之方,只有孟子说"仁,人心也",说得最亲切。这说明杨时的仁论特别重视"心"。

> 然尝谓君子之学,求仁而已。伯夷之清、伊尹之任、柳下惠之和,皆圣人也,其道不同而趋向则同者何?曰:仁而已矣。……夫求

---

① [宋] 杨时:《龟山集》,第18页。
② 同上注,第86页。

仁之方，孔子盖言之详矣。然而亲炙之徒，其说犹有未闻者，岂孔子有隐于彼欤？……后世之士，未尝精思力究，妄以肤见臆度，求尽圣人之微言，分文拆字，寸量铢较，自谓得之，而不知去本益远矣。夫至道之归，固非笔舌能尽也。要以身体之，心验之，雍容自尽于燕闲静一之中，默而识之，兼忘于书言意象之表，则庶乎其至矣。①

杨时认为君子之学在于求仁，而求仁之方，其要诀在"以身体之，心验之，雍容自尽于燕闲静一之中，默而识之，兼忘于书言意象之表"。强调从心上求仁、知仁，强调对仁的体验，在"隐之于心而安""雍容自尽于燕闲静一之中"来体仁、验仁，强调求仁不能仅从文字语言中求，这是杨时论求仁、知仁功夫的最大特点。二程的仁论偏重于从理、体上言仁，而杨时的仁论则偏重从心、用上求仁、知仁，这也表明杨时已经开始反省张载、二程的仁论。

第四节　谢良佐的仁论

谢良佐（1050年—1103年），字显道，人称上蔡先生。谢良佐与杨时、吕大临、游酢并称程门四大弟子。有人更是把上蔡列为程门之首，如："祖望谨案：洛学之魁，皆推上蔡，晦翁谓其英特过于杨、游，盖上蔡之才高也。"②"宗羲案：程门高弟，予窃以为上蔡为第一。"③二程对上蔡皆赞誉有加，如程颢初次见上蔡，便说："此秀才展拓得开，将来可望。"④程颐也说："此人为学，切问近思者也。"⑤朱子在《德安府应城县上蔡谢先生祠记》中说："熹自少时妄意为学，即赖先生之言以发其趣。"⑥在作于朱子30岁的《谢上蔡语录后序》中又说："笃志力行，于从游诸公间所见最为超越。"⑦表明朱子在年轻时深受上蔡的影响，把上蔡列为程门之首。

---

① ［宋］杨时：《龟山集》，第141页。
② ［清］黄宗羲：《宋元学案》，第916页。
③ 同上注，第917页。
④ ［宋］谢良佐：《上蔡语录》，第48页。
⑤ 同上注，第11页。
⑥ 同上注，第48页。
⑦ 同上注，第39页。

一、仁者，天之理

程颐说"公只是仁之理"①，明确说明了公和仁理的关系，上蔡也认为：

> 仁者，天之理，非杜撰也。……天理当然而已矣。当然而为之，是为天之所为也。圣门学者大要以克己为本，克己复礼，无私心焉，则天矣。孟子曰："仁，人心也。尽其心者，知其性也。知其性，则知天矣。"②

上蔡说"仁者，天之理"，则在程颐的基础上更进一步地明确了仁和理的关系，认为天理自然常存，非人可随意杜撰。天理就是当然之则，人顺应此当然之则而为，就是为天之所为。对于圣门学者来说，克己复礼是最为根本的为仁功夫，人如果能克己复礼，则没有私心，则心与天理合一而为仁。孟子说仁是人心，人如果能尽心，便能知性，知性则可知天。在上蔡看来，天也就是天理：

> 天，理也，人亦理也。循理则与天为一，与天为一，我非我也，理也。理非理也，天也。唯文王有纯德，故曰"在帝左右"。帝谓文王，帝是天之作用处。或曰：意、必、固、我有一焉，则与天地不相似矣。③

上蔡认为天就是理，人也是理，说明上蔡非常重视理在自然、社会和人生中的首要作用。人能循理便可与天为一，也就是说，当人做到与天为一的时候，人的动作言行都是天理的表现，都是天理的化身。文王因为德性纯粹，与天理为一，所以说其"在帝左右"。此帝不是人格神的天帝，帝也是天理的化身，表示天理的一种主宰作用。孔子绝四，勿意、勿必、勿固、勿我，四中有一，便与天地不相似。上蔡认为仁是天理，仁者与天理为一，突出了仁的神圣性、超越性与主宰性。用程颢所体贴出的"天理"来定义仁，这是上蔡仁论的贡献。朱子后来以理来解释天地生物之心，认

---

① ［宋］程颢、程颐:《二程集》，第153页。
② 同上注，第3页。
③ 同上注，第32～33页。

为天地生物之心是仁的价值根源和存在本原，或许是受到上蔡的影响。同时，上蔡突出天理之"当然"的面向，与二程强调天理之"所以然"的面向还是不同的。

二、心有所觉谓之仁

程颢说："医家以不认痛痒谓之不仁，人以不知觉不认义理为不仁，譬最近。"又说："人之一肢病，不知痛痒，谓之不仁。"开了知觉言仁的先河。上蔡受到了程颢知觉言仁思想的深刻影响：

> 心有所觉谓之仁。仁则心与事为一。草木五谷之实谓之仁，取名于生也。生则有所觉矣。四肢之偏痹谓之不仁，取名于不知觉也。不知觉则死矣。事有感而随之以喜怒哀乐，应之以酬酢尽变者，非知觉不能也。身与事接，而心漠然不省者，与四体不仁无异也。然则不仁者，虽生，无以异于死；虽有心，亦邻于无心；虽有四体，亦弗为吾用也。故视而不见，听而弗闻，食而不知其味，此善学者所以急急于求仁也。①

在程颢看来，以四肢痿痹、不知觉、不识痛痒为不仁的特征，主要还是一种比喻，这种比喻很贴切。程颢主要还是从否定方面，从不仁者无恻隐之心、对别人疾痛的麻木来说明其不仁，而不是正面阐述人有知觉就是仁。上蔡与程颢不同，主要是从正面肯定仁是心之知觉，仁则心与事为一，而不是与理为一。又从草木五谷的种子来说明仁，认为仁是生，生则有知觉。人有知觉，才能以喜怒哀乐来酬酢万变。上蔡在这里主要是从人心的知觉酬酢作用来说仁，此知觉更多是经验的、认知的知觉，在字面上很难看出上蔡所说的"知觉"与孟子所说的恻隐之心、不忍人之心等道德本心有何关联。上蔡又说：

> 有知觉，识痛痒，便唤作仁。②
> 仁是四肢不仁之仁，不仁是不识痛痒，仁是识痛痒。（曾氏本此

---

① ［宋］朱熹：《论孟精义》，第419页。
② ［清］黄宗羲：《宋元学案》，第935页。

下云：儒之仁，佛之觉。）①

上蔡还是用"有知觉，识痛痒"来正面训释仁，甚至把儒家的仁与佛家的觉联系起来。

> 问："求仁是如何下工夫？"曰："如颜子视听言动上做亦得，如曾子容貌颜色辞气上做亦得。'出辞气'者，犹佛所谓从此心中留出。今人唱一喏，不从心中流出，便是不识痛痒。古人曰：'心不在焉，视而不见，听而不闻，食而不知其味。'不见，不闻，不知味，便是不仁，死汉，不识痛痒了。"②

儒家义理系统与佛家义理系统有很大的不同，上蔡把儒家的仁与佛家的觉等同，难逃被批判的命运。另外，特别需要注意的是，程颢的"知觉言仁"说是联系着其"一体言仁"说来说的，主要是对他人痒疴疾痛而自然生发的恻隐之心、不忍人之心。陈来先生说："明道的'知觉'说与'一体'说是联系在一起的，而上蔡强调'知觉'，却较少谈及'一体'。如果仅讲心的'觉'，仅讲心的'活'，那就不能把儒家的仁学和禅家的精神区分开来。另外，如前所说，明道所说的知觉是一种大心同体的内在感受和体验，并不是知痛痒一类的直接经验，而上蔡则明确宣称'仁'是'有知觉、识痛痒'，这就容易使境界混同于感觉。"③当程颢从正面说知觉的时候，主要是知觉义理，即"知仁道之在己而由之，乃仁也"④，而不是简单的知觉活动，不能把上蔡的"知觉言仁"说和程颢的"知觉言仁"说相混同，更不能把朱子批评上蔡的"知觉言仁"说直接等同于批判程颢的"知觉言仁"说，如牟宗三说："其（朱子）辩驳'物我为一'与'以觉训仁'之说，前者直接指龟山说，后者直接指上蔡说，而此两说皆来自明道，故间接是辩驳明道。"⑤牟氏没有看出杨时的一体言仁说、上蔡的知觉言仁说与程颢的不同。

---

① ［宋］谢良佐：《上蔡语录》，第20页。
② ［清］黄宗羲：《宋元学案》，第920页。
③ 陈来：《中国近世思想史研究》（增订本），北京：生活·读书·新知三联书店，2010年，第70页。
④ ［宋］程颢、程颐：《二程集》，第366～367页。
⑤ 牟宗三：《心体与性体》第3册，台北：联经出版事业公司，2003年，第275页。

三、活者为仁

程颢说万物之生意最可观,从万物之生意、春意最可以观解仁的意味、气象。上蔡则直接认为活者就是仁,这又与程颢的识仁、观仁说有很大的不同。程颢认为,识仁、观仁主要是指点学者觉解仁的功夫,而上蔡则用活者来直接训释仁。

> 心者何也?仁是已。仁者何也?活者为仁,死者为不仁。今人身体麻痹不知痛痒,谓之不仁。桃杏之核可种而生者,谓之桃仁、杏仁,言有生之意。推此,仁可见矣。学佛者知此,谓之见性,遂以为了,故终归妄诞。圣门学者见此消息,必加功焉。故曰:"回虽不敏,请事斯语矣。""雍虽不敏,请事斯语矣。"仁,操则存,舍则亡。①

孟子说"仁,人心也",这是非常有洞见的思想,看到了仁与心的关系。上蔡却倒说为"心者何也?仁是已",用仁来训释心,这与孟子以心释仁有很大的不同,是上蔡理论不成熟的一种表现。孟子认为,心是人的道德本心,纯粹至善。但是人毕竟有不善之心,指心为仁,便有流弊。"活者为仁,死者为不仁",则没有把仁德的崇高与庄严体贴出来,沦于流俗,这样大家都可以是仁,仁便失去了其特殊的价值与尊严。上蔡认为桃仁、杏仁可种而生,从此可以推见仁,这是不错的,没有正面说生就是仁,而是从生可以推仁。上蔡又把仁与佛家的明心见性说联系起来,认为佛家仅见万物有生意,认为这就是见性,就此终了,因此,最终归于妄诞,而儒家则进一步从事为仁的功夫。其实,上蔡的这种说法也不一定正确,可谓多此一举。上蔡又说:"这个人与这个仁相合为一,便是道。道立,则仁与人之名亡矣。"②仁者,人也,是说人能弘道,仁的德性必须在人的行为中体现出来,把他人当作与自己一样的人来对待、关爱。上蔡说人与仁合一,便是道,这是不错的。但是认为"道立,则仁与人之名亡矣",则说得太高妙。

上蔡的"生意言仁"说与其"知觉言仁"说是密切联系在一起的。其

---

① [宋]谢良佐:《上蔡语录》,第2页。
② 同上注,第27页。

所说的生意主要还是一种自然生命，而不是道德生命的创生；其所说的知觉主要还是一种生理机能，而不是对道德义理的觉解。这都没说出儒家主要从道德义理来说仁的真味、真义，是其对儒家义理还不纯熟和通透的一种表现，其说难免有流弊而受到批判。谢良佐体贴出了仁是天理，但是在其"生意言仁"说与"知觉言仁"说中，却没有和天理联系起来，这是很可惜的。

第五节　吕大临的仁论

　　吕大临，字与叔，号芸阁，生于宋仁宗庆历六年（1046 年），死于宋哲宗元祐七年（1092 年），蓝田人，与其兄吕大忠、吕大均被称为"蓝田三吕"。三吕初皆师事张载，张载卒后，转师事二程，其中吕大临与谢良佐、杨时、游酢并称为程门四先生。朱子对吕大临评价极高："与叔惜乎寿不永。如天假之年，必所见又别。程子称其深潜缜密，资质好，又能涵养。某若只如吕年，亦不见得到此田地了。"[①]黄宗羲也说："朱子于程门中最取先生，以为'高于诸公，大段有筋骨，天假之年，必理会得到'。"[②]吕大临由于兼事张载、二程，故其思想融合了关、洛两家的特点，其仁论也如此。《宋元学案》载："初学于横渠，横渠卒，乃东见二程先生，故深淳近道，而以防检穷索为学。明道语之以识仁，且以'不须防检，不须穷索'开之，先生默识心契，豁如也，作《克己铭》以见意。"[③]吕大临的仁论集中表现在《克己铭》中，《克己铭》明显受到了张载和二程的影响，它是为解释《论语·颜渊第十二》"颜渊问仁"章而作：

　　颜渊问仁。子曰："克己复礼为仁。一日克己复礼，天下归仁焉。为仁由己，而由人乎哉？"颜渊曰："请问其目。"子曰："非礼勿视，非礼勿听，非礼勿言，非礼勿动。"颜渊曰："回虽不敏，请事斯语矣。"

[①] ［清］黄宗羲:《宋元学案》，第 1110 页。
[②] 同上。
[③] 同上注，第 1105 页。

仁者以天下为一体，天秩天叙，莫不具存。人之所以不仁，己自己，物自物，不以为同体，胜一己之私，以反乎天秩天叙，则物我兼体，虽天下之大，皆归于吾仁术之中。一日有是心，则一日有是德。有己，则丧其为仁，天下非吾体；忘己，则反得吾仁，天下为一人。故克己复礼，昔之所丧，今复得之，非天下归仁者与？安仁者，以天下为一人而已。

克己复礼。《赞》曰："凡厥有生，均气同体。胡为不仁？我则有己，立己与物，私为町畦，胜心横生，扰扰不齐。大人存诚，心见帝则，初无吝骄，作我蟊贼。志以为帅，气为卒徒，奉辞于天，孰敢侮予？且战且徕，胜私窒欲，昔焉寇仇，今则臣仆。方其未克，窘我室庐，妇姑勃蹊，安取厥余。亦既克之，皇皇四达，洞然八荒，皆在我囿，孰曰天下，不归吾仁。痒疴疾痛，举切吾身，一日至之，莫非吾事。颜何人哉？希之则是。"①

一、凡厥有生，均气同体

吕大临在《克己铭》中说："凡厥有生，均气同体。"以气作为万物同体的根据，表明吕大临坚持了张载气本论的思想。"正公尝曰：'与叔守横渠说甚固，每横渠无说处皆相从，有说了，更不肯回。'"②程颐说吕大临坚守并笃信其师张载的学说，确实如此。张载曾说：

太虚无形，气之本体，其聚其散，变化之客形尔。③
太虚不能无气，气不能不聚而为万物，万物不能不散而为太虚。④
气之聚散于太虚，犹冰释于水，知太虚即气，则无无。⑤
知虚空即气，则有无、隐显、神化、性命通一无二。⑥

张载认为，太虚是气的本然状态，是有形之气的本体，气之聚散变化都只

---

① [宋]吕大临：《蓝田吕氏遗著辑校》，北京：中华书局，1993年，第453～454页。
② [宋]张载：《张载集》，第624页。
③ 同上注，第7页。
④ 同上。
⑤ 同上注，第8页。
⑥ 同上。

43

是本体之客形。太虚之气聚而为万物，万物散而归太虚，如水结为冰，冰释而为水。因为太虚就是气，是气之本体，则有无、隐显、神化、性命通一无二，都是表示太虚本体之体用、流行而已。吕大临说"凡厥有生，均气同体"，即天地有生之物都同一太虚本体。张载又认为：

> 虚者，仁之原，忠恕者与仁俱生，礼义者仁之用。
> 敦厚虚静，仁之本；敬和接物，仁之用。
> 虚则生仁，仁在理以成之。①

张载认为太虚是仁德的根源、本原，忠恕与仁同时而生，而礼义则是仁的发用。又说敦厚虚静是仁的根本，敬和接物是仁的功用。又说虚则生仁，仁德的形成关键在于以理为准则、根据。张载所说的虚不仅指作为气之本体的太虚，而且也是指人心的一种虚静、无思无虑、湛然澄明、自然本然的状态，认为这种虚静的状态是仁德的根本，仁德是由其所产生的。张载以虚为仁之源，以虚静为仁之本，道家的色彩还很浓，这是张载作为宋代理学奠基者的仁论还不成熟的表现，另外张载这里所说"虚"指的是气，还是气之虚静的状态？一般来说，可以从万物之生意、春意来指点仁，但是仁作为一种道德德行，并不就是气。气不就是仁，气之虚静也只可作为仁者没有私欲、私虑、私智的一种状态。所以张载并不是仅仅强调太虚作为仁之本原，而且强调"理以成之"，表明仁德的形成与理的关系非常密切，可以说是对太虚为仁之源的一种矫正。二程以天理作为仁的本原，而张载以太虚作为仁之本原，这是二者仁论的根本不同。吕大临虽然同时师事张载、二程，但是其仁论主要是继承了张载的思想：

> 复，极而反其本也。自《姤》至《剥》，阴日长而阳日消，至于《坤》，则无阳而阴极矣！阴极则阳反，故彼长则此消，此盈则彼虚。消长盈虚，终而有始，循环无穷，理之必然者也。复，阳始生之卦也。天地之大德曰生，方阳之消，虽理之必然，然非天地之本心，故至阳始生则反，行天地之本心，故谓之"复"。②

---

① ［宋］张载：《张载集》，第325页。
② ［宋］吕大临：《蓝田吕氏遗著辑校》，第102～103页。

吕大临认为，阴静之极，则一阳来生，复是极而反其本。阴阳二气的消长盈虚、循环往复，是理的必然。《复》是阳气始生之卦，天地的大德就是生生。在《坤》卦，阳气剥尽，纯阴而无阳。阳气之消，虽然也是理的必然结果，但是它并不就是天地之本心。只有在《复》卦，一阳来复，阳气始生而复返，这才是行天地之本心。吕大临认为阳消阴长不是天地之心，阳长阴消、生生无穷之时才是天地之心。由此我们可知，吕大临也是从气化流行来说天地之心，与二程、朱子等从天理的角度来说天地之心是有很大不同的。吕大临认为阴阳消长便是天道之运行不息，人道之仁义即本于此：

> 大气本一，所以为阴阳者，阖辟而已。开阖二几，无时止息，则阴阳二气安得而离？阳极则阴生，阴胜则阳复，消长凌夺，无俄顷之间，此天道所以运行而不息。入于地道，则为刚柔；入于人道，则为仁义；才虽三而道则一，体虽两而用则一。[①]

由于大气同来自于太虚本体，所以大气本一。在天道而言，则为阴阳二气之阖辟、消长、盈虚；入于地道，则为刚柔；入于人道，则为仁义。天地人虽分作三才，但同本于一气；天道有阖辟、地道有刚柔、人道有仁义，体虽两而其用则一。吕大临所说的用即是生生之大用，人道的仁义之德是本于天道的生生之德，而天道的生生之德，其根源又是太虚本体。正因为天地人都是来自于太虚本体，所以吕大临说"凡厥有生，均气同体"。宇宙万物同一于太虚本体，是仁者"兼天下而体之"境界的本体论基础。

二、兼天下而体之之谓仁

张载在《西铭》中提出了乾父、坤母，民胞物与的天地一家、万物一体的思想，深刻影响了其后理学家的仁论：

> 乾称父，坤称母；予兹藐焉，乃混然中处。故天地之塞，吾其体；天地之帅，吾其性。民吾同胞，物吾与也。大君者，吾父母宗子；其大臣，宗子之家相也。尊高年，所以长其长；慈孤弱，所以幼吾幼。

[①] [宋] 吕大临：《蓝田吕氏遗著辑校》，第 181～182 页。

圣其合德，贤其秀也。凡天下疲癃残疾、惸独鳏寡，皆吾兄弟之颠连而无告者也。于时保之，子之翼也；乐且不忧，纯乎孝者也。违曰悖德，害仁曰贼；济恶者不才，其践形，唯肖者也。知化则善述其事，穷神则善继其志。不愧屋漏为无忝，存心养性为匪懈。恶旨酒，崇伯子之顾养；育英才，颖封人之锡类。不弛劳而底豫，舜其功也；无所逃而待烹，申生其恭也。体其受而归全者，参乎！勇于从而顺令者，伯奇也。富贵福泽，将厚吾之生也；贫贱忧戚，庸玉女于成也。存，吾顺事，没，吾宁也。①

张载认为宇宙万物都是由太虚之气、阴阳二气阖辟变化而成，因此宇宙万物可以说都是由同一本体、同一根源变化而来的。乾父、坤母也就是说万物都是由天地所生，人虽形躯渺小，混然与物杂处，但是，如果体会到宇宙万物都是由同一太虚本体所生，那么天地也就可以说是我的大身体，我所禀有的也就是天地之性。张载说"大其心则能体天下之物"，正因为有这种大心境界，所以仁者能养成孟子所说的浩然之气，充塞宇宙；因为"仁在理以成之"，所以天理作为宇宙万物的主宰，也就是吾人之性，充塞宇宙的太虚之气也就转化为德性之气。由于有这种大心境界，所以天地万物都同一本体，就能觉解到人都是我的同胞，物也就是我的伙伴，整个社会也就像一个大家庭，所以要尊长爱幼，体恤孤弱，所有疲癃残疾、惸独鳏寡，都是我颠连无告的兄弟，应时时保之，像母亲养育孩子一样翼护之，张载认为这是对天地的尽孝。由于仁者心包宇宙，性贯物我，所以贫贱、富贵、生死、忧戚都不足以恐动其心，此即孟子之"不动心"，乃是达观任道，无往而不自得、通流无滞的一种天地境界。张载万物一体的思想，深刻影响了程颢、吕大临等理学家。如吕大临《克己铭》说："仁者以天下为一体，天秩天叙，莫不具存。人之所以不仁，己自己，物自物，不以为同体，胜一己之私，以反乎天秩天叙，则物我兼体，虽天下之大，皆归于吾仁术之中。一日有是心，则一日有是德。"吕大临认为仁者的境界是把天下万物视为与我同体，人之所以不仁则是因为有私己与物间隔，不把它视为一体。人如果能胜一己之私，复返其本有的天秩天叙，那么就能做到物我兼体。这样，天下虽大，都无不在我仁心的遍覆之中，正如孔子

---

① ［宋］张载：《张载集》，第62～63页。

所说"我欲仁,斯仁至矣"。所以吕大临又说:

> 兼天下而体之之谓"仁",理之所当然之谓"义",由仁义而之焉之谓"道",有仁义于己之谓"德",节文乎仁义之谓"礼"。仁、义、道、德,皆其性之所固有,有本于是而行之,虽不中不远矣。①

仁是兼天下而体之的一种大心胸怀和天地境界,即物我兼体的宇宙情怀。义是作为当然之则的理,由仁义而行就是道,实有仁义于己就是德,礼则是对仁义的节文,仁义道德都是我本性所固有,非由外烁,人只要依本性而行,便能合道。吕大临的这种"物我兼体""兼天下而体之之谓仁"的思想主要还是受到了张载"兼体"思想的影响:

> 太虚不能无气,气不能不聚而为万物,万物不能不散而为太虚。循是出入,是皆不得已而然也。然则圣人尽道其间,兼体而不累者,存神其至矣。②
> 体不偏滞,乃可谓无方无体。偏滞于昼夜阴阳者物也,若道则兼体而无累也。③

张载认为,天地之气虽然聚散、攻取的方式多种多样,但是其理却顺而无妄。气散而无形,返归的是与我同一的太虚本体;气聚而为万物,则有形有象,那也没有失去与我同一的太虚所本有的常则、理则。太虚聚为万物,万物散为太虚,都是理之必然的表现。圣人体此天地之常道,则可以做到兼体无累、存神知化。圣人之所以能做到兼体无累,是因为道本身就是兼体无累的。道无偏滞、无方所、无形体,所以能兼体阴阳、昼夜、阖辟,有阴阳不测的神妙变化、生生不已的功用,圣人兼体无累是道的兼体无累的表现。

吕大临"兼天下而体之之谓仁"的思想,应该说也受到了程颢仁者浑然与物同体、仁者以天地万物为一体思想的影响,程颢万物一体的思想又是受到张载《西铭》和孟子"万物皆备于我"思想的影响。吕大临和程颢

---

① [宋]吕大临:《蓝田吕氏遗著辑校》,第191页。
② [宋]张载:《张载集》,第7页。
③ 同上注,第65～66页。

一样，认为仁者只有把天下视为同一身、同一体，才能疾痛相关：

> 仁者，以天下为一身者也，疾痛疴痒，所以感吾憯怛之心，非有知力与乎其间也。以天下为一身者，一民一物，莫非吾体，故举天下所以同吾爱也。①
>
> 仁者之于天下，无一物非吾体，则无一物忘吾爱。故好仁者子爱百姓，不足道也。苟有是心，则憯怛之爱，结于民心，如草上之风必偃，其从之也轻矣。所谓"为仁争先人"者，得其良心之所同然，靡然向风，日用而不知者尔。②

仁者把天下视为和己同体，所以人之疾痛疴痒，自然就能感发我的憯怛、恻隐之心，一点也没有知力的作用，所有都是油然而生。因为天下一身，万物一体，所以能仁民爱物，这些都是自然而发的仁心，就像风吹拂草，人莫不同感而化。吕大临所说的"憯怛之心"即是孟子所说的恻隐之心，这种心就是仁人爱物的仁心。"'中心憯怛'，则爱人之仁。"③"人皆有不忍人之心，忍之则憯怛而不安，盖实伤吾心。非譬之也，然后知天下皆吾体，生物之心皆吾心，彼伤则我伤，谋虑所及，非勉强所能。彼忍人者，蔽固极深，与物隔绝，故其心灵梏于一身，而不达于外尔。"④吕大临认为不仁之人是因为蔽固极深，与物隔绝，故其心灵梏于一身，也就是有私己的间隔，所以为仁功夫的关键在克己复礼。

三、何为不仁，我则有己

吕大临有诗："学如元凯方成癖，文似相如始类俳。独立孔门无一事，只输颜子得心斋。"⑤"心斋"是《庄子·人间世》里的典故："回曰：'敢问心斋。'仲尼曰：'若一志，无听之以耳而听之以心，无听之以心而听之以气。听止于耳，心止于符。气也者，虚而待物者也。唯道集虚，虚者，心斋也。'""心斋"所说的"虚而待物"也就是一种没有私欲干扰、思虑纷

---

① ［宋］吕大临：《蓝田吕氏遗著辑校》，第233页。
② 同上注，第343页。
③ 同上注，第169页。
④ 同上注，第471页。
⑤ ［清］黄宗羲：《宋元学案》，第1105页。

杂的虚静的内心状态，其关键是忘己："有己，则丧其为仁，天下非吾体；忘己，则反得吾仁，天下为一人。故克己复礼，昔之所丧，今复得之，非天下归仁者与？安仁者，以天下为一人而已。"从心斋、忘己等字眼都可以看出吕大临和张载一样都深受老庄等道家思想的影响。吕大临在《克己铭》最后强调"克己复礼"的重要："胡为不仁？我则有己，立己与物，私为町畦，胜心横生，扰扰不齐。大人存诚，心见帝则，初无吝骄，作我蟊贼。志以为帅，气为卒徒，奉辞于天，孰敢侮予？且战且徠，胜私窒欲，昔焉寇仇，今则臣仆。方其未克，窘我室庐，妇姑勃蹊，安取厥余。亦既克之，皇皇四达，洞然八荒，皆在我闼，孰曰天下，不归吾仁。痒疴疾痛，举切吾身，一日至之，莫非吾事。颜何人哉？希之则是。"人因为有私己，就会在己和物之间私立界限，这样就容易产生争竞和胜负之心，纷扰不齐。大人则能通过存诚的功夫，达致心理合一而没有骄吝之心；通过专一其志，则能以志帅气；通过胜私窒欲，即存天理、去私欲的功夫，则能使此心纯乎天理而无一毫人欲之私。这样就能克除彼己、物我之间的间隔，使宇宙八荒都在我的宇宙胸怀与大心境界之中。由于没有了物我、彼己的隔阂，所以能息息相通、疾痛相感、命运相连，整个宇宙就像一个大身体一样，感通无碍、觉润无方。

叶适对吕大临的《克己铭》有所批评，他认为：

> 吕大临《克己铭》，程氏《四箴》，但缓散耳，固讲学中事也。伊尹言"惟尹躬暨汤咸有一德，克享天心，受天明命"，故孟子谓其"自任以天下之重"；曾子言"仁以为己任"，故曰"动容貌，正颜色，出辞气"，以其养于一身者尽废百圣之学，虽曰偏狭，然自任固重矣；不如是，何以进道，而大临方以不仁为有己所致，其意鄙浅，乃释老之下者，犹谓道学，可乎？[①]

叶适认为吕大临以不仁为有己所致，其意趣鄙浅，是释老的下流，根本不是道学。叶适的批评没有看到吕大临所说的无己是没有私欲横生、思虑杂扰的那个私己、私意，而不是说没有道德主体的主宰、没有宇宙万物与我同体的大我。吕大临说"凡厥有生，均气同体"，又说"皇皇四达，洞然

---

① ［宋］吕大临：《蓝田吕氏遗著辑校》，第645页。

八荒，皆在我闼，孰曰天下，不归吾仁。痒疴疾痛，举切吾身，一日至之，莫非吾事"，都是在克除了私己、私欲之后所挺立的真我、大我，叶适可谓不知言。吕大临所要追求的宇宙万物都在我闼的大我，其实也就是张载所说的"大心"："大其心则能体天下之物，物有未体，则心为有外。世人之心，止于闻见之狭。圣人尽性，不以见闻梏其心，其视天下无一物非我，孟子谓尽心则知性知天以此。天大无外，故有外之心不足以合天心。见闻之知，乃物交而知，非德性所知；德性所知，不萌于见闻。"① 张载所说的大心境界是通过孟子尽心知性知天、摆脱了个人闻见之狭后，用一种不萌于见闻的德性之知所获得的，而吕大临则是通过孔子所说的克己复礼功夫获得的。吕大临主要是做克己去欲、复礼循理的功夫，张载则主要是做觉解、尽心的功夫，但是两者所追求的都是兼天下而体之的仁者境界。

第六节　胡宏的仁论

胡宏（1105年—1161年），字仁仲，福建崇安人。宋高宗建炎年间（1127年—1130年），因战乱随父兄避地荆门、湘潭，后长期寓居衡山五峰之下，所以被学者称为五峰先生，是湖湘学派的开创者："祖望谨案：绍兴诸儒，所造莫出于五峰之上。其所作《知言》，东莱以为过于《正蒙》，卒开湘湖之学统。"②

一、仁者，天地之心

胡宏说："仁者，天地之心也。心不尽用，君子而不仁者，有矣。"③把仁和天地之心联系起来。以天地之心说仁，在二程及其门人中比较少见。据陈来先生考证，"早在汉代，董仲舒就提出'天，仁也'，又说'仁，天心'。这应当是最早的以仁为天地之心的讲法。故伊川也说过'天心所以至仁者，惟公尔'"④。孟子认为仁是人心，董仲舒进而认为仁是天心，程

---

① ［宋］张载：《张载集》，第24页。
② ［清］黄宗羲：《宋元学案》，第1366页。
③ ［宋］胡宏：《胡宏集》，北京：中华书局，1987年，第4页。
④ 陈来：《中国近世思想史研究》（增订本），第79页。

颐则进一步说天心所以至仁是因为公，公是仁之理。程颢在其《定性书》中有"天地之常，以其心普万物而无心"，隐约可以看到程颐把公和天心联系起来的一种萌芽。胡宏"仁者，天地之心也"的重要性在于为仁心寻找形而上的根源。由于二程认为天理是仁体，是形上之本体，胡宏"仁者，天地之心"的说法最终会导致在形而上之本体上把理和心统一起来，这种最终统一标志着宋明理学仁论的成熟和集大成。

胡宏又从孟子"尽其心者，知其性也。知其性，则知天矣"（《孟子·尽心上》）来解释仁和天地之心关系：

"诚者，命之道乎！中者，性之道乎！仁者，心之道乎！惟仁者能尽性至命。"①
"物不苟应，务尽其心之谓大仁。人而不仁，则道义息。"②
人尽其心，则可与言仁矣；心穷其理，则可与言性矣；性存其诚，则可与言命矣。③

胡宏认为仁是心之道，人能尽其心则是大仁，认为惟仁者能尽性。也就是说胡宏一方面认为仁是人道德本心，一方面又认为仁是天地之心，但是还没有把天地之心和仁心直接联系起来，即仁心得自天地之心而为人之仁心。虽然胡宏说"诚是命之道，中是性之道，仁是心之道"，但是毕竟没有把心、理、性、道直接打通。

仁也者，人之所以为天也，须明得天理尽，然后克己以终之。④
仁者，人所以肖天地之机要也。⑤
夫圣人之道，本诸身以成万物，广大不可穷，变通不可测，而有一言可以蔽之者，曰：仁而已。仁也者，人也。人而能仁，道是以生。生则安，安则久，久则天，天以生为道者也。人之于道，下学于己而上达于天，然后仁可言矣。⑥

---

① ［宋］胡宏：《胡宏集》，第1页。
② 同上注，第4页。
③ 同上注，第26页。
④ 同上注，第130页。
⑤ 同上注，第25页。
⑥ 同上注，第196页。

胡宏突出了仁是人之所以为天的枢要，也就是天理。也就是说仁是天地之心，而天地之心廓然大公；人心因受形气的拘蔽而不能合天心，所以必须做孟子尽心的功夫，尽其心，则能知其性，即人人本天赋有天理，然后克己以去其私，则能上达天地之心。胡宏又突出了天以生为道，但是还没有把二程天地生物之心、天地以生物为心的说法联系起来。也就是说胡宏领会到了仁和天之生道的关系，也看到了仁是天地之心，仁是心之道，也试图把仁和诚、命、性、心联系起来。从这些都可以看到朱子仁论的影子，应该说胡宏仁论确然是朱子仁论的一个重要环节。

二、仁其体，义其用

胡宏又从体用两方面来论述道和仁义，如说：

> 道者，体用之总名。仁，其体；义，其用。合体与用，斯为道矣。①
>
> 为天下者，必本于理义。理也者，天下之大体也；义也者，天下之大用也。……夫理，天命也；义，人心也。惟天命至微，惟人心好动。微则难知，动则易乱。欲著其微，欲静其动，则莫过乎学。②

胡宏认为道是体用之总名，仁作为心之道，也包括了体用两方面，仁是体，义是用，合体用两方面则是道。胡宏又认为理是天下之大体，义是天下之大用，理是天命，义是人心。由此我们可以看出，胡宏之所以把仁当作体，是把仁当作理，这理由天所命而来。"义，人心也"的表述，在理学家的使用中也是比较少见的，胡宏这里是把义当作人心的一种权衡的作用："义者，权之行也。仁者，其审权者乎！"③胡宏认为义是权之行，仁则是审度权衡者。这也是一种仁体义用的思想。胡宏下面的观点，则比较难理解：

> 道非仁不立。孝者，仁之基也。仁者，道之生也。义者，仁之

---

① ［宋］胡宏：《胡宏集》，第10页。
② 同上注，第29页。
③ 同上注，第3页。

质也。①

　　义有定体，仁无定用。②

胡宏认为道非仁不立，仁是生生不已的天道，而义则是"仁之质"。或许是因为仁是理，深微不可见，只有从仁之用，即义中才能见仁，所以说义是仁之质。因为仁是心之道，乃是权衡称量的主体，所以它无定用，义就是它的用；义因为是分殊的标准、准则，所以它有定体。胡宏认为道是体用之总名，而仁是心之道，因而心也有体用的思想或许也对朱子的心性学说和仁论有某种影响。

三、欲为仁，必先识仁之体

程颢说"学者须先识仁"，其意思是仁在个人道德涵养上具有最重要的地位，须要先知道仁是什么，才好下为仁、求仁的功夫。杨时就曾经指出："昔之问仁于孔子者多矣。虽颜渊、仲弓之徒所以告之者，不过求仁之方耳。至于仁之体，未尝言也。"③而胡宏则认为"欲为仁，必先识仁之体"：

　　《知言》曰：彪居正问："心无穷者也，孟子何以言尽其心？"曰："惟仁者能尽其心。"居正问为仁。曰："欲为仁，必先识仁之体。"曰："其体如何？"曰："仁之道，弘大而亲切，知者可以一言尽，不知者虽设千万言，亦不知也。能者可以一事举，不能者虽指千万事，亦不能也。"曰："万物与我为一，可以为仁之体乎？"曰："子以六尺之躯，若何而能与万物为一？"曰："身不能与万物为一，心则能矣。"曰："人心有百病一死，天下之物有一变万生，子若何而能与之为一？"居正竦然而去。他日，某问曰："人之所以不仁者，以放其良心也。以放心求心，可乎？"曰："齐王见牛而不忍杀，此良心之苗裔因利欲之间而见者也。一有见焉，操而存之，存而养之，养而充之，以至于大。大而不已，与天同矣，此心在人，其发见之端不同，要在识之

---

① ［宋］胡宏：《胡宏集》，第4页。
② 同上注，第5页。
③ ［宋］杨时：《龟山集》，第132页。

而已。"①

此一段话已不见现存《胡宏集》中，当是因受朱子、张栻、吕祖谦等质疑之后而被删去，却保存于朱子所作《胡子知言疑义》之中。胡宏弟子彪居正说心之流行，无有穷尽，如何才能尽心？胡宏认为只有仁者能尽其心。彪居正问什么是仁，胡宏说要为仁必须先识仁之体。彪居正问如何是仁之体，胡宏说仁之道大，知者能者可以一言、一事而尽，不知不能者虽千万言、千万事也不能尽。胡宏否定了杨时"万物与我为一为仁之体"的说法，也否定了人心可以与万物为一，因为人心难免一死，而万物变化无穷。那么能否以人心来求人本自有的良心呢？胡宏举齐宣王不忍见牛被杀，来说明良心可以在利欲之间而萌蘖，良心一萌蘖，便须做操存涵养的功夫，使良心充大，充大则可以与天为一。此良心的发见萌蘖，因人而异，所以关键在如何识之。从这段问答中，我们可以看出胡宏在逐步点化弟子让其自悟何为仁体，弟子问的问题层层深入，最后终于逼出人人本自有的良心。由此，我们可知，胡宏"欲为仁，必先识仁之体"的"仁体"是作为道德本心的良心、不忍人之心或恻隐之心，更确切地说是天地之心。由于胡宏认为理是天下之大体，"性立天下之大本"，所以或许我们可以推论胡宏的仁体也就是程颐性即理的理，而仁又是生道，也就是生理。

胡宏认为，人心有百病一死，也就是说人心有死生，胡宏又有"心无死生"的说法：

> 或问："心有死生乎？"曰："无生死。"曰："然则人死，其心安在？"曰："子既知其死矣，而问安在邪！"或曰："何谓也？"曰："夫唯不死，是以知之。又何问焉！"或者未达，胡子笑曰："甚哉，子之蔽也！子无以形观心，而以心观心，则其知之矣。"②

胡宏认为，人之形气之心有死生，但是人之道德本心、良心却无死生，因此应"以心观心"来识人之道德本心、良心。胡宏看到了仁心作为道德本心具有先验性、超越性、永恒性，这是其仁论的一个洞见。胡宏因为把仁

---

① ［宋］朱熹：《晦庵先生朱文公文集》，第3560～3561页。
② ［清］黄宗羲：《宋元学案》，第1374页。

心上升到了天地之心这一本体论的高度,所以仁心就成了先验的道德本心,也就是理心。

胡宏的《知言》用词还不是很规范,所以往往会造成理解上的困难。张栻在《胡子知言序》中说:"是书乃其平日之所自著。其言约,其义精,诚道学之枢要,制治之蓍龟也。然先生之意,每自以为未足,逮其疾革,时有所更定,盖未及脱稿而已启手足矣。"[1]张栻认为《知言》是未定之书,这是有道理的。胡宏"以心观心"说和上蔡"知觉言仁"说,对湖湘学派有深远的影响,后来受到了朱子的批判,由此引发了朱子与湖湘学派关于"观过知仁"说和"知觉言仁"说的广泛而热烈的辩论。

第七节 张栻的仁论

张栻(1133年—1180年),字敬夫、钦夫、乐斋,号南轩,是南宋乾、淳之际重要的思想家之一,与朱子、吕祖谦并称"东南三贤"。张栻在朱子早期哲学思想的形成与确立过程中,扮演着十分重要的角色,两人之间关于"中和"及"仁"等思想的讨论,对双方《仁说》的成篇都有重要的影响。因此,为了更好地理解朱子的《仁说》,对张栻的仁论思想进行讨论,实属必要。张栻的仁论以《洙泗言仁录》和《仁说》为代表,《希颜录》在张栻的仁论体系中的地位似不应被高估。[2]本节拟相对独立地分析张栻仁论思想,而把张栻与朱子关于《洙泗言仁录》《仁说》等的论辩,放在后面的相关章节进行讨论。

一、《希颜录》

张栻的早期著作(如《希颜录》《洙泗言仁录》)和书信,在朱子编辑《南轩先生文集》时,认为是代表其早年不成熟思想的作品,遂将其删除。如今已不能确切地知道《希颜录》的内容,只能从序跋、书信、传记等中,

---

[1] [宋]胡宏:《胡宏集》,第338页。
[2] 韩国学者苏铉盛在《张栻早期仁学思想考》中认为:"张栻仁学的发展和演变可分为两个阶段:其一是从哀集旧编《希颜录》、编纂《洙泗言仁录》到修订《希颜录》为一段;其二是从争论观过知仁、以觉训仁、朱熹《仁说》到自作《仁说》为另一段。"([韩]苏铉盛:《张栻早期仁学思想考》,《孔子研究》2003年第5期。)

侧面了解其中之一二。苏铉盛将《希颜录》作为张栻"仁说"的一篇重要文献，其中不无依据。将《希颜录》和张栻的求仁过程隐约联系起来的不是别人，正是朱子，朱子在《右文殿修撰张公神道碑》中说：

> 公讳某，字敬夫，故丞相魏国忠献公之嗣子也。生有异质，颖悟夙成，忠献公爱之。自其幼学而所以教者，莫非忠孝仁义之实。既长，又命往从南岳胡公仁仲先生问河南程氏学。先生一见，知其大器，即以所闻孔门论仁亲切之指告之。公退而思，若有得也，以书质焉，而先生报之曰："圣门有人，吾道幸矣。"公以是益自奋厉，直以古之圣贤自期，作《希颜录》一篇，早夜观省，以自警策。①

按朱子的这篇碑文，张栻在绍兴三十一年（1161年）初次拜见胡宏时，胡宏"即以所闻孔门论仁亲切之指告之"。张栻拜纳受言，"以古之圣贤自期"，并作《希颜录》。朱子的这一说法，后来被《宋史》②和《宋元学案》③所承。不过，按朱子的语势，朱子并未把《希颜录》和张栻早年的求仁过程直接联系起来。张栻是"以古之圣贤自期"的目的作《希颜录》，而不是直接为求仁而作《希颜录》，这是必须首先明确的。④

据张栻乾道九年癸巳（1173年）所作的《跋希颜录》："某己卯之岁，尝裒集颜子言行为《希颜录》上下篇，今十有四年矣。回视旧编，去取伦次多所未善，而往往为朋友所传写。于是复加考究，定著为一卷，又附录一卷。"可知，《希颜录》乃宋高宗绍兴二十九年己卯（1159年）所作，于癸巳重新加以修订。所以，朱子碑文中所提的当不是己卯的《希颜录》初稿，而是改定后的。《希颜录》初稿为1159年所作，而张栻拜见胡宏却在1161年，在卷数上亦有异，所以朱子所提到的《希颜录》定是1173年修

---

① ［宋］朱熹：《晦庵先生朱文公文集》，第4131页。
② "宏一见，即以孔门论仁亲切之旨告之。栻退而思，若有得焉。宏称之曰：'圣门有人矣！'栻益自奋厉，以古圣贤自期，作《希颜录》。"（［元］脱脱：《宋史》，北京：中华书局，1977年，第3377页。）
③ "五峰一见，知其大器，即以所闻孔门论仁亲切之旨告之。先生退而思，若有得也。五峰曰'圣门有人，吾道幸矣！'先生益自奋厉，以古圣贤自期，作《希颜录》以见志。"（［清］黄宗羲：《宋元学案》，第1609页。）
④ 苏铉盛认为："此文又表明《希颜录》的归趣何在，张对仁的探索实从《希颜录》开始的。"（［韩］苏铉盛：《张栻早期仁学思想考》，《孔子研究》2003年第5期。）

订后的《希颜录》。按张栻的跋文，对于《希颜录》初稿，张栻自己也不甚满意，其内容只是把"颜子之事，独载于《论语》、《易》、《中庸》、《孟子》之书，其间颜子之所自言，与夫见于问答者"收集成编，改定后的《希颜录》则"本诸《论语》、《易》、《中庸》、《孟子》所载，而参之以二程先生之论，以及于濂溪、横渠与夫二先生门人高弟之说，列为一卷。又采《家语》所载颜子之言有近是者，与夫扬子云《法言》之可取者，并史之所纪者，存之于后"。张栻在跋文中，虽拈出颜子"不迁怒、不贰过"，"以能问于不能，以多问于寡，有若无，实若虚，犯而不校"[①]，但并未拈出颜子"三月不违仁"和"克己复礼为仁"，说明即使修订后的《希颜录》，也没有突出颜子的为仁功夫。乾道九年癸巳（1173年），代表张栻仁论的《洙泗言仁录》和《仁说》均已成篇。特别是《洙泗言仁录》，把《论语》中孔子与门人有关仁的问答类聚以观，所以改定后的《希颜录》，当亦不必突出这方面的内容以造成重复。张栻在作《希颜录》上下篇后，向胡宏请教，胡宏给张栻写了一封书信《与张敬夫》，并作了一篇《题张敬夫希颜录》。据苏铉盛考证："此两文约在绍兴三十年（1160）至绍兴三十一年（1161）胡宏病没前之作。"[②] 胡宏给张栻的书信中说："《希颜录》如《易》、《论语》、《中庸》之说，不可瑕疵，亦须真实见得。不可瑕疵，然后可也。其它诸说，亦须玩味，于未精当中求精当，此事是终身事。"[③] 从"不可瑕疵""于未精当中求精当"诸语可知，胡宏也认为张栻己卯所作的《希颜录》仍有未善，似乎暗示其对颜子的求仁功夫没有深刻体悟。在胡宏另外所作的《题张敬夫希颜录》中，也仅拈出颜子"博文约礼""损益四代""欲为大舜其所为"，也未特别提到颜子问"仁"相关的章节。在胡宏《题张敬夫希颜录》中，唯一提到"仁"字也是在"不贰过"的意思上提及："颜子有不善，未尝不知，至明也。非物格者，不能也。知之，未尝复行，至勇也。若非仁者，不能也。"[④] 以上论证说明，张栻的《希颜录》，不管初稿、改定稿都未特别突出"仁"在颜子生命中的重要地位，所以不能把《希颜录》作为能反映张栻仁论的一篇重要文献。

---

① ［宋］张栻：《南轩先生文集》，见《朱子全书外编》第4册，第501页。
② ［韩］苏铉盛：《张栻早期仁学思想考》，《孔子研究》2003年第5期。
③ ［宋］胡宏：《胡宏集》，第134页。
④ 同上注，第19页。

二、《洙泗言仁录》

张栻撰写《洙泗言仁录》主要受到胡宏和二程的影响。胡宏在与张栻初次见面时，"即以所闻孔门论仁亲切之指告之"。胡宏在《与张敬夫》书信中也说："愚无知，而贤者过听，以为似有所闻，可与论学，下问以为仁之方。"① 从"贤者过听"可看出，此书是在张栻见胡宏后。张栻受胡宏"孔门亲切之指"的教诲后，即着力探寻孔门求仁的功夫。胡宏在这封书信中答张栻说：

> 如令尹子文之忠，似不可谓之私意，而孔子不以仁许之；如陈文子之清，亦似不可谓之私意，而孔子亦不以仁许之。仁之道大，须见大体，然后可以察己之偏而习于正。乍见孺子入井之时，孟子举一隅耳。若内交，若要誉，若恶其声，此浅陋之私，甚易见也。若子文之忠、文子之清，而不得为仁，则难识也。敬夫试思之，此言或有理，幸深思之，则天地之纯，全古人之大体，庶几可见乎！②

胡宏说"仁之道大，须见大体，然后可以察己之偏而习于正"，这与程颢"学者须先识仁"的观点是一致的，也与胡宏《知言》"欲为仁，必先识仁之体"意思一贯。胡宏认为孟子所说的乍见孺子入井时所发的人人皆具的恻隐之心，只是举"仁"之一隅而非"仁"之"大体"。必须如"天地之纯"而无"私意"，方能"全古人之大体"，庶几可默识"仁之道大"。张栻说："仁岂易言哉！须会于言意之表，而的然有见焉，可也。"胡宏对之表示赞同："此言诚是也。"③ 胡宏又说：

> 又，示谕子文、文子之说，善矣。然犹是缘文生义，非有见于言意之表者也。子思曰："思事亲，不可以不知人；思知人，不可以不知天。"仁也者，人之所以为天也，须明得天理尽，然后克己以终之。以圣门实不与异端空言比也。空言易晓，实际难到，所以颜回、仲弓

---

① ［宋］胡宏：《胡宏集》，第129页。
② 同上注，第130页。
③ 同上。

第一章　朱子仁论的伊洛渊源

亚圣资质，必请事斯语，不敢以言下悟便为了也。①

胡宏在这封书信中，说张栻"缘文生义，非有见于言意之表"，说明张栻在这时期对孔门经典还没有真切的体悟和默识。胡宏进而说："仁也者，人之所以为天也，须明得天理尽，然后克己以终之。""仁也者，人之所以为天"，不是指仁者浑然与物同体，而是说"仁"是人通过克己复礼的修养功夫达到"心与理一"，此"天"指的是"天理"。所以，胡宏接下来便说求仁的功夫是"须明得天理尽，然后克己以终之"。从胡宏这封书信也可以看出，当时张栻对克己复礼的为仁功夫有所忽视，只是"缘文生义"，胡宏告诫张栻"空言易晓，实际难到"，不能"以言下悟便为了"。胡宏强调克己功夫、反对空言的求仁指意，可以说对张栻的《洙泗言仁录》和《仁说》都有很大的影响。不过，可惜的是，胡宏在与张栻初次见面的当年就去世了。所以，后来张栻说："仆自惟念，妄意于斯道有年矣，始时闻五峰胡先生之名，见其话言而心服之，时时以书质疑求益。辛巳之岁，方获拜之于文定公书堂。先生顾其愚而诲之，所以长善救失，盖有在言语之外者。然仅得一再见耳，而先生没。"②由于张栻在见胡宏之前即时时以书问学，所以张栻还是受到了胡宏很大的影响。

张栻撰写《洙泗言仁录》除了直接来自胡宏的教导外，也有来自程颐和上蔡的影响。如程颐说："将圣贤所言仁处，类聚观之，体认出来"③，"仁当何训？说者谓训觉、训人，皆非也。当合孔孟言仁处大概研穷之，二三岁得之未晚也"④。上蔡也说："学者必求仁，须将孔门问答仁处编类考察，自体仁一个紧要处方可。"⑤

关于张栻作《洙泗言仁录》的时间，将在之后的章节进行考证，张栻在《洙泗言仁录序》中说：

> 昔者夫子讲道洙泗，示人以求仁之方。盖仁者天地之心，天地之心而存乎人，所谓仁也。人惟蔽于有己，而不能以推，失其所以为人

---

① ［宋］胡宏：《胡宏集》，第130～131页。
② ［宋］张栻：《南轩先生文集》，第396页。
③ ［宋］程颢、程颐：《二程遗书》，第113页。
④ 同上注，第200页。
⑤ ［宋］朱熹：《伊洛渊源录》，清文渊阁四库全书本，第63页。

之道，故学必贵于求仁也。自孟子没，寥寥千有余载间，《论语》一书家藏人诵，而真知其旨归者何人哉？至本朝伊洛二程子始得其传，其论仁亦异乎秦汉以下诸儒之说矣，学者所当尽心也。某读程子之书，其间教门人取圣贤言仁处，类聚以观而体认之，因哀《鲁论》所载，疏程子之说于下，而推以己见，题曰《洙泗言仁》与同志者共讲焉。嗟乎！仁虽难言，然圣人教人求仁，具有本末。譬如饮食乃能知味，故先其难而后其获，所以为仁。而难莫难于克己也，学者要当立志尚友，讲论问辩，于其所谓难者，勉而勿舍。及其久也，私欲浸消，天理益明，则其所造将有不可胜穷者。若不惟躬行实践之务，而怀薪获之心，起速成之意，徒欲以聪明揣度于语言求解，则失其传为愈甚矣。故愚愿与同志者共讲之，庶几不迷其大方焉。①

与《希颜录》希圣希贤的旨意不同，《洙泗言仁录》明确地说"夫子讲道洙泗，示人以求仁之方"是《论语》一书的旨归，直探孔子思想的核心及何以成圣成贤的最终根据。此《序》有两点值得特别注意，一是从天地之心说仁，另一个是对克己复礼的强调。可以说是乾道四年戊子（1168年）所作的《克斋铭》思想的进一步发展。张栻《克斋铭》有"惟人之生，父乾母坤。允受其中，天命则存"②。说明此时张栻主要是从张载的《西铭》来寻求道德的形上根源。而在《洙泗言仁录序》则提出仁是天地之心而存乎人，从天地之心说仁是从胡宏而来的思想。并进一步发展了程颐、胡宏的思想，把天地之心和人的仁心直接联系起来。天地之心是仁心的形上根据，人的仁心因与天地之心的直接贯通而具有超越性、普遍性。天地之心和仁心是本来直接贯通的，不能贯通在于"蔽于有己，而不能以推"，因此，张栻特重克己复礼的求仁功夫。通过克己复礼的功夫，达到私欲浸消、天理益明的仁者心境。张栻在《洙泗言仁录序》中不仅表明了自己编辑《洙泗言仁录》是依程颐类聚观仁的思想而来，而且在最后特别提示学者要切实做躬行实践的功夫，不可怀薪获、速成之心，仅仅在文字言语中求解。《洙泗言仁录序》对天地之心和克己功夫的强调，成为张栻之后所作《仁说》的重要思想。

---

① ［宋］张栻：《南轩先生文集》，第229页。
② 同上注，第529页。

三、《仁说》

张栻的《仁说》受到了朱子及其《仁说》的深刻影响，因为后面章节还会深入涉及，所以这里仅对张栻《仁说》做文字上的梳理，不讨论其中朱子与张栻《仁说》的特点、异同以及相互影响。张栻的《仁说》全文如下：

> 人之性，仁、义、礼、智四德具焉。其爱之理则仁也，宜之理则义也，让之理则礼也，知之理则智也。是四者虽未形见，而其理固根于此，则体实具于此矣。性之中只有是四者，万善皆管乎是焉。而所谓爱之理者，是乃天地生物之心，而其所由生者也。故仁为四德之长，而又可以兼包焉。惟性之中有是四者，故其发见于情，则为恻隐、羞恶、是非、辞让之端，而所谓恻隐者亦未尝不贯通焉，此性情之所以为体用，而心之道则主乎性情者也。人惟己私蔽之，以失其性之理而为不仁，甚至于为忮为忍，岂人之情也哉？其陷溺者深矣。是以为仁莫要乎克己，己私既克，则廓然大公，而其爱之理素具于性者无所蔽矣。爱之理无所蔽，则与天地万物血脉贯通，而其用亦无不周矣。故指爱以名仁则迷其体，（程子所谓爱是情，仁是性，谓此。）而爱之理则仁也；指公以为仁则失其真，（程子所谓仁道难名，惟公近之，不可便指公为仁，谓此。）而公者人之所以能仁也。夫静而仁、义、礼、智之体具，动而恻隐、羞恶、辞让、是非之端达，其名义位置固不容夺伦，然而惟仁者为能推之而得其宜，是义之所存者也；惟仁者为能恭让而有节，是礼之所存者也；惟仁者为能知觉而不昧，是智之所存者也。此可见其兼能而贯通者矣。是以孟子于仁，统言之曰"仁，人心也"，亦犹在《易》乾坤四德而统言乾元、坤元也。然则学者其可不以求仁为要，而为仁其可不以克己为道乎！①

张栻在《仁说》中认为，人性本具仁义礼智四德，爱是仁之理，义是宜之理，礼是让之理，智是知之理。四德在没有发用的时候，其理、其体都已根于、具于此心。性中虽只有仁义礼智四德，但万善皆由此四德发出，莫

---

① ［宋］张栻：《南轩先生文集》，第287～288页。

不根于四德之理，莫不由其所管摄。张栻认为作为仁心超越根据的爱之理，乃是天地生物之心，且人的仁心是天地生物之心所由生。仁为四德之长，仁包四德。仁义礼智作为四德是性，其发则为恻隐、羞恶、辞让、是非之心，此四端是情。正如仁包四德，恻隐之情也贯通于羞恶、辞让、是非之情。四德是心之体，四端之情是心之用，而心之道则主宰乎性情。人本有仁义礼智之性，但是人由于私欲的隔蔽、陷溺，则其本具之性不能发用而若有所遗失，因此，求仁功夫的关键在克己。克去己私，则此心本具的爱之理便不会受蒙蔽，而能与天地万物血脉贯通，所以疾痛痒疴相关，仁心的发用便能普覆于天地万物而无所不周。张栻赞同程颐仁性爱情的观点，因为仁是性、爱是情，所以指爱为仁便会迷失仁体，因为仁体是爱之理，而不是爱之情，爱不是仁，爱之理才是仁。张栻也认同程颐"公最近仁，但公不是仁，公而以人体之则为仁"的观点，认为指公为仁，则会失去仁的真正本义。公是人之所以为仁的根据，但不就是仁。张栻认为四德之性未发则为静，已发则为动。未发而四德之性本具于心，为心之体；已发则四端之情达于外，为心之用。仁者能推之而宜则为义，恭让有节则为礼，知觉不昧则为智。仁和恻隐之心作为体用则能分别兼能而贯通于四德、四端，所以孟子统而言之说仁是人心，《易》也把元亨利贞四德统于乾元、坤元。张栻最后强调，学者应以求仁为要，求仁又应以克己为要。

如果单看张栻《仁说》，可以说言简意赅，直指其要，字字珠玑。但是如果我们比较了朱子《仁说》及明白朱子己丑中和新悟后的心性思想，则不难发现张栻的《仁说》的主要义理间架都是朱子义理精神的表现，这一方面可以看出张栻择善而从的虚心精神，另一方面也可看出己丑之后，朱子学说对张栻影响之大。而在中和旧说时期，则基本上是朱子倒向张栻，为其理论所吸引，而在己丑之后，则主要是张栻为朱子所吸引。张栻和朱子的思想交流和相互影响，可以说是道学史最完美的体现，二者都具有默契对方义理精神的智慧，又有择善而从的忘我精神。

第二章　朱子早期仁论研究

第一节　李侗与朱子论仁——以《延平答问》为中心①

《延平答问》是从宋高宗绍兴二十七年丁丑（1157年，朱子时年28岁）至宋孝宗隆兴元年癸未（1163年，朱子时年34岁），李侗和朱子师弟子之间的书信集，后由朱子所编定，②是研究李侗仁论和朱子早期仁论的重要材料。李侗，字愿中，南剑州剑浦（今福建南平）人。延平为南平旧名，故学者称李侗为延平先生。李侗为二程三传弟子，与朱子父亲朱松都师事罗从彦，为同门友，是朱子最重要的老师。朱子于绍兴二十三年癸酉（1153年，朱子时年24岁），见李侗于延平，至隆兴元年癸未李侗死去，前后共十年。所以，朱子在《祭延平李先生文》中说："熹也小生，卯角趋拜。恭惟先君，实共源派。阊阊侃侃，敛衽推先。冰壶秋月，谓公则然。施及后人，敢渝斯志？从游十年，诱掖谆至。"③从此祭文我们可知，朱子本人把绍兴二十三年作为自己正式受学的时间。④朱子在《与范直阁》书中说：

---

① 赖尚清：《朱子早期仁论思想研究——以〈延平答问〉为中心》，《首都师范大学学报》（社会科学版）2014年第3期。

② 关于《延平答问》成书时间，学界有两种看法："一据《答问》辑录书札的起讫年月，推断在隆兴二年；一据朱熹《答罗参议书》透露的信息，考订在隆兴元年八月下旬至九月上旬之间。"（[宋]朱熹：《延平答问》，第303页。）

③ [宋]朱熹：《晦庵先生朱文公文集》，第4065页。

④ 朱子何时正式受学于李侗，学界有不同的意见。李、洪本《年谱》皆认为朱子受学于绍兴二十三年癸酉（1153年）。（[清]王懋竑：《朱子年谱·考异》，第416页。）王懋竑则认为受学之年当在绍兴三十年庚辰（1160年，朱子时年31岁）。（同上注，第416～417、420页。）王懋竑此说为后来众多学者所采，如牟宗三认为"朱子三十一岁始受学于延平"。（牟宗三：《心体与性体》第3册，第359页。）钱穆认为"绍兴三十年庚辰。是年冬又见李延平而受学"。（钱穆：《朱子新学案》，北京：九州出版社，2011年，第33页。）刘述先认为"庚辰冬朱子见延平正式受学"。（刘述先：《朱子哲学思想的发展与完成》，台北：台湾学生书局，1982年，第42页。）李明辉认为"至绍兴30年（1160）、卅一岁时正式受学"。（李明辉：《四端与七情：关于道德情感的比较哲学探讨》，台北：台湾大学出版中心，2012年，第79页。）陈来师认为"何时受学的问题，它的（转下页）

> 李丈名侗，师事罗仲素先生。罗尝见伊川，后卒业龟山之门，深见称许，其弃后学久矣。李丈独深得其阃奥，经学纯明，涵养精粹。延平士人甚尊事之，请以为郡学正。虽不复应举，而温谦愨厚，人与之处久而不见其涯，郁然君子人也。先子与之游数十年，道谊之契甚深。①

从此书可知，朱子非常尊崇其师李侗，认为"李丈独深得其阃奥，经学纯明，涵养精粹"，乃是杨时至罗从彦而来道南学派的正宗嫡传。在《延平答问》中，有许多李侗和朱子之间关于"仁"的讨论，由此可知，朱子在早年问学李侗时期，即已直探孔门儒学的核心，非常重视求仁之学。

一、当理无私

自二程开始，儒者多以理言仁，李侗也不例外：

> 问："殷有三仁焉"，和靖先生曰："无所择于利害而为所当为，惟仁者能之。"熹未见微子当去，箕子当囚，比干当死，端的不可易处。不知使三人者易地而处，又如何？……先生曰：三人各以力量竭力而为之，非有所择，此求仁得仁者也。……仁只是理，初无彼此之辨。当理而无私心，即仁矣。②

此段由于朱子对殷有三仁，未见微子当去、箕子当囚、比干当死的疑问而引起了朱子和李侗关于"仁"的讨论。朱子引程门弟子尹焞"无所择于利害而为所当为，惟仁者能之"，即只有仁者没有个人的私心、私利，廓然大公，一切以理为准则，才能"无所择于利害而为所当为"，也就是惟义所适。李侗认为"仁只是理""当理而无私心，即仁矣"，李侗对尹焞话语的发明是精准的。李侗论"仁"的观点包含两个层面：首先，仁属于理本体的层面，是一种深微的道德义理，仁者因为把握到了仁理并依此而行，

（接上页）真正义应该在于朱熹何时'尽弃异学'，而不单纯在朱子何年执贽行弟子礼。……所以即使我们依从旧谱癸酉受学的说法，也不妨碍我们进一步确定朱子'尽弃异学'的转变在癸酉之后的某年"。（陈来：《朱子哲学研究》，北京：生活·读书·新知三联书店，2010年，第47页。）陈师不同意庚辰始受学的说法，认为可以接受旧谱癸酉受学的观点，但是认为朱子何时受学的真正意义在朱子何时出现"尽弃异学"的转变，可谓比其他诸学者都来得精审。本文采朱子本人癸酉正式受学说。

① ［宋］朱熹：《晦庵先生朱文公文集》，第1605～1606页。
② ［宋］朱熹：《延平答问》，第328页。

则便具有道德勇气而为所当为，直道而行；其次，求仁的方法是去除个人的私欲，使心合于当然之理就是仁。"仁只是理"，可以说是从本体上论仁；"当理而无私心"，是从功夫上论仁。由于仁作为道德原理"初无彼此之辨"，因此必须从去除个人的私心来做求仁的功夫。在《壬午六月十一日书》中，李侗进一步对朱子阐述了这一思想：

> 承谕仁一字条陈所推测处，足见日来进学之力，甚慰。某尝以谓仁字极难讲说，只看天理统体便是。更心字亦难指说，唯认取发用处是心。二字须要体认得极分明，方可下工夫。仁字难说，《论语》一部，只是说与门弟子求仁之方。知所以用心，庶几私欲沉、天理见，则知仁矣。如颜子、仲弓之问，圣人所以答之之语，皆其要切用力处也。孟子曰："仁，人心也。"心体通有无、贯幽明，无所不包括，与人指示于发用处求之也。①

李侗认为"知所以用心，庶几私欲沉、天理见，则知仁矣"和上书"当理而无私心，即仁矣"的思想是一致的。不同的是，李侗进一步强调仁是"天理统体"，是未发的理体，心则是"发用处"，即从理之本体与心之发用两个方面探讨"仁"字意味，是对"当理而无私心即仁"思想的进一步深化。李侗认为"仁"字、"心"字都极难讲说，因此应多做求仁的"体认"功夫，强调"知仁"，认为"二字须要体认得极分明，方可下工夫"，强调从体悟、体验而不是从名义字义的辨析来体认仁，这是李侗仁论的一个重要特点。李侗特别重视"求仁之方"，认为《论语》一部书，只是孔子与门弟子说求仁之方，而孔子答颜子、仲弓的话语，都是体认、知仁的"要切用力"处，即求仁功夫。孟子说"仁，人心也"，李侗在此书中提出"心体"的概念，指出"心体通有无、贯幽明，无所不包括"，即认为心体是包括体用、动静、未发已发的一个总体范畴，可以说深刻影响了朱子后来的心性论，应该说是朱子"心统性情"思想的一个直接来源。朱子认为仁是"心之全德"，与李侗关于"心体"的论述极为相契。李侗所说的"心体"是一个总体、统体的范畴，而不只是本体的范畴，这是需要特别注意的。同时，李侗对理、天理的强调，或许也影响到了朱子，是朱子以"爱

---

① ［宋］朱熹：《延平答问》，第331页。

之理"训仁的一个思想来源，此可从李侗以"天理统体"四字训仁略见一斑。

强调求仁功夫及对仁的体认是李侗对朱子一以贯之的谆谆教诲，李侗又说："仁之一字，正如四德之元。而仁义二字，正如立天道之阴阳、立地道之柔刚，皆包摄在此二字尔。大抵学者多为私欲所分，故用力不精，不见其效。若欲于此进步，须把断诸路头，静坐默识，使之泥滓渐渐消去方可。不然，亦只是说也。更熟思之。"①李侗在这里除了强调"静坐默识"的求仁功夫，以去除私欲的纷扰，使泥滓渐渐消去外，值得注意的是李侗把"仁"和元亨利贞四德之"元"联系起来，并认为"天道之阴阳""地道之柔刚"皆包摄在人道之"仁义"二字里面，这也是朱子《仁说》贯通天道人道，认为人道四德之"仁"根源于天道四德之"元"的一个思想来源。李侗又说："承谕近日看仁一字，颇有见处，但乍喧乍静，乍明乍暗，子细点检，尽有劳攘处。详此足见潜心体认用力之效。盖须自见得病痛窒碍处，然后可进，因此而修治之，推测自可见。甚慰甚慰！孟子曰：'夫仁，亦在乎熟之而已。'乍明乍暗，乍喧乍静，皆未熟之病也。更望勉之。至祝至祝。"②此书虽然称赞朱子对"仁"的理解"颇有见处"，但是在求仁功夫上，做了"潜心体认"的求仁功夫，但其心仍然"乍喧乍静，乍明乍暗"，"尽有劳攘处"，此即《论语》所说"其余则日月至焉"的气象，还未达到颜子"三月不违仁"的境界。李侗认为之所以如此，在于求仁功夫还不熟，所以引孟子"夫仁，亦在乎熟之而已"，针砭、启发朱子。在《癸未五月二十日书》中李侗也说："今日涵养必见应事脱然处否？须就事兼体用下工夫，久久纯熟，渐可见浑然气象矣。勉之勉之。"③提醒朱子须就事"兼体用下工夫"，涵养要达致脱然、洒然的境界，如此"久久纯熟，渐可见浑然气象矣"。所谓"体"上用功，即指道南的"体验未发"的功夫；"用"上用功，即李侗所说的克去私心，纯乎天理，在日用上遇事脱然、洒然。李侗强调必须"兼体用下工夫"的思想，是其"心体通有无，贯幽明，无所不包括"、仁是"天理统体"思想的一个必然结果，这应该也是朱子后来力主先涵养后察识修养功夫的一个思想来源。总之，李侗从

---

① ［宋］朱熹：《延平答问》，第332～333页。
② 同上注，第328～329页。
③ 同上注，第339页。

理、心、体用，涵养体认与静坐默识等方面论仁的思想，对朱子后来的心性论和修养论有非常重要的影响。

二、理一分殊

用"理一分殊"的思想讨论仁义最早见于杨时和程颐关于张载《西铭》的辩论，此在上章"杨时的仁论"中已经论及。李侗非常重视程颐、杨时的"理一分殊"思想，在《戊寅冬至前二日书》论"忠恕一贯"时，就涉及"理一分殊"，朱子在信中说："盖以夫子之道不离乎日用之间，自其尽己而言则谓之忠，自其及物而言则谓之恕，莫非大道之全体。虽变化万殊于事为之末，而所以贯之者，未尝不一也。"① 在《庚辰七月书》中，李侗说：

> 所云见《语录》中有"仁者浑然与物同体"一句，即认得《西铭》意旨。所见路脉甚正，宜以是推广求之。然要见一视同仁气象却不难，须是理会分殊，虽毫发不可失，方是儒者气象。②

朱子认为程颢《识仁篇》"仁者浑然与物同体"深得张载《西铭》意旨，明道《识仁篇》说："学者须先识仁。仁者，浑然与物同体。义、礼、智、信皆仁也。识得此理，以诚敬存之而已。……《订顽》意思，乃备言此体。"《订顽》即张载的《西铭》。《西铭》中有"乾称父，坤称母；予兹藐焉，乃混然中处。故天地之塞，吾其体；天地之帅，吾其性。民，吾同胞；物，吾与也"的"万物一体"思想，程颢认为张载《订顽》的意旨即在推阐万物同体，所以他认为"浑然与物同体"是仁者所具有的一种境界。李侗则独具一格地认为，要体验万物同体的仁者气象并不甚难，难在理会分殊，所以李侗更强调义在实现仁的过程中的作用，即更重视如何把高远的仁者境界落实在平常的人伦日用之中，认为在日用中"虽毫发不可失，方是儒者气象"。此时的朱子完全认同明道的"一体言仁"说，与后来作《仁说》时的看法颇为不同："或曰：'程氏之徒言仁多矣。盖有谓爱非仁，而以"万物与我为一"为仁之体者……今子之言若是，然则彼皆非与？'曰：'彼谓物我为一者，可以见仁之无不爱矣，而非仁之所以为体之

---

① [宋]朱熹：《延平答问》，第319页。
② 同上注，第324页。

真也……泛言同体者，使人含糊昏缓而无警切之功，其弊至于认物为己者有之矣。"①在《仁说》中，朱子认为从本体方面看，物我一体虽然可以见仁之无不爱，但不是仁之所以为体之真，即万物一体不就是仁体；从功夫方面看，泛言同体则会"使人含糊昏缓而无警切之功，其弊至于认物为己"，即未做确实求仁功夫，便说万物一体，或有认物为己的弊病。所谓"认物为己"，即是空谈万物一体，却不能体会其中的分殊。朱子对程颢"一体言仁"说看法改变的一个重要原因，当是受到了李侗注重分殊思想的影响。在《壬午六月十一日书》中，李侗说：

> 又曰："仁者，人也。"人之一体，便是天理，无所不备具。若合而言之，人与仁之名亡，则浑是道理也。来谕以谓仁是心之正理，能发能用底一个端绪，如胎育包涵其中，生气无不纯备，而流动发生自然之机，又无顷刻停息，愤盈发泄，触处贯通，体用相循，初无间断。此说推广得甚好。但又云："人之所以为人而异乎禽兽者，以是而已，若犬之性、牛之性，则不得而与焉。"若如此说，恐有碍。盖天地中所生物，本源则一，虽禽兽草木，生理亦无顷刻停息间断者。但人得其秀而最灵，五常中和之气所聚，禽兽得其偏而已。此其所以异也。若谓流动发生自然之机，与夫无顷刻停息间断，即禽兽之体亦自如此。若以为此理唯人独得之，即恐推测体认未精，于他处便有差也。②

李侗引《孟子》"仁者，人也"，认为"人之一体，便是天理"，万理皆备于我，仁就是人与理合而日用常行莫非天理所为的一种德性、德行。朱子认为，仁是心之正理，仁理能发为众善万行。人与禽兽的区别即在于人天生禀有仁性、仁理，而犬牛等禽兽则没有。李侗则不认同朱子这种人禽之辨，认为天地万物在本源上都是同一的，即使禽兽草木都一样禀有生理，此生理无顷刻停息间断，这是"理一"；"分殊"在于"人得其秀而最灵，五常中和之气所聚，禽兽得其偏而已"。李侗认为朱子"人独得仁之生理"的思想乃是因为"体认未精"。值得注意的是，李侗对万理具于人之何处

---

① ［宋］朱熹：《晦庵先生朱文公文集》，第 3280～3281 页。
② ［宋］朱熹：《延平答问》，第 332 页。

没有直接的说明。但是，从朱子"仁是心之正理"的思想来看，似乎可以推出朱子认为万理都具于心，朱子认为万理具于心就像胎育一样，因生气无不纯备，而理就含蕴其中，而这种"愤盈发泄，触处贯通，体用相循，初无间断"，便是形容仁体之纯亦不已，所以李侗称赞朱子把仁体说得甚好。另外，李侗不是简单地用理、天理来论仁，而特别用了"生理"二字来论仁，认为此生理便是仁体，生理"无顷刻停息间断"，这是值得特别注意的。朱子用"生气"，而李侗则直接用"生理"言仁，可以看出，李侗之儒学造诣确实很深。李侗在此书中接着又说：

> 又云"须体认到此纯一不杂处，方见浑然与物同体气象"一段，语却无病。又云："从此推出分殊合宜处便是义。以下数句，莫不由此，而仁一以贯之。盖五常百行，无往而非仁也。"此说大概是，然细推之，却似不曾体认得。伊川所谓"理一分殊"，龟山云"知其理一，所以为仁，知其分殊，所以为义"之意，盖全在知字上用着力也。《谢上蔡语录》云，不仁便是死汉，不识痛痒了。仁字只是有知觉了了之体段，若于此不下工夫令透彻，即何缘见得本源毫发之分殊哉？若于此不了了，即体用不能兼举矣。此正是本源体用兼举处。人道之立，正在于此。

朱子说"须体认到此纯一不杂处"，即此心浑是天理，才能见程颢"浑然与物同体气象"，李侗虽然赞同朱子的这一看法，但是他强调对仁的体认中"知"的功夫："伊川所谓'理一分殊'，龟山云'知其理一，所以为仁，知其分殊，所以为义'之意，盖全在知字上用着力也。"又说"仁字只是有知觉了了之体段，若于此不下工夫令透彻，即何缘见得本源毫发之分殊哉？"提醒朱子要在知仁上做功夫，才能见得本源毫发之分殊。由此可见，李侗深受程颢和谢良佐"知觉言仁"说的影响。李侗强调知仁的功夫，强调辨析本源毫发之分殊，对朱子后来也有深远的影响，朱子在与湖湘学者的论辩中，即是为了辨析"仁"字的名义字义分明，以见本源处毫发之分殊。不同的是，李侗没有指出谢良佐"知觉言仁"说的潜在弊端，而朱子则力图矫正之。李侗一方面强调体验作为"理一"之仁体、理体，另一方面强调知觉之灵明不昧，即强调知觉"义"之分殊，也就是仁体之发用，也就是在本源体用兼举处。

朱子在《辛巳八月七日书》①的回书中，对李侗的《壬午六月十一日书》做了进一步的发挥，朱子的这一封书信较长，大致可以分成以下三段：

> 问：熹昨妄谓仁之一字，乃人之所以为人而异乎禽兽者，先生不以为然。熹因以先生之言思之而得其说，敢复求正于左右。熹窃谓天地生物，本乎一源，人与禽兽草木之生，莫不具有此理。其一体之中，即无丝毫欠剩，其一气之运，亦无顷刻停息，所谓仁也。（先生批云："有有血气者，有无血气者，更体究此处。"）但气有清浊，故禀有偏正。惟人得其正，故能知其本、具此理而存之，而见其为仁；物得其偏，故虽具此理而不自知，而无以见其为仁。然则仁之为仁，人与物不得不同；知人之为人而存之，人与物不得不异。故伊川夫子既言"理一分殊"，而龟山又有"知其理一，知其分殊"之说。而先生以为全在知上用着力，恐亦是此意也。（先生勾断批云："以上大概得之，它日更用熟讲体认。"）不知果是如此否？②

朱子转而完全接受了李侗"人与禽兽同禀仁之天理"的看法，朱子认为天地万物本乎一源，都禀受有仁之理，所以说"其一体之中，即无丝毫欠剩"，即理无不完备；此理呈现于气化之流行中，则没有顷刻间断，朱子认为这就是仁，这是从本源之"理一"说的。但是，由于气有清浊，所以万物的禀受也有偏正，人因得其清气，所以禀得其正，知道人本具此理而存养之，所以见其为仁；物则得其浊气，所以禀受得偏，虽然同具此理却不能知觉之，所以无以见其为仁。"但气有清浊，故禀有偏正。惟人得其正，故能知其本、具此理而存之，而见其为仁；物得其偏，故虽具此理而不自知，而无以见其为仁。"这是从禀受之"分殊"来说的。万物同禀此理，这是"理一"处；人能知觉此理而存之，物则不能，此则是"分殊"处，由此可以见出人物之同异。朱子认为这就是程颐提出"理一分殊"，杨时提出"知其理一，知其分殊"学说的原因。李侗基本上认同了朱子的看法，认为应就此熟讲体认。值得注意的是，朱子在李侗气禀的偏全的基础上，又加入两点：一是用"气有清浊，故禀有偏正"来说明人物之异；

---

① 应为《壬午八月七日书》。
② ［宋］朱熹：《延平答问》，第335页。

第二章　朱子早期仁论研究

二是人知"具此理而存之，而见其为仁"，物则"虽具此理而不自知，而无以见其为仁"，即朱子用能否知觉此理并存养之来说明人物之性之异。朱子接下来又说：

  又详伊川之语推测之，窃谓理一而分殊，此一句言理之本然如此，全在性分之内、本体未发时看。（先生抹出批云："须是兼本体已发未发时看，合内外为可。"）合而言之，则莫非此理，然无一物之不该，便自有许多差别。虽散殊错糅，不可名状，而纤微之间，同异毕显，所谓"理一而分殊"也。"知其理一，所以为仁；知其分殊，所以为义"，此二句乃是于发用处该摄本体而言，因此端绪而下工夫以推寻之处也。盖"理一而分殊"一句，正如孟子所云"必有事焉"之处，而下文两句，即其所以有事乎，此之谓也。（先生抹出批云："恐不须引孟子说以证之。孟子之说，若以微言，恐下工夫处落空，如释氏然。孟子之说，亦无隐显精粗之间。今录谢上蔡一说于后，玩味之，即无时不是此理也。此说极有力。"）①

朱子接着又说，理一分殊是理之本然，应该从性分之内、本体未发时看，而李侗则认为"须是兼本体已发未发时看，合内外为可"，应该说李侗的思想是正确的。性、本体、未发是理一之体，只有在已发时，性、本体才表现为分殊之用，所以"理一分殊"应"兼本体已发未发时看，合内外之道为可"。朱子认为合而言之，莫非此理，人物所同得，但是本体之"理一"又表现为差别之万物中；同时，若分而言之，万物之中自有许多差别，散殊错糅，但是纤微之间，又有"理一"在其中，两方面合起来，就是所谓的"理一分殊"。朱子又引杨时"知其理一，所以为仁；知其分殊，所以为义"，这是从发用该摄本体，从端绪下功夫以推寻本体。朱子认为程颐、杨时所说的"理一分殊"和孟子"必有事焉"的心性修养功夫有关，认为"心勿忘，勿助长"说的正是已发时的涵养功夫，正是上文"于发用处该摄本体而言，因此端绪而下工夫以推寻之处也"。李侗则不赞同朱子引孟子"必有事焉，心勿忘，勿助长"来说明"理一分殊"，认为"孟子之说，若以微言，恐下工夫处落空，如释氏然"。李侗认为，孟子所说的

---

① ［宋］朱熹：《延平答问》，第335～336页。

勿忘勿助长的心性修养功夫，忽略了存理去欲的功夫，因此恐怕会在下功夫处落空。李侗当是认为，孟子的"勿忘勿助长"功夫，类似程颢所说的"诚敬"存仁的功夫，但是必须先有去除私念、私欲的功夫，方不会落空。朱子接着又说：

> 大抵仁字正是天理流动之机。以其包容和粹，涵育融漾，不可名貌，故特谓之仁。其中自然文理密察，各有定体处，便是义。只此二字，包括人道已尽。义固不能出乎仁之外，仁亦不离乎义之内也。然则理一而分殊者，乃是本然之仁义。（先生勾断披云："推测到此一段甚密，为得之。加以涵养，何患不见道也。甚慰甚慰！"）前此乃以从此推出分殊合宜处为义，失之远矣。又不知如此上推测，又还是不？更乞指教。

朱子在这一小段中，则强调仁之发用，认为仁是"天理流动之机"，"以其包容和粹，涵育融漾，不可名貌，故特谓之仁"，朱子从"天理流动"来说仁，值得特别注意，"包容和粹，涵育融漾，不可名貌"与程颢的"仁者浑然与物同体"的意思相同，也就是"理一"；但是此浑然之天理，其流动中"自然文理密察，各有定体处，便是义"，也就是"分殊"。朱子又认为仁不在义外，义也不在仁外。义就是仁之发用的"自然文理密察，各有定体"；仁就是义之本体的"包容和粹，涵育融漾，不可名貌"。因此，朱子说"理一而分殊者，乃是本然之仁义"，认为仁义在道理上本来就是"理一分殊"的，李侗对此深表赞同，并提醒朱子应注意涵养功夫。朱子在作此书时只有33岁，他对仁义等的理解已经非常深刻，甚至有超过李侗处，可见朱子颖悟之至，所差只是功夫之纯熟而已。但是，功夫之纯熟更占地位，若不纯熟，本来明莹的心体又会被私欲所障蔽。另外一个值得注意的是，朱子起初认为仁理为人所独得，乃是人之所以异于禽兽者，经过李侗的批评，转变为人物皆禀有仁理，此当是朱子43岁作《仁说》以"爱之理"训仁，并以"爱之理"为仁体，为天地万物同体之根据的一个思想来源。

不过，朱子虽然体悟到了"仁字正是天理流动之机"，但是是否真的就体悟到了仁是生理？我看未必真有深刻的体验，只不过是顺着李侗的语脉说下来，只是在文字上有此知解，如此而已。

三、天地之心

上面我们已经知道朱子从"天理流动"来说"仁",《辛巳二月二十四日书》则不同,朱子把周敦颐《太极图说》和《易》《中庸》联系起来:

> 问:"太极动而生阳",先生尝曰:"此只是理,做已发看不得。"熹疑既言"动而生阳",与《复卦》一阳生而"见天地之心"何异。窃恐"动而生阳",即天地之喜怒哀乐发处,于此即见天地之心;二气交感,化生万物,即人物之喜怒哀乐发处,于此即见人物之心。如此做两节看,不知得否?先生曰:"太极动而生阳",至理之源,只是动静阖辟。至于终万物、始万物,亦只是此理一贯也。到得二气交感,化生万物时,又就人物上推,亦只是此理。《中庸》以喜怒哀乐未发已发言之,又就人身上推寻,至于见得大本达道处,又衮同只是此理。此理就人身上推寻,若不于未发已发处看,即何缘知之?盖就天地之本源与人物上推来,不得不异。此所以于"动而生阳",虽以为喜怒哀乐已发言之,在天地只是理也。今欲作两节看,切恐差了。《复卦》"见天地之心",先儒以为静见天地之心,伊川以为动乃见,此恐便是"动而生阳"之理。……①

此段由朱子和李侗讨论周敦颐《太极图说》"太极动而生阳"而引起。李侗认为"太极动而生阳"只是理,不能看作是已发。朱子则认为周敦颐说的"太极动而生阳"与"《复卦》一阳生而见天地之心"相同,"动而生阳"即是天地喜怒哀乐的发动处。《太极图说》"二气交感,化生万物"说的则是人物的喜怒哀乐,于此可见人物之心。李侗则坚持"太极动而生阳"至"二气交感,化生万物"不能作两节看,认为都"只是此理",不过却同意了朱子关于"动而生阳"是喜怒哀乐已发的看法。值得注意的是,朱子在此书中把天地之心与人物之心贯通起来,试图把宇宙生成论和心性论联系起来。李侗在此很明确地认为"太极动而生阳"的"太极"指的是理,即生理,同时认为程颐"动处见天地之心"的"动"也是生理之动。恐怕此时的朱子也是不能深刻领悟的。同年李侗给朱子的书信也论及了仁:

---

① [宋]朱熹:《延平答问》,第 328～329 页。

某中间所举《中庸》始终之说，元晦以谓"肫肫其仁，渊渊其渊，浩浩其天"，即全体是未发底道理，惟圣人尽性能然。若如此看，即于全体何处不是此气象，第恐无甚气味尔。某窃以谓"肫肫其仁"以下三句，乃是体认到此"达天德"之效处。就喜怒哀乐未发处存养至见此气象，尽有地位也。某尝见吕芸阁与伊川论中说。吕以谓循性而行，无往而非礼义。伊川以谓气味殊少。吕复书云云，政谓此尔。

在这封书信中，李侗认为：仁即"全体是未发底道理，惟圣人尽性能然"。不过，李侗特别提醒朱子："肫肫其仁，渊渊其渊，浩浩其天"这三句是体认到"达天德"的仁者气象，应该就喜怒哀乐未发处存养至见此气象则尽有地位，这显然与李侗所继承的静中体验未发的道南传统有关。

四、有道气象

李侗不但指点朱子"求仁"的功夫，亦重视点化朱子仁者所至的脱然、洒然、澄然无事的气象与境界。如《戊寅七月十七日书》说："某村居一切只如旧，有不可不应接处，又难废堕，但靳靳度日尔。朝夕无事，齿发已迈，筋力渐不如昔。所得于师友者，往来于心，求所以脱然处，竟未得力，颇以是为惧尔。"[①]李侗在晚年仍以未能脱然自得为惧。《戊寅冬至前二日书》说："大率须见洒然处，然后为得。虽说得行，未敢以为然也。"[②]认为只是见得道理明还不行，还必须涵养至洒然处。同书中又说："颜子气象与子夏不同。先玩味二人气象于胸中，然后体会夫子之言'亦足以发'与'起予者商也'之语气象如何。颜子深潜淳粹，于圣人体段已具，故闻夫子之言，即默识心融，触处洞然，自有条理。故终日言，但见其'不违如愚'而已，退省其私，则于语默日用动容之间，皆足以发明夫子之道，坦然由之而无疑也。"[③]李侗教诲朱子必须善观颜子和子夏气象的不同，先细细玩味二子气象于胸中，然后再看孔子评价颜子和子夏的话语。李侗特别称赞颜子涵养功夫深潜淳粹，已经具备圣人体段，所以对于孔子的话，每每默识心融，触处洞然，事事自有条理。所以孔子言虽终日，只看见颜子"不违如愚"，但是观察颜子平时语默动静、动容周旋之间，都足以"发

---

① ［宋］朱熹：《延平答问》，第309页。
② 同上注，第313页。
③ 同上。

明"孔子之道,坦然由之而无疑,只是还未达到孔子大而化之的圣境而已。

在《戊寅十一月十三日书》中,李侗又说:

> 又所谓但敬而不明于理,则敬特出于勉强,而无洒落自得之功,意不诚矣。洒落自得气象,其地位甚高。恐前数说,方是言学者下工处,不如此则失之矣。由此持守之久,渐渐融释,使之不见有制之于外,持敬之心,理与心为一,庶几洒落尔。某自闻师友之训,赖天之灵,时常只在心目间,虽资质不美,世累妨夺处多,此心未尝敢忘也。于圣贤之言,亦时有会心处,亦间有识其所以然者。但觉见反为理道所缚,殊无进步处。①

主敬持守还须明得其中道理,不然只是出于勉强,并未到达洒落自得、意诚心正的境界。洒落自得,地位已经很高,乃是持久涵养,渐渐融释,达到不见"制之于外";持敬之心久久纯熟,达到心与理一,庶几能臻至洒落自得的境界。李侗认为即使自己也"世累妨夺处多",时为"道理所缚",而不能洒然融释。李侗举自己为道的历程指示朱子,不要小看洒落自得的涵养功夫和境界,自己得之甚难。李侗认为主敬功夫必须彻始彻终,因为,"不如此则失之";但是,单单主敬持守还不够,主敬之后还必须能放开,才能达到洒落自得、冰解融释、不为道理所缚的阶段和境界,这是李侗要朱子常常默会于心,认为"此心未尝敢忘"的。因此,李侗在《己卯长至后三日书》又说:"今学者之病,所患在于未有洒然冰解冻释处,纵有力持守,不过只是苟免显然尤悔而已。似此恐皆不足道也。"②

在《庚辰五月八日书》中,李侗又说:

> 尝爱黄鲁直作《濂溪诗序》云:"春陵周茂叔,人品甚高,胸中洒落,如光风霁月。"此句形容有道气象绝佳。胸中洒落,即作为尽洒落矣。学者至此虽甚远,亦不可不常存此体段在胸中,庶几遇事廓然,于道理方少进。愿更存养如此。③

---

① [宋]朱熹:《延平答问》,第320~321页。
② 同上注,第321页。
③ 同上注,第322页。

李侗特别拈出黄庭坚的《濂溪诗序》所形容的周敦颐"胸中洒落，如光风霁月"的气象，认为这是一种洒落自得、湛然澄明的心境，胸中洒落，则事事洒然。同书李侗又解释说：

> 某尝以谓遇事若能无毫发固滞，便是洒落。即此心廓然大公，无彼己之偏倚，庶几于理道一贯。若见事不彻，中心未免微有偏倚，即涉固滞，皆不可也。未审元晦以为如何？为此说者，非理道明，心与气合，未易可以言此。不然，只是说也。①

李侗说遇事若能无毫发固滞、执着，则此心廓然大公，不会在彼己之间患得患失，而能不偏不倚，这样就能做到理道一贯。如果见理不通彻，那么内心未免在彼己之间有所偏倚，一有偏倚，则涉固滞，则便不是《中庸》"喜怒哀乐未发谓之中"的气象。李侗认为这种气象很难形容言说，必须自己见得道理明，涵养到心与气合方能默会体认于心，如果没有这种体认功夫，则仍只是言说文字而已。此处"心与气合"说的应该是"心与理合"的意思，其中的"气"与孟子所养浩然之气是一个东西，是"集义与道"所养成的德性之气。

在《庚辰七月书》中，李侗又说：

> 某自少时从罗先生学问，彼时全不涉世故，未有所入，闻先生之言，便能用心静处寻求。至今溗汩忧患，磨灭甚矣。四五十年间，每遇情意不可堪处，即猛省提掇，以故初心未尝忘废，非不用力，而迄于今更无进步处。常切静坐思之，疑于持守及日用尽有未合处，或更有关键未能融释也……大率今人与古人学殊不同。如孔门弟子，群居终日相切摩，又有夫子为之依归，日用间相感而化者甚多。恐于融释而脱落处，非言说可及也。不然，子贡何以谓"夫子之言性与天道，不可得而闻"耶？元晦更潜心于此，勿以老迈为戒，而怠于此道。②

李侗在此书中更通过举自己从罗从彦问学的经历，来引导朱子从事洒落自

---

① ［宋］朱熹：《延平答问》，第323页。
② 同上注，第323～324页。

得的涵养功夫。李侗认为自己年轻时从罗从彦问学，因不涉事故，所以未能入道。但是，还是对罗从彦的教导默识心诵，时时用心于静处寻求。每遇事故，情意不可堪处，即猛醒提撕。但是这种功夫，还是很不容易做，所以，虽然很努力在做默坐澄心的功夫，但是"迄于今更无进步处""疑于持守及日用尽有未合处""或更有关键未能融释"。孔子与众弟子终日相处，时时切磨，又有孔子作为依归，所以日用观感，不言而化者多。"融释""脱落"的气象，不是仅仅言说就能达到的，教导朱子须于此潜心用功，不可怠于此道。"脱落"的意思是，变化自己的气质，使各种后天带来的"习气渐尔销铄"；"融释"的意思是指"所谓气、所谓心，浑然一体流浃"①，即心与气一。在《辛巳上元日书》中，李侗又说："昔尝得之师友绪余，以谓问学有未惬适处，只求诸心。若反身而诚，清通和乐之见，即是自得处。更望勉力以此而已。"②在《辛巳五月二十六日书》中，李侗又说：

> 某村居一切如旧，无可言者。窘束为人事所牵，间有情意不快处，一切消释，不复能恤。盖日昃之难，理应如此尔。
>
> 承谕今日学履甚适，向所耽念不洒落处，今已渐融释。此便是道理进之效，甚善甚善。思索有窒碍，及于日用动静之间有咈戾处，便于此致思，求其所以然者，久之自循理尔。③

李侗说自己近来虽"间有情意不快处"，但已"一切消释，不复能恤"。又看到朱子最近学习和日用践履都很适惬，以前李侗所一直担心的不洒落处，都已渐渐融释。李侗称赞这就是朱子明道理、下功夫后的进步之效。不过，在《辛巳中元后一日书》中，李侗又认为朱子"但于洒落处，恐未免滞碍"④。大概朱子虽然道理已明，但求仁功夫却还未纯熟，所以难免间断。所以李侗在《癸未五月二十日书》中问朱子："今日涵养必见应事脱然处否？须就事兼体用下工夫，久久纯熟，渐可见浑然气象矣。勉

---

① [宋]朱熹:《延平答问》，第325页。
② 同上注，第329页。
③ 同上注，第329～330页。
④ 同上注，第330页。

之勉之。"①

李侗死于宋孝宗隆兴元年癸未（1163年，朱子时年34岁），他在去世前几个月给朱子的《六月十四日书》中说：

> 承谕令表弟之去，反而思之，中心不能无愧悔之恨。自非有志于求仁，何以觉此！《语录》有云，罪己责躬不可无，然亦不可常留在心中为悔。来谕云悔吝已显然，如何便销陨得胸中！若如此，即于道理极有碍，有此气象，即道理进步不得矣。政不可不就此理会也。某窃以谓有失处。罪己责躬，固不可无，然过此以往，又将奈何？常留在胸中，却是积下一团私意也。到此境界，须推求其所以愧悔不去为何而来。若来谕所谓似是于平日事亲事长处，不曾存得恭顺谨畏之心，即随处发见之时，即于此处就本源处推究涵养之，令渐明，即此等固滞私意当渐化矣。又昔闻之罗先生云："横渠教人，令且留意神化二字。所存者神，便能所过者化。私吝尽无，即浑是道理，即所过自然化矣。"更望以此二说，于静默时及日用处下工夫看如何？吾辈今日所以差池道理不进者，只为多有坐此境界中尔。禅学者则不然。渠亦有此病，却只要绝念不采，以是为息灭，殊非吾儒就事上各有条理也。元晦试更以是思之如何？或体究得不以为然，便中示报为望。（后见先生又云："前日所答，只是据今日病处说，《语录》中意却未尽。它所以如此说，只是提破，随人分量看得如何。若地位高的人微有如此处，只如此提破，即涣然冰释，无复凝滞矣。"）②

朱子因表弟的去世，感到自己心中不能无愧悔之恨，李侗认为有此愧悔之心固然是好事，说明朱子有志于求仁，但是，又不可常留此愧悔之事于心中，如此愧悔之心常留不去，则只是积下一团私意。李侗认为如果此心私吝尽无，浑是道理，便能所存者神，所过者化。神化又是一种更高的境界，不但自己已经脱然融释、习气销铄、内心怡然自得，心与理一，心与气一，而且周遭的人物都能观感而化。李侗认为如果平时涵养功夫深厚，所造地位已高，只需如此提破，就能"涣然冰释，无复凝滞"。李侗对朱

---

① ［宋］朱熹：《延平答问》，第339页。
② 同上注，第339~340页。

子的教诲不可谓不切至矣。李侗一方面着力点化朱子脱然、洒然、融释的功夫，无非是希望年轻的朱子以后处事应物能够转物而非被物所转，无入而不自得，养得此心湛然虚明，临终仍念念不忘劝勉朱子"志于求仁"，可以说是李侗临终时给朱子最好的礼物。所谓仁者寿，一个主要的方面就是能当下照破各种物境而不足以扰乱其心，此心触处洞然，通流无滞，如古井之水汩汩而出，鲜活日新，当然容易健康长寿。另一方面，李侗也特意点化朱子所谓脱然、洒然不是如禅者之无念、寂灭，应在日用处各见条理，也就是着力明辨儒佛之异，以防止朱子日后流入禅佛去，其用心也不可谓不深切。李侗认为"罪己责躬不可无，然亦不可常留在心中为悔"，认为还有更高的洒然自得的境界与气象，为以后朱子批判湖湘学派"观过知仁"说也留下了伏笔。

后来朱子在《延平先生李公行状》中引沙县邓天迪形容李侗气象之语说："愿中如冰壶秋月，莹彻无瑕。"[①]此不但是时人善形容仁者气象，也是李侗自己修养已臻至极高的境界。"如冰壶秋月，莹彻无瑕"，即是形容李侗已修养得此心莹明透彻，而无一毫私欲之染，正如秋高气爽，万里澄空，一轮明月朗照，平静的壶水朗现此皎洁明月。此心如水，此理如月，千江有水千江月，万里无云万里天。

第二节　湖湘学派对朱子早期心性思想的影响

朱子早期深受湖湘学派心性论和修养论的影响，而有丙戌中和旧说之悟，后又在修养过程中深觉其非，而有己丑中和新说之悟，由此朱子的心性论和修养论思想趋于成熟，而朱子《仁说》即是在中和新说的心性论架构下的产物。因此，在深入了解朱子《仁说》义理之前，必须先对湖湘学派的心性论和修养论、朱子两次中和之悟的过程有很好的了解。

朱子中和旧说以及中和新说是研究朱子心性论发展、成熟过程的最重要的材料，中和新说的完成则标志着朱子心性论体系的成熟。由于朱子中和旧说主要得自于湖湘学派的张栻，张栻得自于其师胡宏，所以在讨论朱子中和旧说前先讨论一下湖湘学派胡宏的中和学说：

[①] [宋]朱熹：《晦庵先生朱文公文集》，第4520页。

一、胡宏的中和学说

胡宏的中和学说集中表现于《与曾吉甫书》[①]中：

> 杨先生《中庸解》谓："中也者，寂然不动之时也。"按子思说，喜怒哀乐未发谓之中，则是杨先生指未发时为寂然不动也。顷侍坐时尝及此，谓"喜怒哀乐未发"，恐说"寂然不动未得"。

杨时在《中庸解》中说，中是指心之寂然不动之时，也就是指未发为寂然不动。胡宏则认为，喜怒哀乐未发不可指心之寂然不动。

> 窃谓未发只可言性，已发乃可言心，故伊川曰："中者，所以状性之体段"，而不言状心之体段。心之体段，则圣人无思也，无为也，寂然不动感而遂通天下之故是也。未发之时，圣人与众生同一性；已发，则无思无为，寂然不动感而遂通天下之故，圣人之所独。夫圣人尽性，故感物而静，无有远近幽深，遂知来物；众生不能尽性，故感物而动，然后朋从尔思，而不得其正矣。若二先生以未发为寂然不动，是圣人感物亦动，与众人何异？尹先生乃以未发为真心，然则圣人立天下之大业，成绝世之至行，举非真心耶？

胡宏认为，未发只可说是性，已发才是心，因此程颐说"中"字是摹状性之体段，而不说是摹状心之体段。心之体段在圣人则无思、无为，寂然不动、感而遂通。在未发时，圣人和众生在性上是相同的；在已发时，只有圣人才能做到无思、无为，寂然不动、感而遂通。这是因为圣人能尽性，故虽感物而静；众生则不能尽性，故感物而动，发而不中节，杂虑纷扰，不得此心之正。如果以未发为寂然不动，那么已发则虽圣人亦感物而动，那与众人就没有两样。尹焞以未发为真心，那么圣人立大业、成至行的已发之心难道就不是真心了吗？这说明胡宏是不赞成把未发、已发当作心的两个不同阶段或状态，以及未发指心之寂然不动、已发指心之感而遂通的。胡宏主张性心对言，性为未发、心为已发，性发为心，性心分属两个

[①] [宋]胡宏：《胡宏集》，第114～116页。

不同的层次。

> 某愚谓方喜怒哀乐未发，冲漠无朕，同此大本，虽庸与圣，无以异也；而无思无为，寂然不动，乃是指易而言，易则发矣。故无思无为，寂然不动圣人之所独，而非庸人所及也。惟无思无为，寂然不动，故感而遂通天下之故，更不用拟议也。"喜怒哀乐未发"句下，还下得"感而遂通天下之故"一句否？若下不得，即知其立意自不同，不可合为一说矣。恐伊川指性指心，盖有深意，非苟然也。心性，固是名，然名者，实之表著也。义各不同，故名亦异，难直混为一事也。尹先生指喜怒哀乐未发为真心，既以未发，恐难指为心。

胡宏认为喜怒哀乐未发，圣人与常人同此大本，同此冲漠无朕。无思无为、寂然不动则是指易之流行而言，在人则是指心之流行，即是已发。圣人心之流行，无思无为，寂然不动，故能感而遂通；常人心之流行则有思有为，不能做到寂然不动，故不能感而遂通，思虑杂扰。胡宏显然认同程颐在与吕大临辩论"中和"时提出而为其自己后来否认的"凡言心者，皆指已发而言"的观点。因为胡宏认为心为已发、性为未发，所以其心性修养功夫主先察识后涵养，先察识良心、本心的苗裔，然后由此扩充、涵养此本心、良心，使其充盛而大：

> 情一流则难遏，气一动则难平。流而后遏，动而后平，是以难也。察而养之于未流，则不至于用遏矣；察而养之于未动，则不至于用平矣。是故察之有素，则虽婴于物而不惑；养之有素，则虽激于物而不悖。《易》曰："艮其背，不获其身；行其庭，不见其人。无咎。"此之谓也。①

胡宏认为情流欲动则难遏难平，因此应先做察识而后做涵养的功夫。胡宏说："何谓本？仁也。何谓仁？心也。心官茫茫，莫知其向，若为知其体乎？有所不察，则不知矣。有所顾虑，有所畏惧，则虽有能知能察之

---

① ［宋］胡宏：《胡宏集》，第18页。

良心，亦沦没于末流，浸消浸亡而不自知。"[①]认为仁是心，但心出入无时，莫知其向，所以欲为仁必先识仁之体，否则即使能察识良心，亦沦为末流。

二、朱子的中和旧说

从杨时到罗从彦到李侗的道南学派，强调静中体验喜怒哀乐未发时气象，也就是静存的功夫，而湖湘学派则强调先察识良心，然后涵养的动察功夫，一个强调在未发时用功，一个强调在已发时用功。李侗死于隆兴元年癸未（1163年），朱子时年34岁。李侗虽然极力向朱子传授静中体验未发的功夫，但是朱子当时并不相契，朱子在《答何叔京》第二书中说："李先生教人，大抵令于静中体认大本未发时气象分明，即处事应物，自然中节。此乃龟山门下相传指诀。然当时亲炙之时贪听讲论，又方窃好章句训诂之习，不得尽心于此，至今若存若亡，无一的实见处，辜负教育之意。每一念此，未尝不愧汗沾衣也。"[②]在《答林择之》第二十书中也说："龟山所谓'未发之际能体所谓中，已发之际能得所谓和'，此语为近之，然未免有病。旧闻李先生论此最详，后来所见不同，遂不复致思。今乃知其为人深切，然恨已不能尽记其曲折矣。……但当时既不领略，后来又不深思，遂成磋过，辜负此翁耳。"[③]朱子在《中和旧说序》中也说："余早从延平李先生学，受《中庸》之书，求喜怒哀乐未发之旨，未达而先生没。余窃自悼其不敏，若穷人之无归。闻张钦夫得衡山胡氏学，则往而问焉。"[④]从朱子以上这些回忆中可以看出，年轻时的朱子喜好章句训诂，加上当时年轻，并未能深刻领悟李侗所传体验未发的道南指诀。但是，心性涵养问题对年轻的朱子又非常重要，所以自李侗死后，朱子走上了独立参究的道路，直到后来向张栻请教由胡宏所传的湖湘学派的心性修养功夫。

张栻是同时代对朱子思想具有最重要影响的学者，朱子的中和旧说、新说和《仁说》的形成都与张栻有极大的关联。朱子与张栻初次见面在隆兴元年癸未（1163年）冬，《朱子语类》说："上初召魏公，先召南轩来。

---

① ［宋］胡宏:《胡宏集》，第83页。
② ［宋］朱熹:《晦庵先生朱文公文集》，第1803页。
③ 同上注，第1979～1980页。
④ 同上注，第3634页。

某亦赴行在，语南轩云……"①魏公即张栻父亲张浚，二人初次见面不大可能有深入的思想交流。据朱子回忆，朱子与张栻第二次见面在隆兴二年甲申（1164年），八月张栻父亲病故，九月张栻扶柩过豫章时："九月廿日至豫章，及魏公之舟而哭之。云亡之叹，岂特吾人共之，海内有识之所同也。自豫章送之丰城，舟中与钦夫得三日之款。其名质甚敏，学问甚正，若充养不置，何可量也！"②这次朱子与张栻有三日晤谈，谈论应该比较深入，所以朱子由衷赞叹张栻学问端正，前途不可限量。第二次见面以后，朱子和张栻之间以书信往来的方式保持联系，探讨学术问题，乾道元年乙酉（1165年）《答罗参议》第一书说："钦夫尝收安问，警益甚多。大抵衡山之学只就日用处操存辨察，本末一致，尤易见功。某近乃觉知如此，非面未易究也。"③在这封书信中，朱子深赞湖湘学操存辨察功夫本末一致，特别容易见到功用，说明张栻把胡宏所传的湖湘学告诉给朱子，而朱子即深有所契。乾道二年丙戌（1166年）朱子在《答罗参议》第六书中又说："某块坐穷山，觉无师友之助，惟时得钦夫书问往来，讲究此道，近方觉有脱然处。潜昧之久，益觉日前所闻于西林而未之契者，皆不我欺矣。幸甚幸甚！恨未得质之高明也。元来此事与禅学十分相似，所争毫末耳。然此毫末却甚占地位，今学者既不知禅，而禅者又不知学，互相排击，都不扎着痛处，亦可笑耳。"朱子在潜昧湖湘学时日久后觉有脱然处，并对李侗静中体验未发的功夫也觉得越来越相契。朱子认为李侗的静中体验功夫与禅学虽十分相似，所争毫末，但这毫末却非常重要。盖李侗的静中体验和禅学一样，都首先通过静坐来澄清私欲、思虑，脱去旧染、旧习，使之冰解冻释，但是作为道南指诀的静坐体验功夫，还须在静中体验未发时气象如何，这未发即是中，这是儒家和禅学之间的不同之处。这也显示，朱子在得益于湖湘之学的同时，有向道南之学回归的趋势，朱子由中和旧说转向中和新说的潜在种子在开始时即已种下。此时，朱子似乎只看到湖湘学派和道南学派之间的相似处，而对其功夫次第的差异却似乎未有深察。

朱子在《中和旧说序》中说：

  一日喟然叹曰："人自婴儿以至老死，虽语默动静之不同，然其大

---

① ［宋］朱熹：《朱子语类》，第3423页。
② ［宋］朱熹：《晦庵先生朱文公文集》，第4746页。
③ 同上注，第4748页。

体莫非已发,特其未发者为未尝发耳。"自此不复有疑。以为《中庸》之旨果不外乎此矣。后得胡氏书,有与曾吉父论未发之旨者,其论又适与余意合,用是益自信,虽程子之言有不合者,亦直以为少作失传而不之信也,然间以语人,则未见能深领会者。①

这就是一般学者所说的朱子丙戌中和旧说之悟。朱子在《中和旧说序》中又说:"暇日料捡故书,得当时往还书稿一编,辄序其所以而题之曰:中和旧说。"②可见,朱子所编的《中和旧说》,包括了朱子和张栻在己丑之悟之前有关中和问题的书信往来,现在学界一般认为主要指《答张钦夫》第三、四、三十四、三十五书,即"人自有生四书"。王懋竑考定此四书作于乾道二年丙戌(1166年),朱子37岁;钱穆先生则考定四书皆作于戊子(1168年);③据陈来先生考定,《答张钦夫》第三书作于丙戌春夏间,第三十五书作于丙戌之秋,第四书承第三十五书作于丙戌秋,第三十四书作于丁亥(1167年)之春。④今从陈先生所考。朱子在《与张钦夫》第三书中说:

> 人自有生即有知识,事物交来,应接不暇,念念迁革,以至于死,其间初无顷刻停息,举世皆然。然圣贤之言,则有所谓未发之中,寂然不动者。夫岂以日用流行者为已发,而指夫暂而休息,不与事接之际为未发时耶?尝试以求之,则泯然无觉之中,邪暗郁塞,似非虚明应物之体,而几微之际,一有觉焉,则又便为已发,而非寂然之谓。盖愈求而愈不可见,于是退而验之于日用之间,则凡感之而通,触之而觉,盖有浑然全体应物而不穷者。是乃天命流行,生生不穷之机,虽一日之间万起万灭,而其寂然之本体则未尝不寂然也。所

---

① [宋]朱熹:《晦庵先生朱文公文集》,第3634页。
② 同上注,第3635页。
③ 钱穆:《朱子新学案》第2册,第262~264页。钱穆据此认为,朱子中和旧说乃朱子湖湘之行后得悟于从游张栻之久,并以《中和旧说序》为证;陈来则认为朱子中和旧说非全得自张栻:"根据现存朱熹给张栻的书信及其他材料看,张栻当时并没有把胡宏关于中和的思想完全介绍给朱熹,所以朱熹后来在《中和旧说序》中说他是在第一次中和之悟后才读到五峰答曾吉甫论中和书。张栻向朱熹介绍的主要是湖南学派有特色的'先察识后涵养'学说以及张栻对已发未发的若干看法,在当时这些对朱熹并没有产生多大影响。"(陈来:《朱子哲学研究》,第189页。)
④ 陈来:《朱子哲学研究》,第196~197页。

谓未发，如是而已，夫岂别有一物，限于一时，拘于一处，而可以谓之中哉？故虽汩于物欲流荡之中，而其良心萌蘖，亦未尝不因事而发见。学者于是致察而操存之，则庶乎可以贯乎大本达道之全体而复其初矣。不能致察，使梏之反复，至于夜气不足以存而限于禽兽，则谁之罪哉？周子曰："五行，一阴阳也；阴阳，一太极也；太极，本无极也。"其论至诚，则曰："静无而动有。"程子曰："未发之前更如何求？只平日涵养便是。"又曰："善观者，却于已发之际观之。"二先生之说如此，亦足以验大本之无所不在，良心之未尝不发矣。①

朱子认为人自出生至老死，心之流行从不间断，不能指此心日用流行为已发，指此心未与事接时为未发，未发指的是寂然之本体，未发和中都不是在时间中的概念，朱子在此书中还未指出未发就是性。此心万起万灭，凡心之流行都是已发。因此功夫惟在心之流行之中致察良心之萌蘖而操存之，则可以贯大本达道而复其初。在此基础上，朱子赞同周敦颐"静无而动有""太极，本无极也"及程颐"未发之前更不可求，善观者却于已发之际观之"的思想，即未发因其无形象，不可捉摸，因此不可以做察识功夫，应该先从已发察识良心的萌蘖而后做操存的功夫，这与道南学派静中体验未发之旨有很大区别。朱子在《答张敬夫》第三十五书中说：

盖通天下只是一个天机活物，流行发用，无间容息。据其已发者而指其未发者，则已发者人心，而凡未发者皆其性也，亦无一物而不备矣。夫岂别有一物拘于一时，限于一处而名之哉？即夫日用之间，浑然全体，如川流之不息、天运之不穷耳。此所以体用、精粗、动静、本末洞然无一毫之间，而鸢飞鱼跃，触处朗然也。存者存此而已，养者养此而已，"必有事焉而勿正，心勿忘，勿助长也"。从前是做多少安排，没顿着处。今觉得如水到船浮，解维正柂而沿洄上下，惟意所适矣。岂不易哉！始信明道所谓"未尝致纤毫之力"者，真不浪语。②

---

① ［宋］朱熹：《晦庵先生朱文公文集》，第1315～1316页。
② 同上注，第1393～1394页。

朱子在此书中，更明确地指出通天下只是一天机活物之流行，已发是心，未发是性，性心为体用、精粗、静动、本末的关系，因心以见性，心性一体浑然。因此，存是存此心，养也是养此心，此心的存养如孟子所说"必有事焉而勿正，心勿忘，勿助长"和程颢所说"未尝致纤毫之力"的诚敬存养功夫，而此浑然全体的流行则像川流之不息，天运之无穷，鸢飞鱼跃，触处洞然，活泼泼的。此时的朱子明显强调的是存养良心、本心的功夫，而不是李侗告诫的脱然、洒然的存理去欲的功夫。而且朱子笼统地说"浑然全体"之流行，此"浑然全体"到底是什么？心体、性体还是理体？朱子此时充其量只是见得个大本达道的影子而已。朱子在《与张钦夫》第四书中又说：

> 前书所扣，正恐未得端的，所以求正。兹辱诲喻，乃知尚有认为两物之蔽，深所欲闻，幸甚幸甚。当时乍见此理，言之唯恐不亲切分明，故有指东画西、张皇走作之态。自今观之，只一念之间已具体用，发者方往，而未发者方来，了无间断隔截处，夫岂别有物可指而名之哉？然天理无穷，而人之所见有远近深浅之不一，不审如此见得又果无差否？更望一言垂教，幸幸。
>
> 所论龟山《中庸》可疑处，鄙意近亦谓然。又如所谓"学者于喜怒哀乐未发之际以心验之，则中之体自见"，亦未为尽然。大抵此事浑然，无分段时节先后之可言。今着一"时"字、"际"字，便是病痛。当时只云寂然不动之体，又不知如何。《语录》亦尝疑一处说存养于未发之时一句，及问者谓当中之时，耳目无所见闻，而答语殊不痛快，不知左右所疑是此处否？更望指诲也。
>
> 向见所著《中论》有云："未发之前，心妙乎性；既发，则性行乎心之用矣。"于此窃亦有疑。盖性无时不行乎心之用，但不妨常有未行乎用之性耳。今下一"前"字，亦微有前后隔截气象，如何如何？熟玩《中庸》，只消道一"未"字便是活处。此岂有一息停住时耶？只是来得无穷，便常有个未发的耳。若无此物，则天命有已时，生物有尽处，气化断绝，有古无今矣。此所谓天下之大本，若不真的见得，亦无揣摩也。①

---

① ［宋］朱熹：《晦庵先生朱文公文集》，第 1316～1317 页。

朱子在此书中认为心之一念即已具体用，因为已发时性无不行于心之用，虽然可以说未发时性不行乎心之用。既然性未发时不行乎心之用，因此不能说有未发之时、之际、之前等具有时间性的字眼。朱子在此明确怀疑龟山所传的道南指诀："学者于喜怒哀乐未发之际以心验之，则中之体自见"，认为凡心都指已发，无所谓分段时节，进而怀疑未发时的存养功夫。由此可知，中和旧说主要是以道南学派为反省的主要对象。朱子在《答张敬夫》第三十四书中又说：

> 大抵日前所见累书所陈者，只是笼统地见得个大本达道的影像，便执认以为是了，却于"致中和"一句全不曾入思议，所以累蒙教告以求仁之为急，而自觉殊无立脚下功夫处。盖只见得个直截根源倾湫倒海的气象，日间但觉为大化所趋，如在洪涛巨浪之中，不容少顷停泊，盖所见一向如是，以故应事接物处但觉粗厉勇果增倍于前，而宽裕雍容之气略无毫发。虽窃病之，而不知其所自来也。而今而后，乃知大化之中，一家自有一个安宅，正是自家安身立命、主宰知觉处，所以立大本、行达道之枢要。所谓体用一源，显微无间者，乃在于此。而前此方往方来之说，正是手忙足乱，无着身处。道迩求远，乃至于是，亦可笑矣。①

朱子在此处已经开始反省前三书并不是真的见道之语，只是见得个大本达道的影像罢了。只有致和，即已发的功夫，而没有致中，即未发存养的功夫。因为只做已发的致察功夫，所以觉得如在洪涛巨浪之中，应事接物粗厉勇果，而无宽裕雍容气象。以前是自信太过，即未先做去除习心、旧染的澄心功夫，而却想有洒然自得、鸢飞鱼跃的活泼泼气象，如此所见之道只是个海市蜃楼而已。朱子此书提到张栻曾多次告诫朱子当以求仁为急，但是却觉得无立脚下功夫处。朱子在作此书时认为仁就是大化流行中的自家安宅，是自家安身立命、主宰知觉处，仁是立大本、行达道的枢要，正如《孟子·离娄上》说："仁，人之安宅也。"程颐所谓的体用一源、显微无间，说的正是此心之仁。因此，如果事先没有存仁涵养的未发功夫，只做已发察识功夫，则此心方往方来，手足忙乱，并无着身主宰处。朱子走

---

① ［宋］朱熹：《晦庵先生朱文公文集》，第 1392 页。

了一段弯路，终于意识到了未发涵养功夫是求仁的枢要，可以说已经有向道南学派回归的趋势。由此可知，朱子关于已发未发的中和学说，其实是和知仁、存仁功夫密切联系在一起的，此应特别引起注意。

在义理上与中和旧说相关的还有朱子《答何叔京》第二、三、四书，朱子《答罗参议》第六书。据陈来先生考证，皆作于丙戌。① 《答何叔京》第二书、《答罗参议》第六书已见前引。《答何叔京》第三书说："天性人心、未发已发，浑然一致，更无别物。由是而克己居敬，以终其业，则日用之间亦无适而非此事矣。《中庸》之书要当以是为主，而诸君子训义，于此鲜无遗恨，比来读之，亦觉其有可疑者。虽程子之言，其门人所记录，亦不能无失。盖记者之误，不可不审也。"② 此书与《答张敬夫》第三十四书接近，而更强调克己居敬的功夫。《答何叔京》第四书说："昔闻之师，以为当于未发已发之几，默识而心契焉，然后文义事理，触类可通，莫非此理所由出，不待区区求之于章句训诂之间也。向虽闻此而莫测其所谓，由今观之，始知其为切要至当之说，而竟亦未能一蹴而至其域也。"③ 此书与前引《答罗参议》第六书意思一致，都是强调其师李侗的静中体验未发的涵养功夫，而与《答张敬夫》第三十四书意思较接近。

朱子丙戌中和之悟时，曾经非常兴奋和自信，认为从此做功夫甚是简易，对程颐曾否定的"心皆是已发"及杨时"学者于喜怒哀乐未发之际以心验之，则中之体自见"等思想都表示怀疑而不予接受，作于丙戌之秋的《答许顺之》第十一书对其时之心境有最好的说明：

某穷居简陋，夏秋间伯崇来，相聚数十日，讲论稍有所契。自其去，此间几绝讲矣。幸秋来老人粗健，心间无事，得一意体验，比之旧日渐觉明快，方有下功夫处。日前真是一盲引众盲耳。其说在石丈书中，更不缕缕。试取观之为如何，却一语也。更有一绝云："半亩方塘一鉴开，天光云影共徘徊。问渠那得清如许？为有源头活水来。"试举似石丈，如何？湖南之行，劝止者多，然其说不一。独吾友之言为当，然亦有未尽处。后来刘帅遣到人时已热，遂辍行，要之亦是不

---

① 陈来：《朱子书信编年考证》（增订本），北京：生活·读书·新知三联书店，2007年，第37～38页。
② ［宋］朱熹：《晦庵先生朱文公文集》，第1803页。
③ 同上注，第1805页。

索性也。①

朱子在得到中和旧说之悟时是非常兴奋的，认为终于摆脱了以前一盲引众盲的状况，而且觉得此心比之旧日渐觉明快，更作一首诗以明当时的心情。此诗所说的天光和源头活水，指察识到了自己内心本有的良心、仁心，所以日觉此心明彻、舒坦与畅快。但是不久之后，同是作于丙戌之秋的《答张敬夫》第三十四书却对此前所悟开始反省："大抵日前所见累书所陈者，只是笼统地见得个大本达道的影像，便执认以为是了……自觉殊无立脚下功夫处。"这表明朱子切实恳切地在做心性修养功夫，但是中和之悟却只提供了短暂的心地明快，"天光云影共徘徊"，才是当时心境的真实写照，即是李侗曾经批评朱子的"乍喧乍静，乍明乍暗"②病痛，充其量只是个"日月至焉"的气象而已。同是作于丙戌之秋的朱子《答何叔京》第二书则更明显：

> 脱然之语，乃先生称道之过。今日犹如挂钩之鱼，当时宁有时耶？然学者一时偶有所见，其初皆自悦怿，以为真有所自得矣。及其久也，渐次昏暗淡泊，又久，则泯灭，而顽然如初无所睹。此无他，其所见者非卓然真见道体之全，特因闻见揣度而知耳。窃意当时日闻至言、观懿行，其心固必有不知所以然者。自失其所依归，而又加以岁月之久，汩没浸渍，今则尤然为庸人矣。此亦无足怪者。因下问之及，不觉怅然，未知其终何所止泊也。③

朱子在同作于丙戌之秋的《答罗参议》第六书仍说"近方觉有脱然处"，现在却明确否定自己心地的脱然、洒然，觉得今日如挂钩之鱼，认为自己中和之悟与其他学者一样，只是偶有所见，其初自适悦怿即以为已经有所自得，但是好景不长，慢慢变得汩没浸渍、昏暗淡泊，因为所谓见道不过是揣度而知，并非卓然真见道体之全。所以丁亥春朱子《答张敬夫》第三十四书也说："前此方往方来之说，正是手忙足乱，无着身处。道迩求远，乃至于是，亦可笑矣。"再观上述朱子觉得李侗静坐体验未发之旨越

---

① ［宋］朱熹：《晦庵先生朱文公文集》，第 1774～1775 页。
② 同上注，第 339 页。
③ 同上注，第 1802 页。

来越有味，不我欺之语来看，朱子似已渐渐发觉湖湘学并没有使自己真正受用，也慢慢察觉湖湘学与道南学心性功夫的差异。"非卓然真见道体之全"，似可说是当时朱子对湖湘学的认识。因此，当乾道三年丁亥（1167年）八月，朱子赴潭州（长沙）访张栻，据李本《年谱》说："是时范念德侍行，尝言二先生论《中庸》之义，三日夜而不能合。"①王懋竑《朱子年谱·考异》认为："范念德言两先生论《中庸》之义三日夜而不能合，此语绝无所据。"②但是，当时张栻信守湖湘学，而朱子则在实际体验中未得持久真正受用而开始反省湖湘学，并对道南学开始逐渐有重新的认识和体悟，从这个背景来看，朱子和张栻关于中和的思想已经有较大的距离，其不合应该是有道理的。但总归此时，朱子还是认可湖湘学。所以作于丁亥夏的《答何叔京》第十一书朱子仍说：

> 向来妄论持敬之说，亦不自记其云何。但因其良心发见之微，猛醒提撕，使心不昧，则是做工夫的本领。本领既立，自然下学而上达矣。若不察于良心发见处，则渺渺茫茫，恐无下手处也。③

此书说明，朱子仍信守湖湘学察识良心的学说，认为是做功夫的本领。不过，可以看出的是，朱子在丙戌到戊子期间，在心性修养功夫上并未真得持久的受益，这是他反省湖湘学，重味道南学的真正内在动因，其他不过是外在的助缘罢了。这也决定了朱子若真实地做心地功夫，必不会仅停留在湖湘学的层面，而会继续进行探索，这便是朱子中和新说所要解决的问题。朱子以为自己中和旧说之悟即已见道，哪知只是见得个大本达道的影子，似乎也为后来朱陆之辩埋下了伏笔。

三、朱子的中和新说

朱子在《中和旧说序》提到了其由旧说转向新说的过程：

> 乾道己丑之春，为友人蔡季通言之，问辨之际，予忽自疑，斯理也，虽吾所默识，然亦未有不可以告人者。今析之如此其纷纠而难明

---

① ［清］王懋竑：《朱子年谱·考异》，第201页。
② 同上注，第429页。
③ ［宋］朱熹：《晦庵先生朱文公文集》，第1822页。

也，听之如此其冥迷而难喻也，意者乾坤易简之理，人心所同然者，殆不如是；而程子之言出其门人高弟之手，亦不应一切谬误，以至于此。然则予之所自信者，其无乃反自误乎？则复取程氏书，虚心平气而徐读之，未及数行，冻解冰释，然后知情性之微旨，其平正明白乃如此。而前日读之不详，妄生穿穴，凡所辛苦而仅得之者，实足以自误而已。至于推类至极，反求诸身，则又见其为害之大，盖不但名言之失而已也。于是又窃自惧，亟以书报钦夫及尝同为此论者。惟钦夫复书深以为然，其余则或信或疑，或至于今而未定也。夫忽近求远，厌常喜新，其弊乃至于此，可不戒哉！①

其实，自丙戌之秋以来，朱子一直在反省湖湘学先察识后涵养的学说，并有逐渐回归道南学的趋势，其最后的结果当是结合两者的优长，提出了朱子自己的中和新说。朱子明确说乾道五年己丑（1169年，朱子时年40岁），在与蔡季通问辨之际，忽然怀疑自己以前的中和旧说"纷纠难明""冥迷难喻"，认为或许是自己误读了二程的语录。在重新虚心平意读二程书时，忽觉"冻解冰释"，这就是朱子己丑中和新说之悟。值得注意的是朱子用了其师李侗"冻解冰释"语汇，一方面朱子已经对道南学深有所契，另一方面也是深得其受用。朱子悟后马上通信告知张栻和其他湖南学者，但只有张栻对其说深表赞同，其余则至朱子写《中和旧说序》的乾道八年壬辰（1172年）仍或信或疑。在序中提到"亟以书报钦夫"指的是《与湖南诸公论中和第一书》：

> 《中庸》未发、已发之义，前此认得此心流行之体，又因"程子凡言心者，皆指已发而言"，遂目心为已发、性为未发。然观程子之书，多所不合，因复思之，乃知前日之说，非惟心、性之名命之不当，而日用功夫全无本领，盖所失者不但文义之间而已。按《文集》、《遗书》诸说，似皆以思虑未萌，事物未至之时，为喜怒哀乐之未发。当此之时，即是此心寂然不动之体，而天命之性，当体具焉。以其无过不及，故谓之中。及其感而遂通天下之故，则喜怒哀乐之性发焉，而心之用可见。以其无不中节，无所乖戾，故谓之和。此则人心之

---

① ［宋］朱熹：《晦庵先生朱文公文集》，第3634～3635页。

正，而情性之德然也。然未发之前不可寻觅，已觉之后不容安排，但平日涵养之功至，而无人欲之私以乱之，则其未发也，镜明水止，而其发也，无不中节矣。此是日用本领工夫。至于随事体察，即物推明，亦必以是为本。而于已发之际观之，则其具于未发之前者，固可默识。故程子之《答苏季明》，反复论辩，极于详密，而卒之不过以敬为言。又曰："敬而无失，即所以中。"又曰："入道莫如敬，未有致知而不在敬者。"又曰："涵养须是敬，进学则在致知。"盖为此也。向来讲论思索，直以心为已发，而日用工夫，亦止以察识端倪为最初下手处，以故缺却平日一段工夫，使人胸中扰扰，无深潜纯一之味，而其发之言语事为之间，亦常急迫浮露，无复雍容深厚之风。盖所见一差，其害乃至于此，不可以不审也。程子所谓"凡言心者，皆指已发而言"，此乃指赤子之心而言，而谓"凡言心者"，则其为说之误，故又以为未当，而复正之。固不可以执其已改之言，而尽疑诸说之误；又不可遂以为未当，而不究其所指之殊也。不审诸君子以为如何？①

朱子在中和旧说时期，主张心为已发，性为未发，因此只做已发的察识良心发现之端倪的功夫。但是程颐与吕大临论中和时所说"凡言心者皆指已发而言"，经吕大临反驳，程颐明确放弃了此说，而主张心有两个分段时节，即思虑未萌、喜怒哀乐等情感未发作时的未发状态和思虑已萌、喜怒哀乐等情感已发作时的已发状态。未发即心之寂然不动之体，天命之性当体具焉，因其无过不及，故谓之中；已发即心之感而遂通，以其无所乖戾，故谓之和。在此，朱子已经隐约有了心统性情的思想。因未发、已发均属心，所以在心未发时做主敬存养的功夫，在心已发时做随事体察的功夫，认为应以未发涵养为本领功夫，而与之前以察识良心端倪之发现为本领功夫有异。平日庄敬涵养，则此心若镜明水澄，其感物而发则无不中节，此即是人心之正。朱子进而拈出程颐"涵养须用敬，进学则在致知"一语，认为以前所主张的中和旧说缺少平日涵养一段功夫，故胸中扰扰，无深潜纯一之味，言语事为急迫浮露，无雍容深厚之风。朱子的"涵养须用敬，进学则在致知"，不单纯是继承程颐的思想，其涵养包括了道南学派的静中体验未发的功夫，用"敬"字代替"静"字，则是因为"静"字

---

① ［宋］朱熹：《晦庵先生朱文公文集》，第 3130～3131 页。

比较偏于道佛；其"致知"则容纳了湖湘学的察识良心的功夫，而不仅是知识论的致知功夫。与道南学不同的是，虽同以平日涵养为主，但朱子更加着重察识良心、仁心的功夫；与湖湘学不同的是，朱子以平日庄敬涵养为先、为本，先涵养后察识。朱子在包容道南学派、湖湘学派的基础上，更吸收了程颐的随事体察、即物推明的进学与致知，即后来的格物穷理的功夫，而这是道南学派和湖湘学派都不重视的。朱子又有《已发未发说》，内容和《与湖南诸公论中和第一书》大体一致而更加详细。牟宗三先生认为《已发未发说》为《与湖南诸公论中和第一书》之原稿，[①]但是比观两者的内容，则《已发未发说》在文义上更优，则似《已发未发说》应在《与湖南诸公论中和第一书》之后，从《中和旧说序》"亟以书报钦夫及尝同为此论者"可知，《与湖南诸公论中和第一书》当即是"亟以书报钦夫及尝同为此论者"，当为原稿。《已发未发说》认为：

> 未发之中，本体自然不须穷索，但当此之时，敬以持之，使此气象常存而不失，则自此而发者，其必中节矣。此日用之际本领工夫。其曰："却于已发之处观之"者，所以察其端倪之动，而致扩充之功也。一不中则非性之本，然而心之道则几乎息矣。故程子于此，每以"敬而无失"为言。又云："入道莫如敬，未有能致知而不在敬者。"又曰："涵养须是敬，进学则在致知。"以事言之，则有动有静。以心言之，则周流贯澈，其工夫初无间断也，但以静为本尔。（周子所谓主静者亦是此意，但言静则偏，故程子只说敬。）向来讲论思索，直以心为未发，而所论致知格物，亦以察识端倪为初下手处，以故缺却平日一段功夫。[②]

从以上这段引文中，可以更加清楚地看出朱子兼综道南、湖湘及二程之学的用心。"未发之中，本体自然不须穷索，但当此之时，敬以持之，使此气象常存而不失，则自此而发者，其必中节矣。此日用之际本领工夫"，即是程颢诚敬存养的功夫以及道南学派静中体验喜怒哀乐未发时做何气象的道南指诀，朱子之所以用二程的"敬"字，而没有用周敦颐、道南学派

[①] 牟宗三：《心体与性体》第3册，第149页。
[②] [宋]朱熹：《晦庵先生朱文公文集》，第3268页。

的"静"字，只是因为觉得"言静则有偏"。朱子认为道南的主静、二程的主敬功夫是其本。"'却于已发之处观之'者，所以察其端倪之动，而致扩充之功"，此即是湖湘学派察识良心端倪的发见而进行扩充的功夫。《已发未发说》除了同样拈出程颐的"入道莫如敬，未有致知而不在敬者"，"涵养须是敬，进学则在致知"两者外，更明确拈出了程颐"格物致知"的功夫，这是《与湖南诸公论中和第一书》所没有的，因而接上了《大学》的功夫条目。由此，朱子的中和新说为以后朱子"格物致知"认识论新面向的开辟铺平了道路，这是对道南学派和湖湘学派非常重要的发展，是对程颐格物致知之学容纳吸收的结果，朱子的意图是通过"主敬致知"来打通心性论和认识论，以成就其"尊德性与道问学"并重的内圣外王之学。

在朱子给张栻《与湖南诸公论中和第一书》后，张栻回复表示基本同意，即《中和旧说序》所说的"惟钦夫深以为然"，朱子在己丑之夏回复张栻的《答张钦夫》第四十九书中说：

> 诸说例蒙印可，而未发之旨又其枢要，既无异论，何慰如之！然比观旧说，却觉无甚纲领，因复体察，得见此理须以心为主而论之，则性情之德、中和之妙，皆有条而不紊矣。然人之一身，知觉运用，莫非心之所为，则心者，固所以主于身，而无动静语默之间者也。然方其静也，事物交至，思虑未萌，而一性浑然，道义全具，其所谓中，是乃心之所以为体而寂然不动者也。及其动也，事物交至，思虑萌焉，则七情迭用，各有攸主，其所谓和，是乃心之所以为用，感而遂通者也。然性之静也而不能不动，情之动也而必有节焉，是则心之所以寂然感通、周流贯彻而体用未始相离者也。然人有是心而或不仁，则无以著此心之妙；人虽欲仁而或不敬，则无以致求仁之功。盖心主乎一身而无动静语默之间，是以君子之于敬，亦无动静语默而不用其力焉。未发之前，是敬也固已主乎存养之实；已发之际，是敬也又常行于省察之间。方其存也，思虑未萌而知觉不昧，是则静中之动，复之所以"见天地之心"也；及其察也，事物纷纠而品节不差，是则动中之静，艮之所以"不获其身，不见其人"也。有以主乎静中之动，是以寂而未尝不感；有以察乎动之静，是以感而未尝不寂。寂而常感，感而常寂，此心之所以周流贯彻而无一息之不仁也。然则君子之所以"致中和而天地位、万物育"者，在此而已。盖主于身而无

动静语默之间者,心也;仁则心之道,而敬则心之贞也。此彻上彻下之道,圣学之本统。明乎此,则性情之德,中和之妙可一言而尽矣。①

朱子在此答书中认为自己的中和新说还是没有抓住纲领,而更明确须以心为主,如此则性情之德、中和之妙才能有条而不紊,这就是后来心统性情思想的萌芽。在此书中,朱子明确认为,未发为寂然不动的心之静,认为此时心中一性浑然,道义全具,即是所谓的"中","中"是心之所以为体而寂然不动者,由此可以看出,此时朱子不用无过不及、不偏不倚而说中,而是以理来说中,此中即是性。应该说和《已发未发说》和《与湖南诸公论中和第一书》有很大的区别,更加接近吕大临中即性,而不采程颐中是状心之不偏不倚、无过不及之体段的说法。朱子认为已发是感而遂通的心之动、心之用,朱子在这里用性、情来分别心之体用,进而认为敬贯动静,是彻上彻下的求仁功夫。从静中之动,复之所以"见天地之心",及中即是性来看,朱子似已明确地把道南学派的静中体验喜怒哀乐未发之谓中作为一种求仁的功夫,中即仁,是心之道。从"及其察也,事物纷纠而品节不差,是则动中之静,艮之所以'不获其身,不见其人'也。有以主乎静中之动,是以寂而未尝不感;有以察乎动之静,是以感而未尝不寂。寂而常感,感而常寂,此心之所以周流贯彻而无一息之不仁也"来看,则朱子已经在求仁功夫上打通了道南学派体验未发的静坐默识功夫和湖湘学派察识端倪的动察功夫,认为两者是互相贯通的求仁功夫,但是应以道南学派的静中涵养功夫为本,进而用程颐的敬贯动静来统摄道南学派、湖湘学派的心性涵养功夫。朱子在这封书信中特别注重心的主宰作用,认为"仁则心之道,敬则心之贞",朱子之所以突出心,其实是为了突出仁、突出敬,并在"仁为心之道、敬为心之贞"上彻底打通了道南学派之静养、湖湘学派之动察以及程颢之"诚敬"存养、程颐之"敬贯动静"的心性功夫。所以我们可以肯定地说,正是在求仁这一功夫上,朱子打通了二程以来的伊洛传统,朱子认为这就是圣学之本统。进而在吸收程颐格物致知思想的基础上,开出了向外寻求知识、真理的新的圣学功夫,从而打通了《论语》《孟子》《中庸》《易传》《大学》,完成了一个新的伟大的综合,这就是朱子苦参中和学说的重大意义。

---

① [宋]朱熹:《晦庵先生朱文公文集》,第1418~1419页。

第三章 "《洙泗言仁录》辩"研究

上章我们分析湖湘学派对朱子早期心性论的影响，从本章至第六章，将采取书信序次考证与义理研究分离开来的形式，深入研究朱子与张栻等湖湘学派之间关于"仁"字的名义字义及求仁功夫的四大论辩，即"《洙泗言仁录》辩""'观过知仁'辩""'知觉言仁'辩""《仁说》之辩"。本章主要研究朱子和张栻之间的"《洙泗言仁录》辩"，对张栻《洙泗言仁录》的创作动机、写作与论辩过程进行分析，力图呈现朱子与张栻之间关于"《洙泗言仁录》辩"的全貌以及其中所蕴含的主要义理。

第一节 "《洙泗言仁录》辩"书信详考

本节将逐篇考证与"《洙泗言仁录》辩"有关书信的序次以及年月，在考证方法上首先根据书信的义理脉络、文字关联来考证书信之间的序次及往复关系，再根据相关历史事实及有确切时间的书信来进一步断定书信的作成时间。按序次逐篇列举书信并考证，主要是力图以最少的篇幅理清书信之间的序次，并在最后加列表格以便读者查阅（见附录一）。

一、张栻《答乔德瞻》第一书[①]，此书约作于宋孝宗乾道五年己丑（1169年）八或九月，考证见后。

二、张栻《答潘叔度》第一书[②]，此书亦约作于己丑八或九月，考证见后。

---

① ［宋］张栻:《南轩先生文集》，第416～417页。
② 同上注，第419页。

三、张栻《答潘叔度》第二书^①，此书约作于己丑十或十一月，考证见后。

四、张栻《答朱元晦秘书》第三十九书^②，此书约作于己丑十一或十二月，考证如下：

1. 此书说："某近因与乔、潘考究《论语》论仁处，亦有少说，续便录呈。晦叔犹未得到长沙书。共父想已过九江，探伺渠到家，专人喑之。"此书所说的"乔、潘"即指乔德瞻、潘叔度，"某近因与乔、潘考究《论语》论仁处"指张栻《答乔德瞻》第一书，张栻《答潘叔度》第一、第二书，在此三书中，张栻与乔德瞻、潘叔度讨论了《论语》"仁"字意思以及"孝弟为仁"问题。

2. 此书有"共父想已过九江，探伺渠到家，专人喑之"语，指乾道五年（1169年）十一或十二月刘珙丧母事：

> 乾道五年十月，以资政殿学士、左中大夫知荆南府，寻丁母忧。^③
> （乾道）八年十二月，服除，除知潭州、荆湖南路安抚使。^④

从"乾道五年十月……知荆南府，寻丁母忧"之"寻"字和"（乾道）八年十二月，服除"推断，刘珙当约在己丑十一或十二月丧母。刘珙丧母时知潭州，刘珙得知丧母消息后急赴家奔丧，由"共父想已过九江，探伺渠到家，专人喑之"语可知，刘珙此时还在奔丧归途中。由此推断，张栻《答朱元晦秘书》第三十九书当作于己丑十一或十二月。

3. 由此书"某近因与乔、潘考究《论语》论仁处，亦有少说，续便录呈"之"某近因"语可知，张栻与乔德瞻、潘叔度考究《论语》论仁处当在己丑十二月之前不久。由此推断，张栻《答乔德瞻》第一书、张栻《答潘叔度》第一书均当约作于己丑八或九月，张栻《答潘叔度》第二书当约作于己丑十或十一月。

4. "某近因与乔、潘考究《论语》论仁处，亦有少说，续便录呈"之"少说"可知，开始时张栻采《论语》仁说的名称，而非今名《洙泗言仁

---

① ［宋］张栻：《南轩先生文集》，第419～420页。
② 同上注，第345页。
③ ［宋］徐自明：《宋宰辅编年录》，民国敬乡楼丛书本，第556页。
④ ［宋］朱熹：《晦庵先生朱文公文集》，第4345页。

录》，而且当时还不一定就有编辑《洙泗言仁录》的想法。

5. 由上述考证可知，张栻《洙泗言仁录》起因于与乔德瞻、潘叔度考究《论语》论仁处，约开始于己丑八或九月。此时刚有少说，远未成书。

五、张栻《答朱元晦秘书》第四十书①，此书约作于庚寅（1170年）十二月，考证如下：

此书说："某备数于此，自仲冬以后凡三得对，区区之诚，不敢不自竭。上聪明，反复开陈，每荷领纳，私心犹有庶几乎万一之望，正幸教诲之及，引领以冀也。讲筵开在后月，自此或更得从容，以尽底蕴。""仲冬以后凡三得对"指"（乾道六年庚寅三十八岁）十一月郊祀礼成公论奏"、"（乾道六年庚寅三十八岁）十二月兼左右司侍立官奏罢发运使职"等事，②"讲筵开在后月"指"是月（按：十二月）兼侍讲除左司员外郎"事。③由此可知，张栻《答朱元晦秘书》第四十书当作于庚寅十二月。

六、张栻编成《洙泗言仁录》最初稿，此书当约作成于庚寅十二月或辛卯（1171年）一月，考证见后。

"（乾道六年庚寅三十八岁）《洙泗言仁录》成。"④《张宣公年谱》以张栻庚寅成《洙泗言仁录》，但是只列出论断，未做考证。

七、朱子《答张敬夫》（"昨陈明仲转致手书"）⑤，此书为答复张栻《答朱元晦秘书》第四十书者，当约作于辛卯一月，考证如下：

1. 此书说："筵中见讲何书？愚意《孟子》一书最切于今日之用，然轮日讲解，未必有益。"张栻《答朱元晦秘书》第四十书说"讲筵开在后月"，所以朱子询问张栻"筵中见讲何书？"由此可知，朱子《答张敬夫》（"昨陈明仲转致手书"）当约作于辛卯一月。

2. 此书又说："近看《论语》旧说，其间多此类者，比来尊兄固已自觉其非矣。然近闻发明'当仁不让于师'之说云：'当于此时识其所以不让者为何物，则可以知仁之义。'此等议论又只似旧来气象，殊非圣人本意，才如此说，便只成释子作弄精神意思，无复儒者脚踏实地功夫矣。进说之

---

① ［宋］张栻：《南轩先生文集》，第345～346页。
② ［清］胡宗楙编：《张宣公年谱》，民国二十一年刻本，见于浩辑《宋明理学家年谱》第7册，北京：北京图书馆出版社，2005年，第352页。
③ 同上注，第353页。
④ 同上注，第341页。
⑤ ［宋］朱熹：《晦庵先生朱文公文集》，第1114页。

际，恐不可以不戒。"

"近看《论语》旧说"，当即指张栻考究《论语》论仁说，此书又提到张栻有"发明'当仁不让于师'之说"。

八、朱子《答范伯崇》第十三书①，此书约作于辛卯一月，考证如下：

1. 此书说："钦夫近为学者类集《论语》'仁'字，各为之说，许寄来看。然熹却不欲做此工夫，伯崇以为然否？钦夫又说'当仁不让于师'，要当此时识所以不让者何物，则知此仁矣。此说是否？"其中"钦夫又说'当仁不让于师'，要当此时识所以不让者何物，则知此仁矣"一语，与朱子《答张敬夫》（"昨陈明仲转致手书"）书"然近闻发明'当仁不让于师'之说云：'当于此时识其所以不让者为何物，则可以知仁之义。'"两书语气完全相同，所以两书当作于同时，同作于辛卯一月。

2. 此书首次提到"钦夫近为学者类集《论语》'仁'字，各为之说，许寄来看"。由此可知，张栻已经开始类集《论语》仁说，这是张栻《洙泗言仁录》的前身，当还没有《洙泗言仁录》之名。

九、张栻《答朱元晦秘书》第二十八书②，此书约作于辛卯一月，考证如下：

此书说："《论语》仁说，区区之意，见学者多将仁字做活络揣度，了无干涉，如未尝下博学、笃志、切问、近思工夫，便做'仁在其中矣'想象，此等极害事，故编程子之说，与同志者讲之，庶几不错路头。然下语极难，随改未定。方今录呈，亦俟诸老行寄去。"由书中"方今录呈"语可知，张栻此书是寄送《论语》仁说初稿时，给朱子说明自己为何作《论语》仁说。由朱子辛卯一月所作朱子《答范伯崇》第十三书"许寄来看"语可知，张栻《答朱元晦秘书》第二十八书当作于朱子《答范伯崇》第十三书之后不久，当约作于辛卯一月。

十、张栻《寄吕伯恭》第三书③，此书亦当约作于辛卯一或二月，考证如下：

此书说："'巧言令色'章前已曾改。今送《言仁》一册去。"由此语可知，此书当作于张栻《论语》仁说初稿成编时，当与张栻《答朱元晦秘

---

① ［宋］朱熹：《晦庵先生朱文公集》，第1787～1788页。
② ［宋］张栻：《南轩先生文集》，第335页。
③ 同上注，第380页。

书》第二十八书同时而稍后,当约作于辛卯一或二月。此时,张栻已经正式用《洙泗言仁录》之名,而非《论语》仁说。由此推断,张栻《洙泗言仁录》最初稿编成于庚寅十二月或辛卯一月。

十一、张栻《答朱元晦秘书》第四书①,此书约作于辛卯二月,考证如下:

此书说:"近伯逢方送所论'观过'之说来。某前日《洙泗言仁》中亦有此说,不知如何?"由此书"某前日《洙泗言仁》中亦有此说,不知如何"语气可知,张栻此书当作于寄《洙泗言仁录》初稿给朱子后不久,还未收到朱子答复张栻《洙泗言仁录》初稿书信时所作。

此书张栻说:"伯恭昨日得书,犹疑《太极说》中体用先后之论,要之须是辨析分明,方真见所谓一源者。不然,其所谓一源,只是臆度想象耳。但某意却疑仁义中正分动静之说,盖是四者皆有动静之可言,而静者常为之主,必欲于其中指二者为静,终有弊病。兼恐非周子之意。(周子于主静字下注云'无欲故静',可见矣。)"张栻此书指吕伯恭《与朱侍讲》第六书,其书有"孟子所谓吾为此惧,闲先圣之道,旧说以闲为闲习,意味甚长","周子仁义中正主静之说,前书所言仁义中正皆主乎此,非谓中正仁义皆静之用而别有块然之静也。人生而静天之性也,乃中正仁义之体而万物之一源也"等语。②朱子《答吕伯恭》第八书则回复说:"所喻'闲先圣之道',窃谓只当如'闲邪'之'闲',方与上下文意贯通。若作'闲习',意思固佳,然非孟子本意也","今以静为中正仁义之体,而又谓中正仁义非静之用,不亦矛盾机梡之甚乎?"③吕伯恭《与朱侍讲》第六书有"职业日增"语,据陈来先生考证:"乃指吕伯恭庚寅十二月进为国史院编修,故其书已在庚寅最末,而朱子此书必在次年辛卯春矣。"④由此可知,张栻《答朱元晦秘书》第四书当约作于辛卯二月。由张栻《答朱元晦秘书》第四书中"某前日《洙泗言仁》中亦有此说,不知如何"语推断,张栻当约在庚寅十二月或辛卯一月编成《洙泗言仁录》初稿,与前考可相互印证。

十二、朱子《答张敬夫》第十六书⑤,此书约作于辛卯二月,考证

---

① [宋]张栻:《南轩先生文集》,第315~316页。
② [宋]吕祖谦:《东莱集》,民国续金华丛书本,第193~195页。
③ [宋]朱熹:《晦庵先生朱文公文集》,第1431~1432页。
④ 陈来:《朱子书信编年考证》(增订本),第85页。
⑤ [宋]朱熹:《晦庵先生朱文公文集》,第1335~1337页。

如下：

1. 此书答复张栻《洙泗言仁录》初稿及张栻《答朱元晦秘书》第二十八书。此书说："类聚孔孟言仁处，以求夫仁之说，程子为人之意，可谓深切。然专一如此用功，却恐不免长欲速好径之心、滋入耳出口之弊，亦不可不察也。"又说："今此录所以释《论语》之言，而首章曰仁其可知，次章曰仁之义可得而求，其后又多所以明仁之义云者，愚窃恐其非圣贤发言之本意也。又如首章虽列二先生之说，而所解实用上蔡之意，正伊川说中间所谓'由孝弟可以至仁'，而先生非之者，恐当更详究之也。"此书中"今此录"，当即指张栻《洙泗言仁录》初稿。

2. 张栻《答朱元晦秘书》第二十八书说："《论语》仁说，区区之意，见学者多将仁字做活络揣度，了无干涉，如未尝下博学、笃志、切问、近思工夫，便做'仁在其中矣'想象，此等极害事，故编程子之说，与同志者讲之，庶几不错路头。然下语极难，随改未定。方今录呈，亦俟诸老行寄去。"所以朱子《答张敬夫》第十六书当亦答复张栻《答朱元晦秘书》第二十八书。由张栻《答朱元晦秘书》第二十八书约作于辛卯一月推断，朱子《答张敬夫》第十六书当约作于辛卯二月。

十三、张栻《答吴晦叔》第五书[①]，此书约作于辛卯二或三月，考证如下：

张栻在此书与吴晦叔讨论"子文、文子"之清、忠问题，吴晦叔引用了张栻《洙泗言仁录》作为论据："子文、文子之事，圣人以清、忠目之，就此事言，只可谓之清、忠，此《洙泗言仁》之所极是也。然《遗书》有谓圣人为之亦只是清、忠，兹又不能无疑，夫圣人无一事之非仁，而乃云尔，何也？又况程子于博施济众之下，乃云今人或一事是仁，亦可谓之仁，至于尽仁道亦谓之仁，此通上下言之也，则又与忠、清之说不同，请明之。"由此可知，此书当作于张栻《洙泗言仁录》作成后不久。如是，则此书当约作于辛卯二或三月。

十四、朱子《答吴晦叔》第七书[②]，此书约作于辛卯三或四月，考证如下：

1. 此书有："近因南轩寄示《言仁录》，亦尝再以书论，所疑大概如此。

---

① ［宋］张栻：《南轩先生文集》，第443页。
② ［宋］朱熹：《晦庵先生朱文公文集》，第1912～1913页。

而后书所论'仁'、'智'两字，尤为明白。""近因南轩寄示《言仁录》"语指张栻《答朱元晦秘书》第二十八书，"后书所论"指朱子约作于辛卯一月的《答张敬夫》（"昨陈明仲转致手书"）。

2. 此书又有："前书所论'观过'之说，时彪丈行速，忽遽草率，不能尽所怀。然其大者亦可见，不知当否如何？""前书"指朱子《答吴晦叔》第六书，该书说："'观过'一义，思之甚审。"由"前书所论'观过'之说，……不知当否如何"推断，朱子作《答吴晦叔》第七书时，未收到吴晦叔对朱子《答吴晦叔》第六书答复，所以此书当作于朱子《答吴晦叔》第六书后不久。由朱子《答张敬夫》第十六书约作于辛卯二月推断，此书当约作于辛卯三或四月，更进一步考证见下章"'观过知仁'辩"书信详考一节。

十五、朱子《巧言令色说》①，此说当约作于辛卯夏，考证如下：

朱子《巧言令色说》："《言仁录》中所解亦少曲折，故详论之，使学者无淫思力索之苦，而有以审夫用力之几焉。"由此可知，朱子此《说》当作于收到张栻《洙泗言仁录》后不久所作。若是，朱子《巧言令色说》当约作于辛卯夏。

十六、张栻《洙泗言仁录序》初稿②，此序当作于辛卯十二月，考证见后。

十七、张栻《洙泗言仁录》正式完编，当在辛卯十二月，考证如下：

古人一般在成书时作序，由张栻辛卯十二月作《洙泗言仁录序》可知，辛卯十二月张栻《洙泗言仁录》已经完编，但还不是最终稿，以后又有较大修改。

十八、张栻《答胡季随》第一书③，此书当作于壬辰（1172年）一月，考证如下：

此书说："归来所作《洙泗言仁序》、《主一箴》录去。""归来"指张栻乾道七年辛卯（1171年）六月知袁州，十二月抵长沙事。《张宣公年谱》："（乾道七年辛卯三十九岁）六月十三日出公知袁州，十四日出都过吴兴，七月寓苏，八月适毗陵，十二月游鄂渚，归抵长沙。"④由此可知，张栻《洙泗言仁录序》当作于辛卯十二月。

---

① ［宋］朱熹：《晦庵先生朱文公文集》，第3270～3271页。
② ［宋］张栻：《南轩先生文集》，第229页。
③ 同上注，第386～387页。
④ ［清］胡宗楙编：《张宣公年谱》，第357页。

第三章 "《洙泗言仁录》辩"研究

十九、朱子《答张敬夫》第十八书，此书当约作于壬辰一或二月，考证如下：

1. 此书说："细看《言仁序》云：'虽欲竭力以为仁，而善之不明，其弊有不可胜言者。'此数句似未安。为仁固是须明善，然仁字主意不如此，所以孔子每以仁、智对言之也。近年说得仁字与智字都无分别，故于令尹子文、陈文子事说得差殊，气象浅迫，全与圣人语意不相似。观此序文意思首尾，恐未免此病。更惟思之，如何？"由此可知，朱子此书乃答复张栻《洙泗言仁录序》初稿。由张栻《洙泗言仁录序》约作于辛卯十二月推断，朱子此书当作于壬辰一或二月。

2. 现今张栻《洙泗言仁录序》已经没有"虽欲竭力以为仁，而善之不明，其弊有不可胜言者"一语，由此可知，张栻接受了朱子的建议，对其《洙泗言仁录序》进行了修改。

二十、张栻《答朱元晦秘书》第九书[①]，此书约作于壬辰八或九月，考证如下：

张栻《答朱元晦秘书》第九书说："在中之义，程子曰：喜怒哀乐未发，只是中也。盖未发之时，此理亭亭当当，浑然在中，发而中节，即其在中之理，形乎事事物物之间而无不完也，非是方其发时，别为一物以主张之于内也。"朱子在《答张敬夫》第十九书中说："盖所谓'在中之义'者，言喜怒哀乐之未发，浑然在中，亭亭当当，未有个偏倚过不及处。其谓之中者，盖所以状性之体段也。有所谓'中之道'者，乃即事即物自有个恰好底道理，不偏不倚，无过不及。"[②]由此可知，朱子《答张敬夫》第十九书当为答复张栻《答朱元晦秘书》第九书者。

又朱子《答张敬夫》第十九书有"所谓'在中之义'，犹曰在里面的道理云尔"语，张栻《答朱元晦秘书》第五书有"若只说作在里面底道理，然则已发之后，中何尝不在里面乎？"[③]由此可证张栻《答朱元晦秘书》第五书为答复朱子《答张敬夫》第十九书者。张栻《答朱元晦秘书》第五书有"道之流行，即事即物，无不有恰好底道理，是性之体段亦无适而不具焉"语，朱子《答张敬夫》第二十书有"但'发而中节'，即此在中之理

---

① [宋]张栻：《南轩先生文集》，第318～319页。
② [宋]朱熹：《晦庵先生朱文公文集》，第1338～1339页。
③ [宋]张栻：《南轩先生文集》，第316页。

发形于外，如所谓即事即物，无不有个恰好底道理是也"①。朱子《答张敬夫》第二十书显然是答复张栻《答朱元晦秘书》第五书者。

朱子《答张敬夫》第二十书作于壬辰冬，在《答张敬夫》第二十书之前有张栻《答朱元晦秘书》第五书、朱子《答张敬夫》第十九书、张栻《答朱元晦秘书》第九书。由此可推断，张栻《答朱元晦秘书》第九书约作于壬辰八或九月，朱子《答张敬夫》第十九书约作于壬辰九或十月。

二十一、朱子《答张敬夫》第十九书②，此书约作于壬辰九或十月，如上所考。

此书有："至谓类聚言仁，亦恐有病者，正为近日学者厌烦就简，避迂求捷，此风已盛，方且日趋于险薄，若又更为此以导之，恐益长其计获欲速之心，方寸愈见促迫纷扰，而反陷于不仁耳。然却不思所类诸说，其中下学上达之方，盖已无所不具。苟能深玩而力行之，则又安有此弊？今蒙来喻，始悟前说之非，敢不承命。然犹恐不能人人皆肯如此确实用功，则亦不免尚有过计之忧。不知可以更作一后序，略采此意以警后之学者否？不然，或只尽载此诸议论以附其后，亦庶乎其有益耳。不审尊意以为如何？"在此书中，朱子为了避免《洙泗言仁录》使学者"益长其计获欲速之心，方寸愈见促迫纷扰"，给张栻提出了两个建议：其一，"更作一后序，略采此意以警后之学者"；其二，"或只尽载此诸议论以附其后"。

二十二、张栻《答朱元晦秘书》第五书③，此书约作于壬辰十或十一月，考证如下：

此书有："《言仁》已载往返议论于后，今录呈。"说明张栻接受了朱子在《答张敬夫》第十九书中"或只尽载此诸议论以附其后"的建议。由此可知，张栻《答朱元晦秘书》第五书当为答复朱子《答张敬夫》第十九书者。由朱子《答张敬夫》第十九书作于壬辰九或十月推断，张栻《答朱元晦秘书》第五书当约作于壬辰十或十一月。

二十三、张栻《答朱元晦秘书》第十三书④，此书约作于壬辰十或十一月，考证如下：

此书有："《洙泗言仁》中'当仁不让于师'之义，旧已改，'孝悌为

---

① ［宋］朱熹：《晦庵先生朱文公文集》，第1341页。
② 同上注，第1340页。
③ ［宋］张栻：《南轩先生文集》，第316页。
④ 同上注，第323页。

仁之本'、'巧言令色鲜仁'之义，今亦已正，并序中后来亦多换，却纳一册去上呈。"①

由此可知，张栻对《洙泗言仁录》作了一些修改，其中"并序中后来亦多换"，当指根据朱子《答张敬夫》第十九书"更作一后序，略采此意以警后之学者"所作的修改。张栻没有再作一后序，但是却修改了《洙泗言仁录序》初稿，加入了"若不惟躬行实践之务，而怀蕲获之心，起速成之意，徒欲以聪明揣度于语言求解，则失其传为愈甚矣"。此语明显接受了朱子的建议。由此可知，此书当与张栻《答朱元晦秘书》第五书作于同时，约作于壬辰十或十一月。

二十四、张栻修改《洙泗言仁录》及《洙泗言仁录序》，约在壬辰十或十一月，上已考。

二十五、朱子《答张敬夫》第二十书②，此书朱子自注作于壬辰冬。

二十六、朱子《答钦夫仁疑问》第四十七书③，此书当约作于壬辰十一或十二月，考证如下：

在此书中，朱子逐章简要答复张栻《论语》论仁各章，在此书最后有"又刘子澄前日过此，说高安所刊《太极说》见今印造，近亦有在延平见之者，不知尊兄以其书为何？如有未安，恐须且收藏之以俟考订而后出之也。《言仁之书》，恐当且住，即俟更讨论如何？"由此书中"《言仁之书》，恐当且住，即俟更讨论如何"一语可知，朱子此书当答复张栻《答朱元晦秘书》第十三书，在该书张栻提到了自己对《洙泗言仁录》进行了较大的修改，并呈送给朱子评阅："《洙泗言仁》中'当仁不让于师'之义，旧已改，'孝悌为仁之本'、'巧言令色鲜仁'之义，今亦已正，并序中后来亦多换，却纳一册去上呈。"由张栻《答朱元晦秘书》第十三书作于壬辰十或十一月推断，朱子《答钦夫仁疑问》第四十七书当约作于壬辰十一或十二月，更进一步考证见后。

二十七、吕伯恭《与朱侍讲》第十六书④，此书作于癸巳（1173年）正月初，考证如下：

1. 此书有："某罪逆不死，复见改岁，攀号摧慕无复生意。"吕伯恭壬

---

① [宋]张栻:《南轩先生文集》，第323页。
② [宋]朱熹:《晦庵先生朱文公文集》，第1340～1342页。
③ 同上注，第1414～1417页。
④ [宋]吕祖谦:《东莱集》，第198页。

辰二月四日丧父,《东莱吕成公年谱》说:"(乾道八年壬辰)二月四日丁忧。"① 由此书"复见改岁,攀号摧慕无复生意"可知,吕伯恭此书当作于癸巳正月初。

2. 此书又有:"《太极说》俟有高安便,当属子澄收其板,《精义》此间却不闻有欲再刊者,两三日间访问得的实,即当如来喻作沈漕书。"朱子《论孟精义》成于壬辰春正月,又此书"《太极说》俟有高安便,当属子澄收其板",此即朱子《答钦夫仁疑问》第四十七书"又刘子澄前日过此,说高安所刊《太极说》见今印造,近亦有在延平见之者,不知尊兄以其书为如何?"由此可以确证,朱子《答钦夫仁疑问》第四十七书当作于壬辰十一或十二月。束景南先生断朱子《答钦夫仁疑问》第四十七书作于癸巳三月,在时间上还稍有出入。②

二十八、朱子《答吕子约》第七书,此书约作于癸巳二或三月,考证如下:

此书有吕子约语:"《洙泗言仁》及契丈《仁说》,窃得讽味。"由此可知,朱子《答吕子约》第七书乃是答复吕子约看过朱子《仁说》所作的回书。朱子约在癸巳二月寄《仁说》给吕伯恭,吕子约乃吕伯恭之弟,当在同时见到朱子的《仁说》,由此可知,吕子约答复朱子《仁说》的书信当亦作于癸巳二月,由此推断,朱子《答吕子约》第七书当约作于癸巳二或三月。

二十九、张栻再次修改《洙泗言仁录》并刊印,时间约在癸巳五或六月,考证见后。

三十、朱子《答李伯谏》书③,此书约作于癸巳五或六月,考证如下:

此书有:"钦夫此数时常得书,论述甚多。《言仁》及江西所刊《太极解》盖屡劝其收起印板,似未甚以为然,不能深论也。"从此书"似未甚以为然"语可知,张栻此时当欲刊印《洙泗言仁录》。所以此书当作于张栻刊印《洙泗言仁录》之前。张栻刊印《洙泗言仁录》当约在癸巳六月,具体考证见后。

---

① [明]阮元声、史继任编:《东莱吕成公年谱》,明崇祯五年刻本,见《宋明理学家年谱》第7册,第535页。
② 束景南:《朱熹年谱长编》,上海:华东师范大学出版社,2001年,第477页。
③ [宋]朱熹:《晦庵先生朱文公文集》,第4782页。

第三章 "《洙泗言仁录》辩"研究

三十一、朱子《答吕伯恭》第二十一书①，此书作于癸巳六月，考证如下：

1. 朱子《答吕伯恭》第二十一书有"近得毗陵周教授数篇《论语》，令儿子带去"语，朱子六月上旬遣子师事吕伯恭，可知此书当作于癸巳六月。

2. 朱子《答吕伯恭》第二十一书有"若《洙泗言仁》，则固多未合，当时亦不当便令尽版行也"。由此可知，张栻当约在癸巳六月刻印《洙泗言仁录》。

三十二、吕伯恭《答朱侍讲所问》第二书②，此书约作于癸巳六或七月。具体考证见第六章"《仁说》之辩"书信详考一节第二十九条所考。

三十三、吕伯恭《与朱侍讲》第二十二书③，此书作于癸巳七月，考证如下：

此书有："此间方刊《横渠集》，断手当首拜纳。《说文》苦无善本，见令嗣说方雠校。昨见刘子澄说赣州方欲刊书，自可径送渠，令锓木也。《洙泗言仁》未合处，因便望录示，亦欲得思索也。"《吕祖谦年谱》："（癸巳七月）刊印《横渠集》。欲刊《说文》而苦无善本。"④由此可知，吕伯恭《与朱侍讲》第二十二书作于癸巳七月。

三十四、朱子《答吕伯恭别纸》第一〇一书⑤，此书约作于癸巳七或八月，考证如下：

1. 此书为朱子《答吕伯恭》第一〇〇书之《别纸》，由此可知，该书与朱子《答吕伯恭》第一〇〇书作于同时。朱子《答吕伯恭》第一〇〇书作于癸巳七或八月（具体考证见第六章"《仁说》之辩"书信详考一节第二十九条所考），由此可知，朱子《答吕伯恭别纸》第一〇一书亦作于癸巳七或八月。

2. 此书有："言'仁'诸说，钦夫近亦答来，于旧文颇有改易，然于鄙意亦尚有未安处。大率此书当时自不必作，今既为之，则须句句字字安顿得，不容更有非指言仁体而备礼说过之语在里面，教后人走作也。"此书

---

① ［宋］朱熹：《晦庵先生朱文公文集》，第1440页。
② ［宋］吕祖谦：《东莱集》，第296页。
③ 同上注，第201页。
④ 杜海军：《吕祖谦年谱》，北京：中华书局，2007年，第119页。
⑤ ［宋］朱熹：《晦庵先生朱文公文集》，第1526～1527页。

朱子所说的张栻对《洙泗言仁录》"颇有改易"，即指上考癸巳六或七月张栻再次修改《洙泗言仁录》。

三十五、朱子《答吕伯恭》二十三书①，此书约作于癸巳八或九月，考证如下：

朱子《答吕伯恭》第二十三书说："钦夫近得书，寄《语解》数段，亦颇有未合处。然比之向来，收敛悫实则已多矣。言仁诸说录呈，渠别寄《仁说》来，比亦答之，并录去。"此书提到张栻《仁说》，朱子说已经答复。由此可知，此书当作于朱子《答钦夫仁说》第四十八书之后，此书又有"比日秋高"语，由此可知，此书当约作于癸巳八或九月。朱子约在癸巳六或七月作《答钦夫仁说》第四十八书答复张栻《仁说》初稿，具体考证见第六章"《仁说》之辩"书信详考一节第二十八条所考。

三十六、张栻再次修改《洙泗言仁录》，约在癸巳十或十一月，考证见后。

三十七、朱子《答吕伯恭》第二十七书②，此书作于癸巳除夕日，考证如下：

此书有"即此岁除"语，知此书作于癸巳除夕日。此书又说："钦夫近得书，别寄《言仁录》来，修改得稍胜前本。《仁说》亦用中间反复之意改定矣。"由此推断，张栻《洙泗言仁录》在癸巳十或十一月又有所修改。

第二节 "《洙泗言仁录》辩"义理研究

"《洙泗言仁录》辩"与"'观过知仁'辩"一样，都是朱子《仁说》形成的一个重要环节。朱子正是在与张栻等人的辩论中，使自己的仁论主张逐渐趋于成熟，并进而批评以张栻为首的湖湘学派的仁论。因此，研究朱子和张栻之间关于《洙泗言仁录》的辩论，实属必要，本节拟对其义理做研究。

---

① ［宋］朱熹：《晦庵先生朱文公文集》，第1442页。
② 同上注，第1446～1447页。

一、写作之缘起

张栻在《答朱元晦秘书》第三十九书中说:"某近因与乔、潘考究《论语》论仁处,亦有少说,续便录呈。"① 由此书可知,张栻《洙泗言仁录》最初是从与乔德瞻、潘叔度考究《论语》论仁处而来。张栻《南轩先生文集》中,现存有与乔德瞻、潘叔度讨论《论语》"仁"字的三封书信。

张栻在《答乔德瞻》第一书中说:

> 近日学者论"仁"字,多只是要见得"仁"字意思,纵使逼真,亦终非实得。看《论语》中圣人所言,只欲人下工夫,升高自下,陟遐自迩,循序积习,自有所至,存养体察,固当并进。存养是本,工夫固不越于敬,敬固在主一。此事惟用力者方知其难。②

张栻在此书中提到近日学者对"仁"字的讨论,多是要见得"仁"字的字义,即使说得逼真,也不是实有所得。在《论语》中,孔子只是指示人以求仁之方。张栻认为求仁功夫应该循序渐进,存养和省察功夫交相为用。但存养功夫是根本,而存养在于主敬,主敬之要又在主一。只有实做存养功夫,才能知道为仁功夫之难。张栻此书应该受到了朱子己丑中和新说的影响,所以主先存养后省察,并以存养为根本功夫。在己丑夏朱子《答林择之》第三书中说:"近得南轩书,诸说皆相然诺。但先察识、后涵养之论执之尚坚。"③ 但是在作于己丑八或九月的《答乔德瞻》第一书中,张栻的思想有了很大的改变,认为"存养体察,固当并进。存养是本",已经同意了朱子先存养后省察,而存养是本的中和新说思想。由此可知,朱子和张栻在中和学说上已经基本上达成了一致。

张栻《答潘叔度》第一书中说:

> 来书得以窥近日所存,甚幸。但以鄙见,尚恐未免于迫切之病。如云以是心事亲则为孝,以是心从兄则为悌,视听言动无非是心,推

---

① [宋]张栻:《南轩先生文集》,第345页。
② 同上注,第416~417页。
③ [宋]朱熹:《晦庵先生朱文公文集》,第1965页。此书据陈来师考证,作于己丑夏。见陈来:《朱子书信编年考证》(增订本),第65页。

之无所不用其极之类，辞气皆伤太迫切。要当于勿忘、勿助长中优游涵泳之，乃无穷耳。孝弟为仁之本，《遗书》中有一段说，非是谓由孝悌可以至仁，乃是为仁自孝悌始，此意试玩味之。①

张栻此书与潘叔度讨论《论语》"孝弟为仁"一章，张栻说潘叔度近来气象恐怕未免有迫切之病。潘叔度认为以此心事亲便能孝，从兄便能悌，视听言动都无非是此心，只要扩充此心至其极致便是仁。张栻认为潘叔度此说过于迫切，说得太高、太快，而忽视了克己复礼、主敬涵养的功夫。在做孟子勿忘、勿助长功夫的同时，还必须有优游涵泳的存养功夫，与朱子在中和旧说时期对自己的反省可谓甚为一致。

张栻又有《答潘叔度》第二书，与潘叔度讨论"孝弟为仁"问题：

> 垂谕吕苏所苦思虑纷扰之患，大是难事，可见近思之功。主一之谓敬，无适之谓一，持守诚莫要乎此，要是久益有味耳。孝弟为仁之说，某近来玩程先生"为仁自孝悌始"之意，极为精切。若如来说，于事亲从兄之时，体孝悌所从出，则仁可识，却未尽。盖未免将一心体一心之病，更幸深思之。孟子论勿忘、勿助长后引揠苗为喻，言助长为多。盖学者虽或知忘之为害，而未知助长之甚，故反复言之也。②

张栻在此书与潘叔度讨论主敬存养的功夫，认为"敬"就是主一，"一"就是无适，即心无旁骛。张栻不认同潘叔度说于事亲从兄时，体味孝弟从何而出，然后仁便可识。张栻认为此说有所未尽，未免有将一心以体察另外一心的病痛。孟子论存养功夫说应勿忘、勿助长，助长即是揠苗，忘便是不芸。学者或许知道不存养的害处，但是却不知助长的病痛有时比不存养还来得更甚，所以孟子多言助长的弊病。张栻在此书便非常警惕潘叔度的识仁说有"未免将一心体一心之病"，这是特别值得注意的，而此正是朱子《观心说》批评的要点。张栻的批评虽有其理据，但是潘叔度说"于事亲从兄之时，体孝悌所从出，则仁可识"似也无多大病痛，此即孟子以心训仁的思想，从孝弟之心的发见萌蘖可以知其本有仁心、仁性，张栻当

---

① ［宋］张栻：《南轩先生文集》，第419页。
② 同上注，第419～420页。

主要是从潘叔度未有平时主敬涵养一段来说的。

不过，朱子对张栻所编的《论语》仁说多有批评，在《答张敬夫》（"昨陈明仲转致手书"）中说：

> 近看《论语》旧说，其间多此类者，比来尊兄固已自觉其非矣。然近闻发明"当仁不让于师"之说云："当于此时识其所以不让者为何物，则可以知仁之义。"此等议论又只似旧来气象，殊非圣人本意，才如此说，便只成释子作弄精神意思，无复儒者脚踏实地功夫矣。进说之际，恐不可以不戒。①

此书所说的"《论语》旧说"，即是己丑张栻与乔德瞻、潘叔度"考究《论语》论仁处"所作。张栻当在庚寅年继续此工作，所以朱子听到张栻又有发明《论语》"'当仁不让于师'之说"。张栻在解释此章时认为，如果能体味"当仁不让于师"之时，识所以不让者为何物，即可知仁。朱子认为这又是张栻旧来的气息，而非圣人的本意。若如张栻所说，只是说得佛家的作弄精神意思，即以知觉作用为性，见此性即可成佛的说法。如此则无复儒者确实践履的为仁功夫。由此可知，张栻在之前当受到朱子的批评，而放弃由上蔡、胡宏而来的观心说，此由张栻《答潘叔度》第二书批评"未免将一心体一心之病"可知，但是当其解释《论语》其他章的时候，又未免不自觉地陷入此病，所以朱子非之。

朱子在《答范伯崇》第十三书中又说：

> 钦夫近为学者类集《论语》"仁"字，各为之说，许寄来看。然熹却不欲做此工夫，伯崇以为然否？钦夫又说"当仁不让于师"，要当此时识所以不让者何物，则知此仁矣。此说是否？②

朱子以上两书都认为张栻《论语》仁说对经典诠释不符合圣人之本意，这应该是朱子反对张栻编撰《洙泗言仁录》的一个重要原因。

张栻在《答朱元晦秘书》第二十八书中，说明自己编《论语》仁说的

---

① ［宋］朱熹：《晦庵先生朱文公文集》，第1114页。
② 同上注，第1787～1788页。

111

初衷：

> 《论语》仁说，区区之意，见学者多将仁字做活络揣度，了无干涉，如未尝下博学、笃志、切问、近思工夫，便做"仁在其中矣"想象，此等极害事，故编程子之说，与同志者讲之，庶几不错路头。然下语极难，随改未定。方今录呈，亦俟诸老行寄去。①

张栻在此书首次说明自己编"《论语》仁说"的意图，是见学者虽多说"仁"字，却只悬空揣度，活络想象，所以说得毫无干涉，比如没有下博学、笃志、切问、近思的功夫，便说"仁在其中矣"，认为此等说法非常有害。因此，类聚《论语》"仁"字，加以二程之说，并稍加疏释。由张栻"故编程子之说，与同志者讲之"一语可知，张栻所编"《论语》仁说"中当大量引用二程的语录作为疏释。由此可知，张栻作"《论语》仁说"的初衷之一便是要理清"仁"字的名义字义，与朱子作《仁说》的主旨完全相同。或许朱子作《仁说》便受到了张栻编撰"《论语》仁说"、《洙泗言仁录》的影响，认为张栻并没有达到明辨"仁"字名义字义的目的，因此有必要自己作一篇《仁说》来训释"仁"字的名义字义。

朱子作《答张敬夫》第十六书，答复张栻说：

> 类聚孔孟言仁处，以求夫仁之说，程子为人之意，可谓深切。然专一如此用功，却恐不免长欲速好径之心、滋入耳出口之弊，亦不可不察也。大抵二先生之前，学者全不知有仁字，凡圣贤说仁处，不过只作爱字看了。自二先生以来，学者始知理会仁字，不敢只作爱说。然其流不免有弊者。盖专务说仁，而于操存涵泳之功，不免有所忽略，故无复优柔厌饫之味，克己复礼之实，不但其弊也愚而已；而又一向离了爱字，悬空揣摸，既无真实见处，故其为说恍惚惊怪，弊病百端，殆反不若全不知有仁字而只作爱字看却之为愈也。
>
> 熹窃尝谓若实欲求仁，固莫若力行之近。但不学以明之，则有擿埴冥行之患，故其弊愚。若主敬致知交相为助，则自无此弊矣。若且欲晓得仁之名义，则又不若且将爱字推求。若见得仁之所以爱，而爱

---

① ［宋］张栻：《南轩先生文集》，第335页。

之所以不能尽仁，则仁之名义意思了然在目矣，初不必求之于恍惚有无之间也。此虽比之今日高妙之说稍为平易，然《论语》中已不肯如此迫切注解说破，至《孟子》，方间有说破处。然亦多是以爱为言，（如恻隐之类。）殊不类近世学者惊怪恍惚、穷高极远之言也。

今此录所以释《论语》之言，而首章曰仁其可知，次章曰仁之义可得而求，其后又多所以明仁之义云者，愚窃恐其非圣贤发言之本意也。又如首章虽列二先生之说，而所解实用上蔡之意，正伊川说中间所谓"由孝弟可以至仁"，而先生非之者，恐当更详究之也。[1]

朱子此书的主旨在于强调"以爱推仁"说而反对"离爱言仁"说，可谓与朱子《仁说》的意旨完全相符。朱子首先肯定张栻类聚孔孟言仁之说以求仁，这是秉承程颐之意以便让人能更好地理解"仁"字，其为人之意深切。但是，朱子认为不可专一如此用功，否则难免纵长欲速好径之心，滋生入耳出口之弊，即使说得"仁"字高妙，却因没有确实体仁的功夫，所以不得"仁"之实味。朱子说在二程之前，儒者全然不知"仁"字，一般只以爱言仁；到了二程，开始有新的仁说，即程颢以一体言仁、以知觉言仁、从生意观仁等说和程颐仁性爱情说、以公言仁说。朱子正是根据程颐仁性爱情说的义理间架，认为二程之前的儒者都不知有"仁"字，因为仁是性，爱是情，二者不能混淆。二程之后，学者言仁，不敢只从爱字来说。但程门及之后的仁论又不免产生新的流弊，即离爱说仁，如上蔡的"知觉言仁"说、杨时的"一体言仁"说、湖湘学派的"观过知仁"说等等。朱子说，如果只是专务于说仁，却忽略操存涵养的功夫，无优柔厌饫的气象、克己复礼的着实功夫，其流弊不免只是一个愚而已；而且脱离了以爱言仁的传统，离爱说仁，只是悬空揣摸"仁"字而无真实之见，故其说不免"恍惚惊怪、弊病百端"，还不如只以爱说仁来得切实。

朱子又认为若欲求仁，应该主敬致知交相为助。如果不致知，不明白"仁"的名义字义，则会有"擿埴冥行之患"。知后则须力行，即着实做主敬涵养的求仁功夫。如果能主敬致知交相为助，则没有此种弊害。若欲明白"仁"之字义名义，则不若从爱来推仁。如果明白了爱是仁之发用，仁是爱之本体，则"仁"字的名义意思便能了然在目。因此，不必别

---

[1] ［宋］朱熹：《晦庵先生朱文公文集》，第1335～1337页。

求于"恍惚有无"之异说。朱子认为，以爱推仁，比之今日高妙新奇之说诚为平实简易，但是孔子在《论语》中却不把"仁"字之意味直接说破，多说为仁的功夫。到了《孟子》才开始把"仁"字说破，如说"仁，人心也""仁义礼智根于心"等等。但是，孟子也多是从爱来说仁，如"恻隐之心，仁之端也""人皆有不忍人之心"等，与今之湖湘学者"惊怪恍惚、穷高极远"的仁论相去甚远。朱子认为类聚言仁容易滋长学者好径欲速之心、入耳出口之弊，而无确实为仁功夫，这是朱子反对张栻编《洙泗言仁录》的又一重要原因。值得注意的是，朱子"若见得仁之所以爱，而爱之所以不能尽仁，则仁之名义意思了然在目矣"的说法，可以说以"爱之理"训仁的思想已经呼之欲出。由此也可知，以"爱之理"训仁是朱子独立体悟出来的。

并不能简单地认为朱子无条件地反对"类聚言仁"，朱子所担忧的只是"专一如此用功"。乾道四年戊子（1168年），朱子在《答何叔京》第十二书说："如'仁'字，恐未能无疑。且告录出孔、孟、程、谢说处，反复玩味，须真见得，则其它自可见。"[①]朱子在《答何叔京》第二十一书中又说："所谓'既能勿忘勿助，则安有不敬'者，乃似以敬为功效之名，恐其失之益远矣。更请会集二先生言敬处子细寻绎，自当见之。"[②]而且我们知道朱子于乾道五年己丑（1169年）所作的《已发未发说》，为了准确获得二程关于已发未发的思想，朱子把二程关于"中和"的语录都录出来加以研究。既然如此，朱子为什么反对张栻作《洙泗言仁录》呢？或许可以从朱子《答吕伯恭》第二十四书中找到答案："自己工夫与语人之法固不同。"[③]即个人为了求仁，而类聚观仁这是必要的，但是人人若只看别人所辑的《言仁录》，如此求仁，则弊端甚大。

约在辛卯（1171年）夏，朱子作成《巧言令色说》，朱子此说也受到了张栻《洙泗言仁录》的影响：

> 容貌词气之间，正学者持养用力之地，然有意于巧令以悦人之观听，则心驰于外而鲜仁矣。若是就此持养，发禁躁妄，动必温恭，只要体当自家直内方外之实事，乃是为己之切、求仁之要，复何病乎？

---

① ［宋］朱熹：《晦庵先生朱文公集》，第1824页。
② 同上注，第1833页。
③ 同上注，第1443页。

故夫子告颜渊以克己复礼之目，不过视听言动之间，而曾子将死之善言，亦不外乎容貌、颜色、词气三者而已。夫子所谓"逊以出之"、"辞欲巧"者，亦其一事也。仲山甫之德"柔嘉维则，令仪令色"，则大贤成德之行。而进乎此者，夫子之"逞颜色，怡怡如也"，乃圣人动容周旋中礼之事，又非仲山甫之所及矣。至于小人"讦以为直"，"色厉内荏"，则虽与"巧言令色"者不同，然考其矫情饰伪之心，实巧言令色之尤者，故圣人恶之。上蔡引此数条而不肯明言其所以然者，将使学者深求而自得之也。然令学者反求之于冥漠不可知之中，失之愈远。《言仁录》中所解亦少曲折，故详论之，使学者无淫思力索之苦，而有以审夫用力之几焉。①

细读朱子《巧言令色说》，可知此说当是朱子阅读张栻《洙泗言仁录》对《论语》"巧言令色鲜矣仁"章的疏释后所作的一封回信。《论语·泰伯》说："君子所贵乎道者三：动容貌，斯远暴慢矣；正颜色，斯近信矣；出辞气，斯远鄙倍矣。"朱子也说容貌、辞气、颜色等，正是学者所当用力存养之处，但不是刻意巧其言、令其色以取悦于人之观听，因为如此则是驰心于外而鲜矣仁，儒家向来强调"古之学者为己"的求仁功夫。朱子说如果能在容貌、辞气等方面加以存养，使无躁妄之动，而有温恭之行，敬以直内、义以方外，如是内外夹持，此正是为己求仁功夫的要诀，此则没有"巧言令色"的病痛。孔子告颜渊当从视听言动方面做"克己复礼"的为仁功夫，曾子也说当在容貌、颜色、辞气三方面做功夫，以成己之德性。孔子又说："君子义以为质，礼以行之，孙以出之，信以成之。君子哉！"（《论语·卫灵公》）又说："情欲信，辞欲巧。"（《礼记·表记第三十二》）孔子的这些话都是强调要内外交相养，"义以为质"，说明内在的道义准则是最重要的，但是仍要各种外在的礼仪、辞气、颜色等来辅助之。《论语·乡党》专门记述孔子的容貌、气象，如："入公门，鞠躬如也，如不容。立不中门，行不履阈。过位，色勃如也，足躩如也，其言似不足者。摄齐升堂，鞠躬如也，屏气似不息者。出，降一等，逞颜色，怡怡如也。没阶，趋进，翼如也。复其位，踧踖如也。"朱子说这都是描述孔子从容中道，动容周旋无不中礼之事。至于小人，则内无其实，所以"讦以

---

① ［宋］朱熹：《晦庵先生朱文公文集》，第3270～3271页。

为直""色厉内荏",这虽然和"巧言令色"者不同,但是如果考究其矫情饰伪的欺诈之心,更是比"巧言令色"者还严重,所以圣人对此深恶痛绝。朱子说上蔡引而不发,其旨在于使学者深求而自得之,但是却使学者茫无头绪,所以其失更远。朱子说张栻的《洙泗言仁录》说得也不够周详细密,所以自己作《巧言令色说》以足之,旨在使学者"无淫思力索之苦",却有持养用功的要领。

二、《洙泗言仁录序》

《洙泗言仁录序》初稿作于辛卯十二月。古代一般都是书成后再作序,据朱子称,这是张栻少数所成书之一。[①]不过,朱子极力反对张栻撰写《洙泗言仁录》,遂在编纂《南轩先生文集》时将其删去,这是非常可惜的。张栻在《洙泗言仁录序》中说:

> 昔者夫子讲道洙泗,示人以求仁之方。盖仁者天地之心,天地之心而存乎人,所谓仁也。人惟蔽于有己,而不能以推,失其所以为人之道,故学必贵于求仁也。自孟子没,寥寥千有余载间,《论语》一书家藏人诵,而真知其旨归者何人哉?至本朝伊洛二程子始得其传,其论仁亦异乎秦汉以下诸儒之说矣,学者所当尽心也。某读程子之书,其间教门人取圣贤言仁处,类聚以观而体认之,因裒《鲁论》所载,疏程子之说于下,而推以己见,题曰《洙泗言仁》与同志者共讲焉。嗟乎!仁虽难言,然圣人教人求仁,具有本末。譬如饮食乃能知味,故先其难而后其获,所以为仁。而难莫难于克己也,学者要当立志尚友,讲论问辩,于其所谓难者,勉而勿舍。及其久也,私欲浸消,天理益明,则其所造将有不可胜穷者。若不惟躬行实践之务,而怀蕲获之心,起速成之意,徒欲以聪明揣度于语言求解,则失其传为愈甚矣。故愚愿与同志者共讲之,庶几不迷其大方焉。[②]

张栻认为仁道难言,所以孔子多指示人以求仁之方。人本具有仁心,但是

[①] "平生所著书,唯《论语说》最后出,而《洙泗言仁》、《诸葛忠武侯传》为成书。其他……则犹欲稍更定焉而未及也。"(《右文殿修撰张公神道碑》,[宋]朱熹:《晦庵先生朱文公文集》,第4140页。)

[②] [宋]张栻:《南轩先生文集》,第229页。

蔽于有己，则失其本有的天地之心而不能推，因此为仁之要在克己，而克己即是存天理，去人欲。孔子所开创的仁道，自汉以后，便有所失传，直到二程有以发明孔子的仁道才得以接续。因此，自己编撰《洙泗言仁录》即是本程颐"将圣贤所言仁处，类聚观之，体认出来"①的教导而编，在编撰的过程中，也主要是以二程的思想来发明孔子的仁道，自己也适当地加以发挥，使学者对"仁"字的名义字义先有所知识，但是求仁应以躬行为重，譬如饮食乃能知味，学者应确实躬行，方能得仁字之真味。而且，张栻警告学者求仁切不可怀蕲获、速成之心，徒在语言文字上求解。张栻《洙泗言仁录序》的重点有三：一是继承胡宏以天地之心说仁的思想，二是强调克己复礼的为仁功夫，三是强调躬行实践。前两者又为张栻的《仁说》所继承并有所发展。

朱子收到张栻《洙泗言仁录序》后，作《答张敬夫》第十八书作为回复：

> 细看《言仁序》云："虽欲竭力以为仁，而善之不明，其弊有不可胜言者。"此数句似未安。为仁固是须明善，然仁字主意不如此，所以孔子每以仁、智对言之也。近年说得仁字与智字都无分别，故于令尹子文、陈文子事说得差殊，气象浅迫，全与圣人语意不相似。观此序文意思首尾，恐未免此病。更惟思之，如何？②

朱子在《答吴晦叔》第七书中说："近因南轩寄示《言仁录》，亦尝再以书论，所疑大概如此。而后书所论'仁'、'智'两字，尤为明白。"朱子《答张敬夫》第十六书又说："首章虽列二先生之说，而所解实用上蔡之意。"在此书更明确地说"近年说得仁字与智字都无分别"，应该就是指谢良佐的"知觉言仁"说。张栻在《洙泗言仁录序》中说为仁须先明善。朱子认为，为仁固然先须明善，但明善却非"仁"字的本义。《洙泗言仁录序》已经没有"虽欲竭力以为仁，而善之不明，其弊有不可胜言者"之语，说明张栻接受了朱子的观点，对《洙泗言仁录序》作了修改。

朱子又有《答张敬夫》第十九书，力主"以爱推仁"说：

---

① ［宋］程颢、程颐：《二程遗书》，第113页。
② ［宋］朱熹：《晦庵先生朱文公文集》，第1338页。

> 以爱论仁，犹升高自下，尚可因此附近推求，庶其得之。若如近日之说，则道近求远，一向没交涉矣。此区区所以妄为前日之论，而不自知其偏也。至谓类聚言仁，亦恐有病者，正为近日学者厌烦就简，避迂求捷，此风已盛，方且日趋于险薄，若又更为此以导之，恐益长其计获欲速之心，方寸愈见促迫纷扰，而反陷于不仁耳。然却不思所类诸说，其中下学上达之方，盖已无所不具。苟能深玩而力行之，则又安有此弊？今蒙来喻，始悟前说之非，敢不承命。然犹恐不能人人皆肯如此确实用功，则亦不免尚有过计之忧。不知可以更作一后序，略采此意以警后之学者否？不然，或只尽载此诸议论以附其后，亦庶乎其有益耳。不审尊意以为如何？①

朱子在此书重申了以爱论仁比较符合"仁"字本义，此如升高自下，路径不差，庶几可得"仁"字意味。此书所谓的"近日之说"，当指湖湘学派的仁论，此仁论承上蔡"知觉言仁"说、胡宏"观过知仁"说而来，朱子批评其是"道近求远，一向没交涉矣"。朱子认为"近日学者厌烦就简，避迂求捷"的风气已盛，以致"日趋险薄"，而张栻《洙泗言仁录》类聚言仁之说，正好助长、迎合了这种"计获欲速之心"，使其心"愈见促迫纷扰"，反陷于不仁。在此风之下，学者不深思所类聚之言仁诸说，其中下学上达的为仁功夫，已经无所不具，只要深思力行，就能得仁而无弊。朱子对张栻类聚言仁的做法有所误解，经过张栻的反复解释，知道自己前说当有所误。不过还是担心学者不能确实做为仁功夫，所以还是难免有过计之忧。朱子认为张栻最好作一后序，以警学者。张栻虽没作一后序，但根据朱子的建议对《洙泗言仁录序》作了修改。现存《洙泗言仁录序》说："若不惟躬行实践之务，而怀蕲获之心，起速成之意，徒欲以聪明揣度于语言求解，则失其传为愈甚矣。"即为张栻根据朱子之意而作的修改。张栻在《答朱元晦秘书》第五书中说："《言仁》已载往返议论于后，今录呈。"②说明张栻接受了朱子的另一提议。

---

① ［宋］朱熹:《晦庵先生朱文公文集》，第1340页。
② ［宋］张栻:《南轩先生文集》，第316页。

三、《答钦夫仁疑问》

朱子《答钦夫仁疑问》第四十七书，专书讨论张栻的《洙泗言仁录》，此书条列张栻论仁各章，虽然简略，但是可以看出张栻《洙泗言仁录》庐山真面目之仿佛，以及朱子对张栻《洙泗言仁录》各章的疑难，是难得的材料，所以在本节详细分析此书：

> "仁而不佞"章。
> 说云："仁则时然后言。"疑此句只说得"义"字。
> "不知其仁也"章。
> 说云："仁之义未易可尽，不可以如是断。若有尽，则非所以为仁矣。"又曰："仁道无穷，不可以是断。"此数句恐有病。盖欲极其广大而无所归宿，似非知仁者之言也。
> "未知焉得仁"章。
> 此章之说，似只说得"智"字。
> "井有仁焉"章。
> 此章之说，似亦只说得"智"字。
> "克己复礼为仁"章。
> 说云："由乎中，制乎外。"按程集此误两字，当云"而应乎外"。[①]
> 又云："斯道也，果思虑言语之可尽乎？"详此句意，是欲发明学要躬行之意，然言之不明，反若极其玄妙，务欲使人晓解不得，将启望空揣摸之病矣。向见吴才老说此章云："近世学者以此二语为微妙隐奥，圣人有不传之妙，必深思默造而后得之。此虽一偏之论，然亦吾党好谈玄说妙有以启之也。"此言之失，恐复堕此，不可不察。
> "必世而后仁"章。
> 说云："使民皆由吾仁。"如此，则仁乃一己之私，而非人所同得矣。
> "樊迟问仁"章。

[①] 此按语当为朱子语，与下面"博学而笃志章"之按语"按此语明道正相反，又有谈玄说妙之病"语气和句式都相同，故推断为是朱子语。朱子在《答何叔京》书中说："'由乎中而应乎外'，乃《四箴》序中语。"此书作于庚寅。见陈来：《朱子书信编年考证》（增订本），第76～77页。由此可知，朱子在庚寅即对程子所作的《四箴》非常熟悉。

说云:"居处恭,执事敬,与人忠,则仁其在是矣。"又云:"要须从事之久,功夫不可间断。"恐须先说从事之久,功夫不可间断,然后仁在其中。如此所言,却似颠倒也。

"仁者必有勇"章。

说云:"于其所当然者,自不可御。"又云:"固有勇而未必中节也者,故不必有仁。"此似只说得"义"字。

"未有小人而仁者也"章。

说云:"惟其冥然莫觉,皆为不仁而已矣。"此又以觉为仁之病。

"杀身成仁"章。

说云:"是果何故哉?亦曰理之所会,全吾性而已。"欲全吾性而后杀身,便是有为而为之,且以"全性"两字言仁,似亦未是。

"知及仁守"章。

说云:"如以爱言仁,而不明仁之所以爱。"此语盖未尽。

"宰我问丧"章。

说云:"以为不仁者,盖以其不之察也。宰我闻斯言而出,其必有以悚动于中矣。"据此,似以察知悚动为仁,又似前说冥然莫觉之意。

"殷有三仁"章。

说云:"三人皆处之尽道,皆全其性命之情,以成其身,故谓之仁。"又云:"可以见三子之所宜处矣。"此似只说得"义"字,又以全其性命之情为仁,前已论之。

"博学而笃志"章。

明道云:"学者要思得之。"说云:"盖不可以思虑臆度也。"按此语明道正相反,又有谈玄说妙之病。前所论"不知其仁"、"克己复礼"处,与此正相类。大抵思虑、言语、躬行各是一事,皆不可废。但欲实到,须躬行,非是道理全不可思量,不可讲说也。然今又不说要在躬行之意,而但言不可以言语思虑得,则是相率入于禅者之门矣。

以上更望详考之,复以见教。又刘子澄前日过此,说高安所刊《太极说》见今印造,近亦有在延平见之者,不知尊兄以其书为如何?如有未安,恐须且收藏之以俟考订而后出之也。《言仁之书》,恐当且住,即俟更讨论如何?①

---

① [宋]朱熹:《晦庵先生朱文公文集》,第1414~1417页。

"仁而不佞"章，出自《论语·公冶长》："或曰：'雍也仁而不佞。'子曰：'焉用佞？御人以口给，屡憎于人。不知其仁，焉用佞？'"张栻说"仁者时然后言"，朱子说这只说到"义"边事。张栻此说明显不符此章本意，朱子批评甚是。

"不知其仁也"章，亦出自《论语·公冶长》："孟武伯问子路仁乎？子曰：'不知也。'又问。子曰：'由也，千乘之国，可使治其赋也，不知其仁也。''求也何如？'子曰：'求也，千室之邑，百乘之家，可使为之宰也，不知其仁也。''赤也何如？'子曰：'赤也，束带立于朝，可使与宾客言也，不知其仁也。'"张栻解释此章说"仁"字之义难尽，如果可尽，则非所以为仁，又说仁道无穷，因此不可以一事断。朱子认为张栻对此章的疏释漫无边际，说得广大而无归宿，不像知仁者之言。张栻对此章的疏释确实有点摸不着头脑，无怪乎朱子之批评。

"未知焉得仁"章和"井有仁焉"章，张栻的解释已无从得见，朱子批评说只说得"智"边事。

"克己复礼为仁"章，张栻引用程颐《四箴并序》来疏释此章："四者身之用也。由乎中而应乎外，制于外所以养其中也。颜渊事斯语，所以进于圣人。后之学圣人者，宜服膺而勿失也。"①张栻在引《二程文集》时用"由乎中，制乎外"语，不符合程颐《四箴并序》原话，朱子遂指出其误。张栻解释此章说仁道不是思虑言语可尽。朱子认为张栻此说当是劝诫学者要躬行实践，但是却没说出"仁"为何物，倒像某些学者把"仁"字说得极其高妙，使人不晓其意，这将导人悬空揣摩之病。朱子又引吴才老的话以证己说："近世学者以此二语为微妙隐奥，圣人有不传之妙，必深思默造而后得之。此虽一偏之论，然亦吾党好谈玄说妙有以启之也。"朱子认为张栻或有此失，不可不察。张栻对此章的疏释确有所偏，朱子的批评较为允当。张栻对《二程文集》的引用亦有不甚规范处，朱子指出其误。

"必世而后仁"章，出自《论语·子路》："子曰：'如有王者，必世而后仁。'"张栻说此章是使民皆由吾仁之意。朱子批评说那就把仁作为一己之私，而非人所同得。张栻此解显然不符合《论语》本意，不过，朱子的批评当亦有所未当。

"樊迟问仁"章，出自《论语·子路》："樊迟问仁。子曰：'居处恭，

---

① ［宋］程颢、程颐：《二程文集》，第84页。

执事敬，与人忠。虽之夷狄，不可弃也。'"张栻解释说如果能做"居处恭，执事敬，与人忠"的为仁功夫，则仁就在其中，又说为仁功夫不可间断，久久方能纯熟。朱子则批评说"恐须先说从事之久，功夫不可间断，然后仁在其中"。张栻此说并没有多大不当之处，朱子批评虽有道理，但似有所苛。

"仁者必有勇"章，出自《论语·宪问》："子曰：'有德者必有言，有言者不必有德。仁者必有勇，勇者不必有仁。'"张栻解释说勇是行其所当然，所以沛然莫之能御，但勇气之发未必都发而中节，所以勇者不必有仁。朱子批评张栻只说得"义"边事是有道理的。仁为众德之名，勇则是仁中之一德，所以勇者未必有仁，张栻此解未能把仁与勇的关系说清，不着边际。

"未有小人而仁者也"章，出自《论语·宪问》："子曰：'君子而不仁者有矣夫，未有小人而仁者也。'"张栻解释此章说当君子、小人冥然不觉时，则都为不仁，朱子批评这是以觉为仁。张栻此解亦不得其要。君子喻于义，但是仍难免有过失，所以有所不仁；小人则喻于利，所以未有小人而仁者也。盖仁首先在于人之存心，只有其心发于义理之正，才能算作为仁；小人之心则发于人欲之私，纵使其行看似如理合义，但只徒有其表而已，所以未有小人而仁者也。

"杀身成仁"章，出自《论语·卫灵公》："子曰：'志士仁人，无求生以害仁，有杀身以成仁。'"张栻解释此章说，杀身成仁乃理之所会，实乃在全吾性。朱子说如果为了全吾性而杀身，便是有所为而为了，且"全性"两字亦未说着"仁"字。朱子批评是有道理的，仁者惟义所适，当只有杀身方能成就吾仁时，不舍身反是违仁。所以当须杀身成仁时，志士仁人则能义无反顾。所以孔子说"志士仁人，无求生以害仁，有杀身以成仁"。

"知及仁守"章，出自《论语·卫灵公》："子曰：'知及之，仁不能守之，虽得之，必失之。知及之，仁能守之，不庄以莅之，则民不敬。知及之，仁能守之，庄以莅之，动之不以礼，未善也。'"张栻解释此章说这是以爱说仁，但是不明仁何以能爱。朱子批评张栻此说有所未尽。张栻此解也未得此章本意，《论语》此章是说作为偏言之仁，还必须有"知""礼""敬"等德目辅成之，方能永葆不失，方为尽善尽美。

"宰我问丧"章，张栻解释此章说，孔子之所以批评宰我为不仁，乃是没有明白"三年之丧"的深义在于追思父母的养育之恩，张栻说宰我经过孔子的批评后，其心当有所悚动。朱子批评说，这又是以"察知悚动之心为仁"，与前说"冥然不觉"之意相似。朱子此批评似有所苛。张栻此说还算比较平实。

"殷有三仁"章，出自《论语·微子》："微子去之，箕子为之奴，比干谏而死。孔子曰：'殷有三仁焉。'"张栻解释此章说三人皆能尽道，皆能全其性命之情以成其身，又说三子所处都得其宜。朱子批评张栻此说只说得"义"边事。朱子批评似有所苛，张栻解释还算平实，仁有时也不能脱离"义"字而释。朱子批评张栻"以全其性命之情为仁"，也似推论太过。

"博学而笃志"章，出自《论语·子张》："子夏曰：'博学而笃志，切问而近思，仁在其中矣。'"张栻引程颢语"学者要思得之"来解释此章，张栻认为是"不可以思虑臆度"之意。朱子批评张栻的解释与程颢的意思正好相反，而且又有谈玄说妙之病。朱子说思虑、言语、躬行各为仁之一事，都不可废。只是如果要实有所得，则非躬行不可，但是也不能把仁道说得全不可思量，不可言说也。因此，朱子担忧张栻此说有率学者陷入禅门之病痛。朱子此评甚有道理。

朱子在最后说，《洙泗言仁录》恐当且住，即暂且不要广为流布，还有许多值得讨论的地方。

由以上的疏释可知，朱子的批评虽时有所苛，但是大抵皆中张栻说经之病。自从己丑之悟后，朱子在理论建树上可谓一日千里，张栻则再也难与朱子齐头并进。所以其《洙泗言仁录》经过反复讨论后，仍有诸多病痛。这也说明，在义理上有诸多不善，是朱子反对张栻编辑《洙泗言仁录》的一个重要原因。由于张栻当时已为湖湘学派的领袖，其所作的《洙泗言仁录》都有如此多明显的不足，由此亦可知朱子作《仁说》批评湖湘学派，且有"《洙泗言仁录》辩""'观过知仁'辩""'知觉言仁'辩"《仁说》之辩"的时代背景。

吕伯恭《答朱侍讲所问》第二书，讨论了朱子《答钦夫仁疑问》第四十七书：

《言仁录》所疑，如论未知焉得仁等处，科条极精密。又所云："思虑、语言、躬行，皆不可废，但欲实到，即须躬行，非是道理全不可思量讲说。"此诚不可易之论，深中谈玄之病。然□□□，却有惩刱太过处。凡《言仁录》中仁道无穷，非思虑、言语可尽之类，固

123

有过高处，恐不必例看疑之。然莫觉悚动乎中之类，非指言仁体，似不必疑之。盖无所归宿，则诚不可。若所谓性与天道不可得而闻，固有非言语所可尽者也。以觉为仁，则诚不可。若所谓天民之先觉，固非觉字不道着也。大抵论学之难，其高者，其病堕于虚，就平者，其末流于章句。校二者之失，高者便入于异端，平者浸失其传，犹为勤训，故惇行义轻重不同。然要皆是偏耳，如寄示诸说，固足以深救穷大失其所居、无所倚着之病。然天下事未尝无对，惩创太过，独不思倚着之病乎？执中之难，深愿体之。五六年每见诲示，下而复高，高而复下，非饱经历真切磨，何以臻此。用功之实、进德之新，于此可窥。然惓惓之意，犹谓要必中立不倚，则虑所终、稽所敝，无传习之舛。不识如何？①

此书说"《言仁录》所疑"，即指朱子《答钦夫仁疑问》第四十七书，"如论未知焉得仁等处，科条极精密"，即指该书"未知焉得仁"等章，吕伯恭认为朱子的论议极为精密。

"又所云思虑、语言、躬行，皆不可废，但欲实到，即须躬行，非是道理全不可思量讲说"，即指朱子对张栻《洙泗言仁录》"博学而笃志"章疏释的批语："大抵思虑、言语、躬行各是一事，皆不可废。但欲实到，须躬行，非是道理全不可思量，不可讲说也。然今又不说要在躬行之意，而但言不可以言语思虑得，则是相率入于禅者之门矣。"吕伯恭认为朱子此评"诚不可易之论，深中谈玄之病"，"然□□□，却有惩创太过处"当指朱子对张栻《洙泗言仁录》"博学而笃志"章的批评："然今又不说要在躬行之意，而但言不可以言语思虑得，则是相率入于禅者之门矣。"吕伯恭认为朱子此语似有"惩创太过处"，说"凡《言仁录》中仁道无穷，非思虑、言语可尽之类，固有过高处，恐不必例看疑之"，即不要通通把"仁道无穷""非思虑、言语可尽"之类都看作是佛门禅家的话头而一律予以批判。

"然莫觉悚动乎中之类，非指言仁体，似不必疑之。盖无所归宿，则诚不可"，指"宰我问丧"章："说云：'以为不仁者，盖以其不之察也。宰我闻斯言而出，其必有以悚动于中矣。'据此，似以察知悚动为仁，又似

---

① ［宋］吕祖谦：《东莱集》，第 296 页。

前说冥然莫觉之意。"吕伯恭认为张栻并没有像朱子所批评的"似以察知悚动为仁"之病,因此不必对张栻此说有所怀疑。吕伯恭亦认为不可便以知觉为仁,但是,若如"天民之先觉"一语,则非"知觉"一字道不着。

吕伯恭在此书最后说,论学之难处在于:说得过高,则有堕入玄虚之病,而易入于异端;说得过于平实,则又有流入章句注疏支离之病痛,而其传不得久远。两者都有所偏。吕伯恭又说,朱子所寄论仁诸信,诚是意味深长,值得深求。议论若过于穷大,则失其所居,如悬在空中而无倚着之处;但是如果对此惩创太过,亦易失其根据,无的放矢。因此,议论之难,难在"执中"。吕伯恭说朱子近五六年的书信议论"下而复高,高而复下",即努力避免过高与过平之两失,认为"非饱经历真切磨,何以臻此"。吕伯恭说自己的"惓惓之意"是解经要恪守"中立不倚"的准则,如此,方能庶几"虑所终、稽所敝",而"无传习之舛",即其理论方能无流弊。

吕伯恭此书说得甚是平实,其对朱子己丑至癸巳这五年的观察,是对朱子既在理论上一日千里、狂飙突进,又在进德上日益臻于醇熟之境的真实写照。

朱子在《答吕伯恭别纸》第一〇一书说:

> 言"仁"诸说,钦夫近亦答来,于旧文颇有改易,然于鄙意亦尚有未安处。大率此书当时自不必作,今既为之,则须句句字字安顿得有下落始得,不容更有非指仁体而备礼说过之语在里面,教后人走作也。①

朱子在此书中提到张栻最近又将自己修改过的《洙泗言仁录》寄来,朱子认为张栻作了比较大的修改,但是仍觉得有不妥当处。朱子认为张栻当时就不该作《洙泗言仁录》,既然作了,则必须"句句字字安顿得有下落始得",不能有说得仁体似是而非之处,使后之学者盲目走作,不知所从。这也难怪朱子在编辑张栻《南轩先生文集》时,把其《洙泗言仁录》删去,而留下学术史上的遗憾了。

到此书为止,关于《洙泗言仁录》的辩论已经基本结束。下面,再来

---

① [宋]朱熹:《晦庵先生朱文公文集》,第1526页。

讨论《朱子语类》中关于《洙泗言仁录》的几则材料：

> 南轩《洙泗言仁》编得亦未是，圣人说仁处固是仁，然不说处不成非仁？天下只有个道理，圣人说许多说话，都要理会。岂可只去理会说仁处，不说仁处便掉了不管？①
>
> 今之学者，亦不消专以求仁为念，相将只去看说仁处，他处尽遗了。须要将一部《论语》，粗粗细细，一齐理会去，自然有贯通处，却会得仁。方好。②
>
> 王壬问："南轩类聚言仁处，先生何故不如此？"曰："便是工夫不可恁地。如此，则气象促迫，不好。圣人说仁处固是紧要，不成说仁处皆无用！亦须是从近看将去，优柔玩味，久之，自有一个会处，方是工夫。"③
>
> "某旧见伊川说仁，令将圣贤所言仁处类聚看，看来恐如此不得。古人言语，各随所说见意，那边自如彼说，这边自如此说。要一一比并，不得。"④

上述四条意思相近，都是反对类聚以言仁，认为如此做功夫，则气象促迫。《论语》说仁处固是重要，不说仁处亦不可不加理会。应把一部《论语》从近处看将去，粗粗细细都仔细玩味，久之自然浃洽贯通，如此方好。另外，《论语》中孔子言仁，多是根据学生的情况及各种情境，随机指点学生以求仁之方，如果一一比并，恐亦不得，这些都是朱子反对"类聚观仁"的重要的原因。

---

① ［宋］朱熹：《朱子语类》，第 3730 页。
② 同上注，第 3372 页。
③ 同上注，第 3420 页。
④ 同上注，第 3189 页。

第四章 "'观过知仁'辩"研究

第一节 "'观过知仁'辩"书信详考

"'观过知仁'辩"也是朱子《仁说》形成的重要环节之一，主要发生于朱子和湖湘学派学者之间。朱子在"观过知仁"上，主程颐和尹焞说，而湖湘学者除张栻外，则主要采上蔡和胡宏说，由此产生了朱子和湖湘学者关于"观过知仁"说的辩论。

"观过知仁"辩与"知觉言仁"辩两者具有非常紧密的联系，但"观过知仁"辩不如"知觉言仁"辩与朱子《仁说》的关系来得密切。朱子《又论仁说》第四十五书即与张栻辩论上蔡"知觉言仁"说。因此，"知觉言仁"辩是朱子、张栻等关于朱子《仁说》辩论的一部分。对与"观过知仁"辩有关的书信考证如下：

一、张栻《观过知仁说》，此书已佚，约作于宋孝宗乾道三年丁亥（1167年）春夏间，考证见后。

二、朱子《答林择之》第二书[1]，此书当作于丁亥夏秋间，考证如下：陈来先生《朱子书信编年考证》说："书云：'熹奉养粗安，旧学不敢废，得扩之朝夕议论，相助为多，幸甚。'朱子《林允中字序》云：'予始得古田林生用中，爱其通晤修谨，嗜学不倦。因其请字，字之曰择之。一日择之又请曰："用中之弟允中亦知有志于学，而其才力不足，愿推所以见命之意，字之曰扩之如何？"予时未识允中而以择之之言知其为人也。则应曰诺。明年扩之亦来。'又据《林用中字序》，择之得字乃乾道二年丙戌事，则扩之见朱子当在次年丁亥。故此书当作于丁亥。"[2]

---

[1] ［宋］朱熹：《晦庵先生朱文公文集》，第1963～1964页。
[2] 陈来：《朱子书信编年考证》（增订本），第45页。

束景南先生《朱熹年谱长编》卷上说："（乾道三年丁亥）八月一日，携林用中访南轩于潭州"[1]，"（乾道三年丁亥）十一月二十三日，别张栻东归"[2]。从长沙回崇安约需20多天，由此可知，朱子当在十二月下旬回到崇安。

此书又有"敬夫得书，竟主'观过'之说。因复细思，此说大害事。复以书扣之。扩之录得稿子奉呈，不知择之以为如何也？"由此可知，张栻在朱子此书之前作有《观过知仁说》并寄朱子讨论。由朱子"竟主'观过'之说"的语气可知，朱子对张栻主"观过"说颇为诧异，当不是与张栻相处三个多月日夕晤谈之后的语气，所以此书当作于朱子"八月一日，携林用中访南轩于潭州"之前。所以张栻作《观过知仁说》当约在丁亥春夏。由此也可推断，朱子丁亥访长沙，当定讨论张栻的《观过知仁说》。

三、朱子《答蔡季通》第三十九书[3]，此书约作于丁亥七月，考证如下：

此书有："邑中水祸至此，极可伤。此中幸亦无它，两日后方闻之耳。"王懋竑《朱子年谱》："（乾道）三年丁亥，三十八岁。秋七月，崇安大水，奉府檄行视水灾。"[4] 由朱子八月一日，携林择之出访张栻可知，此书当作于丁亥七月。

四、朱子《答蔡季通》第九十二书，此书约作于庚寅（1170年）春，考证如下：

此书有："寒泉精舍才到即贺客满座，说话不成，不如只来山间，却无此扰。"据束景南先生考证，寒泉精舍约在庚寅春间建成[5]，所以此书当作于庚寅春。

五、张栻《答谢梦得》书，此书当作于丁亥之后，辛卯（1171年）之前，考证如下：

此书张栻明显主上蔡、胡宏之说，从己心之偏病来说。认为知吾病之所由起，专意致精而药之，则病可去，病去则仁矣。张栻此书当作于较早，张栻《答朱元晦秘书》第四书认为"观过"有"以此自观"和"以此观人"两途，而此书则完全从己心之偏蔽立论，完全是上蔡、胡宏之说，

---

[1] 束景南：《朱熹年谱长编》，第370页。
[2] 同上注，第380页。
[3] ［宋］朱熹：《晦庵先生朱文公文集》，第4681～4682页。
[4] ［清］王懋竑：《朱子年谱·考异》，第200页。
[5] 束景南：《朱熹年谱长编》，第425页。

当作于朱子《观过说》之前。其内容当与丁亥春夏间所作的《观过知仁说》基本相同。在时间上，当在丁亥之后，辛卯之前。

六、胡伯逢《观过知仁说》，约作于辛卯一月，考证见后。

七、朱子《观过说》[①]，约作于辛卯一月，考证见后。

束景南先生说："（乾道四年戊子）八月，与张栻、吴翌、蔡元定、林用中、王近思等讨论观过知仁说，作《观过说》。"束先生此说恐难成立。因为戊子（1168年）时朱子仍在中和旧说时期，对胡宏等湖湘学派的思想深表赞同，而朱子《观过说》却已对上蔡、胡宏等的"观过知仁"说深表不满："'观过'之说，详味经意，而以伊川之说推之，似非专指一人而言，乃是通论人之所以有过，皆是随其所偏，或厚或薄，或不忍或忍，一有所过，无非人欲之私。能于此看得两下偏处，便见勿忘勿助长之间，天理流行，鸢飞鱼跃，元无间断，故曰'观过斯知仁矣'。盖言因人之过而观所偏，则亦可以知仁，非以为必如此而后可以知仁也。若谓观己过，窃尝试之，尤觉未稳。盖必俟有过而后观，则过恶已形，观之无及，久自悔咎，乃是反为心害而非所以养心。若曰不俟有过而预观平日所偏，则此心廓然本无一事，不直下栽培涵养，乃豫求偏处而注心观之，圣人平日教人养心求仁之术，似亦不如此之支离也。"由此可知，朱子《观过说》就其内容即可判断，当在己丑中和新说之后。张栻《答朱元晦秘书》第四书说："近伯逢方送所论'观过'之说来。某前日《洙泗言仁》中亦有此说，不知如何？大抵以此自观，则可以察天理人欲之浅深；以此观人，亦知人之要也。岳下诸公尚执前说，所谓帘窥壁听者，甚中其病耳。"由朱子《观过说》的内容明显可以看出，朱子《观过说》是答复学者的一封书信，具体答复谁已难确考。不过，可以确定的是，此书信明显批判上蔡和胡宏的"观过知仁"说。因此，朱子《观过说》当为答复湖湘学派学者的书信。

八、朱子《答蔡季通》第四十五书[②]，此书约作于辛卯二月，考证如下：

此书有："答择之书并观过说纳去，幸为订之。"则在此书不久前，朱子已经作成《观过说》。朱子《观过说》约作于辛卯一月。由此可知，朱子《答蔡季通》第四十五书当约作于辛卯二月。《观过说》作成时间，详

---

① ［宋］朱熹：《晦庵先生朱文公文集》，第3271～3272页。
② 同上注，第4684页。

见第五章"'知觉言仁'辩"书信详考一节第九条所考。

九、张栻《答朱元晦秘书》第四书[①]，此书约作于辛卯二月。详细考证见第三章"《洙泗言仁录》辩"书信详考一节第十一条所考。

此书有："近伯逢方送所论'观过'之说来。某前日《洙泗言仁》中亦有此说，不知如何？大抵以此自观，则可以察天理人欲之浅深；以此观人，亦知人之要也。岳下诸公尚执前说，所谓帘窥壁听者，甚中其病耳。"此书"近伯逢方送所论'观过'之说来"一语，既可指胡伯逢的《观过知仁说》，也可指朱子的《观过说》，但是由此书是张栻和朱子之间的书信，从其叙述语气可知，当指朱子的《观过说》。由此可知，朱子在此书之前不久，已经作成《观过说》。如此，则朱子《观过说》当约作于辛卯一月。

十、张栻《与吴晦叔》第十三书[②]，此书约作于辛卯二月，考证如下：

此书有："示及元晦、伯逢《观过知仁说》，正所欲见。某倾时之说，正与伯逢相似，后来见解经义处，惟伊川先生之言看得似平易，而研穷其味无致。"由此可知，在此书之前，朱子、胡伯逢和张栻都作有《观过知仁说》。由上考朱子《观过说》约作于辛卯一月可知，胡伯逢之《观过知仁说》亦应约作于辛卯一月。张栻《观过知仁说》则作于丁亥春夏，上已考。由张栻"某倾时之说，正与伯逢相似，后来见解经义处，惟伊川先生之言看得似平易，而研穷其味无致"一语可知，张栻丁亥春夏所作的《观过知仁说》亦当以上蔡和胡宏说为主，在作此书时则认为伊川说更符合经义本意。由张栻此书仍有"以此自观""以此观人"语可知，张栻此书当作于朱子《答张敬夫》第十七书之前。

十一、朱子《答蔡季通》第四书[③]，此书约作于辛卯二月，考证如下：

此书据陈来先生考："书云：'观过说犹未安，前日二生所写告为收毁，仍试加思索，只于钦夫旧说中去得昨来所攻之病，便自妥贴简当也。''钦夫旧说'指张栻乾道四年所作的《观过知仁说》，朱子戊子答林择之第二书云：'敬夫得书，竟主观过之说'，是其证。故此书当在戊子以后。然此书似为数书相杂。如首一段论观过说当为朱子辛卯作《观过说》并与湖南辩论观过时，然次一段有'昨见子直'云云，杨子直从学在庚寅夏秋间，

---

① [宋]张栻：《南轩先生文集》，第315页。
② 同上注，第436页。
③ [宋]朱熹：《晦庵先生朱文公文集》，第1991页。

故该段当为庚寅作。而第三段论通鉴,《通鉴纲目》成于壬辰,则该段似在壬辰。今姑以答蔡季通四列于辛卯。"①陈先生说可采。如此,则此书"'观过'说犹未安。前日二生所写,告为收毁。仍试别加思索,只于钦夫旧说中去得昨来所攻之病,便自妥贴简当也"一段,当作于"朱子辛卯作《观过说》并与湖南辩论观过时",朱子约在辛卯一月作成《观过说》,由此推断,朱子此书当约作于辛卯二月。朱子此书说:"只于钦夫旧说中去得昨来所攻之病,便自妥贴简当也。"张栻在《答朱元晦秘书》第四书中说:"岳下诸公尚执前说,所谓帘窥壁听者,甚中其病耳。"朱子所谓"钦夫旧说中去得昨来所攻之病",当即指张栻在《答朱元晦秘书》第四书中批评湖湘学者"帘窥壁听"之病。由此可知,朱子《答蔡季通》第四书当作于张栻《答朱元晦秘书》第四书之后不久,约作于辛卯二月。

十二、朱子《答吴晦叔》第六书②,此书约作于辛卯二或三月,考证如下:

朱子《答吴晦叔》第六书说:"'观过'一义,思之甚审。如来喻及伯逢兄说,必谓圣人教人以自治为急,如此言乃有亲切体验之功,此固是也。"此书所谓"伯逢兄说",当指胡伯逢辛卯一月所作《观过知仁说》。由此可知,朱子此书当约作于辛卯二或三月。进一步考证见后。

此书有:"且心既有此过矣,又不舍此过而别以一心观之;既观之矣,而又别以一心知此观者之为仁。若以为有此三者递相看觑,则纷纭杂扰,不成道理。若谓止是一心,则顷刻之间有此三用,不亦忽遽急迫之甚乎?"朱子所作的《观心说》亦有:"故以心观物,则物之理得。今复有物以反观乎心,则是此心之外复有一心而能管乎此心也。然则所谓心者,为一耶,为二耶?为主耶,为客耶?为命物者耶,为命于物者耶?此亦不待教而审其言之谬矣。……夫谓人心之危者,人欲之萌也;道心之微者,天理之奥也。心则一也,以正不正而异其名耳。'惟精惟一',则居其正而审其差者也,绌其异而反其同者也。能如是,则信执其中,而无过不及之偏矣,非以道为一心,人为一心,而又有一心以精一之也。"两书都反对以心观心,一心三用。由此可知,朱子《观心说》当与朱子《答吴晦叔》第六书同时而稍后。由此推断,朱子《观心说》当约作于辛卯三或四月。

---

① 陈来:《朱子书信编年考证》(增订本),第90页。
② [宋]朱熹:《晦庵先生朱文公文集》,第1337页。

十三、朱子《答张敬夫》第十七书①，此书约作于辛卯三月，考证如下：

张栻《答朱元晦秘书》第四书说："近伯逢方送所论'观过'之说来。某前日《洙泗言仁》中亦有此说，不知如何？大抵以此自观，则可以察天理人欲之浅深；以此观人，亦知人之要也。岳下诸公尚执前说，所谓帘窥壁听者，甚中其病耳。"朱子《答张敬夫》第十七书说："大抵'观过知仁'之说，欲只如尹说，发明程子之意，意味自觉深长。如来喻者，犹是要就此处强窥仁体，又一句歧为二说，似未甚安贴也。"此书所谓"又一句歧为二说"，当指张栻《答朱元晦秘书》第四书"大抵以此自观，则可以察天理人欲之浅深；以此观人，亦知人之要也"。由此可知，朱子《答张敬夫》第十七书乃答复张栻《答朱元晦秘书》第四书者。由张栻《答朱元晦秘书》第四书约作于辛卯二月推断，朱子《答张敬夫》第十七书当约作于辛卯三月。

十四、朱子《答蔡季通》第四十书②，此书约作于辛卯三或四月，考证如下：

此书说："'观过'终无定论，如所喻亦未安。愚意却欲只用古说。和靖推说伊川之意甚分明，盖诸说皆有病，惟是此说独不费力，但义差缓耳。圣人之言自有如此处，更以上文'苟至于仁矣，无恶也'及《表记》'仁者之过易辞也'者反复证之，则其理亦甚精。晦叔所说比钦夫差直截，但终是迫切，不类圣人语意耳。"由此可知，朱子此书当作于与吴晦叔、张栻等人论"观过知仁"说时，朱子与吴晦叔讨论"观过知仁"说在辛卯二至四月。故知朱子此书亦当约作于辛卯二至四月。由此书只提到张栻、吴晦叔而未提到胡伯逢、胡广仲等，且从"'观过'终无定论"语气可知，此书当作于辛卯"观过知仁"辩早期，朱子《答吴晦叔》第六书后不久，如此，应约作于辛卯三或四月。

十五、朱子《答胡广仲》第三书③，此书约作于辛卯三或四月，考证如下：

此书有："'知仁'之说，前日答晦叔书已具论之。今细观来教，谓释

---

① ［宋］朱熹：《晦庵先生朱文公文集》，第1991页。
② 同上注，第4682页。
③ 同上注，第1897～1898页。

氏初无观过功夫，不可同日而语，则前书未及报也。"所谓"前日答晦叔书"当指朱子《答吴晦叔》第六书，所谓"前书未及报"，指吴晦叔未及把朱子《答吴晦叔》第六书转至胡广仲观阅。吴晦叔和胡广仲均为湖湘学者，由此可知，朱子《答胡广仲》第三书当稍后于朱子《答吴晦叔》第六书。由朱子《答吴晦叔》第六书约作于辛卯二或三月推断，朱子《答胡广仲》第三书当约作于辛卯三或四月。

十六、朱子《答林择之》第十六书[①]，此书约作于辛卯三或四月，考证如下：

此书有："'观过知仁'，只依伊川说，更以和靖说足之，圣人本意似不过如此。《记》曰：'仁者之过易辞也。'《语》曰：'苟志于仁矣，无恶也。'如此推之，亦可见矣。"上考朱子《答蔡季通》第四十书有："'观过'终无定论，如所喻亦未安。愚意却欲只用古说。和靖推说伊川之意甚分明，盖诸说皆有病，惟是此说独不费力，但义差缓耳。圣人之言自有如此处，更以上文'苟至于仁矣，无恶也'及《表记》'仁者之过易辞也'者反复证之，则其理亦甚精。"两书内容基本相同，由此可知，两书当作于同时。由朱子《答蔡季通》第四十书约作于辛卯三或四月推断，朱子《答林择之》第十六书亦当约作于辛卯三或四月。

十七、朱子《观心说》[②]，此书约作于辛卯三或四月，上已考。

十八、朱子《答胡伯逢》第三书[③]，此书当约作于辛卯三或四月，考证如下：

朱子《答胡伯逢》第三书说："昨承喻及'知仁'之说，极荷开晓之详。然愚意终觉未安。来谕大抵专以自知自治为说，此诚是也。……窃观来教，所谓'苟能自省其偏，则善端已萌，此圣人指示其方，使人自得，必有所觉知，然后有地可以施功而为仁'者，亦可谓非圣贤之本意，而义理亦有不通矣。熹于晦叔、广仲书中论之已详者，今不复论，请因来教之言而有以明其必不然者。"此书所谓"熹于晦叔、广仲书中论之已详"，即指朱子《答吴晦叔》第六书和朱子《答胡广仲》第三书。由此推断，朱子《答胡伯逢》第三书当亦约作于辛卯三或四月。

---

① ［宋］朱熹：《晦庵先生朱文公文集》，第1976～1977页。
② 同上注，第3278～3279页。
③ 同上注，第2149～2150页。

十九、朱子《答吴晦叔》第七书①，此书约作于辛卯三或四月，考证如下：

此书有："前书所论'观过'之说，时彪丈行速，忽遽草率，不能尽所怀。然其大者亦可见，不知当否如何？其未尽者，今又见于广仲、伯逢书中，可取一观。"此书所谓"前书所论'观过'之说"指朱子《答吴晦叔》第六书。"其未尽者，今又见于广仲、伯逢书中"，指朱子《答胡广仲》第三书、朱子《答胡伯逢》第三书，所以此书当作于此两书之后。由"然其大者亦可见，不知当否如何"一语可知，朱子在作第七书时，还未收到吴晦叔对朱子《答吴晦叔》第六书的回复。由此可以推断，朱子此书当作于朱子《答吴晦叔》第六书之后不久，当亦约作于辛卯三或四月。

二十、朱子《答蔡季通》第四十三书②，此书约作于辛卯四或五月，考证如下：

此书有："观过说依旧未安。盖此二字与《中庸》'致曲'文一同。致曲者，非致夫曲，乃因曲而加功。观过者，非观夫过，乃因过而观理耳。前日之说，寻当改定，却得寄去。"朱子此书所说的"前日之说"当指朱子《答蔡季通》第四十书，该书说："'观过'终无定论，如所喻亦未安。愚意却欲只用古说。……《表记》'仁者之过易辞也'者反复证之，则其理亦甚精。"两书语气基本相同。由朱子《答蔡季通》第四十书约作于辛卯三或四月推断，朱子《答蔡季通》第四十三书当约作于辛卯四或五月。

二十一、张栻《答周允升》第六书③，此书当约作于辛卯四或五月，考证如下：

在此书中周允升问道："'观过斯知仁矣。'旧观所作讷斋、韦斋记，与近日所言殊异，得非因朱丈别以一心观，又别以一心知？顷刻之间，有此二用，为急迫不成道理，遂变其说乎？"朱子《答吴晦叔》第六书说："且心既有此过矣，又不舍此过而别以一心观之；既观之矣，而又别以一心知此观者之为仁。若以为有此三者递相看觑，则纷纭杂扰，不成道理。若谓止是一心，则顷刻之间有此三用，不亦忽遽急迫之甚乎？"周奭此问当即指朱子《答吴晦叔》第六书。由朱子《答吴晦叔》第六书作于辛卯二

---

① ［宋］朱熹：《晦庵先生朱文公文集》，第 1912～1913 页。
② 同上注，第 4682 页。
③ ［宋］张栻：《南轩先生文集》，第 468～469 页。

第四章 "'观过知仁'辨"研究

或三月推断，张栻《答周允升》第六书当约作于辛卯四或五月。

二十二、朱子《答虞士朋》第一书①，此书亦当约作于辛卯春夏间，考证如下：

此书有："'观过'之说，皆恐失之过高，后亦多类此者。详其意味，似从张无垢议论中来，其为得失，非但训诂文义之间而已。此须异日子细商量，今未敢容易说也。"朱子《答林择之》第十六书有："又所云'同一机'者，颇类无垢句法。"两书的语气相同，都是批评张无垢而间接批评佛家之说。故此书当亦约作于辛卯春夏间。

二十三、朱子《答吴晦叔》第九书，此书约作于壬辰（1172年）十或十一月，考证如下：

此书据陈来先生考证："此书与吴论知行，首云：'熹伏读示及先知后行之说，反复详明，引据精密，警发多矣。所未能无疑者，方欲求教，又得南轩寄来书稿读之，则凡熹所欲言者，盖皆先得之矣。特其曲折之间小有未备，请得而论之。'按答张敬夫第二十书首云'答晦叔书鄙意正如此，已复推明其说以求教于晦叔矣'，其书亦论知行，故知其书所谓'答晦叔书'即指此答晦叔书也。答张敬夫二十书原注壬辰冬，此书当亦作于壬辰冬。"②所谓"答晦叔书"指张栻《答吴晦叔》第四书，所谓"已复推明其说以求教于晦叔矣"，即指朱子《答吴晦叔》第九书。由此可知，朱子《答吴晦叔》第九书当约作于壬辰十或十一月，张栻《答吴晦叔》第四书当约作于壬辰九或十月。

二十四、朱子《答胡伯逢》第四书③，此书约作于壬辰十一或十二月，考证如下：

此书有"知行先后，已具所答晦叔书中"，"所答晦叔书"指朱子《答吴晦叔》第九书。此书又有："至于性无善恶之说，则前后论辨不为不详，近又有一书与广仲论此，尤详于前。""近又有一书与广仲论此"指朱子《答胡广仲》第五书。朱子《答吴晦叔》第九书约作于壬辰十或十一月，朱子《答胡广仲》第五书约作于壬辰九或十月，由此推断，朱子《答胡伯逢》第四书当约作于壬辰十一或十二月。

---

① ［宋］朱熹：《晦庵先生朱文公文集》，第2059页。
② 陈来：《朱子书信编年考证》（增订本），第99页。
③ ［宋］朱熹：《晦庵先生朱文公文集》，第2152～2153页。

至此，朱子与湖湘学派关于"观过知仁"说的辩论已经结束。朱子在《答王近思》第五书中说："闻祝弟持《大学》说及'观过知仁'辩论去，皆是向来草稿往返未定之说。渠乃不知本末，持去误人，甚不便，可为焚之。"[①] 此书当作于朱子与湖湘学者辩论"观过知仁"说已经结束时，从"向来"一语可知。朱子与湖湘学者辩论"观过知仁"说，约在壬辰十二月结束。此书又有"今秋若与荐送，能迂道一过，幸幸"语，故知此书当约作于癸巳夏为近。

第二节 "'观过知仁'辩"义理研究

朱子与湖湘学者之间的"'观过知仁'辩"，和朱子与张栻之间的"《洙泗言仁录》辩"基本同时，主要发生于乾道七年辛卯（1171年）和乾道八年壬辰（1172年）之间，虽然牵涉的学者众多，但是主要以湖湘学派学者为主，福建学者林择之、蔡季通亦参与其中。

一、辩论理论背景

在详细分疏"'观过知仁'辩"之前，首先应对辩论的理论背景做一细致的回溯。"观过知仁"典出《论语·里仁》："子曰：'人之过也，各于其党。观过斯知仁矣。'"朱子所编《论孟精义》有程颐及其弟子的六家之说：

> 伊川《解》曰："人之过也，各于其类：君子常失于厚，小人常失于薄；君子过于爱，小人过于忍。"
> 范曰："君子之过也以君子责，小人之过也以小人责。求备于君子，而不大望小人，此为仁之道也。故责君子以厚，责小人以薄。君子可上，而责之薄，则为不恭；小人可下，而责之厚，则为不恕，非为仁之道也。"
> 吕曰："仁道之大，贵于类族辨物，以通天下之志。如不分其党，持一法以平物，则物必有穷，仁术狭矣。君子有君子之过，小人有小

[①] ［宋］朱熹：《晦庵先生朱文公文集》，第 1760～1761 页。

人之过,各于其党以观其过,则物物得其所,而仁术弘矣。惟弘所以为仁,故因观过然后知仁之所以然。功者人之所勉,过者非人之所欲为,故求其诚心,视功不若视过也。"

谢曰:"仁之道不易知,圣人于此,语以知仁之方。党,偏蔽也,君子小人之注心处也。君子注心于义,小人注心于利,自其过中,皆可谓之过。既曰过,安可谓之仁,然于此特可以见仁矣。"又曰:"孟子论性善,论之至也。性非不可为不善,但非性之至。如水之就下,击之非不可上,但非水之性。人虽可以为不善,然善者依旧在。如观过斯知仁,既是过,那得仁,然仁亦自在。"

杨曰:"《记》曰:'仁有三,与仁同功而异情。与仁同功,其仁未可知也;与仁同过,然后其仁可知也。夫仁者安仁,知者利仁,畏罪者强仁。'所谓仁有三,或安之,或利之,或强之,此之谓异情。及其成功一也,此之谓同功。与仁同功,则功一而已,故其仁未可知也。与仁同过,各于其党观之,则情异者见焉,则所谓三仁者从可知矣。"

尹曰:"君子失于厚,小人失于薄;君子过于爱,小人过于忍。各于其类观之,仁不仁可知矣。"①

在六家之说中,程颐、范祖禹、吕大临、杨时、尹焞的说法可为一组,此组解释"各于其党"之"党"为"类",主要于事中观君子、小人之过;谢上蔡的说法最为特别,其解释"党"为"偏弊",最特异的是,于君子、小人之"注心处"识其偏弊,观君子、小人之过。

程颐和尹焞的说法基本相同,解释"党"为"党类",区分君子、小人之过:君子之过在过于厚、过于爱,小人之过在过于薄、过于忍。尹焞与程颐不同的地方是,认为由此可以知人之仁或不仁。范祖禹则从责人之过来说,认为君子可以向上,故应求备,如果责君子以薄,反而不恭;小人不可大望,且往往陷溺于世俗利欲,所以只可责以薄,如果责小人以厚,反而不恕。吕大临则从辨物知人的角度来说,吕氏认为仁之道大,应类族辨物,方能通天下之志,使物物各得其所,而仁术弘大;如果不分人物之党类,以一法平称万物,则物必有穷,而仁术偏狭。杨时则引用《礼

---

① [宋]朱熹:《论孟精义》,第143~144页。

记·表记》的观点:"子曰:仁有三,与仁同功而异情。与仁同功,其仁未可知也;与仁同过,然后其仁可知也。仁者安仁,知者利仁,畏罪者强仁。"杨时进一步解释"仁有三"是或安仁,或利仁,或强仁,这是"异情";所谓"同功",是指虽安仁、利仁、强仁,其为仁的路径不同,但是最后所达到的仁之功用却是一样的。因为其最后所达到的仁之功用相同,所以很难察识其人到底属于哪一类仁;但是却可以从其过的类型来区分他到底是出于哪一类仁。因此,观过斯知仁矣。

谢良佐则认为,因为仁道难名,所以圣人只示人以知仁之方,观过知仁即是知仁之方。谢良佐训释"党"为偏蔽,特别是从君子小人的"注心处"来说其偏弊。君子注心于义,小人则注心于利。上蔡说二者都有其过,这就值得商榷了。毕竟君子注心于义,若从其注心处,即存心来说,何来其过?孔子说君子喻于义,何过之有?所以上蔡在这里是说不通的。当然,上蔡可以说君子即使注心于义,但是其行为却可能仍会有过,即偏蔽,这虽然可说,但已不是上蔡所强调的从"注心处"来说的偏蔽。另外,上蔡以为孟子所说的性善之"性",是说其性之至;但性又可以为不善,只是为不善的不是性之至。人虽为不善,但善性仍在。观过知仁,过并非仁,但仁自在。上蔡对"性"的这些说法都还比较模糊,缺乏明确的分疏。

上蔡的"观过知仁"说,强调从注心处来观过的思想,为胡安国、胡宏父子所继承,由此成为湖湘学派"正统"的"观过知仁"说。胡宏说:

> 闻诸先君子曰:"党,偏胜也。"有所偏胜,则过而不得其中。或敏慧而过于太察,或刚勇而过于太暴,或畏慎而过于畏缩,或慈爱而过于宽弛。人能内观其过,深自省焉,则有所觉矣。[1]

胡安国和胡宏进一步把上蔡的思想加以发展,认为观过是人内观其过,深自内省,则对仁体能有所觉解。他们把上蔡训"党"为"注心处"之"偏蔽",进一步训解为人之气质上的"偏胜"。认为人之气质敏慧则易过于苛察,刚勇则易过于粗暴,畏慎则易过于畏缩,慈爱则易过于宽弛。因此,应内观其过。这也说明胡安国、胡宏两人也吸收了程颐训"党"为"类"的思想。由程颐主要是从观人之过而知仁,到胡宏内观己过,深自内省,

---

[1] [宋]胡宏:《胡宏集》,第304页。

应该说是一个很大的转变，不能简单地以对错来加以衡判。但是，我们不得不说，程颐等人的观点比较符合孔子的本意，而上蔡、胡宏的观点则是在其之上，往"心学"方面的进一步发展，具有其深刻意义。

二、朱子之《观过说》

早在宋孝宗乾道三年丁亥（1167年，朱子时年38岁）春夏间，张栻即作有《观过知仁说》，朱子在作于丁亥夏秋间的《答林择之》第二书中说：

> 敬夫得书，竟主"观过"之说。因复细思，此说大害事。复以书扣之。扩之录得稿子奉呈，不知择之以为如何也？①

由此书可知，朱子对张栻的"观过"说颇为不满，认为"此说大害事"。因张栻此说已佚，而且朱子此书过简，所以仅从此书很难了解张栻《观过说》的内容。在约作于丁亥七月的《答蔡季通》第三十九书中，朱子与蔡季通也讨论了"观过"说：

> 又性固无不善，其所以有不善，有过，有不及，却从气禀中来。只如所论，亦未子细。造次颠沛必于是，乃知仁而用力焉之事。若知之未明，则所谓是者，恐亦未端的。此亦须更察之日用之间卓然实见仁体可也。观过当以"观"字为重，盖观处用力，则天理人欲宾主分明，而仁体在我者益昭著矣。若但知之而已，则恐未必端的实见也。圣贤指人求仁之方，多是于下学处指示。盖用力于此而自得之，则安然便为己得，非若今人县揣暗料，窥见仿佛，便以为得也。②

朱子认为人性本善，但是现实的人之所以有不善，有过和不及，则是因气禀的干扰、蒙蔽。孔子说："君子去仁，恶乎成名？君子无终食之间违仁，造次必于是，颠沛必于是。"（《论语·里仁》）朱子认为"造次颠沛必于是"乃知仁用力之事，如果不先做知仁的功夫，则不知什么为"是"。因

---

① ［宋］朱熹：《晦庵先生朱文公文集》，第1963～1964页。
② 同上注，第4681～4682页。

此，必须精察于日用之间，才能卓然实见仁体。孔子说："人之过也，各于其党。观过，斯知仁矣。"（《论语·里仁》）朱子认为孔子所说的"观过"，其重点在"观"字上，认为如果能做"观"的功夫，则能明辨天理人欲之异。以天理为主，则人欲为客，如果能做到这样，那么仁体便昭著呈现在我了。朱子认为"观过知仁"的功夫，不能只明白其道理，还必须在人伦日用之间、造次颠沛之际，着实做功夫，方能对仁体有所实见。因此，朱子认为，孔子多在下学日用中指示人以如何求仁的方法。如果能在下学日用中着实做功夫，久久纯熟，那么便能安然自得，不是像现在的人，只悬空揣摸，略见大概，就说自己已到安然自得的地位。朱子在此书中，强调气质的不善、过与不及，强调在日用下学中做功夫，"观"天理人欲之际以实见仁体，这是朱子这段时期"观过"说的重要特点。朱子在丁亥时，仍主中和旧说，因此，其"观过说"明显受到上蔡、胡宏思想的影响，从气质偏蔽、察天理人欲以识仁体，强调"观"而不是"过"，都可见一斑。从朱子此书还可以明显看到上蔡思想的痕迹，如从性善为始，朱子对上蔡思想的发展在于明确以气禀的影响来说人有不善、过与不及的原因。上蔡还没有仁体的概念，而胡宏则明确认为"欲为仁，必先识仁之体"，由于受到胡宏思想的影响，所以朱子早期的"观过"说，亦喜拈"仁体"的话头，特重"观过"之"观"字，有先知后行、先察识后涵养之意。

在作于乾道六年庚寅（1170年，朱子时年41岁）春的《答蔡季通》第九十二书中，朱子又说："观过之说竟未安，尝思之矣。"① 此书所提的"观过之说"，不知是蔡季通，还是朱子本人的观过说。不过，指朱子本人"观过"说的可能性更大。因为，朱子经己丑中和新悟之后，全面反省湖湘学派的思想，进而在反省中，觉得自己在《答蔡季通》第三十九书中所主的"观过"说有不妥当的地方。从"观过之说竟未安"中的"竟"字，似乎可以看出朱子此时，对其旧说已幡然有悟而有所改辙。

朱子与湖湘学派的"'观过知仁'辩"，主要发生于辛卯、壬辰两年。其原因是约在辛卯一月，胡伯逢、朱子都作有《观过说》，朱子此《观过说》与张栻、胡伯逢等人的"观过说"及朱子自己中和新悟之前的"观过说"，当都有很大的差异，由此引发了关于"观过知仁"说的辩论。

约在乾道七年辛卯（1171年，朱子时年42岁）一月，朱子作成《观

---

① ［宋］朱熹：《晦庵先生朱文公文集》，第4697页。

过说》初稿。现存《观过说》为定稿,当经过修改。其全文如下:

> "观过"之说,详味经意,而以伊川之说推之,似非专指一人而言,乃是通论人之所以有过,皆是随其所偏,或厚或薄,或不忍或忍,一有所过,无非人欲之私。能于此看得两下偏处,便见勿忘勿助长之间,天理流行,鸢飞鱼跃,元无间断,故曰"观过斯知仁矣"。盖言因人之过而观所偏,则亦可以知仁,非以为必如此而后可以知仁也。若谓观己过,窃尝试之,尤觉未稳。盖必俟有过而后观,则过恶已形,观之无及,久自悔咎,乃是反为心害而非所以养心。若曰不俟有过而预观平日所偏,则此心廓然本无一事,不直下栽培涵养,乃豫求偏处而注心观之,圣人平日教人养心求仁之术,似亦不如此之支离也。①

朱子"详味经意"并推以程颐之说,认为"观过"之"过",不应仅指自己一人之过,而是通论人之过,这说明朱子是以追求《论语》本意的立场来立说的。朱子认为人之过,不管是过于厚或薄、过于忍或不忍,皆是人欲之私所致。能察觉到两下之偏都为人欲之私,并做孟子勿忘、勿助长的功夫,则天理流行、鸢飞鱼跃、毫不间断,此心流行纯是天理而无人欲之私,如此便是仁。观人之过,虽可以知仁,但并非必然要如此,这只是求仁功夫之一而已。如果"观过"是观己之过,则不甚妥当。因为,如果必待己之有过而后观之,则不但过恶已形,而且,如果悔咎之心长留心中,则反为心害,而不足以养心。《大学》就说:"身有所忿懥,则不得其正,有所恐惧,则不得其正,有所好乐,则不得其正,有所忧患,则不得其正。"这里的"身",应该理解为"心"。朱子"久自悔咎"反为心害的说法,应是本《大学》而来,也是朱子早年李侗便教导其悔疚之心不可长留心中的结果。朱子进而认为,如果不等有过,而预观自己平日所为的偏蔽处,圣人教人养心求仁的方法,不会如此之支离。因为,此心本来廓然无事,应该就此直下栽培、涵养此心。朱子的这种说法,当是本程颢《定性书》"夫天地之常,以其心普万物而无心;圣人之常,以其情顺万事而

---

① [宋]朱熹:《晦庵先生朱文公文集》,第3271~3272页。

无情。故君子之学，莫若廓然而大公，物来而顺应"①的思想而来；以及《识仁篇》"识得此理，以诚敬存之而已，不须防检，不须穷索。若心懈则有防，心苟不懈，何防之有？理有未得，故须穷索。存久自明，安待穷索？……以此意存之，更有何事？必有事焉而勿正，心勿忘，勿助长，未尝致纤毫之力，此其存之之道"②。朱子的《观过说》具有极强的理论针对性，即是针对上蔡、胡宏的"观过知仁"说而来的。"豫求偏处而注心观之"，明显指的是上蔡"党，偏蔽也，君子小人之注心处"的说法；"观己过"，则明显指的是胡宏"人能内观其过，深自省焉，则有所觉"的说法。通读朱子《观过说》的文脉，可知是答复朋友的书信，此书信明显针对上蔡和胡宏，亦即湖湘学派"观过知仁"说而来，而除张栻以外的湖湘学者，又坚持捍卫师说，则一场激烈的论辩便不可避免。下面便来深入讨论这场论辩的过程。

张栻收到朱子《观过说》后，约在辛卯二月，作《答朱元晦秘书》第四书作为回复：

> 近伯逢方送所论"观过"之说来。某前日《洙泗言仁》中亦有此说，不知如何？大抵以此自观，则可以察天理人欲之浅深；以此观人，亦知人之要也。岳下诸公尚执前说，所谓帘窥壁听者，甚中其病耳。③

张栻首先提示朱子其《洙泗言仁录》也有"观过"之说。由于《洙泗言仁录》已遗失，我们对张栻《洙泗言仁录》的"观过"之说的内容已不得而知。不过，其说当与朱子的"观过"说甚为接近，否则就不会同意朱子用"帘窥壁听"来批评湖湘学派的"观过知仁"说。由此可知，张栻作成《洙泗言仁录》初稿时，已经放弃了"观过"旧说。湖湘学派的观过说，首先注重的是"自观"，即省察自己用心之天理人欲的浅深分际，观过重在观己之过。张栻说除他之外的湖湘学者仍坚主观己之过说，他则表示赞同朱子用"帘窥壁听"来批评胡伯逢等湖湘学者的"观过说"，认为是"甚中其病"。不过，张栻在此书所主的"观过说"既重视自观，又重视观人，

---

① ［宋］程颢、程颐:《二程集》，第460页。
② 同上注，第16～17页。
③ ［宋］张栻:《南轩先生文集》，第315页。

可以说是调和了湖湘学派和程颐、尹焞、朱子两方"观过说"的特点。朱子在收到张栻《答朱元晦秘书》第四书后，约在辛卯三月，给张栻作了回信，即《答张敬夫》第十七书：

> 大抵"观过知仁"之说，欲只如尹说，发明程子之意，意味自觉深长。如来喻者，犹是要就此处强窥仁体，又一句歧为二说，似未甚安贴也。

朱子认为"观过知仁"应以程颐、尹焞的说法为是，意味深长。朱子批评张栻"大抵以此自观，则可以察天理人欲之浅深"，犹是要在天理人欲浅深之分际中强窥仁体；"以此自观""以此观人"则是"一句歧为二说"，仍然不太妥帖。

约在辛卯二月或三月，张栻在《与吴晦叔》第十三书中说：

> 示及元晦、伯逢《观过知仁说》，正所欲见。某倾时之说，正与伯逢相似，后来见解经义处，惟伊川先生之言看得似平易，而研穷其味无斁。此段伊川但以君子之过过于厚，伤于爱，小人之过过于薄，伤于忍。（经解本云："人之过也，各于其类。君子常失于厚，小人常失于薄；君子过于爱，小人伤于忍。"近来尝下语云：君子之失于厚，过于爱，虽曰过也，然观其过而心之不远者可知矣。若小人之过则失于薄，伤于忍。夫所谓薄与忍者，岂人之情也哉？而其失若此，则其所陷溺者亦可知矣。以此自观，则天理在所精，人欲在所遏也。以此观人，则亦知人之要也，未知兄看得如何？若如旧日所说，恐伤快了，圣人论仁不如是耳，更幸思之讲之，却以见教。）①

张栻在此书中提到朱子和胡伯逢都作有《观过知仁说》，而且认为"某倾时之说，正与伯逢相似"。由此可知，张栻约在丁亥春夏间作的《观过知仁说》应与胡伯逢的《观过知仁说》相似，都主上蔡、胡宏的思想。张栻说自己后来再看程颐的经解，才日益觉得其平易而有味。由张栻"后来见解经义处"语可知，张栻当时是自己发现上蔡、胡宏的思想有欠妥当处。

---

① ［宋］张栻:《南轩先生文集》，第436页。

程颐认为"人之过也，各于其类。君子常失于厚，小人常失于薄；君子过于爱，小人伤于忍"。张栻解释程颐这段话说，君子所以失于厚，乃其心过于爱。观君子之过，可知此心之不远者便是仁。而小人所以失于薄，乃其心过于忍，而这却非人之常情，由此可知，其心已被私欲所陷溺。因此，张栻进一步说，以此自观，则当精一于天理，而遏制私欲之萌发；以此观人，亦是知人之要，可以见其用心如何。张栻反省自己的"旧说"，认为是说得太快，孔子论仁却不如是。由此，张栻也间接批评了上蔡和胡宏的"观过知仁"说。张栻此书仍主"自观""观人"两途，因此张栻此书当作于朱子《答张敬夫》第十七书之前。

大抵朱子作《观过说》之后，寄给了张栻、胡伯逢，而且还寄给了吴晦叔、胡广仲等湖湘学派的学者，以及福建学者林择之、蔡季通等人。在约作于辛卯二月的朱子《答蔡季通》第四书中说：

"观过"说犹未安。前日二生所写，告为收毁。仍试别加思索，只于钦夫旧说中去得昨来所攻之病，便自妥贴简当也。①

朱子在此书中说对自己的《观过说》初稿仍不甚满意，朱子说："只于钦夫旧说中去得昨来所攻之病，便自妥贴简当也。"张栻"旧说"即丁亥春夏间所作的《观过知仁说》，张栻在《答朱元晦秘书》第四书中说："岳下诸公尚执前说，所谓帘窥壁听者，甚中其病耳。"张栻"昨来所攻之病"，当即指"帘窥壁听"之病。

三、朱子《观心说》

朱子《答吴晦叔》第六书约作于辛卯二或三月，其文如下：

"观过"一义，思之甚审。如来喻及伯逢兄说，必谓圣人教人以自治为急，如此言乃有亲切体验之功，此固是也。然圣人言知人处亦不为少，自治固急，亦岂有偏自治而不务知人之理耶？又谓人之过不止于厚、薄、爱、忍四者，而疑伊川之说为未尽。伊川止是举一隅耳。若"君子过于廉，小人过于贪"，"君子过于介，小人过于通"之类皆

---

① [宋]朱熹：《晦庵先生朱文公文集》，第1991页。

是，亦不止于此四者而已也。但就此等处看，则人之仁可见，而仁之气象亦自可识。故圣人但言"斯知仁矣"。此乃先儒旧说，为说甚短而意味甚长，但熟玩之，自然可见。若如所论，固若亲切矣，然乃所以为迫切浅露，而去圣人气象愈远也。且心既有此过矣，又不舍此过而别以一心观之；既观之矣，而又别以一心知此观者之为仁。若以为有此三者递相看觑，则纷纭杂扰，不成道理。若谓止是一心，则顷刻之间有此三用，不亦忽遽急迫之甚乎？凡此尤所未安，姑且先以求教。①

吴晦叔主上蔡和胡宏之说，认为《论语》"观过斯知仁矣"是圣人教人自治之方，认为反省自心之偏蔽乃有亲切体验之功，朱子对此表示认同。但是，朱子认为圣人不仅教人自治，因此不可偏于自治而不务于知人。吴晦叔认为伊川之说也有所未尽，人之过不只厚、薄、爱、忍四者。朱子认为程颐只是举其一隅而已，并不是说只有此四者。如"君子过于廉，小人过于贪"，"君子过于介，小人过于通"之类，也只是举例，举例当然容或有所未尽。朱子认为观君子、小人之过处，则人之仁不仁可见，仁之气象亦可于此而识，所以孔子说"观过斯知仁矣"。朱子认为此乃先儒旧说，比较符合经典的本意。若如吴晦叔所论，固若亲切，但正是迫切浅露的表现，离圣人气象更远。朱子进而说，此心既是有过，而又以另外一心观此已过之心，再又以一心知此观过之心而为仁，则是有三个心递相看觑，如此则此心纷纭杂扰，不成道理。如果只有一心，顷刻之间却又有此三用，也未免忽遽急迫。

《晦庵先生朱文公续集》有《答蔡季通》第四十书，其书当作于朱子《答吴晦叔》第六书之后不久，其文如下：

> "观过"终无定论，如所喻亦未安。愚意却欲只用古说。和靖推说伊川之意甚分明，盖诸说皆有病，惟是此说独不费力，但义差缓耳。圣人之言自有如此处，更以上文"苟至于仁矣，无恶也"及《表记》"仁者之过易辞也"者反复证之，则其理亦甚精。晦叔所说比钦夫差直截，但终是迫切，不类圣人语意耳。②

---

① ［宋］朱熹：《晦庵先生朱文公文集》，第1910～1911页。
② 同上注，第4682页。

朱子认为，自己与湖湘学者在"观过知仁"说上的讨论，至今还没有形成定论，蔡季通说也有所未安。朱子认为自己只想用"古说"，此所谓"古说"，当是指《表记》等二程以前关于"观过知仁"的训释。朱子认为尹焞已经把程颐的观过说推演得分明无误，程门其他人的观过说则都有病痛，只有程颐和尹焞之说平实不费力。不过，仍稍觉意味差缓，不甚悠长。朱子认为圣人之言有时也甚古拙，应更以《论语》和《表记》相关之语充实其意味。《论语·里仁》："子曰：'苟志于仁矣，无恶也。'"《礼记·表记》："子曰：仁之难成久矣！人人失其所好；故仁者之过易辞也。子曰：恭近礼，俭近仁，信近情，敬让以行，此虽有过，其不甚矣。夫恭寡过，情可信，俭易容也，以此失之者，不亦鲜乎？《诗》曰：'温温恭人，惟德之基。'"孔子在这里亦说到了仁与过的关系，孔子认为仁德之所以难成，是因为人在气质上都容易有所偏好。但是，由于仁者之用心无恶，所以即使有所过失也容易辞改、纠正。因为恭近礼，俭近仁，信近情，有这些德行，敬让以行，则虽有过，亦不太甚。恭则寡过，情实则让人可信，俭则容易做到宽容，以此而行，即使有失，也很少。所以《大雅·荡之什》说"温温恭人，惟德之基"。孔子的说法都不是给仁做直接的定义，而是指出这些德行接近仁，与"观过斯知仁矣"一样。所以《论语·里仁》篇说："苟志于仁矣，无恶也。"在《论语》中孔子说，人只要立志于求仁则无恶，因为恶首在于有恶心，人只要志于仁，就没有恶心。在《表记》中，孔子又认为仁之德甚难成，因为人人都容易为其所好蒙蔽而有所过。但是仁者之过却容易去除，因为仁者虽仍时有过失，却无邪恶之心。朱子认为应反复玩味《论语》《表记》之语，其中之义理已经甚精。朱子最后评论了吴晦叔和张栻的"观过说"，认为吴晦叔的"观过说"不如张栻"观过说"直截，但终是还有迫切之病，不像圣人之言来得平实古拙。

朱子《答林择之》第十六书中又说：

> "观过知仁"，只依伊川说，更以和靖说足之，圣人本意似不过如此。《记》曰："仁者之过易辞也。"《语》曰："苟志于仁矣，无恶也。"如此推之，亦可见矣。
>
> 子张所问子文、文子，只说得事，不见其心所以处此者的实如何，所以见他仁与不仁未得。伊川云："若无喜愠，何以知其非仁乎？"如此理会，方见得圣门所说"仁"字直是亲切。若如五峰之说，

却说出去得更远了,与"仁"字亲切处转无交涉矣。(《知言》中说"仁"字多类此。)

"切脉观鸡"之说,固佳。然方切脉观鸡之际,便有许多曲折,则一心二用,自相妨夺,非唯仁不可见,而脉之浮沉缓急,鸡之形色意态,皆有所不暇观矣。窃意此语但因切脉而见血气之周流,因观鸡雏而见生意之呈露,故即此指以示人,如引医家手足顽痹之语、举周子不去庭草之事,皆此意尔。若如来谕,"观鸡"之说,文义犹或可通;至"切脉"之云,则文义决不如此。又所云"同一机"者,颇类无垢句法。①

此书首段与《答蔡季通》第四十书基本相同,不再赘述。《论语·公冶长》有:"子张问曰:'令尹子文三仕为令尹,无喜色;三已之,无愠色。旧令尹之政,必以告新令尹。何如?'子曰:'忠矣。'曰:'仁矣乎?'曰:'未知,焉得仁?'"令尹子文三仕、三已都无喜愠,孔子虽赞其心可谓甚忠,但仁则不知。程颐则说如果没有喜愠,哪里知道其为仁还是非仁?朱子认为这些说的都是一些人之实事,并非如胡宏所说的那样"人能内观其过,深自省焉,则有所觉矣"。因此,朱子认为胡宏的说法反而离仁亲切处更远了。

林择之当又举程颢"观鸡雏。(此可观仁)"说,朱子认为此说固佳,但是却费周折。如此一心二用,互相妨夺,不但仁不可见,就是脉的浮沉缓急和鸡的形色意态都无暇而观。朱子认为程颢的"切脉""观鸡雏"说,并不是以另外一心观鸡雏之心,认为如此便为仁。而是从切脉而知人之血气周流,观鸡雏而见其勃勃之生意,说的都是从万物生生之意来观仁,所以程颢说:"万物之生意最可观。"程颢所说的四肢痿痹为不仁、观周敦颐庭前草不除,都是说的这个意思。朱子最后批评林择之的"观过说"颇受张无垢的影响。张九成,字子韶,号无垢,又号横浦居士,其学颇受佛教影响。

朱子《答虞士朋》第一书约作于辛卯春夏间:

"观过"之说,皆恐失之过高,后亦多类此者。详其意味,似从

---

① [宋]朱熹:《晦庵先生朱文公文集》,第 1976~1977 页。

张无垢议论中来，其为得失，非但训诂文义之间而已。此须异日子细商量，今未敢容易说也。①

此书内容与朱子《答林择之》第十六书基本相同，朱子批评虞士朋的"观过"说失之太高，其原因是受张无垢的影响。张无垢受佛学影响很大，所以虞士朋的"观过说"当也受佛学的影响较多，已经远远偏离了孔子"观过知仁"说的本意。由此可知，朱子特别警惕佛教的影响及其流弊。

朱子《答胡广仲》第三书亦与胡广仲辩论"观过知仁"说，此书约作于辛卯三或四月，其文如下：

"知仁"之说，前日答晦叔书已具论之。今细观来教，谓释氏初无观过功夫，不可同日而语，则前书未及报也。夫彼固无观过之功矣，然今所论亦但欲借此观过而知观者之为仁耳。则是虽云观过，而其指意却初不为迁善改过求合天理设也。然则与彼亦何异邪？尝闻释氏之师有问其徒者曰："汝何处人？"对曰："幽州。"曰："汝思彼否？"曰："常思。"曰："何思？"曰："思其山川城邑、人物车马之盛耳。"其师曰："汝试反思，思底还有许多事否？"今所论因观过而识观者，其切要处正与此同。若果如此，则圣人当时自不必专以观过为言。盖凡触目遇事，无不可观，而已有所观，亦无不可因以识观者而知夫仁矣。以此讥彼，是何异同浴而讥裸裎也耶？②

朱子在此提到的"答晦叔书"应指朱子《答吴晦叔》第六书，书中提到了一心三观的问题，暗示湖湘学派的"观过知仁"说与佛家天台宗"一心三观"的思想有牵连。胡广仲则认为"释氏初无观过功夫"，朱子据此推测胡广仲没有看到其《答吴晦叔》第六书。朱子认为佛家固然没有观过的功夫，但是胡广仲却想借观过而知此观过之心便为仁。朱子认为虽说是观过，但观过的旨意起初却并不是为了迁善改过，以合天理而设。因此，朱子反诘胡广仲其观过说与天台宗"一心三观"的思想有什么区别呢？朱子又举出佛家所谓"反思"只是反思其思念家乡风土人情之思。朱子认为广

---

① [宋] 朱熹:《晦庵先生朱文公文集》，第 2059 页。
② 同上注，第 1897～1898 页。

仲因观过而识观者，与佛家所谓的反思并没有什么不同。如果这样，何必只是观过，事事皆可观，只要因其观而反观其观者就可以知仁了，而广仲却讥笑佛家没有观过之功，这不是同浴而讥人裸露吗？

朱子又作《观心说》，其义理与朱子《答吴晦叔》第六书、朱子《答胡广仲》第三书相似，其文如下：

或问：佛者有观心之说，然乎？曰：夫心者，人之所以主乎身者也，一而不二者也，为主而不为客者也，命物而不命于物者也。故以心观物，则物之理得。今复有物以反观乎心，则是此心之外复有一心而能管乎此心也。然则所谓心者，为一耶，为二耶？为主耶，为客耶？为命物者耶，为命于物者耶？此亦不待教而审其言之谬矣。或者曰：若子之言，则圣贤所谓精一，所谓操存，所谓尽心知性、存心养性，所谓"见其参于前而倚于衡"者，皆何谓哉？应之曰：此言之相似而不同，正苗莠朱紫之间，而学者之所当辨者也。夫谓人心之危者，人欲之萌也；道心之微者，天理之奥也。心则一也，以正不正而异其名耳。"惟精惟一"，则居其正而审其差者也，绌其异而反其同者也。能如是，则信执其中，而无过不及之偏矣，非以道为一心，人为一心，而又有一心以精一之也。夫谓"操而存"者，非以彼操此而存之也；"舍而亡"者，非以彼舍此而亡之也。心而自操，则亡者存；舍而不操，则存者亡耳。然其操之也，亦曰不使旦昼之所为得以梏亡其仁义之良心云尔，非块然兀坐以守其炯然不用之知觉而谓之操存也。若尽心云者，则格物穷理，廓然贯通，而有以极夫心之所具之理也。存心云者，则敬以直内，义以方外，若前所谓精一、操存之道也。故尽其心而可以知性、知天，以其体之不蔽而有以究夫理之自然也。存心而可以养性、事天，以其体之不失而有以顺夫理之自然也。是岂以心尽心，以心存心，如两物之相持而不相舍哉！若参前倚衡之云者，则为忠信笃敬而发也。盖曰忠信笃敬不忘乎心，则无所适而不见其在是云尔，亦非有以见夫心之谓也。且身在此而心参于前，身在舆而心倚于衡，是果何理也耶？大抵圣人之学，本心以穷理，而顺理以应物，如身使臂，如臂使指，其道夷而通，其居广而安，其理实而行自然。释氏之学，以心求心，以心使心，如口龁口，如目视目，其机危而迫，其途险而塞，其理虚而其势逆。盖其言虽有若相似者，而其实之不同盖如此也。然非夫审思明辨之君子，其亦孰能无惑于斯耶？[①]

朱子在《观心说》中用儒家的义理进一步批评佛家所谓观心说，认为心是身之所主，一而不二，为主而不为客，命物而不命于物。如果以心观物，则能得物之理；如果以心观心，则心便既有作为主体的能观之心，又有作为客体的所观之心。如此，便有两心，一为主一为客，一命物一命于物，在一心之外又有一心，以管摄作为对象的所观之心。朱子因此认为，此说甚谬，不待教审便知。若是如此，那么圣人所谓"精一"，所谓"操存"，所谓"尽心知性、存心养性"，所谓"见其参于前而倚于衡"者，又该如何说呢？这些设问皆出自儒家典籍。《尚书·大禹谟》说："人心惟危，道心惟微，惟精惟一，允执厥中。"《孟子·告子上》说："孔子曰：'操则存，舍则亡；出入无时，莫知其乡。'惟心之谓与？"《孟子·尽心上》说："孟子曰：'尽其心者，知其性也。知其性，则知天矣。存其心，养其性，所以事天也。'"以上这些都是儒家心性修养功夫的要诀。朱子认为这些儒家典籍虽说的也是心，却与佛家的观心说有苗莠朱紫之别，不可不辨。人心之危指的是人欲之萌，道心之微指的是义理之奥。虽说有道心、人心之别，但不是说人有两心，所谓"精一"是用天理之正，去除人欲之私。如此，则诚能允执其中，而无过与不及之差。不是有一道心，又有一人心，而又有一心以"精一"此道心与人心。孔子所说的"操而存"，也不是以一心操存另外一心；"舍而亡"，也不是以此心而舍彼心。如果能常做操存功夫，则即使是放失之心亦能操而存之；如果不做操存功夫，则此心虽有所存亦会有所放失。所谓"操存"的功夫，也只是不使白天的所作所为梏亡其所本有的仁义之良心，不是如佛家那样块然静坐，专守其不用之炯然知觉而操存之。孟子所说的"尽心"，是通过格物穷理所达到的豁然贯通之境，这样便能极尽心中所本具的道理。而孟子所说的"存心"，做的是如《易传》所说"敬以直内，义以方外"的修养功夫，此功夫就像前面所说的精一、操存的功夫。做此功夫，便能像孟子所说，通过尽心而达知性、知天的境界。因为，此心之体已经不受私欲的蒙蔽，而有以究尽天理之自然。存心可以养性、事天，那也是因为能使此心之体不致放失，而有以顺从天理之自然。朱子主张先知后行，所以有先"究乎理之自然"，而后

---

① ［宋］朱熹：《晦庵先生朱文公文集》，第 3278～3279 页。

"顺乎理之自然"的说法。人人都本有自然之天理，此天理不由外烁。所以，人从事尽心、存心、精一、操存、敬义夹持的种种功夫，也都是顺从本心、天理之自然。作为理，具有其必然性，所以朱子此说暗含了自然即必然的思想。正因为这些功夫都是顺理之自然，怎么能说是以心尽心、以心存心，好像有两物互相挟持而不舍让呢？

《论语·卫灵公》有："子张问行。子曰：'言忠信，行笃敬，虽蛮貊之邦行矣。言不忠信，行不笃敬，虽州里行乎哉？立，则见其参于前也；在舆，则见其倚于衡也，夫然后行。'"朱子认为孔子所谓"参前倚衡"，说的是忠信笃敬之事。若能忠信笃敬，而不使此心有所忘失，则不管参前还是倚衡，此心都无适而不在，不是说有此一心又见有彼一心在。如果说身在这边，而心却参于前，身在车上而心却倚于横，如此则身心相离，道理何在？

朱子最后总结说，圣人的学问，都是本心以穷理，顺理以应物；而佛家之说，则以心求心，以心使心，如以口龁口，如以目视目。圣人之学，如身使臂，一切都符合理之自然。因此，其所由之道平坦通畅，其所居之德广大安适，其所据之理确切平实，因而，其所行都只是顺乎其本性之自然；而释氏之学，其机则危迫，其途则险塞，其理则虚无，其势则悖逆不通。两者看若相似，而其实却有很大的差别。

朱子的《观心说》，不但正面阐明了儒家的修持功夫，特别是朱子此时从心性方面来诠释其格物穷理的功夫，而且，批判了佛家的观心之说，在当时具有重要的意义。在朱子的《观心说》中，心作为道德实践主体和认知主体的意义已经非常突出。

四、朱子"知有浅深"说

面对朱子《观过说》和《观心说》等的批判，湖湘学派也不是完全招架不住，如胡伯逢即提出"苟能自省其偏，则善端已萌，此圣人指示其方，使人自得，必有所觉知，然后有地可以施功而为仁"来为湖湘学派"观过说"辩护。随着辩论的进行，"'观过知仁'辩"和"'知觉言仁'辩"渐趋于合流，因为两者本身就有很紧密的联系。朱子《答胡伯逢》第三书说：

> 昨承喻及"知仁"之说，极荷开晓之详。然愚意终觉未安。来谕

大抵专以自知自治为说，此诚是也。然圣人之言有近有远、有缓有急，《论语》一书，言知人处亦岂少耶？大抵读书须是虚心平气，优游玩味，徐观圣贤立言本意所向如何，然后随其远近浅深、轻重缓急而为之说。如孟子所谓"以意逆志"者，庶乎可以得之。若便以吾先入之说横于胸次，而驱率圣贤之言以从己意，设使义理可通，已涉私意穿凿而不免于郢书燕说之诮，况又义理窒碍，亦有所不可行者乎？

窃观来教，所谓"苟能自省其偏，则善端已萌，此圣人指示其方，使人自得，必有所觉知，然后有地可以施功而为仁"者，亦可谓非圣贤之本意，而义理亦有不通矣。熹于晦叔、广仲书中论之已详者，今不复论，请因来教之言而有以明其必不然者。

昔明道先生尝言，凡人之情易发而难制者，惟怒为甚。能于怒时遽忘其怒而观理之是非，亦可以见外诱之不足恶，而于道亦思过半矣。若如来教之云，则自不必忘其怒而观理之是非，第即乎怒而观夫怒，则吾之善端固已萌焉而可以自得矣。若使圣贤之门已有此法，则明道岂故欲舍夫径捷之途而使学者支离迂缓以求之哉？亦以其本无是理故尔。且孟子所谓"君子深造之以道，欲其自得之"者，正谓精思力行，从容涵泳之久，而一日有以泮然于中，此其地位亦已高矣。今未加克复为仁之功，但观宿昔未改之过，宜其方且悔惧愧赧之不暇，不知若何而遽能有以自得之邪？"有所知觉然后有地以施其功"者，此则是矣。然"觉知"二字所指自有浅深，若浅言之，则所谓觉知者，亦曰觉夫天理人欲之分而已。夫有觉于天理人欲之分，然后可以克己复礼而施为仁之功，此则是也。今连上文读之而求来意之所在，则所谓觉知者乃自得于仁之谓矣。如此，则"觉"字之所指者已深，非用力于仁之久不足以得之，不应无故而先能自觉，却于既觉之后方始有地以施功也。观孔子所以告门弟子，莫非用力于仁之实事，而无一言如来谕所云"指示其方，使之自得"者。岂子贡、子张、樊迟之流皆已自得于仁，而既有地以施其功邪？其亦必不然矣。

然熹前说期间亦不能无病，（如云为仁浅深之验、观人观己之说，皆有病。）以今观之，自不必更为之说。但以伊川、和靖之说明之，则圣人之意坦然明白，更无可疑处矣。[①]

[①] ［宋］朱熹：《晦庵先生朱文公文集》，第 2149～2150 页。

朱子批评胡伯逢专从自知自治方面疏释"观过知仁",如果一味坚守上蔡、胡宏"观过知仁"说,那么心中便已有先入为主之见,有驱率圣贤之言以从己意之嫌。这样,即使义理可通,也难免陷于私意穿凿,如"郢书燕说"脱离了经典本意。况且如此解经,在义理上也未必可通可行,或触处窒碍。

胡伯逢认为"苟能自省其偏,则善端已萌,此圣人指示其方,使人自得,必有所觉知,然后有地可以施功而为仁"。朱子认为,胡伯逢此说不是圣贤立言之本意,在义理上也未必可通。朱子举程颢《定性书》关于即怒而观理之是非的例子,程颢《定性书》说:"夫人之情,易发而难制者,惟怒为甚。第能于怒时遽忘其怒,而观理之是非,亦可见外诱之不足恶,而于道亦思过半矣。"朱子认为胡伯逢是即乎怒而观乎怒,而不是程颢所说的"于怒时遽忘其怒,而观理之是非",也就是说胡伯逢的"观过知仁"说还有怒心、过心在,不能像程颢《定性书》中所说:"圣人之喜,以物之当喜;圣人之怒,以物之当怒。是圣人之喜怒,不系于心而系于物也。"程颢认为圣人之心如镜子照物,寂照照寂,过而不留。朱子说,如果圣门有这么一种捷径可通,那么程颢为什么还要舍近求远,做忘怒观理这种"支离迂缓"的功夫呢?朱子认为圣门本来没有胡伯逢这种捷径功夫。而且,孟子所说的"君子深造之以道,欲其自得之"中的"自得",地位甚高,是精思力行、从容涵养很久之后,得到的一种涣然冰释、洒然自得的境界。如果仅仅观省自己以往未改的过错,而不确实做克己复礼的功夫,则其心方陷溺于悔惧愧报而不拔,怎么可能忽然而有"自得"的境界?

朱子虽然同意胡伯逢"必有所知觉然后有地以施其功"的说法,但是朱子认为"'觉知'二字所指自有浅深"。就其浅而言,知觉是知觉天理人欲之分,然后确实做克己复礼的功夫。但是胡伯逢所说的"觉知",却是"自得于仁"之意,则此"觉知"所指地位已甚高,是"知觉"之深者,非久久用力于仁者不能得之。而且,不是无缘无故而先能知觉于仁,然后才有求仁下功处,如此则因果倒置。朱子认为孔门功夫都是就仁之实事而言,若如胡伯逢所说"指示其方,使之自得",则子张、子贡、樊迟诸辈都已自得于仁,朱子说断无此事。

由上可知,胡伯逢的"观过知仁"说,乃是从胡宏"欲为仁,必先识仁之体"一脉而来,胡伯逢所谓"必有所觉知,然后有地可以施功而为仁",其所说的"有所觉知",也就是胡宏的"先识仁体"。胡伯逢认为只有这样,才能"有地可以施功而为仁"。朱子则认为湖湘学派的这种说法说得过快、过高，如此解释孔子的"观过知仁"说，也不符合圣人之本意。朱子认为应该首先从事"克己复礼"的功夫，久久纯熟，则此心涣然冰释、洒然自得，仁体呈露，大用流行，纯亦不已。而胡伯逢却认为一有觉知便能自得于仁，便能识仁体，即乎怒而观乎怒便能知仁，说得未免太为简易、急迫，悔惧愧赧之心未除，如何便能忽然自得？朱子认为，此说显然不通。

朱子又有《答吴晦叔》第七书：

> 前书所论"观过"之说，时彪丈行速，忽遽草率，不能尽所怀。然其大者亦可见，不知当否如何？其未尽者，今又见于广仲、伯逢书中，可取一观。未中理处，更得反复诘难，乃所深望。然前所示教，引"巧言令色"、"刚毅木讷"两条，以为圣人所以开示为仁之方、使人自得者，熹犹窃有疑焉，而前书亦未及论也。盖此两语正是圣人教人实下功夫、妨患立心之一术。果能戒巧令、务敦朴，则心不恣纵而于仁为近矣，非徒使之由是而知仁也。
>
> 大抵向来之说，皆是苦心极力要识"仁"字，固其说愈巧而气象愈薄。近日究观圣门垂教之意，却是要人躬行实践、直内胜私，使轻浮刻薄、贵我贱物之态潜消于冥冥之中，而吾之本心浑厚慈良、公平正大之体常存而不失，便是仁处。其用功着力，随人浅深，各有次第。要之须是力行久熟，实到此地，方能知此意味。盖非可以想象臆度而知，亦不待想象臆度而知也。近因南轩寄示《言仁录》，亦尝再以书论，所疑大概如此。而后书所论"仁"、"智"两字，尤为明白。①

此书内容大抵如朱子《答胡伯逢》第三书，皆是强调求仁应在实事上下功夫。吴晦叔引《论语·学而》"巧言令色，鲜矣仁"和《论语·子路》"刚、毅、木、讷，近仁"，认为这些都是圣人开示为仁之方，欲使人自得。朱子则认为这两语无非是圣人教人实下功夫、防患立心之方。如果能戒巧令、务敦朴，则心不恣纵而庶几近仁，并不是由此而知仁。朱子应是认为"近仁"与"知仁"有所区别，孔子上述两条语录说的是为仁的功夫。由此而行，或行有所戒，只是近仁，并不就是仁，而吴晦叔却认为孔子说的

---

① ［宋］朱熹：《晦庵先生朱文公文集》，第 1913～1914 页。

第四章 "'观过知仁'辩"研究

是知仁的功夫,做此功夫可以知仁之体。吴晦叔和胡伯逢的意思基本相同,都强调"自得"、强调"知仁",都坚守胡宏"欲为仁,必先识仁之体"的思想,所以都把为仁功夫混作知仁功夫。

最后,朱子认为湖湘学者虽然苦心极力要辨识"仁"字,但是其说益巧妙,而气象却益浮薄。可是圣门垂教设法的本意,只是要人躬行实践,敬以直内以胜其私欲,使轻浮刻薄、贵我贱物的种种意态潜消,而使其浑厚慈良、公平正大的本心常存而不放失,如此便是仁。因此,用功做为仁功夫,须根据人的修养浅深,采取不同的次第,而最重要的是要长久不间断地做笃行求仁功夫,使之久久纯熟,实到仁者地位,才能实见"仁"字意味,实体仁者境界,并不是简单地通过想象臆度就可知道的。朱子最后说,最近张栻寄来《洙泗言仁录》,亦与其讨论了这个问题,并特别讨论了"仁""智"两字的分别。由此可知,"'观过知仁'辩"与《洙泗言仁录》辩"有密切的联系,朱子明确区分"仁""智"两字的本义,也是为了明辨知觉和仁的不同。

张栻在《答谢梦得》书中也讨论了"观过知仁"的问题,此书作于丁亥至辛卯之间:

> 《语》曰:"观过,斯知仁矣。"观云者,用力之妙也。引绳而绝之,其绝必有处,左右试详思而察焉。凡心之病固多端,大抵皆由其偏而作。自一勺而至于稽天,则若人虽生,无以异于死也。圣贤之经皆妙方也,察吾病之所由起而知其然,审处其方,专意致精而药之,则病可去;病去则仁,仁则生矣。如某者盖三折肱而未得为良医也,方汲汲然自治之不暇,而何以起人之废哉?①

在此书中,张栻明显主上蔡、胡宏之说,从己心之偏病来说,认为知吾病之所由起,专意致精而药之,则病可去,病去则仁矣。

而在《答周允升》书中,张栻的说法已经有所改变,而接近朱子之说,此书约作于辛卯四或五月:

> "观过斯知仁矣。"旧观所作讷斋、韦斋记,与近日所言殊异,得

———
① [宋]张栻:《南轩先生文集》,第391页。

非因朱丈别以一心观,又别以一心知?顷刻之间,有此二用,为急迫不成道理,遂变其说乎?奭尝反复绅绎,此事正如悬镜当空,万象森罗,一时毕照,何急迫之有?必以观他人之过为知仁,则如观小人之过于薄,何处得仁来?又如观君子之过于厚,则如鬻拳之以兵谏,岂非过于忠乎?唐人之剔股,岂非过于孝?阳城兄弟之不娶,岂非过于友悌乎?此类不可胜数,揆之圣人之中道,无取焉耳,仁安在哉?若谓因观他人之过而默知仁之所以为仁,则曷若返之为愈乎?奭于先生旧说似未能遽舍,更望详教。

后来玩伊川先生之说,乃见前说甚有病。来说大似释氏,讲学不可潦草。盖"过"须是子细玩味,方见圣人当时立言意思也。过于厚者谓之仁则不可,然心之不远者可知,比夫过于薄甚至于为忮、为忍者,其相去不亦远乎?请用此意体认,乃见仁之所以为仁之义,不至渺茫恍惚矣。①

画线部分为周允升语,非画线部分为张栻语。《宋元学案》说:"周奭,字允升,湘乡人。"② 由此可知,周允升即周奭,乃张栻弟子,《万姓统谱》说:"周奭,湘乡人。乾道间乡荐,同胡文定再举,不第。从张南轩游。"周奭在此书觉察到张栻在"观过知仁"说上有很大改变,与之前所作的《讷斋记》《韦斋记》不同。(《讷斋记》和《韦斋记》已佚,难知其具体内容。)因此,认为张栻大概是因为朱子批评湖湘学者"观过知仁"说有一心二用、忽遽急迫之病后,而改变其旧说。而周奭则认为观己之过心,正如悬镜当空,己过必察,哪来急迫?若观人之过于厚或薄,何处可以得仁?周奭认为与其通过观人之过而默识仁之所以为仁之理,不如反观己之过心来得妥当,所以以此请教张栻。

张栻则认为,经过详玩程颐之说,知道自己前说有病,此说很像释氏观心之说。因此,讲学不可潦草放过,应明辨儒释之异。认为"观过"两字重心不在"观"字,而在"过"字上。所以应在"过"字上仔细玩味,由此方能知得圣人立言垂教之本意。如君子之过于厚,诚不可谓之为仁,但却可知其离本心仁体不远。小人之过于薄,甚至为忮为忍,则与本心仁

---

① [宋]张栻:《南轩先生文集》,第467~468页。
② [清]黄宗羲:《宋元学案》,第2381页。

体相去甚远。因此，应从"过"字来体贴圣人所说仁之所以为仁的本意，才能不致堕入"渺茫恍惚"之弊。

由此书内容可知，张栻的"观过说"有一个从上蔡、胡宏重"观"字、重视从"注心处"反省内观，转变到接受伊川、尹焞"观过说"的过程，此过程不一定是因为朱子的批评，是张栻本人玩味程颐相关语录的结果。

约在壬辰十一或十二月，朱子作《答胡伯逢》第四书，又与其详辩"观过知仁"说：

> "知仁"之说，亦已累辨之矣。大抵如尊兄之说，则所以知之者甚难而未必是，而又以知仁、为仁为两事也。（所谓"观过知仁"，因过而观，因观而知，然后即夫知者而谓之仁，其求之也崎岖切促，不胜其劳，而其所谓仁者乃智之端也，非仁之体也。且虽如此，而亦旷然未有可行之实，又须别求为仁之方，然后可以守之。此所谓"知之甚难而未必是，又以知与为为两事"者也。）如熹之言，则所以知之者虽浅而便可行，而又以知仁、为仁为一事也。（以名义言之，仁特爱之未发者而已。程子所谓"仁，性也；爱，情也"。又谓"仁，性也；孝弟，用也"。此可见矣。其所谓"岂可专以爱为仁"者，特谓不可指情为性耳，非谓仁之与爱了无交涉，如天地、冠屦之不相近也。而或者因此求之太过，便作无限玄妙奇特商量。此所以求之愈工，而失之愈远。如或以觉言仁，是以知之端为仁也；或以是言仁，是以义之用为仁也。夫与其外引智之端、义之用而指以为仁之体，则孰若以爱言仁，犹不失为表里之相须而可以类求也哉？故愚谓欲求仁者，先当大概且识此名义气象之彷佛与其为之之方，然后就此悫实下功，尊闻行知以践其实，则所知愈深而所存益熟矣。此所谓"知之甚浅而便可行，又以知与为为一事"者也。）不知今将从其难而二者乎，将从其易而一者乎？以此言之，则两家之得失可一言而决矣。

> 来教又谓方论知仁，不当兼及不仁。夫观人之过而知其爱与厚者之不失为仁，则知彼忍而薄者之决不仁，如明暗黑白之相形，一举目而两得之矣。今乃以为节外生枝，则夫告往知来、举一反三、闻一知十者，皆适所以重得罪于圣人矣。窃谓此章只合依程子、尹氏之说，不须别求玄妙，反失本指也。直叙胸臆，不觉言之太繁，伏惟高明财

157

择其中，幸甚幸甚。①

朱子在此书中批评胡伯逢的"观过知仁"说知之甚难而又未必是，而且把知仁、为仁分作两事。朱子此说当承《答胡伯逢》第三书中所引胡伯逢语"苟能自省其偏，则善端已萌，此圣人指示其方，使人自得，必有所觉知，然后有地可以施功而为仁"而来，即先反省自心之偏蔽，有所觉知，然后再做为仁的功夫。朱子认为胡伯逢"观过知仁"说是因过而观此过心，因观而知，然后认为即此知者便为仁。朱子批评这种"观过知仁"说，求之太崎岖切促，不胜其劳，而且其所谓知者，乃是智之端，而非仁之体。即便如此，此观过说也没有可供践履之地，又须别求为仁之方，然后才能守之。

朱子的"如熹之言"，当指其《观过说》中："'观过'之说，详味经意，而以伊川之说推之，似非专指一人而言，乃是通论人之所以有过，皆是随其所偏，或厚或薄，或不忍或忍，一有所过，无非人欲之私。能于此看得两下偏处，便见勿忘勿助长之间，天理流行，鸢飞鱼跃，元无间断，故曰'观过斯知仁矣'。"此说虽看起来浅显，但却可行，又以知仁、为仁为一事。朱子认为，如果从"仁"字的名义字义来说，仁只是爱之未发，即是性或理，正如程颐所说仁是性、爱是情，又说仁是性，而孝弟是用；程颐说不可专以爱为仁，不是说爱和仁一点关系都没有，如天地、冠屦之悬殊。朱子认为湖湘学者的"观过知仁"说，求之太过，说得无限玄妙。但是说得越是工巧，离圣人立言本意却越远。如所谓"知觉言仁"说，是以"知之端为仁"；又如所谓"以是言仁"说，那是以"义之用为仁"。与其别引智之端、义之用而指以为仁体，不如直接以爱言仁，这样还可以表里相须并以类相求。因此，朱子说若欲求仁，应该先知道"仁"字的字义本意、仁者的气象为何，以及如何为仁的方法。然后，就此确实做为仁功夫，这样即知即行，则知之益深、存之益熟，朱子认为这就是其所说的"知之甚浅而便可行，又以知与为为一事"。与其择其难而二者，不如从其易而一者。因此，朱子认为两家之言的优劣得失，可以一言而定。

胡伯逢认为，既然讨论如何知仁，就不当讨论何为不仁，胡伯逢这是反对尹焞的观过说。朱子则认为，通过观君子之过于爱与厚，则可知爱与

---

① ［宋］朱熹：《晦庵先生朱文公文集》，第 2152～2153 页。

厚之为仁，进而就能知道小人之过于忍与薄之决为不仁，两者如明暗、黑白的差异那样明显。因此，一举目就可知道何者为仁，何者为不仁。胡伯逢认为兼说不仁是节外生枝，朱子则认为这正是孔子所谓"告往知来""举一反三""闻一知十"的道理。朱子最后总结说，观过说只当依程颐、尹焞之说，不必更求玄妙道理，否则将反失其本意。

第五章 "'知觉言仁'辩"研究

第一节 "'知觉言仁'辩"书信详考

由上章对"'观过知仁'辩"的研究我们知道,"'知觉言仁'辩"和"'观过知仁'辩"具有非常紧密的联系。尽管如此,"'观过知仁'辩"与"《仁说》之辩"的联系不如"'知觉言仁'辩"与"《仁说》之辩"的联系来得紧密,原因是朱子《仁说》后半部明确批判由上蔡而来的"知觉言仁"说,朱子有《又论仁说》第四十五书与张栻专书讨论"知觉言仁"说,所以"'知觉言仁'辩"又可以说是"《仁说》之辩"的一部分。

关于"知觉言仁"的辩论主要发生在朱子作成《克斋记》、《仁说》初稿批判湖湘学派"知觉言仁"说之后,但是,关于"仁"与"知觉"的关系较早就有了讨论。下面便来考证与"知觉言仁"说有关的书信。

一、朱子《答程允夫》第四书[1],此书作于乾道四年戊子(1168年),据陈来先生考证。[2]

二、朱子《答吕伯恭》第八书[3],此书约作于辛卯(1171年)一或二月,考证如下:

朱子此书乃答复吕伯恭《与朱侍讲》第六书[4],其书有"孟子所谓吾为此惧,闲先圣之道,旧说以闲为闲习,意味甚长","周子仁义中正主静之说,前书所言仁义中正皆主乎此,非谓中正仁义皆静之用而别有块然之静也。人生而静天之性也,乃中正仁义之体而万物之一源也"等语,朱子《答吕伯恭》第八书则回复说:"所喻'闲先圣之道',窃谓只当如'闲邪'之'闲',方与上下文意贯通。若作'闲习',意思固佳,然非孟子本意

---

[1] [宋]朱熹:《晦庵先生朱文公文集》,第1865～1870页。
[2] 陈来:《朱子书信编年考证》(增订本),第53页。
[3] [宋]朱熹:《晦庵先生朱文公文集》,第1431～1432页。
[4] 同上注,第193～195页。

也","今以静为中正仁义之体,而又谓中正仁义非静之用,不亦矛盾机棙之甚乎?"

吕伯恭《与朱侍讲》第六书有"职业日增"语,据陈来先生考证:"乃指吕伯恭庚寅十二月进为国史院编修,故其书已在庚寅最末,而朱子此书必在次年辛卯春矣。"① 由此可知,朱子《答吕伯恭》第八书当约作于辛卯一或二月。

三、朱子《答吴晦叔》第七书②,此书约作于辛卯三或四月。本书第四章"'观过知仁'辩"书信详考一节第十九条已考。

四、张栻《答胡广仲》第一书③,此书讨论上蔡"心有所觉谓之仁"说,约作于壬辰(1172年)七或八月,考证见后。

五、张栻《答胡广仲》第二书④,此书亦讨论上蔡"知觉言仁"说,当与张栻《答胡广仲》第一书约略同时,亦约作于壬辰七或八月。

六、张栻《答胡伯逢》第二书⑤,此书亦讨论上蔡"心有知觉之谓仁",亦当约作于壬辰七或八月,考证见后。

七、张栻《答胡伯逢》第三书,此书亦讨论上蔡"知觉言仁"说,当与张栻《答胡伯逢》第二书约略同时,亦当约作于壬辰七或八月,考证见后。

八、朱子《答胡广仲》第五书⑥,此书约作于壬辰九或十月,考证如下:
据陈来先生考证:"(《答胡广仲》)第四书云:'至谓静字所以形容天性之妙,不可以动静言,则熹却有疑焉。'《文集》七十五《记论性答稿后》云:'如广仲之言,既以静为天地之妙,又论性不可以真妄动静言。'其记作于壬辰仲秋,故知四书作于壬辰。又四书云:'熹详味此数语与《乐记》之说指意不殊,所谓静者亦指未感时言尔,当此之时,心之所存浑是天理。'五书云:'人生而静天之性者,言人生之初未有感时便是天理也。'可知两书相承,皆论《记论性答稿》所说者。故两书皆作于壬辰。"⑦ 陈先生此考可采。《记论性答稿后》作于壬辰仲秋,与朱子《答胡广仲》第四书有直接的相承关系,所以朱子《答胡广仲》第四书当约作于壬辰七或八月,

---

① 陈来:《朱子书信编年考证》(增订本),第85页。
② [宋]朱熹:《晦庵先生朱文公文集》,第1911~1913页。
③ [宋]张栻:《南轩先生文集》,第457页。
④ 同上。
⑤ 同上注,第444~447页。
⑥ [宋]朱熹:《晦庵先生朱文公文集》,第1903~1904页。
⑦ 陈来:《朱子书信编年考证》(增订本),第98~99页。

而朱子《答胡广仲》第五书与第四书皆论《记论性答稿》，且朱子《答胡广仲》第五书与第四书、《记论性答稿后》有相承关系。由此推断，朱子《答胡广仲》第五书当约作于壬辰九或十月。

朱子《答胡广仲》第五书首句云："至于仁之为说，昨两得钦夫书，诘难甚密，皆已报之。近得报云，却已皆无疑矣。今观所谕，大概不出其中者，更不复论。但所引孟子'知'、'觉'二字，却恐与上蔡意旨不同。"其中"昨两得钦夫书"之"两得"指的是张栻答朱子《仁说》初稿已佚书及张栻《答朱元晦秘书》第二十一书，此两书张栻对朱子《仁说》提出了众多的诘难，朱子亦作《答张钦夫论仁说》第四十三书、《又论仁说》第四十四书，一一答复张栻的诘难，所以朱子有"诘难甚密"和"皆以报之"语。"却已皆无疑矣"，指的是张栻初步认同了朱子"天地以生物为心"说，在以公言仁、以爱言仁、一体言仁、知觉言仁等问题上也已基本取得共识。由朱子《又论仁说》第四十四书作于壬辰七或八月，亦可推断朱子《答胡广仲》第五书当约作于壬辰九或十月。关于《又论仁说》第四十四书写作时间的考证，见第六章"《仁说》之辩"书信详考一节第八条所考。

朱子《答胡广仲》第五书中有"但所引《孟子》'知'、'觉'二字，却恐与上蔡旨意不同。盖孟子之言知、觉，谓知此事、觉此理，乃学之至而知之尽也。上蔡之言知、觉，谓识痛痒、能酬酢者，乃心之用而知之端也。二者亦不同矣"和"愤骄险薄，岂敢辄指上蔡而言"两语，此显然是指张栻《答胡广仲》第一书："'心有所觉谓之仁'，此谢先生救拔千余年陷溺固滞之病，岂可轻议哉！（云云。）夫知者，知此者也；觉者，觉此者也。果能明理居敬，无时不觉，则视听言动莫非此体之流行，而大公之理在我矣，尚何愤骄险薄之有？"由朱子《答胡广仲》第五书作于壬辰九或十月推断，张栻《答胡广仲》第一书当约作于壬辰七或八月。

九、朱子《答吴晦叔》第十书①，此书约作于壬辰十或十一月，考证如下：

朱子《答胡广仲》第五书中有"晦叔书中论此，大略与吾丈意同，更不及别答，只乞转以此段呈之"语，"不及别答"指的正是朱子《答吴晦叔》第十书。张栻《答胡广仲》第一、二书，张栻《答胡伯逢》第二、三书，朱子答张敬夫《又论仁说》第四十五书，朱子《答胡广仲》第五书，

---

① ［宋］朱熹：《晦庵先生朱文公文集》，第1916～1918页。

朱子《答吴晦叔》第十书都讨论了上蔡"知觉言仁"说。由朱子《答胡广仲》第五书"更不及别答"推断，朱子《答吴晦叔》第十书当稍后于朱子《答胡广仲》第五书，当约作于壬辰十或十一月。由于朱子《答吴晦叔》第十书与张栻《答吴晦叔》第三书有直接的相承关系，由此可知，张栻《答吴晦叔》第三书当约作于壬辰七或八月。此书又有"'天地以生物为心'，此句自无病。昨与南轩论之，近得报云亦已无疑矣"语，"昨与南轩论之"指的是朱子《答张钦夫论仁说》第四十三书，"近得报云亦已无疑矣"指的是张栻《答朱元晦秘书》第二十一书。由此可知，朱子《答吴晦叔》第十书在张栻《答朱元晦秘书》第二十一书之后。

十、朱子答张敬夫《又论仁说》第四十五书[①]，此书约作于壬辰十或十一月，考证如下：

此书为答复张栻转寄之张栻《答胡广仲》第一、二书，张栻《答胡伯逢》第二、三书。

1. 朱子答张敬夫《又论仁说》第四十五书首句"熹再读别纸所示三条，窃意高明虽已灼知旧说之非，而此所论者差之毫忽之间，或亦未必审察也"，此书所谓"别纸所示三条"，当指张栻《答胡广仲》第一书、张栻《答胡伯逢》第二书，另外一纸不能确考，或许就是张栻《答胡广仲》第二书、张栻《答胡伯逢》第三书中的一书。

2. 朱子答张敬夫《又论仁说》第四十五书有"广仲引孟子'先知先觉'以明上蔡'心有知觉'之说，已自不伦，其谓'知此觉此'，亦未知指何为说"语，指的即是张栻《答胡广仲》第一书中所引胡广仲"'心有所觉谓之仁'，此谢先生救拔千余年陷溺固滞之病，岂可轻议哉！（云云。）夫知者，知此者也；觉者，觉此者也"。由此可知，朱子答张敬夫《又论仁说》第四十五书当在张栻《答胡广仲》第一书之后不久。由张栻《答胡广仲》第一书约作于壬辰七或八月推断，朱子答张敬夫《又论仁说》第四十五书当约作于壬辰十或十一月。

3. 朱子答张敬夫《又论仁说》第四十五书又有"至于伯逢又谓上蔡之意自有精神，得其精神则天地之用皆我之用矣，此说甚高甚妙"语，即指张栻《答胡伯逢》第二书中所引胡伯逢之"若夫谢子之意自有精神，若得其精神，则天地之用即我之用也，何病之有"语。由此可知，张栻《答胡

---

① ［宋］朱熹：《晦庵先生朱文公文集》，第 1412～1413 页。

伯逢》第二书当约作于壬辰七或八月，与张栻《答胡广仲》第一书在时间上大约同时。关于朱子答张敬夫《又论仁说》第四十五书的写作时间，可以比观第六章"《仁说》之辩"书信详考一节对朱子答张敬夫《又论仁说》诸书所考。

十一、朱子《答石子重》第十一书[①]，此书亦约作于壬辰十或十一月，考证如下：

《答石子重》第十一书书亦讨论"知觉言仁"说，书尾有云："此义近与湖南诸公论之甚详，今略录一二上呈，亦可见大意矣。（一《答胡广仲书》仁之说，一《答张敬夫书》）。""《答胡广仲书》仁之说"指的是朱子《答胡广仲》第五书，"《答张敬夫书》"指朱子答张敬夫《又论仁说》第四十五书。由《答胡广仲》第五书和朱子答张敬夫《又论仁说》第四十五书均约作于壬辰十或十一月推断，朱子《答石子重》第十一书亦当约作于壬辰十或十一月，而稍后于朱子答胡广仲、张栻上两书。由此书，亦可见朱子《答胡广仲》第五书和朱子答张敬夫《又论仁说》第四十五书当约作于同时。

十二、朱子《答石子重》第十二书[②]，此书约作于壬辰十一或十二月。

此书乃答复石子重接到朱子《答石子重》第十一书所作的回书，故知此书当约作于壬辰十一或十二月。

十三、吕伯恭《答朱侍讲所问》第一书[③]，约作于癸巳（1173年）正月，考证如下：

朱子《答吕伯恭别纸》第九十九书[④]为答复吕伯恭《答朱侍讲所问》第一书者。据陈来先生考证："题别纸，按上九十八书考所引吕伯恭答朱子第十六尚云：'别纸批问，谩以所见求是正，不安处望痛赐挺诲。'吕伯恭答朱子十七则云'别纸披喻一一教领，诸先生训释自有先后得失之异。'而朱子此第九十九书即云'大抵诸先生解经不同处多，……虽明道伊川亦自有不同处，盖或有先后得失之异。'故知吕答朱第十六书本有别纸，此书即九十八书之别纸，以批答吕伯恭之别纸也。"[⑤]朱子《答吕伯恭》第九十八书自注作于癸巳闰正月，由此可知，朱子《答吕伯恭别纸》第

---

① ［宋］朱熹：《晦庵先生朱文公文集》，第 1937～1939 页。
② 同上注，第 1939～1940 页。
③ ［宋］吕祖谦：《东莱集》，第 295 页。
④ ［宋］朱熹：《晦庵先生朱文公文集》，第 1521～1522 页。
⑤ 陈来：《朱子书信编年考证》（增订本），第 110 页。

九十九书亦作于癸巳闰正月。

又吕伯恭《答朱侍讲所问》第一书有"指其用则曰爱,指其理则曰公,指其端则曰觉。学者由此,皆可以知仁。若直以爱、以觉为仁,则不识仁之体,此所以非之。孟子曰:'仁,人心也。'此则仁之体也。程子以为性,非与孟子不同"语,朱子答吕伯恭《别纸》第九十九书有"'仁'字之义,孟子言心,该贯体用,统性情而合言之也。程子言性,剖析疑似,分体用而对言之也"。由此可知,朱子《答吕伯恭别纸》第九十九书与吕伯恭《答朱侍讲所问》第一书有相承关系,所以吕伯恭《答朱侍讲所问》第一书当约作于癸巳正月。

十四、朱子《答吕伯恭别纸》第一〇一书[①],约作于癸巳七或八月,具体考证见第三章"《洙泗言仁录》辩"书信详考一节第三十四条所考。

十五、朱子《答游诚之》第一书[②],此书约作于癸巳七或八月,考证如下:

此书有:"《克斋记》近复改定,今别写去。后面不欲深诋近世之失,'波动危迫'等语,皆已削去。""《克斋记》近复改定"语与朱子《答林择之》第十一书(《别集》卷六)"《尤溪学记》及《克斋记》近复改定"语相同,由此可知,两书当约作于同时。朱子《答林择之》第十一书有"得婺州报,云薛士龙物故,甚可伤"语,而薛士龙物故在癸巳七月十七日,由此推断,朱子《答林择之》第十一书(《别集》卷六)当约作于癸巳七或八月。由此可知,朱子《答游诚之》第一书当约作于癸巳七或八月。由"后面不欲深诋近世之失,'波动危迫'等语,皆已削去"语可知,朱子在最后定稿《克斋记》时,删除了其中批评上蔡"知觉言仁"说以及湖湘学者气象的话语。

十六、朱子《答游诚之》第二书[③],此书约作于癸巳九或十月。考证如下:

此书有"仁、觉之说,前书已详报矣"语,由此可知,此书与朱子《答游诚之》第一书有相承的关系,所以此书当约作于癸巳九或十月。

十七、朱子《答程允夫》第八书[④],此书约作于癸巳为近,考证如下:

---

① [宋]朱熹:《晦庵先生朱文公文集》,第1526页。
② 同上注,第2061页。
③ 同上注,第2061~2062页。
④ 同上注,第1876~1885页。

此书有"以觉为仁,近年语学之大病"语,朱子与湖湘学者辩论"知觉言仁"说主要在辛卯到癸巳,所以此书当作于癸巳为近。

第二节 "'知觉言仁'辩"义理研究

一、辩论理论背景

自汉以来,儒者一般都以爱说仁,而自从程颢新仁论提出后,则有很大的变化。程颢新仁论的一个重要部分就是援引医家四肢痿痹不仁识仁:

> 医家以不认痛痒谓之不仁,人以不知觉不认义理为不仁,譬最近。①
> 医家言四体不仁,最能体仁之名也。②
> 人之一肢病,不知痛痒,谓之不仁。人之不仁,亦犹是也。盖不知仁道之在己也。知仁道之在己而由之,乃仁也。③

医家以患者四肢痿痹而不知痛痒,说其不仁;程颢推论说人亦以不知觉、不认义理为不仁。程颢在这里是打比方,而且是以否定的方式。那么能否直接肯定地说有知觉就是仁呢?显然在逻辑上不能这样直接推论,程颢也未如此说。

程颢认为医家有所谓"四体不仁",认为从此最能体贴出"仁"字的意味。在这里,程颢也没有直接把"知觉"与"仁"等同,而是把四肢痿痹、麻木无知觉,作为体贴"仁"字意味的一个生动例子。

程颢认为人如果有一肢病,则不知痛痒,医者认此为不仁,此是生理机体上的不仁。而人之道德上的不仁,不是不识生理上的痛痒,而是不知仁道之在己,为人所固有。程颢在这里正面阐明了自己的见解,认为"知仁道之在己而由之,乃为仁"。由此,并不能把身体的能知觉、识痛痒的生理功能认为是仁。程颢认为只有对仁道有觉解并依而行之,方为仁。也

---

① [宋]程颢、程颐:《二程集》,第33页。
② 同上注,第120页。
③ 同上注,第366~367页。

就是知觉并不就是仁，程颢的定义至少有三个要件：第一是知觉；第二是知觉仁道，即知觉仁之所以为仁的根据、道理；第三是知觉仁道之后，依仁道而行。三者缺一不可。仅有知觉，而知觉的却非仁道，或者即使知觉了仁道而不由之，都不能说是仁。

程颐不像程颢那样经常通过譬喻来说仁，其对义理的阐发则比较谨严。如程颐说：

> 子曰："仁者必爱，指爱为仁则不可。不仁者无所知觉，指知觉为仁则不可。"①
>
> 或问："释氏有'言下觉'，何如？"子曰："何必浮屠氏，孟子言之矣：'以先知觉后知，以先觉觉后觉。'知者知此事也，觉者觉此理也。"②

程颐认为仁者必能爱，但是却不能指爱为仁。不仁者无所知觉，但以知觉为仁则不可。程颐明确指出爱和知觉都不是仁，因为在程颐的思想架构中，仁是性，而爱则是情，所以爱不是仁；仁者必能对仁理有所知觉，但不能认知觉便为仁。所以程颐说，孟子所谓的"以先知觉后知，以先觉觉后觉"，知是知此事，觉是觉此理，即在人伦日用之事中，对仁理有所觉解。应该说与程颢的"知仁道之在己而由之，乃仁也"的思想是一脉相承的。

但是，二程关于仁与知觉关系的思想，到了上蔡，则发生较大的改变。上蔡说：

> 有知觉，识痛痒，便唤作仁。③

上蔡把仁说成是有知觉、识痛痒，这是与二程的义旨有较大距离的。程颢只说不仁者不识痛痒，只是从否定的方面说不仁者的名状，而且只是譬喻。而到了上蔡，则反过来说，仁者就是有知觉、识痛痒，程颢说"知仁道之在己而由之，乃仁也"，显然不能仅认知觉作用便为仁，还必须知觉

---

① [宋]程颢、程颐：《二程粹言》，清文渊阁四库全书本，第3页。
② 同上注，第8页。
③ [清]黄宗羲：《宋元学案》，第935页。

仁道在己并依此仁道而行，方为仁。程颐则明确否定把知觉作为仁，认为仁者必有知觉，但知觉不是仁，知觉只是仁的一个功用，而非全部。

> 仁是四肢不仁之仁，不仁是不识痛痒，仁是识痛痒。（曾氏本此下云：儒之仁，佛之觉。）①

仁是四肢不仁之仁，不仁者不识痛痒，上蔡据此便直接推出仁是识痛痒。如果仁仅是识痛痒，则只是认知觉作用为仁，与人的道德本心没有直接的关联，如此说仁，仁的道德义便大为消解，仁沦落到只是自然的知觉作用。把儒家的仁等同于佛家的知觉，也是没有看到仁的道德义，而只看到其自然知觉义，毕竟儒佛两家虽同讲"觉"，但所觉的内容却是有很大的差异的。

> 心者何也？仁是已。仁者何也？活者为仁，死者为不仁。今人身体麻痹不知痛痒，谓之不仁。桃杏之核可种而生者，谓之桃仁、杏仁，言有生之意。推此，仁可见矣。学佛者知此，谓之见性，遂以为了，故终归妄诞。圣门学者见此消息，必加功焉。故曰："回虽不敏，请事斯语矣。"仁，操则存，舍则亡。②

上蔡把心等同于仁，认为活者为仁，死者为不仁。身体麻痹，不知痛痒，当然为不仁。如桃仁、杏仁，可种而生，因其有生之意，所以为仁。上蔡说由此可以推仁。学佛者只是明白如此，便以为见性，并以此为究竟，所以终归陷于妄诞。圣门学者明白了此种道理，便确实做为仁的功夫，因为仁只有操持涵养方能久存，如果不做功夫，则便舍亡。上蔡此说亦有很大的问题，把程颢的诸多譬喻语、指点语直接说为仁。仁和心并不能直接等同，心如果受私欲的蒙蔽，则不为仁，仁只是人的道德本心，此心依照仁理而行方为仁。上蔡"活者为仁，死者为不仁"的思想也过于粗疏，完全没有了仁的道德意味。如此解仁，只剩下了仁的自然义，而没有道德义。程颢说万物之生意最可观，只是作为一种观仁的功夫，并没有把活者直接

---

① ［宋］谢良佐:《上蔡语录》，第20页。
② 同上注，第2页。

等同为仁。

> 心有所觉谓之仁。仁则心与事为一。草木五谷之实谓之仁，取名于生也。生则有所觉矣。四肢之偏痹谓之不仁，取名于不知觉也。不知觉则死矣。事有感而随之以喜怒哀乐，应之以酬酢尽变者，非知觉不能也。身与事接，而心漠然不省者，与四体不仁无异也。然则不仁者，虽生，无以异于死；虽有心，亦邻于无心；虽有四体，亦弗为吾用也。故视而不见，听而弗闻，食而不知其味，此善学者所以急急于求仁也。①

上蔡以下定义的形式认为"心有所觉谓之仁"，但是觉何事却语焉不详。"仁者心与事为一"，不知其说的为何物，心如何与事为一？说草木五谷的种子为仁，因其有生意，此固可说。生则有知觉，四肢痿痹谓之不仁，因其不知觉，不知觉便如死汉，此亦没有什么新意。上蔡又从人有知觉，所以不同的事来感则有喜怒哀乐之情与之相应，并能酬酢尽变。上蔡说如果事来感，而心却漠然没有感应，则与四肢痿痹不仁没有差异。所以说不仁者，虽生犹如死汉；虽有心，却没有心的知觉作用，与无心没有差别；虽有四肢，但也痿痹不仁，痛痒无关，所以视而不见，听而不闻，食而不知其味。因此，上蔡说，学者必须以求仁为务。上蔡此说明显把仁等同于人的知觉作用，其与二程的仁论思想有很大的距离，此不审而知。

更重要的是，程颢所说的"知觉"是与其"仁者与天地万物为一体""仁者浑然与物同体"的思想紧密联系在一起的。程颢所说的"知觉"，更多的是"知觉"宇宙万物都是"大我"之体的一部分，"知觉"天地万物与自己痛痒相关、血脉贯通。由此，来说仁，说爱无不溥。程颢所说的"知觉"，明显是道德上的"知觉"，"知觉"天地万物的疾疴痛痒，即孟子所说的"恻隐之心""不忍人之心"，是对"仁道"的"知觉"。而上蔡所说的"知觉"，从其行文来看，只是能知觉"私我"的痛痒，而不是"知觉"别人，甚至天地万物的疾疴痛痒。如此说仁，便只沦为纯是生理的机能、只是能视听言动的"知觉"作用，仅以"活者"便为仁。如此，仁之道德义就算不是完全没有，也是大为消解。

---

① [宋]朱熹：《论孟精义》，第419页。

朱子《论语或问》亦载程门高弟侯师圣反对上蔡的"知觉言仁"说：

> 曰：谢氏"心有所觉谓之仁"者，信乎？曰：吾于观过知仁之章，既言之矣。而侯氏以为"谓仁者心有所觉则可，谓心有所觉谓之仁则不可"者，亦得之矣。且程子以谷种喻心，而曰"生之性则仁也"，今直以为草木五谷之实谓之仁，亦失其旨矣。其后又以可识知味为言，则又首章之失也。①

侯师圣看法与程颐相同，认为仁者固有知觉，但不可便以知觉为仁。朱子认为，程颐以谷种喻心，有以生之性为仁的思想，而上蔡便以草木五谷的种子为仁，也遗失了程颐以谷种喻心的旨意。上蔡又说仁是"可识知味"，朱子说这也大失仁之意味。朱子对二程知觉言仁思想的把握是清楚的，即是以知觉道德义理来说仁，而上蔡则似乎对此并没有清楚的认识。

其实，早在《延平答问》中，李侗就曾与朱子讨论上蔡的"知觉言仁说"，《壬午六月十一日书》云：

> 《谢上蔡语录》云，不仁便是死汉，不识痛痒了。仁字只是有知觉了了之体段，若于此不下工夫令透彻，即何缘见得本源毫发之分殊哉？若于此不了了，即体用不能兼举矣。此正是本源体用兼举处。人道之立，正在于此。②

从李侗此段话来看，他认同上蔡的"知觉言仁"说，认为"仁"字只是此心知觉灵明不昧，所以应在知觉上下功夫，如此才能见得此心所发的毫厘分际，才能体用兼举，既有"理一"之体，又有"分殊"之用，认为这就是"本源体用兼举处"，而人道即在于此。但是，从"本源毫发之分殊""本源体用兼举"等字眼来看，李侗强调从天理本源来说知觉，有二程知觉仁道、义理的意味，与二程的"知觉言仁"说相近，而与上蔡有所距离。

在朱子作于戊子的《答程允夫》第四书中，也讨论了"知觉言仁"说：

---

① ［宋］朱熹：《四书或问》，见《朱子全书》（修订本）第6册，第803页。
② ［宋］朱熹：《延平答问》，第332页。

第五章 "'知觉言仁'辩"研究

<u>心有所觉则明，明则公，故曰："惟仁者能好人，能恶人。"</u>

仁者固有知觉，然以知觉为仁则不可。更请合仁、义、礼、智四字思惟，就中识得"仁"字乃佳。①

画线部分为程允夫语，非画线部分为朱子语。程允夫说心因有知觉所以灵明不昧，知觉灵明不昧则便能廓然大公，所以说"惟仁者能好人，能恶人"。朱子则认为仁者固然有知觉，但不可便以知觉为仁，认为应进一步理会仁义礼智四字，从中识得四者的分别界限乃佳。即知觉只是智之发用，仁包义礼智，所以仁者必有知觉，但是仁字的内涵比智字的内涵大，所以不能便以智之用为仁。由此可知，朱子在己丑中和之悟之前，就已经在"知觉言仁"说上，主伊川说而反对上蔡说。这与在"观过知仁"说上，有所不同。

在约作于辛卯一或二月的《答吕伯恭》第八书中，朱子又说：

今以静为中正仁义之体，而又谓中正仁义非静之用，不亦矛盾杌杘之甚乎？意者专以知觉名仁者，似疑其不得为静。恐当因此更加究察。所谓仁者，似不专为知觉之义也。②

吕伯恭与朱子讨论周敦颐"定之以中正仁义而主静"时，提到了知觉言仁的问题。吕伯恭以静为中正仁义之体，又说中正仁义不是静之用。朱子认为如此则是体用隔绝。知觉是心的感知作用，如说知觉就是仁，则仁不当为静，因为知觉已经是心的发用，而吕伯恭却认为静为中正仁义之体。朱子认为不能以动为静、以用为体。因此，不能专以知觉来说明"仁"字之义，朱子此说还是程颐"仁者必有知觉，但不可专以知觉为仁"的思想。

二、张栻与湖湘学者辩论上蔡"知觉言仁"说

关于上蔡"知觉言仁"说的讨论，虽然在朱子《克斋记》和《仁说》初稿成篇之前就时有发生。但是，却是在壬辰年才形成激烈的论辩，其原因就是朱子《克斋记》和《仁说》的初稿都明确批评上蔡的"知觉

---

① ［宋］朱熹：《晦庵先生朱文公文集》，第1867页。
② 同上注，第1432页。

言仁"说。

朱子《答何叔京》第十八书为朱子回复何叔京对朱子《克斋记》初稿所作的答复书，考证见下章"《仁说》之辩"书信详考一节第二条。朱子在书中说：

> "知觉言仁，程子已明言其非，（见二十四卷。）盖以知觉言仁只说得仁之用而犹有所未尽，不若'爱'字说得仁之用平正周遍也。"

朱子认为知觉只是仁之用，但是并没有把仁之用的含义全部说出，不如以爱说仁可以把仁之用说得平正周遍。爱是一种道德情感，所以能把仁之道德义说得周遍，而普通所说的知觉只是一种心理机能，并没有多少道德的含义。

朱子《仁说》后半部分明确批判上蔡的"知觉言仁"说：

> 或曰：程子之徒，言仁多矣，盖所谓爱非仁，……以心有知觉释仁之名者矣。今子之言若是，然则彼皆非与？曰：……彼谓心有知觉者，可以见仁之包乎智矣，而非仁之所以得名之实也。观孔子答子贡博施济众之问，与程子所谓觉不可以训仁者，则可见矣。子尚安得复以此而论仁哉！……专言知觉者，使人张皇迫躁而无沉潜之味，其弊或至于认欲为理者有之矣。……知觉之云者，于圣门所示乐山能守之气象，尤不相似。子尚安得复以此而论仁哉！①

朱子在《仁说》后半部激烈批判上蔡的"知觉言仁"说，而湖湘学派主要受上蔡的影响，所以湖湘学者敏锐地察觉到朱子是借《仁说》来批判湖湘学派的仁论。朱子批评"知觉言仁"说没有说出"仁"字的本义，与孔子而来的"以爱言仁"的传统和程颐"觉不可以训仁"的思想相悖，知觉只是智之用，专言之仁虽可包智，但智不就是仁，因此知觉也不就是仁。而且在为仁功夫上，应以主敬涵养、存理去欲为主，而"知觉言仁"说容易认生理上的知觉作用为仁，产生张皇迫躁和认欲为理的弊端。

朱子作成《仁说》初稿后，即寄给张栻等湖湘学者讨论，其对上蔡

---

① ［宋］朱熹：《晦庵先生朱文公文集》，第3280～3281页。

第五章 "'知觉言仁'辩"研究

"知觉言仁"说的批判在湖湘学派内部引起了很大的震动，此可以从张栻与胡广仲、胡伯逢等的书信往来得知。由于张栻赞同朱子不能以知觉训仁的主张，所以先在湖湘学者内部发生了关于"知觉言仁"说的激烈辩论。

张栻有《答胡广仲》第一书，此书约作于壬辰七或八月，在此书中，张栻与胡广仲辩论上蔡"知觉言仁"说，其文如下：

> <u>"心有所觉谓之仁"，此谢先生救拔千余年陷溺固滞之病，岂可轻议哉！（云云。）夫知者，知此者也；觉者，觉此者也。果能明理居敬，无时不觉，则视听言动莫非此体之流行，而大公之理在我矣，尚何愤骄险薄之有？</u>
> 元晦前日之言固有过当，然知觉终不可以训仁。如所谓"知者知此者也，觉者觉此者也"，此言是也，然所谓此者，乃仁也。知觉是知此，又岂可遂以知觉为此哉？①

画线部分为胡广仲语，非画线部分则为张栻语。胡广仲认为"心有所觉谓之仁"说乃上蔡为儒者救拔千余年陷溺固滞的弊病而发，因此不可轻议。胡广仲的知觉言仁说引入了程颢之"明理居敬"、程颐之"公理"以及胡宏之"仁体"的内容，应该是受到朱子的批评后对湖湘学派知觉言仁说的一个改变。张栻说"元晦前日之言固有过当"，其中所说的"元晦前日之言"，当指朱子《克斋记》或《仁说》初稿，但是张栻赞同朱子"知觉不可言仁"的主张。张栻说胡广仲"知者知此者也，觉者觉此者也"固然是如此，但是张栻认为其中两个"此"字都是指"仁"而言。而胡广仲对其中的两个"此"字没有解释，但是可以判断其是以知觉之心作为两个"此"字的内容，因此张栻认为是不对的。张栻和胡广仲辩论的焦点在知觉的"对象"上，张栻主张知觉仁（仁理），胡广仲主张知觉能觉之心（知觉作用）。张栻对胡广仲的辩驳是有力的，和朱子批评湖湘学者有一心三用的毛病正好互相发明。不过，胡广仲的"视听言动莫非此体之流行"，其中"体"即可以理解为胡宏的仁体，则胡广仲的知觉言仁说与其说是上蔡的知觉言仁说，不如说是胡宏的知觉言仁说。可惜的是胡广仲未明言此"体"是什么，或许是其学理不透，如朱子早年只是模糊地知道个"大本

---

① ［宋］张栻：《南轩先生文集》，第457页。

达道的影子"。

张栻又有《答胡广仲》第二书，此书亦当约作于壬辰七或八月，书中说：

> 以爱名仁者，指其施用之迹也，以觉言仁者，明其发见之端也。
> 爱固不可以名仁，然体夫所以爱者，则固求仁之要也。此孔子答樊迟之问以爱人之意。①

画线部分为胡广仲语，非画线部分为张栻语。胡广仲认为以爱言仁只是说仁的施用之迹，而以觉言仁，则是指其发见之端，即爱是指仁之施用的末事，觉是仁之最初的发用之端。张栻则说，爱固不可以训仁，但是从爱中寻其所以爱的道理，此即是仁，认为此乃求仁之要诀，正是孔子告樊迟以"仁者爱人"的义旨所在。胡广仲经过上书张栻的批驳后，转而批评朱子的以爱推仁说，认为知觉是仁体发用最初之端倪，而爱是仁体敷施发用之末事，意即以知觉言仁离仁体更为切近。张栻则反驳说爱固是仁之施用，却可由此推知仁体即是爱之理，爱之情乃是仁体所发，以爱推仁正是孔子求仁功夫的本意。胡广仲"以觉言仁者，明其发见之端"，也未明白说出是何者的发见之端，如果是仁体的发现之端，则可以进一步看清胡广仲的知觉言仁说是和胡宏"欲为仁，必先识仁之体"的思想一致的。只可惜胡广仲又失去了为湖湘学派辩护的机会。

张栻亦与胡伯逢辩论上蔡"知觉言仁"说，其中有张栻《答胡伯逢》第二书，该书亦当约作于壬辰七或八月，其文如下：

> 曰"心有知觉之谓仁，此上蔡谢子之言也。此言固有病"。切谓心有知觉谓之仁，此一语是谢先生传道端的之语，以提省学者也，恐不可谓有病。夫知觉亦有深浅，常人莫不知寒识暖，知饥识饱，若认此知觉为极至，则岂特有病而已？伊川亦曰觉不可以训仁，意亦犹是，恐人专守着一个觉字耳。若夫谢子之意自有精神，若得其精神，则天地之用即我之用也，何病之有？
> 谢上蔡之言，固是要指其发见以省学者，然便断杀知觉为仁，故

---

① [宋]张栻：《南轩先生文集》，第457页。

切以为未免有病。伊川先生所谓觉不可训仁者，正谓仁者必觉，而觉不可以训仁。侯子师圣亦尝及此矣。若夫今之学者嚣嚣然自以为我知之者，只是弄精魂耳，乌能进乎实地哉！此又上蔡之罪人也。①

画线部分为胡伯逢语，非画线部分为张栻语。张栻当是赞同了朱子《克斋记》和《仁说》初稿对上蔡"知觉言仁"说的批判，所以有"心有知觉之谓仁，此上蔡谢子之言也。此言固有病"一语。胡伯逢却认为，"心有知觉谓之仁"乃上蔡传道之语，用以警醒学者，因此不可说此语有病。胡伯逢说，知觉有浅深的不同，浅说的知觉，即是所谓知寒识暖，知饥识饱。程颐说知觉不可以训仁，正指此浅说的知觉，是因其担心人专守着一个"觉"字不放。至于上蔡所说的"知觉"则是指深说的知觉，因此上蔡的"心有知觉谓之仁"自有其深意，若得其深意，则天地之用即是我之用，又有什么病痛呢？胡伯逢把"心有知觉谓之仁"说成是上蔡传道端的之语，未免说得太高，而且其也未说出上蔡所说的具有深意的知觉为何。更重要的是上蔡并没有如胡伯逢所说分别知觉之深浅，倒是以胡伯逢所认为的浅说的知觉，即能知觉、识痛痒来说仁。而且，上章我们已经指出，朱子在约辛卯三或四月所作的《答胡伯逢》第三书中即指出："然'觉知'二字所指自有浅深，若浅言之，则所谓觉知者，亦曰觉夫天理人欲之分而已。夫有觉于天理人欲之分，然后可以克己复礼而施为仁之功，此则是也。今连上文读之而求来意之所在，则所谓觉知者乃自得于仁之谓矣。如此，则'觉'字之所指者已深，非用力于仁之久不足以得之，不应无故而先能自觉，却于既觉之后方始有地以施功也。"②所以，"知有浅深"说并非是胡伯逢的创论，乃是用朱子之主张来反驳张栻，而且胡伯逢在辩驳中并未将朱子"知有浅深"说之深意说出一二。牟宗三说："胡伯逢于此略有所见，认为'知觉亦有浅深。常人莫不知寒识暖，知饥识饱。若认此知觉为极致，则岂特有病而已？'"③认为"知有浅深"说是胡伯逢的创见，其说值得商榷。而且，朱子所说的浅的知觉是知觉天理人欲之分，与上蔡、胡伯逢所说的"知寒暖、识饥饱"意义上的浅的知觉已不是一个层次上的知觉。张栻认为上蔡"心有知觉谓之仁"说，固然是要指明仁之发见处以提醒学者，

---

① ［宋］张栻：《南轩先生文集》，第 445～446 页。
② ［宋］朱熹：《晦庵先生朱文公文集》，第 2150 页。
③ 牟宗三：《心体与性体》第 3 册，第 313 页。

但是便认知觉为仁，则诚不免有病。程颐说觉不可以训仁，正是说仁者必能知觉，但是却不可便以知觉训仁，张栻在此处亦提到侯师圣反对上蔡的"知觉言仁"说。张栻批评"今之学者"，主要即指胡伯逢、胡广仲等湖湘学者，认为他们"嚣嚣然自以为我知之"，其实"只是弄精魂耳"，并未到仁之实地，如此，则又是上蔡的罪人了。张栻对湖湘学者的批评，可以说比朱子的语气有过之而无不及。这说明，张栻对湖湘学者的气象及病痛是有清醒的认识的，他和朱子一样，都对湖湘学的理论有很深的浸染，所以对其病痛亦有清醒的认识。朱子在中和旧说时期所表现并反省的病痛正与湖湘学者同，所以朱子是过来人。而张栻自己身为湖湘学派的领袖，能如此反省自己所处学派的弊病，则更加值得钦佩。胡伯逢也失去了一次为上蔡辩护知觉言仁说的机会，毕竟上蔡已经体悟出仁是天理，那么知觉此天理不就是其所说的深层次的知觉吗？由此也可见，胡伯逢的理论水平不是很高，对上蔡等的思想也不是很了解。

张栻又有《答胡伯逢》第三书，该书亦当约作于壬辰七或八月，其文如下：

> 又曰"以觉言仁，固不若爱之切"，此亦似迁就之说。切谓以爱言仁，不若觉之为近也。
>
> 就爱人上穷究仁之所以爱，宜莫亲切于此，所谓知觉者亦在其中矣。①

画线部分为胡伯逢语，非画线部分为张栻答复语。"以觉言仁，固不若爱之切"，当也是张栻认同朱子"以爱之理说仁"后对朱子的观点的一种转述，胡伯逢则认为这是张栻迁就朱子之说，坚持认为以爱说仁，不如以觉训仁来得更贴近"仁"字的本义。张栻则反驳说，应就爱人之事上穷究仁之所以为仁的道理，求仁莫亲切于此。张栻说"所谓知觉者亦在其中矣"，是说能就爱人之事上穷究仁之所以为仁的道理，则对何为仁理即有所觉解，因此不必另立别说。由这几书来看，张栻在以爱言仁、知觉言仁上已经与朱子的思想完全相同。

---

① [宋]张栻：《南轩先生文集》，第446页。

三、朱子与湖湘学者辩论上蔡"知觉言仁"说

约在壬辰九或十月，朱子作有《答胡广仲》第五书，专书讨论"知觉言仁"问题：

> 至于仁之为说，昨两得钦夫书，诘难甚密，皆已报之。近得报云，却已皆无疑矣。今观所谕，大概不出其中者，更不复论。但所引孟子"知"、"觉"二字，却恐与上蔡意旨不同。盖孟子之言知、觉，谓知此事、觉此理，乃学之至而知之尽也。上蔡之言知、觉，谓识痛痒、能酬酢者，乃心之用而知之端也。二者亦不同矣。然其大体皆智之事也。今以言仁，所以多矛盾而少契合也。愤骄险薄，岂敢辄指上蔡而言？但谓学者不识仁之名义，又不知所以存养，而张眉努眼、说知说觉者，必至此耳。（如上蔡词气之间，亦微觉少些小温粹，恐亦未必不坐此也。）夫以爱名仁固不可，然爱之理则所谓仁之体也。天地万物与吾一体，固所以无不爱，然爱之理则不为是而有也。须知仁、义、礼、智，四字一般，皆性之德，乃天然本有之理，无所为而然者。但仁乃爱之理、生之道，故即此而又包夫四者，所以为学之要耳。细观来谕，似皆未察乎此，此熹之所疑者七也。（晦叔书中论此，大略与吾丈意同，更不及别答，只乞转以此段呈之。大抵理会"仁"字，须并"义"、"礼"、"智"三字通看，方见界分分明，血脉通贯。近世学者贪说"仁"字而忽略三者，所以无所据依，卒并与"仁"字而不识也。）
>
> 夫来教之为此数说者，皆超然异于简册见闻之旧，此其致知之功亦足以为精矣。然以熹之所疑考之，则恐求精之过而反失之于凿也。大抵天下事物之理，亭当均平，无无对者，唯道为无对。然以形而上下论之，则亦未尝不有对也。盖所谓对者，或以左右，或以上下，或以前后，或以多寡，或以类而对，或以反而对，反复推之，天地之间，真无一物兀然无对而孤立者。此程子所以中夜以思，不觉手舞而足蹈也。究观来教，条目固多，而其意常主于别有一物之无对。故凡以左右而对者，则扶起其一边；以前后而对者，则截去其一段。既强加其所主者以无对之贵名，而于其所贱而列于有对者，又不免别立一位以配之。于是左右偏枯，首尾断绝，位置重叠，条理交并。凡天下

之理势,一切畸零赘剩、侧峻尖斜,更无齐整平正之处。凡此所论阴阳、动静、善恶、仁义等说,皆此一模中脱出也。常安排此个意思规模横在胸中,窃恐终不能到得中正和乐、广大公平底地位。此熹所以有"所知不精,害于涵养"之说也。若必欲守此,而但少加涵养之功,别为一事以辅之于外,以是为足以合内外之道,则非熹之所敢知矣。要须脱然顿舍旧习,而虚心平气以徐观义理之所安,则庶乎其可也。①

朱子在此书中说:"至于仁之为说,昨两得钦夫书,诘难甚密,皆已报之。""昨两得钦夫书",指张栻答复朱子《仁说》初稿已佚书和《答朱元晦秘书》第二十一书;"皆已报之",指朱子《答张钦夫论仁说》第四十三书、《又论仁说》第四十四书;"近得报云,却已皆无疑矣",指朱子和张栻在以公言仁、一体言仁、以爱言仁、知觉言仁上,基本都已达成了共识。朱子作此书时,当看到了张栻《答胡广仲》第一书,在该书中,胡广仲说:"'心有所觉谓之仁',此谢先生救拔千余年陷溺固滞之病,岂可轻议哉!(云云。)夫知者,知此者也;觉者,觉此者也。果能明理居敬,无时不觉,则视听言动莫非此体之流行,而大公之理在我矣,尚何愤骄险薄之有?"朱子反驳说,胡广仲引孟子"以先知觉后知,以先觉觉后觉"的"知""觉"两字与上蔡"心有所觉谓之仁"中的"知觉"两字,其意义是不一样的。孟子所说的"知""觉"是"知此事、觉此理","知此事"是积学之至后所达到的知无不尽,"觉此理"是对仁义礼智等道德义理的觉解,其地位甚高。而上蔡所说的"知觉",乃是"识痛痒、能酬酢者",即仅指知觉作用本身,此只是心的发用、知的端倪,乃知觉之浅者。因此两家之说有很大的不同。不过,朱子总结说,虽有浅深的不同,但大抵皆是"智"边事。如此以"知觉"说仁,则往往多矛盾而少契合。朱子说,"愤骄险薄"非指上蔡而言,而是指今之学者既不知道"仁"字是何意味,又不知如何做"存仁"的功夫,只管张眉努眼,说知说觉,必然至此气象。朱子用"张眉努眼"是暗讽湖湘学者仅以知觉作用来训仁,而"张眉努眼"正是其所谓知觉作用。朱子又说,其实上蔡的气象也少些温润和粹,所以亦难免此病。

朱子在反驳湖湘学派"知觉言仁"说后,开始正面提出自己的仁论主

---

① [宋]朱熹:《晦庵先生朱文公文集》,第1503～1505页。

张。认为以爱言仁固然不可，但爱之理则正是所谓的仁体。仁者与天地万物为一体，所以能爱无不溥。虽然如此，爱之理，却并不因与天地万物同体而后有，乃是我所本有之理。因此，朱子说仁义礼智都是性之德，为人天生所固有，此乃天然本有之理，不是通过后天之作为得到的。因为仁是爱之理、生之道，仁又可包乎义礼智，所以求仁是为学的要领。朱子说要理会"仁"字的意思，应该兼义礼智三者来看，只有这样，才能看出四者之间既有分明的界限，又血脉贯通，紧密相连。近世学者则只知贪说"仁"字，而忽视了"义礼智"三字，最后的结果是模糊了仁义礼智四者的界限，不知"仁"字为何物。

从"晦叔书中论此，大略与吾丈意同，更不及别答，只乞转以此段呈之"可知，吴晦叔亦有作书与朱子讨论知觉言仁问题，朱子则有《答吴晦叔》第十书答复之，此书约作于壬辰十或十一月，稍后于朱子《答胡广仲》第五书，书中说：

> 若夫知觉，则智之用而仁者之所兼也。元者，四德之长，故兼亨、利、贞；仁者，五常之长，故兼义、礼、智、信。此仁者所以必有知觉，而不可便以知觉名仁也。①

朱子在此书中说，"知觉"乃"智"之发用而为"仁"所兼包，正如"元"为四德之长，可以包"亨利贞"，"仁"作为五常之长，可以包"义礼智信"。这就是为什么程颐说仁者必有知觉，但不可便以知觉为仁的道理。

朱子又有答张栻《又论仁说》第四十五书，此书亦约作于壬辰十或十一月，其文如下：

> 熹再读别纸所示三条，窃意高明虽已灼知旧说之非，而此所论者差之毫忽之间，或亦未必审察也。谨复论之，伏幸裁听。广仲引孟子"先知先觉"以明上蔡"心有知觉"之说，已自不伦，其谓"知此觉此"，亦未知指何为说。要之，大本既差，勿论可也。今观所示，乃直以此为仁，则是以"知此觉此"为知仁觉仁也。仁本吾心之德，又将谁使知之而觉之耶？若据孟子本文，则程子释之已详矣，曰："知是

---

① ［宋］朱熹：《晦庵先生朱文公文集》，第1918页。

知此事,(知此事当如此也。)觉是觉此理。"(知此事之所以当如此之理也。)意已分明,不必更求玄妙。且其意与上蔡之意亦初无干涉也。上蔡所谓知觉,正谓知寒暖饱饥之类尔。推而至于酬酢佑神,亦只是此知觉,无别物也,但所用有小大尔。然此亦只是智之发用处,但惟仁者为能兼之,故谓仁者心有知觉则可,谓心有知觉谓之仁则不可。盖仁者心有知觉,乃以仁包四者之用而言,犹云仁者知所羞恶辞让云尔。若曰心有知觉谓之仁,则仁之所以得名初不为此也。今不究其所以得名之故,乃指其所兼者为仁体,正如言仁者必有勇,有德者必有言,岂可遂以勇为仁、言为德哉?今伯逢必欲以觉为仁,尊兄既非之矣;至于论知觉之浅深,又未免证成其说,则非熹之所敢知也。至于伯逢又谓上蔡之意自有精神,得其精神则天地之用皆我之用矣,此说甚高甚妙。然既未尝识其名义,又不论其实下功处,而欲骤语其精神,此所以立意愈高、为说愈妙,而反之于身愈无根本可据之地也。所谓天地之用即我之用,殆亦其传闻想象如此尔,实未尝到此地位也。愚见如此,不识高明以为如何?①

朱子在此书中说:"熹再读别纸所示三条,窃意高明虽已灼知旧说之非,而此所论者差之毫忽之间,或亦未必审察也。"所谓"别纸所示三条",当指张栻《答胡广仲》第一书、张栻《答胡伯逢》第二书,另外一书则难确考,或指张栻《答胡广仲》第二书、张栻《答胡伯逢》第三书中的一书。"广仲引孟子'先知先觉'以明上蔡'心有知觉'之说",即指张栻《答胡广仲》第一书,朱子批评胡广仲并不知孟子"知此觉此"中的两个"此"说的是什么。张栻认为"知此觉此"的两个"此"字都是指仁而言,"知此觉此"是"知仁觉仁"的意思。朱子不同意这种说法。朱子在此书中提出"仁本吾心之德",即本心之全德,并没有另外一心以知之觉之。朱子说程颐对孟子"以先知觉后知,以先觉觉后觉"一语如此解释:"知是知此事,觉是觉此理",即知觉人伦日用之事的背后有其所以然之理。朱子认为程颐已把孟子的意思解释得非常明白,因此,不必更求其他玄妙道理。况且孟子的原话与上蔡"心有所觉谓之仁",在义旨上也不相关。朱子说,上蔡所谓的"知觉",只是知寒暖、识饱饥,推而至于能"酬酢佑神",也只

---

① [宋]朱熹:《晦庵先生朱文公文集》,第 1412~1413 页。

是此知觉，只是知觉之用有大小不同而已。但不管怎样，两者都是"智"之发用，而"仁"则能兼而包之。所以说仁者心有知觉则可，说心有知觉就是仁则不可。仁者必有知觉，是因为仁可以包义礼智之发用，就如说仁者亦知所羞恶、辞让、是非等等。如果说心有知觉就是仁，则非"仁"字的本义。朱子批评谢上蔡、胡广仲等是不知"仁"字的字义名义，所以指"智"字以为"仁"字，这是"指其所兼者为仁体"。朱子认为正如仁者必有勇德，有德者必有善言，但却不可以勇为仁、以言为德。

朱子说"今伯逢必欲以觉为仁，尊兄既非之矣；至于论知觉之浅深，又未免证成其说，则非熹之所敢知也"，即当指朱子上所述的张栻以"知此觉此"为"知仁觉仁"，朱子当认为此两说背后都以胡宏"欲为仁，必先识仁之体"作为义理架构，所以朱子认为张栻此说又未免证成胡伯逢说。朱子最后批评胡伯逢"上蔡之意自有精神，得其精神则天地之用皆我之用矣"，此说虽然说得高妙，但是既未识"仁"字的字义名义，又不知如何做求仁功夫，所以其说说得越高，越没有修德行仁的可据之地，所谓"天地之用即我之用"，亦只是胡伯逢悬空揣摸、道听途说而已，自己却并没有实到与天地万物同体的地位。朱子和张栻对湖湘学者的批评可谓如出一辙。

朱子在约作于壬辰十一或十二月的《答胡伯逢》第四书中，也说："如或以觉言仁，是以知之端为仁也；或以是言仁，是以义之用为仁也。夫与其外引智之端、义之用而指以为仁之体，则孰若以爱言仁，犹不失为表里之相须而可以类求也哉？"①朱子此书指出当时有"以觉言仁"说、"以是言仁"说，认为这是以"知之端""义之用"为仁，不若"以爱言仁"说来得真切，因为可以从爱之情类推爱之理而求仁得仁。

四、朱子《克斋记》不取"知觉言仁"说

以上我们讨论了朱子与湖湘学者关于"知觉言仁"说的辩论，在约作于壬辰十或十一月的《答石子重》第十一书中，朱子也提到了《克斋记》不取"知觉言仁"说。

《克斋记》不取知觉言仁之说，似以爱之说为主。近子细玩味，

---

① ［宋］朱熹：《晦庵先生朱文公文集》，第2152～2153页。

> 似若知觉亦不可去。盖不知觉，则亦必不爱，惟知觉故能爱。知觉与爱，并行而不相悖，恐亦无害于言仁，但不可专以知觉为仁耳。医者以四支顽痹则不知痛痒，又安能爱？更乞开发。
>
> 此义近与湖南诸公论之甚详，今略录一二上呈，亦可见大意矣。（一《答胡广仲书》仁之说，一《答张敬夫书》。）①

画线部分为石子重语，非画线部分为朱子语。在此书中，石子重说朱子的《克斋记》主"以爱推仁"说，而反对上蔡的"知觉言仁"说。石子重则认为，"知觉言仁"说亦有其道理，如果不能对别人的疾病痛痒有所知觉，则定不能爱人，对别人的痛苦有所知觉才能爱，所以石子重认为"知觉言仁"说和"以爱言仁"说可以并行而不悖，而无害于以"知觉言仁"，只是不可专以"知觉言仁"。石子重最后拈出程颢以医者四肢痿痹，不知痛痒为四体不仁，认为如果心如木石，则何以能爱？朱子没有正面回答石子重的问难，而只转发其《答胡广仲》第五书和答张敬夫《又论仁说》第四十五书。

石子重的问难虽然也有道理，但是他不知道程颢与上蔡在"知觉言仁"说上的重大区别，所以也不知朱子辩驳上蔡和湖湘学派"知觉言仁"说的用心所在。笼统地认为朱子批判上蔡和湖湘学者的"知觉言仁"说，就推论朱子反对程颢的"知觉言仁"说，是不可以的，是对朱子的误解。牟宗三说："其辩驳'物我为一'与'以觉训仁'之说，前者直接指龟山说，后者直接指上蔡说，而此两说皆来自明道，故间接是辩驳明道"②，"朱子之心态根本接不上明道，亦根本无法相应孔子所说之仁也"③。与其说朱子接不上明道，无法相应于孔子所说之仁，不如说牟氏接不上朱子，无法相应于朱子所说之仁。

朱子又有《答石子重》第十二书，此书约作于壬辰十一或十二月，其文如下：

> 所疑荷批诲，今皆已释然。盖仁者心有知觉，谓知觉为仁则不可，知觉却属智也。理一而分殊，爱有差等，殊与差等，品节之，却

---

① [宋]朱熹：《晦庵先生朱文公文集》，第1939页。
② 牟宗三：《心体与性体》第3册，第275页。
③ 同上注，第277页。

属礼。施之无不得宜，却属义。义也，礼也，智也，皆仁也。惟仁可以包夫三者。然所以得名，各有界分，须索分别。不然，混杂为一，孰为仁？孰为义？孰为智？

"仁"字之说甚善。要之须知仁、义、礼、智作一处看，交相参照，方见疆界分明。而疆界分明之中，却自有贯通总摄处，是乃所谓仁包四者之实也。近年学者专说"仁"字，而于三者不复致思，所以含胡溟涬，动以仁包四者为言，而实不识所以包四者之果何物也。今得尊兄精思明辩如此，学者益有赖矣，幸甚。[①]

画线部分为石子重语，非画线部分为朱子语。石子重收到朱子《答石子重》第十一书后，对朱子在"知觉言仁"上的观点已经释然无疑，赞同朱子仁者心虽有知觉，但不可便以知觉为仁，知觉只属于"智"边事。石子重进而推阐说，理一而分殊，所以爱有差等，知此分殊与差等而品节之，则属于"礼"边事。爱之敷施，无不得其合宜，则属于"义"边事。义礼智皆是仁，这是专言之仁，所以仁包义礼智三者。但是，虽然专言之仁可包仁义礼智四者，却必须明确区分仁义礼智四者的界限。不然，则纷然淆乱，不知何为仁义礼智。

朱子称赞石子重仁义礼智之说甚善，认为应把仁义礼智四者先合在一处，互相比并、参照，才能见得四者的疆界分明。看得疆界分明之后，又要知仁义礼智四者血脉贯通，看得专言之仁如何能包仁义礼智四德。朱子批评说，近年学者只知专说"仁"字，却对义礼智三者不复深思，把仁义礼智四者混作一团，含糊不清，虽"动以仁包四者"为言，却不知仁所以能包四者的根据何在，朱子此处主要是指湖湘学派"知觉言仁"说而言。

五、癸巳"'知觉言仁'辩"

在壬辰年，关于"知觉言仁"说的辩论主要发生在湖湘学派内部和朱子与湖湘学派之间，在癸巳年则主要发生在朱子与吕伯恭、游诚之、程允夫之间。朱子在约作于癸巳七或八月的《答吕伯恭》第一〇一书中说：

伊尹"先知"、"先觉"，伊川以为"知是知此事，觉是觉此理"，

[①] ［宋］朱熹：《晦庵先生朱文公文集》，第1939～1940页。

与上蔡所谓"心有知觉"意思迥然不同。向来晦叔诸公亦正引此相难，盖不深考也。且如而今还敢道"伊尹天民之先仁"否？试更子细较量，便可见矣。①

朱子说《孟子》所引伊尹"天之生此民也，使先知觉后知，使先觉觉后觉也。予，天民之先觉者也，予将以斯道觉斯民也，非予觉之而谁也？"语，程颐解释说"知是知此事，觉是觉此理"，与上蔡"心有知觉谓之仁"说有很大的不同。朱子在之前与吴晦叔、胡伯逢、胡广仲等湖湘学者关于"知觉言仁"说的辩论，吴晦叔等正是引伊川说作为论据，其实，彼等不知伊川说与上蔡说之间有很大的不同，这都是他们没有深究其义理的缘故。经过朱子的批判，吴晦叔、胡伯逢、胡广仲等湖湘学者当亦有所后退，所以朱子说他们再也不敢说"伊尹天民之先仁"了，朱子换《孟子》"天民之先觉"为"天民之先仁"，是为了突出湖湘学者"知觉言仁"说的病痛，带有嘲讽的意味。

约在癸巳七或八月，朱子有《答游诚之》第一书，其文如下：

> 但心一而已，所谓觉者，亦心也。今以觉求心，以觉用心，纷拏迫切，恐其为病不但揠苗而已。不若日用之间以敬为主而勿忘焉，则自然本心不昧，随物感通，不待致觉而无不觉矣。故孔子只言克己复礼，而不言致觉用敬；孟子只言操存舍亡，而不言觉存昧亡。谢先生虽喜以觉言仁，然亦曰心有知觉，而不言知觉此心也。请推此以验之，所论得失自可见矣。若以名义言之，则仁自是爱之体，觉自是知之用，界分脉络，自不相关。但仁统四德，故人仁则无不觉耳。然谢子之言，侯子非之，曰："谓不仁者无所知觉则可，便以心有知觉为仁则不可。"此言亦有味，请试思之。
>
> 《克斋记》近复改定，今别写去。后面不欲深诋近世之失，"波动危迫"等语，皆已削去。②

游诚之乃张栻弟子，朱子在此书中说，人只有一心，所谓知觉，亦只是心

---

① ［宋］朱熹：《晦庵先生朱文公文集》，第 1526～1527 页。
② 同上注，第 2061 页。

184

而已。如若"以觉求心","以觉用心",则恐"纷挐迫切",不但只是揠苗助长之病而已。朱子认为不如在日用之间做主敬的涵养功夫,认为如此则能常葆本心之灵明不昧,随物感通,不待做什么"致觉"的功夫而无所不觉,所以孔子只说"克己复礼"的为仁功夫,而不说"致觉用敬";孟子也只说"操存舍亡"的功夫,而不说"觉存昧亡"。即使是上蔡,他虽喜欢以知觉言仁,但也只说"心有知觉",而不说"知觉此心"。游诚之或把"致觉用敬"作为求仁的功夫,因此朱子反驳之。朱子说,若从字义名义来说,仁是爱之体,觉是知之用,两者界限分明,互不相关,只是仁包四德,所以说仁者必有知觉。上蔡虽然提出"心有所觉谓之仁"说,但侯师圣就起而反对之:"谓不仁者无所知觉则可,便以心有知觉为仁则不可。"

朱子在此书中,提到了自己在最后修改《克斋记》时,删除了其中批评"近世之失"的话语,当即主要指湖湘学派"知觉言仁"说而言,诸如"波动危迫"的话语也一概删除。所以,现今所见之《克斋记》,朱子只正面立论,而没有批驳之语。删除的原因,当是朱子《仁说》已经批判湖湘学者的"知觉言仁"说,《克斋记》因其是给朋友石子重所作的斋铭,所以主要阐发"克己复礼"的为仁功夫。

约在癸巳九或十月,朱子又有《答游诚之》第二书,朱子在此书中说:

> 仁、觉之说,前书已详报矣。此书所喻"恻隐似非出于觉"者,此语甚佳。但所谓"觉之一字未必不佳"者,鄙意亦非以觉为不佳,但谓功夫用力处在敬而不在觉耳。上蔡云"敬是常惺惺法",此言得之。但不免有便以惺惺为仁之意,此则未稳当耳。所喻从前驰骛之过,此非明者不能自知,甚善。然既自知之,则亦自改之而已,它人不得而与也。穷理涵养,要当并进。盖非稍有所知,无以致涵养之功;非深有所存,无以尽义理之奥。正当交相为用,而各致其功耳。[①]

游诚之在此书中提出"恻隐似非出于觉"的观点,朱子认为此说甚好。游诚之又说"觉之一字未必不佳",朱子说自己前一书主要是反对以"知觉"作为求仁的功夫,并非以"觉"字为不佳,求仁当做"主敬"而不是"知觉"的功夫。上蔡说"敬是常惺惺法",朱子说此语甚得之,但上蔡又未

---

① [宋]朱熹:《晦庵先生朱文公文集》,第 2061～2062 页。

免有"以惺惺为仁"之意,"惺惺"即是知觉不昧,而上蔡以"心有所觉谓之仁",所以朱子说上蔡有"以惺惺为仁"之意。游诚之反省自己之前有"驰骛",即朱子所说"波动危迫"之病,朱子认为能自做反省功夫非常好,朱子认为要去此病,应做穷理涵养交相并进的功夫,即主敬致知交相为助。如果不致知,则无以致涵养功夫,如果不涵养,则不能尽深奥之义理。只有两者交相为助,方能各得其功。

经过对知觉言仁的辩论,游诚之、吴晦叔等湖湘学者对于上蔡的知觉言仁说当有所后退,朱子也删除了《克斋记》中批评湖湘学者的话语,应该说还是相对成功的。

第六章 "《仁说》之辩"研究

第一节 "《仁说》之辩"书信详考①

由于清代朱子学考据大家王懋竑在其《朱子年谱》中,对朱子《仁说》只字不提,对《仁说》论辩过程也未进行考证,所以如何弥补王懋竑的这一缺失,就成为朱子学研究一个重要任务。但是,直到现在,该任务仍未得到满意的解决。

对朱子《仁说》及其论辩过程的关注,当自孙玄常开始,孙氏作有《朱子仁说疏证》②,对朱子《仁说》进行较详细的疏释,但是未对《仁说》及相关书信做任何考证。

牟宗三对朱子《仁说》及其论辩过程,有较系统的研究,牟氏所作《心体与性体》,用了近两百页的篇幅专章论述朱子《仁说》及其论辩过程。牟氏认为:"现行之《仁说》其正面内容与《克斋记》相同。《克斋记》是四十三岁时为石子重而作。与张钦夫四论《仁说》书中有云:'熹向所呈似《仁说》,其间不免尚有此意,方欲改之而未暇。来教以为不如《克斋》之云是也。然于此却有所未察。'其所'欲改'者为何暂不必管,至少可知《仁说》之初稿是在《克斋记》以前,现行之定文是在四十三岁以后。而与张钦夫等之论辩亦大体在四十三岁以后也。……关此之论辩大体开始于四十三岁,其结束当在四十六七之间。惟此三四年间如许之信函,其确定年月恐不必能详考。此或王懋竑《朱子年谱》所以不列载此部论辩之故与?"③ 牟氏认为《仁说》论辩开始于四十三岁为有见,结束年限则太宽。牟氏认为《仁说》初稿先于《克斋记》初稿,则值得商榷,证据亦不足。

---

① 赖尚清:《朱子与张栻"〈仁说〉之辩"书信序次详考》,《厦门大学学报》(哲学社会科学版)2014年第4期。
② 孙玄常:《朱子仁说疏证》,《国文月刊》1946年第47期。
③ 牟宗三:《心体与性体》第3册,第255~256页。

"来教以为不如《克斋》之云是也",不能用来证明《仁说》初稿先于《克斋记》初稿。牟氏虽然用了巨大的篇幅讨论朱子的《仁说》及其论辩过程,但是在考证上几乎没有着墨。

钱穆继牟宗三之后,在其所作《朱子新学案》第一册和第二册中,以《朱子论仁》上、下两节的形式,来专论朱子的仁论。钱氏在史学上造诣很深,但不知为什么,他也没有专篇列出朱子《仁说》进行讨论,更没有仔细论述《仁说》辩论过程,而主要以《朱子语类》及《四书集注》的材料来说明朱子的仁论,这不能不说是一个重要缺失。钱先生对朱子从游延平始末、朱子两次中和之悟的过程、朱子与二陆交游的始末,均有不遗余力的考证,唯独对朱子的《仁说》及其辩论的相关书信没有进行考证。

陈荣捷是又一朱子学大家,他不但对朱子的《仁说》《仁说图》有专篇论述,而且对张栻的《仁说》也有所论述,对《仁说》的写作时间亦有所考证。陈氏认为:"《仁说》之作不知何时。……朱子'答吕伯恭书'论仁者爱之理,谓'仁字之说,钦夫(南轩)得书云已无疑矣'。又谓'欲作《渊源录》一书,尽载周程以来诸君子行实文字。正苦未有此及永嘉诸人事迹首末,因书(薛)士龙(名季宣,一一三四——一一七三,永嘉学者)告为托其搜访见寄也'。所谓南轩无疑,当指《仁说》已成定论,而此时《伊洛渊源录》才有著作之意,尚待找索材料。《渊源录》成于乾道九年(一一七三)六月。假定需时一两载,则此录必是'欲作'于乾道七年(一一七一)六月以前。即是说,此时钦夫于《仁说》已无疑。亦即是说,此时《仁说》已定稿矣。日本学者友枝龙太郎以《仁说》成于朱子四十四岁(一一七三)前后,今恐在前,不在后也。南轩与朱子辩论《仁说》,不审经若干年。《文集》专论《仁说》之成书已有四通。朱子'祭南轩文'云:'盖缴纷往反者几十年,末乃同归而一致。'此虽泛指,然必包括仁言,四函即是明证。朱子年三十八(一一六七)往长沙,正与南轩辨仁。南轩无疑,未必同归。朱子云,旧与南轩论仁'亦有一二处未合'。然《仁说》定论,必经与南轩辩论若干年。是则《仁说》大定于乾道七年(一一七一),而早在若干年已开始矣。"① 但是陈氏之考证仍不确实,其以《仁说》大体定稿于辛卯,时间明显太早。所据《渊源录》的证据,只能证明《仁说》论辩的最后期限为癸巳。陈氏亦只考证《仁说》的写作时间,

---

① 陈荣捷:《朱学论集》,上海:华中师范大学出版社,2007年,第28~29页。

对《仁说》相关书信的往复关系及作成时间亦未有考证，认为"南轩与朱子辩论《仁说》，不审经若干年"而了之。

刘述先著《朱子哲学思想的发展与完成》一书，有专章讨论朱子的《仁说》。刘氏在《仁说》论辩时间上亦有所判断："但牟先生推测，'关此之论辩大体开始于四十三岁，其结束当在四十六、七之间'。年限似放得太宽。其实论辩诸函多在同时，集中讨论这一问题不出壬辰、癸巳两年之外，现行仁说当改定于癸巳朱子年四十四岁时。"①刘氏根据朱子《答吕伯恭》第十八书、第二十七书，王懋竑《朱子年谱》系此两书于癸巳，以及王懋竑《朱子年谱》定《伊洛渊源录》成于癸巳、朱子自署《克斋记》作于壬辰这些证据，认为："白田年谱将此函（按：朱子《答吕伯恭》第二十七书）亦系于癸巳。文集诸函虽不必完全以年叙，但此函语气紧接着前引朱子解释自己为何著仁说之一函之后，应当为同时作品无疑。这样我们可以说有很强的证据可以断定仁说系改定于癸巳朱子四十四岁时。如果仁说改定稿是论辩完成以后的结果，则这一场论辩必在壬辰、癸巳两年之间，可以断言。"②刘氏认为仁说论辩在壬辰、癸巳两年为有见，认为朱子《仁说》最后改定于癸巳也可采。但是其只判断《仁说》论辩的开始、结束时间，证据仅凭王懋竑《朱子年谱》系书的年份，没有用《仁说》论辩书信的往复关系以及相关史实进行考证，故其考证仍然是主观判断为多。刘氏又有论文《朱子的仁说、太极观念与道统问题的再省察》，提出张栻《仁说》为朱子所作的观点，基本不被学界所接受。

陈来师是又一朱子学大家，其在写作《朱子哲学研究》的同时，对朱子《文集》近两千封书信做了考证。其所作《朱子哲学研究》，重视朱子思想的发展演变，陈荣捷曾这样评价此书："书之优点有三：叙述异常完备，分析异常详尽，考据异常精到。"③陈师的《朱子书信编年考证》，亦被陈荣捷极力称赞："深叹陈先生考据之精审，其治学方法之严谨，实为当代学者所罕见。今其《朱子书信编年考证》业已完成，不只根据行状、本传，与诗文书札之内证，而且比订朱子同调讲友门人之文集，以至《语类》诸家跋语，如是旁证指引，内外夹持，治学若是之精详，可谓严密之至。然

---

① 刘述先：《朱子哲学思想的发展与完成》，第139页。
② 同上注，第144页。
③ 陈荣捷：《评陈来的〈朱熹哲学研究〉》，见陈来《朱子哲学研究》，第487页。

后系以年期，于是两千余书札之前后次序，井然可观。今后学者得以睹朱子思路开展之痕迹，而其中年未定之见与晚年定论，皆可确立无误。是则此书对于朱子生平与思想之研究，其贡献之大为何如也？"①

陈师认为："《仁说》之作，……考朱子答林择之书（《别集》六）云'《尤溪学记》及《克斋记》近复改定，及改去岁《仁说》'，其书又云'得婺州报云薛士龙物故，甚可伤'。按薛士龙卒于乾道癸巳，故此书在癸巳无疑，时朱子44岁，而以'去岁'之说可知《仁说》之作乃在乾道壬辰，朱子43岁，此决无可疑。"②陈师以确凿的证据，证明朱子《仁说》作于乾道壬辰，甚是。

陈师在《朱子书信编年考证》中，认为朱子《答张敬夫》第四十三、四十四、四十五书，朱子《答何叔京》第十八书，朱子《答胡广仲》第五书，朱子《答石子重》第十一、十二书皆作于壬辰；朱子《答吴晦叔》第十书作于壬辰或壬辰癸巳间；朱子《答张敬夫》第四十六、四十八书，朱子《答吕伯恭》第十八、二十一、二十三、二十四、二十七书皆作于癸巳。陈先生之《朱子书信编年考证》，为以后学者对朱子《仁说》及其论辩相关书信的进一步考证，铺平了道路。不过，陈师当时的精力主要集中在考证朱子《文集》近两千封书信的系年，无暇对《仁说》及其相关书信的写作时间及其往复关系，做更深入、细致的研究，故仍然有待后学进一步推进。

束景南则首次尝试考证朱子《仁说》初稿的确定月份，认为是作于壬辰十月。其提出的新论据主要有：

一、《吕东莱文集》卷三《与朱元晦》书十七："《仁说》、《克斋记》及长沙之往来论议皆尝详阅。"是书云"春序过半"，在乾道九年（1173年）二月，朱子寄《仁说》约在乾道八年壬辰（1172年）冬间。《朱文公文集》卷三十二有《答张钦夫论仁说》、《又论仁说》、《又论仁说》、《又论仁说》、《答钦夫仁疑问》五书，先后相及，最后一书云"刘子澄前日过此"，刘来见朱熹在乾道九年三月③，以五书往返推之，朱熹写成《仁说》并寄张栻约在乾道八年壬辰冬十月间。④束氏考证吕伯恭《与朱元晦》第十七书作于癸

---

① 陈荣捷：《朱子书信编年考证·序》，第2页。
② 陈来：《朱子哲学研究》，第221页。
③ 当为五月之误。
④ 束景南：《朱熹年谱长编》，第477页。

巳二月为有见，认为朱子论仁五书在时间上先后相及亦为有见，不过只是猜测，没有进一步做相关的论证。

二、"又《张南轩先生文集》卷二十《答朱元晦秘书》书九言及朱熹《仁说》，云'详所谓爱之理之语，方见其亲切'。十三书则言：'所谓爱之理，发明甚有力，前书亦略及之矣。'即指书九，知书九、书十三先后相及。按书十三言'共甫之势，想必此来'，刘珙再帅湖南在乾道八年十二月，知此书十三作于十一月间。由是推之，朱熹作《仁说》并寄张栻亦在冬十月间。"①

三、《朱文公文集》卷三十五《答刘子澄》书二："熹比来温习……承访以所疑。"《朱文公文集》卷三十三《答吕伯恭》书十九云："子澄过此两三日。"书二十云："子澄之行，草草附问……既而忽有改秩奉祠之命。"知刘子澄来访在五月中。他如《答钦夫仁说》②云"刘子澄过此"，《答方伯谟书》云"子澄亦到此三四日而行"，均指此次来访。③据束氏考证："（乾道九年癸巳）五月二十八日，有旨特改左宣教郎，主管台州崇道观，再辞。"④据此事实，束氏考证刘子澄在癸巳五月来访朱子，此说确实可采。

不过，刘珙再帅湖南的史实，不能用来确证朱子《仁说》作于壬辰冬十月，进一步考证见后。

另外，李秋莎有《朱子与张南轩〈仁说〉讨论相关书信系年再考》论文，此文基本是继承束景南先生的论断，及用张栻书信中关于刘珙的史实来考证书信时间的方法，认为"朱子《仁说》初稿写出时间在壬辰冬为近，可能同时或晚于《克斋记》初稿"⑤。其论文的特色在于尝试确定朱子、张栻《仁说》书信的序次和往复关系。不过，其考证的书信范围只有九封，其所断定朱子、张栻各自《仁说》，以及论辩书信的作成时间，基本都不为本考证所认同，其对九封书信之往复关系的考证，也有待商榷之处。

下面便来深入考证朱子、张栻各自《仁说》，以及与《仁说》论辩相关书信的序次、往复关系和作成时间。

---

① 束景南：《朱熹年谱长编》，第477页。
② 当为《答张钦夫仁疑问》之误。
③ 束景南：《朱熹年谱长编》，第498页。
④ 同上注，第491页。
⑤ 李秋莎：《朱子与张南轩〈仁说〉讨论相关书信系年再考》，《国学研究》2010年第30期。

191

一、朱子《克斋记》初稿，当作于宋孝宗乾道八年壬辰（1172年，朱子时年43岁）六月前，确定年月已难确考，当以壬辰初为近。《克斋记》初稿先于《仁说》初稿，考证见后。

二、朱子《答何叔京》第十八书[①]，此书当为答复朱子《克斋记》初稿书，约作于壬辰二或三月，考证如下：

1. 朱子《答何叔京》第十八书说："熹所谓'仁者天地生物之心，而人物之所得以为心'，此虽出于一时之臆见。然窃自谓正发明得天人无间断处稍似精密。"由"此虽出于一时之臆见"语可知，"仁者天地生物之心，而人物之所得以为心"一说，为朱子所独自创发。张栻《答朱元晦秘书》第二十一书有"《仁说》如'天地以生物为心'之语，平看虽不妨，然恐不若只云'天地生物之心，人得之为人之心'似完全，如何"语，由此可知，朱子《答何叔京》第十八书当作于朱子收到张栻《答朱元晦秘书》第二十一书之前，否则朱子就不能有"熹所谓'仁者天地生物之心，而人物之所得以为心'，此虽出于一时之臆见"一语。

2. 朱子《答何叔京》第十八书采"仁者……而……"的句式，与今本《克斋记》"盖仁也者，天地所以生物之心，而人物之所得以为心者也"句式一样。《克斋记》初稿或许就用"仁者天地生物之心，而人物之所得以为心"说，在后来修改中才又改采"盖仁也者，天地所以生物之心，而人物之所得以为心者也"说。

3. 朱子《答何叔京》第十八书说："性、情一物，其所以分，只为未发已发之不同耳。若不以未发已发分之，则何者为性，何者为情耶？仁无不统，故恻隐无不通，此正是体用不相离之妙。"今本《克斋记》说："性情之德无所不备，而一言足以尽其妙，曰'仁'而已。……是以未发之前，四德具焉，曰仁、义、礼、智，而仁无不统。已发之际，四端著焉，曰恻隐、羞恶、辞让、是非，而恻隐之心无所不通。此仁之体用所以涵育浑全，周流贯彻，专一心之妙，而为众善之长也。"两者都讨论性情、未发已发、仁之体用，所以朱子《答何叔京》第十八书乃答复何叔京对朱子《克斋记》初稿的复书者，是完全可能的。

4. 朱子《答何叔京》第十八书说："知觉言仁，程子已明言其非，（见二十四卷。）盖以知觉言仁只说得仁之用而犹有所未尽，不若'爱'字说

---

① ［宋］朱熹：《晦庵先生朱文公文集》，第1829～1830页。

得仁之用平正周遍也。"但是今本《克斋记》却无讨论上蔡"知觉言仁"说的内容。不过,朱子《答石子重》第十一书说:"《克斋记》不取知觉言仁之说,似以爱之说为主。"朱子《答游诚之》第一书也说:"《克斋记》近复改定,今别写去。后面不欲深诋近世之失,'波动危迫'等语,皆已削去。"《朱子语类》卷六也有:"问:'程门以知觉言仁,《克斋记》乃不取,何也?'"由此可知,《克斋记》初稿当亦有批评上蔡"知觉言仁"的话语,在后来修改时才把它删去。

三、朱子《仁说》初稿,约作于壬辰二或三月,考证见后。

四、张栻答复朱子《仁说》初稿书,约作于壬辰三或四月,已佚,考证见后。

此答书已不见现《南轩先生文集》,故知其已佚。不过,该书主要论点可以见于朱子《答张钦夫论仁说》第四十三书。

五、朱子《答张钦夫论仁说》第四十三书[①],此书约作于壬辰四或五月,考证见后。

此书逐条答复张栻对朱子《仁说》初稿的主要诘难。

六、张栻《寄吕伯恭》第二书[②],此书作于壬辰六月,考证如下:

其书云:"元晦《仁说》后来看得渠说爱之理之意却好,继而再得渠书,只拈此三字,却有精神,但前来所寄言语间终多病。兼渠看得某意思亦潦草。后所答今录呈,但渠议论商榷间,终是有意思过处,早晚亦欲更力言之。""元晦《仁说》后来看得渠说爱之理之意却好",当指朱子《仁说》初稿。朱子《答张钦夫论仁说》第四十三书有"熹前说以爱之发对爱之理而言"语,正说明朱子《仁说》初稿已提出了"爱之理"说。朱子《答张钦夫论仁说》第四十三书明显误解张栻把义礼智都作为已发,所以张栻说"兼渠看得某意思亦潦草"。"继而再得渠书,只拈此三字,却有精神",即指朱子《答张钦夫论仁说》第四十三书"熹前说以爱之发对爱之理而言,正分别性、情之异处,其意最为精密"而来。"后所答今录呈"指的是张栻答复朱子《仁说》初稿已佚书、朱子《答张钦夫论仁说》第四十三书。由此可知,在张栻《寄吕伯恭》第二书之前,已经有了朱子的《仁说》初稿、张栻答复朱子《仁说》初稿的已佚书、朱子《答张钦夫

---

① [宋]朱熹:《晦庵先生朱文公文集》,第1408～1411页。
② [宋]张栻:《南轩先生文集》,第379页。

论仁说》第四十三书。此书又有:"自归抵此,亦既半岁,省过矫偏,但觉平日以为细故粗迹者,乃是深失消磨,虽庶几兢兢焉,惟恐乘间之窃发耳。""此"显然是指张栻乾道七年辛卯(1171年)六月出知袁州,十二月抵长沙事。"自归抵此,亦既半岁"可以有两种解释。一种为自乾道七年六月出知袁州到十二月抵长沙,正好半岁。如采此说,则朱子、张栻《仁说》之辩在乾道七年就已如火如荼展开,显然与后面诸多史实不符。第二种解释是,"自归抵此,亦既半岁",指的是张栻乾道七年十二月抵长沙后,已经不知不觉过了半年,期间反省自己的过失,此说可采,其中"亦"字也说明是抵长沙之后而不是"自归"之后。由此推断,张栻《寄吕伯恭》第二书作于壬辰六月。由此书逆推,朱子《仁说》初稿约作于壬辰二或三月,张栻已佚答朱子《仁说》初稿书约作于壬辰三或四月,朱子《答张钦夫论仁说》第四十三书约作于壬辰四或五月。

此是《仁说》书信考证最重要的依据之一。不过,《宋史》、朱子《右文殿修撰张公神道碑》、《南轩先生文集》对张栻出知袁州的时间有不同的说法,故需再述相关材料,以断张栻出知袁州的确切时间。

张栻《答朱元晦秘书》第四十一书说:"某十三日被命出守,次日早出北关,来吴兴省广德家兄,翼早可去此。自此前途小憩,残暑即由大江归长沙故居。"[①] 这说明张栻辛卯夏末经由长江回长沙。

张栻《答朱元晦秘书》第六十五书又说:"秋凉行大江,所至游历山川,复多濡滞,今方欲次鄂渚,更数日可解舟。……得所寄助长之论,甚合鄙意,俟到长沙,录去求教。"[②]

《张宣公年谱》云:"(乾道七年辛卯)六月十三日出公知袁州,十四日出都过吴兴。七月寓苏,八月适毗陵,十二月游鄂渚,归抵长沙。"[③]

张栻在《跋西铭》中有"辛卯孟秋寓姑苏,书以示学生潘友端"[④]语,张栻《跋西铭》之"辛卯孟秋寓姑苏",当即张栻《答朱元晦秘书》第四十一书之"来吴兴省广德家兄"后寓姑苏。由本人当时的记载可知,张栻确实在辛卯六月出知袁州,朱子《右文殿修撰张公神道碑》及《宋

---

① [宋]张栻:《南轩先生文集》,第346页。
② 同上注,第368〜369页。
③ [清]胡宗楙编:《张宣公年谱》,第357页。
④ [宋]张栻:《南轩先生文集》,第499页。

史·张栻传》说乾道八年壬辰（1172年），张栻出知袁州当为误记。①

七、张栻《答朱元晦秘书》第二十一书②，此书约作于壬辰六或七月，考证如下：

此书答复朱子《答张钦夫论仁说》第四十三书。证据为：张栻在佚书中认为朱子《仁说》初稿"'天地以生物为心'，此语恐未安"，朱子《答张钦夫论仁说》第四十三书答以"熹窃谓此语恐未有病"，张栻《答朱元晦秘书》第二十一书答以"《仁说》如'天地以生物为心'之语，平看虽不妨，然恐不若只云'天地生物之心，人得之为人之心'似完全，如何？"具有明显的相承关系，但是或许时间紧迫，或者张栻需要一段时间细细消化朱子的《答张钦夫论仁说》第四十三书，所以张栻才在之后的《答朱元晦秘书》第九书中进一步详细答复朱子的《答张钦夫论仁说》第四十三书。

关于刘珙再帅湖南的史料主要有：

（乾道）八年十二月，服除，除知潭州、荆湖南路安抚使……九年三月，赴阙奏事，进大学士以行。③

乾道五年十月，以资政殿学士、左中大夫知荆南府，寻丁母忧。七年三月，起复，除通知枢密院事，荆襄宣抚使，辞免，依旧持服。

---

① ［宋］朱子《右文殿修撰张公神道碑》："俄而诏以知阁门事张说签枢密院事，公夜草手疏，极言其不可，且诣宰相质责之，语甚切。宰相惭愤不堪，而上独不以为忤，亲札疏尾付宰相，使谕指。公复奏曰：'文武之势诚不可太偏，然今欲左文右武以均二柄，而所用乃得如此之人，非惟不足以服文吏之心，正恐反激武臣之怒也。'于是上意感悟，命得中寝。然宰相实阴附说。明年，乃出公知袁州。"（《晦庵先生朱文公文集》卷89，第4135～4136页。）
《宋史·张栻传》："知合门事张说除签书枢密院事，栻夜草疏极谏其不可。且诣朝堂，质责宰相虞允文曰：'宦官执政自京、黼始，近习执政自相公始。'允文惭愤不堪。栻复奏：'文武诚不可偏，然今欲右武以均二柄，而所用乃得如此之人，非惟不足以服文吏之心，正恐反激武臣之怒。'孝宗感悟，命得中寝。然宰相实阴附说。明年，出栻知袁州。"（《宋史》卷429，《张栻传》，清乾隆武英殿刻本，第4484页。）
《宋史·张说传》："张说……七年三月，除签书枢密院事。……惟左司员外郎张栻在经筵力言之……不数月，出栻知袁州。"（《宋史》卷470，《张说传》，第4924页。）
由此可知，《宋史·张栻传》当依据的是朱子《右文殿修撰张公神道碑》，而《宋史·张说传》则依据的是不同的材料，所以有"明年"和"不数月"的差别。结合其他材料可知，《宋史·张说传》当是可信的材料。所以陈来师认为："乾道七年辛卯之夏，张栻去朝，退居长沙。"（陈来：《朱子哲学研究》，第220页。）束景南亦说："（辛卯）六月，侍讲张栻以论近习张说出知袁州。"束氏引《宋史·张栻传》说："然宰相阴附说，明年（按：误，实在当年六月，朱熹《张栻神道碑》亦误），出栻知袁州。"（束景南：《朱熹年谱长编》，第449页。）
② ［宋］张栻：《南轩先生文集》，第330～331页。
③ ［宋］朱熹：《晦庵先生朱文公文集》，第4345页。

> 九年闰正月，珙自资政殿学士知潭州除资政殿大学士依旧知潭州。①
>
> 癸巳刘珙自湖南召还，初入见，首论独断虽英主之能事，然必合众智而质之以至公，然后有以合乎天理人心之正，而事无不成。……又论羡余之弊……和籴之弊湖南江西为尤甚……上嘉纳，寻以珙为翰林学士。②

由以上材料可知，刘珙在壬辰十二月就已到任，《宋宰辅编年录》"九年闰正月"依旧知潭州当为误记。刘珙重知潭州几月后，诏命"（乾道）九年三月，赴阙奏事"，皇帝嘉纳刘珙，"进大学士以行"，重知潭州。刘珙乾道五年（1169年）十一或十二月丁母忧，乾道八年（1172年）十二月，刘珙守丧三年期满。朝廷出于礼数，并为了给刘珙足够的准备时间，当在乾道八年六月左右，下达诏书，除刘珙"知潭州、荆湖南路安抚使"，十二月到任，在此诏书中当有赴任后再赴阙奏事的事宜。张栻及湖南长沙百姓获知此除命诏书后，颇为高兴。因为刘珙曾在"乾道五年十月，以资政殿学士、左中大夫知荆南府"，长沙百姓对其吏治或许甚满意，所以听到刘珙除命消息后颇为高兴。因此，张栻《答朱元晦秘书》第二十一书中有"刘枢再帅，此间人情颇乐之，今次奏事，所以启告与夫进退之宜，想论之详矣。因其迓兵行，附此一纸，它俟后讯"语。

八、朱子《又论仁说》第四十四书③，此书约作于壬辰七或八月，考证如下：

此书答复张栻《答朱元晦秘书》第二十一书。证据如下：

1. 朱子《又论仁说》第四十四书首句有"昨承开谕仁说之病，似于鄙意未安，即已条具请教矣。再领书诲，亦已具晓，然大体不出熹所论也。请复因而申之"语。"昨承开谕仁说之病，似于鄙意未安"指的是张栻已佚之答复朱子《仁说》初稿书。"即已条具请教"指朱子《答张钦夫论仁说》第四十三书。"再领书诲，亦已具晓，然大体不出熹所论也"指张栻《答朱元晦秘书》第二十一书。张栻在《答朱元晦秘书》第二十一书已基本认可朱子"天地以生物为心"说，朱子因而认为"大体不出熹所论"。张栻在《答朱元晦秘书》第二十一书中首次拈出程颐"以公言仁"说："仁

---

① ［宋］徐自明：《宋宰辅编年录》，民国敬乡楼丛书本，第556页。
② 佚名：《宋史全文》，清文渊阁四库全书本，第1020页。
③ ［宋］朱熹：《晦庵先生朱文公文集》，第1411～1412页。

道难名，惟公近之，然不可便以公为仁。又曰'公而以人体之故为仁'，此意指仁之体极为深切，爱终恐只是情。"朱子《又论仁说》第四十四书答以："今不深考其本末指意之所在，但见其分别性、情之异，便谓爱之与仁了无干涉；见其以公为近仁，便谓直指仁体最为深切。殊不知仁乃性之德而爱之本，因其性之有仁，是以其情能爱。"

2. 张栻在《答朱元晦秘书》第二十一书中又有"盖公天下而无物我之私焉，则其爱无不溥矣。如此看乃可"语，朱子《又论仁说》第四十四书答以："细观来喻所谓'公天下而无物我之私，则其爱无不溥矣'，不知此两句甚处是直指仁体处？"

3. 张栻在《答朱元晦秘书》第二十一书中又有"由汉以来，言仁者盖未尝不以爱为言也"语，朱子《又论仁说》第四十四书答以："由汉以来，以爱言仁之弊，正为不察性、情之辨，而遂以情为性尔。"

以上三条可以确证朱子《又论仁说》第四十四书为答复张栻《答朱元晦秘书》第二十一书者。以张栻《答朱元晦秘书》第二十一书约作于壬辰六或七月推断，朱子《又论仁说》第四十四书约作于壬辰七或八月。

九、张栻《答朱元晦秘书》第九书[①]，此书约作于壬辰九或十月，考证如下：

此书答复朱子《又论仁说》第四十四书、朱子《答张钦夫论仁说》第四十三书，证据如下：

1. 张栻《答朱元晦秘书》第九书中有："仁之说，前日之意盖以为推原其本，人与天地万物一体也，是以其爱无所不至，犹人之身无尺寸之肤而不贯通，则无尺寸之肤不爱也。故以'惟公近之'之语形容仁体，最为亲切。"此中的"前日之意"指的是张栻《答朱元晦秘书》第二十一书中"仁道难名，惟公近之，然不可便以公为仁。又曰'公而以人体之故为仁'，此意指仁之体极为深切，爱终恐只是情。盖公天下而无物我之私焉，则其爱无不溥矣"。由此可以推断，张栻《答朱元晦秘书》第九书之前已有张栻《答朱元晦秘书》第二十一书。

2. 朱子答张敬夫《又论仁说》第四十四书说："若以公天下而无物我之私便为仁体，则恐所谓公者漠然无情，但如虚空木石，虽其同体之物尚不能有以相爱，况能无所不溥乎？"张栻《答朱元晦秘书》第九书说："夫

---

① ［宋］张栻：《南轩先生文集》，第318～319页。

其所以与天地一体者，以夫天地之心之所存，是乃生生之蕴，人与物所公共，所谓爱之理者也。故探其本则未发之前，爱之理存乎性，是乃仁之体者也；察其动则已发之际，爱之施被乎物，是乃仁之用者也。体用一源，内外一致，此仁之所以为妙也。"朱子答张敬夫《又论仁说》第四十四书有"虽其同体之物尚不能有以相爱，况能无所不溥乎"语，张栻《答朱元晦秘书》第九书答以"夫其所以与天地一体者……爱之施被乎物，是乃仁之用者也"。

3. 张栻《答朱元晦秘书》第九书中"前日所谓对义礼智而言，其发见则为不忍之心者，非谓义礼智与不忍之心均为发见，正谓不忍之心合对义礼智之发见者言，羞恶辞逊是非之心是也"，乃答复朱子《答张钦夫论仁说》第四十三书中"熹详味此言，恐说'仁'字不着。而以义、礼、智与不忍之心均为发见，恐亦未安"。

4. 张栻《答朱元晦秘书》第九书中"今再详不忍之心，虽可以包四者，然据文势对乾元坤元而言，恐只须曰：统言之，则曰仁而已可也"，乃答复朱子《答张钦夫论仁说》第四十三书中"熹谓孟子四端，自首章至'孺子入井'，皆只是发明不忍之心一端而已，初无义、礼、智之心也。至其下文，乃云'无四者之心非人也'，此可见不忍之心足以包夫四端矣"。

5. 张栻《答朱元晦秘书》第九书中"前日所谓元之义，不专主于生物者，疑只云生物，说生生之意不尽，今详所谓生物者，亦无不尽者矣"，乃答复朱子《答张钦夫论仁说》第四十三书中"'元之为义，不专主于生。'熹窃详此语，恐有大病"。

由朱子《又论仁说》第四十四书约作于壬辰七或八月推断，张栻《答朱元晦秘书》第九书当约作于壬辰九或十月。

十、朱子《答张敬夫》第二十书，朱子自注作于壬辰冬，当约在壬辰十或十一月。

此书亦是考证朱子、张栻等人《仁说》论辩的重要书信之一。

朱子《答张敬夫》第二十书作于壬辰冬，在《答张敬夫》第二十书之前有张栻《答朱元晦秘书》第五书、朱子《答张敬夫》第十九书、张栻《答朱元晦秘书》第九书。由此亦可推断，上考张栻《答朱元晦秘书》第九书作于壬辰九或十月当为允当。具体考证见第三章"《洙泗言仁录》辩"书信详考一节第二十条所考。

第六章 "《仁说》之辩"研究

十一、朱子答张敬夫《又论仁说》第四十五书①，此书约作于壬辰十或十一月，第五章"'知觉言仁'辩"书信详考一节第十条已考。

十二、朱子第一次修改《克斋记》，约在壬辰十或十一月，考证见后。

十三、朱子《答石子重》第十一书②，此书亦约作于壬辰十或十一月，第五章"'知觉言仁'辩"书信详考一节第十一条已考。

此书有"《克斋记》说'天下归仁'处，先本云'天下之人，亦将无不以仁归之'，后本云'视天下无一物不在吾生物气象之中'，先后意甚异，毕竟'天下归仁'当如何说"语。由此可知，朱子当约在壬辰十或十一月对《克斋记》进行首次修改，然后把修订稿寄给石子重览阅。此处所说的"先本"即《克斋记》初稿，"后本"即《克斋记》首次修改稿。

十四、朱子《又论仁说》第四十六书③，此书答复张栻《答朱元晦秘书》第九书，约作于壬辰十或十一月，考证如下：

1. 张栻《答朱元晦秘书》第九书有"夫其所以与天地一体者，以夫天地之心之所存，是乃生生之蕴，人与物所公共，所谓爱之理者也"语，朱子《又论仁说》第四十六书有"来教云：'夫其所以与天地万物一体者，以夫天地之心之所有，是乃生生之蕴，人与物所公共，所谓爱之理也。'熹详此数句，似颇未安"。

2. 张栻《答朱元晦秘书》第九书有"体用一源，内外一致，此仁之所以为妙也"语，朱子《又论仁说》第四十六书有"又谓体用一源、内外一致为仁之妙，此亦未安"。

由以上两条证据可以确证，朱子《又论仁说》第四十六书乃答复张栻《答朱元晦秘书》第九书者。由张栻《答朱元晦秘书》第九书约作于壬辰九或十月推断，朱子《又论仁说》第四十六书，当约作于壬辰十或十一月。

十五、张栻《答朱元晦秘书》第十三书④，此书乃答复朱子《又论仁说》第四十六书，当约作于壬辰十一或十二月，考证如下：

1. 张栻《答朱元晦秘书》第十三书说："来书披玩再四，所以开益甚多。所谓爱之理发明甚有力，前书亦略及之矣。区区并见别纸，嗣有以见

---

① [宋]朱熹：《晦庵先生朱文公文集》，第1412～1413页。
② 同上注，第1937～1939页。
③ 同上注，第1413～1414页。
④ [宋]张栻：《南轩先生文集》，第323页。

告是幸。……《克斋铭》读之无可疑者，但以欠数句说克己下工处如何？"朱子《又论仁说》第四十六书有："来教云：'夫其所以与天地万物一体者，以夫天地之心之所有，是乃生生之蕴，人与物所公共，所谓爱之理也。'熹详此数句，似颇未安。盖仁只是爱之理，人皆有之，然人或不公，则于其所当爱者反有所不爱，惟公则视天地万物皆为一体而无所不爱矣。若爱之理，则是自然本有之理，不必为天地万物同体而后有也。"与张栻详论"爱之理"说。

2．"前书亦略及之矣"之"前书"，指张栻《答朱元晦秘书》第九书，张栻在此书中说："后来详所谓爱之理之语，方见其亲切。夫其所以与天地一体者，以夫天地之心之所存，是乃生生之蕴，人与物所公共，所谓爱之理者也。"

3．朱子《又论仁说》第四十六书有"熹向所呈似仁说，其间不免尚有此意，方欲改之而未暇。来教以为不如《克斋》之云是也"语，张栻《答朱元晦秘书》第十三书则说："《克斋铭》读之无可疑者，但以欠数句说克己下工处如何。"两书均提到朱子《克斋记》。

由以上证据可知，张栻《答朱元晦秘书》第十三书，确为答复朱子《又论仁说》第四十六书者，而朱子《又论仁说》第四十六书约作于壬辰十或十一月，由此推断，张栻《答朱元晦秘书》第十三书约作于壬辰十一或十二月。从朱子《又论仁说》第四十六书"熹向所呈似仁说，其间不免尚有此意，方欲改之而未暇。来教以为不如《克斋》之云是也"语气看出，张栻曾作书讨论朱子《克斋记》，应已佚。此已佚的书信或许就是张栻答复朱子《仁说》初稿的第一封书信。"熹向所呈似仁说"即指朱子壬辰二或三月所作《仁说》初稿，"来教以为"即指张栻壬辰三或四月所作答复朱子《仁说》初稿的已佚书。只有张栻在得到朱子《仁说》初稿时已见朱子《克斋记》初稿，才能有"来教以为不如《克斋》之云是也"之语。由此推断，朱子《克斋记》初稿作于朱子《仁说》初稿之前或同时。又《克斋记》主"盖仁也者，天地所以生物之心，而人物之所得以为心者也"说，而《仁说》主"天地以生物为心者也，而人物之生，又各得夫天地之心以为心者也"说，"天地所以生物之心"与"天地以生物为心"之间显然有不少差距，所以《克斋记》和《仁说》当作于两个不同的时间。另外，乾道四年戊子（1168年，朱子时年39岁）正月，石子重欲以"克斋"名其室，就已求朱子为其作记，朱子说："克斋恐非熹所敢记者，必欲得之，少假岁年，使得更少加功，或所见稍复有进，始敢承命耳。"① 由此推断，《克斋记》初稿当作于《仁说》初稿前，其确切时间已很难推断，姑断为约作于壬辰初。由于《克斋记》在内容上与《仁说》相近，而朱子、张栻对《仁说》均比《克斋记》要重视得多，所以朱子、张栻等人几乎没有在《克斋记》上多讨论，而把辩论焦点集中于朱子《仁说》。张栻《答朱元晦秘书》第十三书："《克斋铭》读之无可疑者，但以欠数句说克己下工处如何。"② 由此语推断，朱子《答石子重》第十一书所说的"后本"《克斋记》并不能确切地断定为就是朱子自署"乾道壬辰月日新安朱熹谨记"的《克斋记》，朱子或在《答石子重》第十一书之后，根据张栻《答朱元晦秘书》第十三书的建议，补充"克己下工处"，此或即朱子自署"乾道壬辰月日新安朱熹谨记"的《克斋记》。如是，则朱子当在壬辰两次修改《克斋记》。由张栻《答朱元晦秘书》第十三书约作于壬辰十一或十二月推断，朱子第二次修改《克斋记》当在壬辰十二月。③

张栻《答朱元晦秘书》第十三书中有"共父之势想必再来"语，张栻"（乾道）八年十二月，服除，除知潭州、荆湖南路安抚使"，张栻《答朱元晦秘书》第十三书约作于壬辰十一或十二月，此时离刘珙十二月到任已非常接近，所以张栻有"共父之势想必再来"语。由此亦可知，推定张栻《答朱元晦秘书》第十三书约作于壬辰十一或十二月当为允当。

此书又有"魏元履，栻两次作书托虞丞附去，不知何故未达，来谕惶恐，岂有此哉。今复有数字往问其疾，且谢之也"语。由此可知张栻作此书时知道魏元履得病，而魏元履卒于癸巳闰正月，所以断此书约作于壬辰十一或十二月，亦当为一合适的时间。

十六、朱子第二次修改《克斋记》，自署"乾道壬辰月日新安朱熹谨记"④。时间在壬辰十二月，上已考。

---

① ［宋］朱熹：《晦庵先生朱文公文集》，第1923页。
② 张栻作有《克斋铭》，朱子没有《克斋铭》，为《克斋记》之误。
③ 牟宗三、陈荣捷、刘述先、许家星等皆主《仁说》初稿先于《克斋记》初稿，陈来师主《克斋记》初稿先于《仁说》初稿，束景南则主《克斋记》和《仁说》初稿均作于壬辰十月间。同时的可能性不大。许家星认为朱子除了《克斋记》外，又作有《克斋铭》，显然为误。其以《克斋记》在义理上优于《仁说》来推定《克斋记》后于《仁说》亦显然缺乏说服力。（许家星：《朱子、张栻"仁说"辨析》，《中国哲学史》2011年第4期。）
④ ［宋］朱熹：《晦庵先生朱文公文集》，第3709～3711页。

十七、吕伯恭《答朱侍讲所问》第一书[①]，此书吕伯恭与朱子讨论"仁"字之义，约作于癸巳（1173年）正月，参见第五章"'知觉言仁'辩"书信详考一节第十三条所考。

十八、吕伯恭《与朱侍讲》第十七书[②]，此书作于癸巳二月。

因书中有"即日春序过半"语。

十九、朱子《答吕子约》第七书[③]，此书当约作于癸巳二或三月，考证如下：

吕伯恭《与朱侍讲》第十七书说："《仁说》、《克斋记》及长沙之往来议论皆尝详阅。"[④]由此可知朱子当约在癸巳正月把其《仁说》和《克斋记》寄给吕伯恭评阅。吕子约为吕伯恭之弟，当亦在此时看到朱子的《仁说》。朱子《答吕子约》第七书有吕子约"《洙泗言仁》及契丈《仁说》，窃得讽味"语，由此可知，朱子《答吕子约》第七书当约作于癸巳二或三月。

吕伯恭由于在"（乾道八年壬辰）二月四日丁忧"[⑤]，即丧父持丧，所以壬辰年基本没有参加朱子《仁说》的论辩，在癸巳二月朱子寄《仁说》及与张栻往返书信后，才参加讨论。

二十、吕伯恭《与朱侍讲》第十九书[⑥]，此书约作于癸巳三或四月，考证如下：

吕伯恭《与朱侍讲》第十九书有"薛士龙自湖归温，经从相聚半月"语，吕伯恭《答朱侍讲》第二十书亦有"薛士龙归涂道此，留半月"语，知此两书相近。《东莱集》卷十《与陈同甫书》第八书说："永嘉复报士龙之讣，海内遂失此人。可痛可痛。春间犹幸相聚半月，语连日夜，所欲相与肄习者，布置甚长，渠亦不谓遽至此也。"[⑦]由此可知，薛士龙癸巳春访吕伯恭，两人相聚半月。第二十书又有"魏元履不起，甚可伤，后事种种，想皆出调护。某有其子慰书，敢望附达"语，当作于魏元履去世不久。魏元履死于癸巳闰正月，由此推断，第二十书当作于癸巳二月以后，此书又有"长沙尝得书否？近亦累月不闻问也"语，朱子在《答吕伯恭》

---

① ［宋］吕祖谦：《东莱集》，第295页。
② 同上注，第199页。
③ ［宋］朱熹：《晦庵先生朱文公文集》，第2174～2175页。
④ ［宋］吕祖谦：《东莱集》，第199页。
⑤ ［明］阮元声、史继任编：《东莱吕成公年谱》，第535页。
⑥ ［宋］吕祖谦：《东莱集》，第200页。
⑦ 同上注，第231页。

第二十一书答以"长沙此三两月不得书",由上考吕伯恭《与朱侍讲》第二十一书中有"令嗣犹未闻来音,不知今尚留膝下,或已即路,若遂成此行"语,此语气当是将行之语,朱子六月上旬遣子,所以此书当作于五月。由此推断,吕伯恭《与朱侍讲》第二十书当约作于癸巳三或四月。朱子、吕伯恭在朱子遣子前后通书甚密,由此推断,吕伯恭《答朱侍讲》第十九书亦应约作于癸巳三或四月,朱子《答吕伯恭》第二十一书又有"近得毗陵周教授数篇《论语》,令儿子带去"语,可知此书当约在癸巳五或六月。

二十一、朱子《答吕伯恭》第十八书①,此书为答复吕伯恭《与朱侍讲》第十九书,约作于癸巳四或五月,考证如下:

吕伯恭《与朱侍讲》第十九书有"所谓爱之理,盖犹曰动之端、生之道云耳,固非直以爱命仁也。然学者随语生解,却恐意思多侵过用上,举其用而遗其体"语,朱子《答吕伯恭》第十八书有"所谕'爱之理犹曰动之端、生之道云尔'者,似颇未亲。盖'仁者爱之理',此'理'字重;'动之端','端'字却轻。试更以此意称停之,即无侵过用处之嫌矣。如何?"由此可知,朱子《答吕伯恭》第十八书为答复吕伯恭《与朱侍讲》第十九书者,由吕伯恭《与朱侍讲》第十九书约作于癸巳三或四月推断,朱子《答吕伯恭》第十八书当约作于癸巳四或五月。

二十二、吕伯恭《与朱侍讲》第二十一书②,此书作于癸巳五月,上已考。

此书说:"长沙近得书,亦寄往复论仁及新定《语》、《孟》诸说来,论议比向来殊深稳平实,其间亦时有未达处,旦夕因便当往商榷也。"

二十三、朱子《答吕伯恭》第二十一书③,作于癸巳五或六月,上已考。

二十四、张栻《仁说》初稿,约作于癸巳五或六月,考证见后。

二十五、朱子《克斋记》最终定稿,约在癸巳五或六月,考证见后。

二十六、朱子修改《仁说》,时间约在癸巳五或六月,考证见后。

二十七、张栻《答朱元晦秘书》第十二书④,作于癸巳夏末,考证如下:

---

① [宋]朱熹:《晦庵先生朱文公文集》,第1438~1439页。
② [宋]吕祖谦:《东莱集》,第201页。
③ [宋]朱熹:《晦庵先生朱文公文集》,第1440页。
④ [宋]张栻:《南轩先生文集》,第322~323页。

此书有"不觉伏暑之度",可知作于夏末。此书又有:"共甫甚得此方人情,然所以望之者,固不宜少不满也。开府之初,举动多慰人意,甚乐义之风不易得耳。""开府之初"当指刘珙知潭州事。朱子《刘枢密墓记》:"九年三月,服阕奏事,进大学士以行。"刘珙癸巳三月重知潭州,所以张栻在癸巳夏末说刘珙"开府之初,举动多慰人意"。此书又有:"《仁说》,岳前之论甚多,要是不肯虚怀看义理。某近为说以明之,亦只是所论之意却似稍分明,今录呈。"此中的"某近为说以明之"之"说"指的是张栻的《仁说》初稿。由"某近为说"推断,张栻《仁说》初稿应作于癸巳五或六月。

二十八、朱子《答钦夫仁说》第四十八书[①],约作于癸巳六或七月,考证如下:

此书答复张栻《仁说》初稿,即答复张栻《答朱元晦秘书》第十二书。张栻《答朱元晦秘书》第十二书说:"《仁说》,岳前之论甚多,要是不肯虚怀看义理。某近为说以明之,亦只是所论之意却似稍分明,今录呈。"在张栻《答朱元晦秘书》第十二书中"录呈"《仁说》初稿。朱子《答钦夫仁说》第四十八书首句:"《仁说》明白简当,非浅陋所及。"加上书信题目即为《答钦夫仁说》,由此可以确证此书为朱子答复张栻《仁说》初稿书。由张栻《答朱元晦秘书》第十二书作于癸巳夏末推断,朱子《答钦夫仁说》第四十八书当约作于癸巳六或七月。

二十九、吕伯恭《答朱侍讲所问》第二书[②],此书作于癸巳六或七月,考证如下:

朱子《答吕伯恭》第一〇〇书为答复吕伯恭《答朱侍讲所问》第二书者。证据如下:

1. 吕伯恭《答朱侍讲所问》第二书说:"夷齐之逃,盖不降其志、不辱其身","太伯端委以治吴,则断发文身"。朱子《答吕伯恭》第一〇〇书说:"泰伯、夷、齐事,鄙意正如此。"

2. 吕伯恭《答朱侍讲所问》第二书说:"'富而可求'一章,旧从上蔡说,近看伊川《经解》为长。"朱子《答吕伯恭》第一〇〇书说:"'富而可求',以文义推之。恐只得依谢、杨说。伊川说虽于义理为长,恐文义

---

① [宋]朱熹:《晦庵先生朱文公文集》,第1417~1418页。
② [宋]吕祖谦:《东莱集》,第296页。

不妥贴，似硬说也。"

3. 吕伯恭《答朱侍讲所问》第二书说："将尧舜事业横在胸中，此传说所谓有其善者也。"朱子《答吕伯恭》第一〇〇书说："上蔡本说学《诗》者不得以章句横在胸中，因有尧舜事业横在胸中也。然则非为'有其善'之意矣。"

4. 吕伯恭《答朱侍讲所问》第二书说："吾之于人也，谁毁谁誉，如有所誉，其有所试矣。在事不在己也。"朱子《答吕伯恭》第一〇〇书说："'谁毁谁誉'一章，所论得之。"

由以上证据可以确证朱子《答吕伯恭》第一〇〇书为答复吕伯恭《答朱侍讲所问》第二书者。

又朱子《答吕伯恭》第一〇〇书有"周教授《语解》诚如所喻，愚意其笃实似尹公，谨严过之而纯熟不及也，高明以此语为如何"[①]之语，即朱子《答吕伯恭》第二十一书所提"近得毗陵周教授数篇《论语》令儿子带去，试一读之"[②]一语之"毗陵周教授"。又《答吕伯恭》第二十二书有"周教授《语解》诚如所喻，愚意其笃实似尹公，谨严过之而纯熟或不及也，高明以此语为如何"语，与《答吕伯恭》第一〇〇书完全相同。由此推断，《答吕伯恭别纸》一〇〇与《答吕伯恭》第二十二书当在同一时间所作，而《答吕伯恭》第二十二书有"小儿无知，仰累鞭策"语，则《答吕伯恭》第二十二书当作于朱子儿子师侍吕伯恭不久，此书又有"窃闻比日秋清"之语。另吕伯恭《与朱侍讲》第二十三书有"周教授《语解》看得平实有工夫"[③]语，朱子《答吕伯恭》第二十二、一〇〇书皆有"周教授《语解》诚如所喻"，可知，朱子《答吕伯恭》第二十二、一〇〇书为回复吕伯恭《与朱侍讲》第二十三书者。吕伯恭《与朱侍讲》第二十三书中有"令嗣到此半月"语，朱子癸巳六月上旬遣子师侍吕伯恭，七月至婺。由此推断，吕伯恭《与朱侍讲》第二十三书当作于癸巳七月。进而可知朱子《答吕伯恭》第二十二、一〇〇书当约作于癸巳七或八月，与"窃闻比日秋清"语可相印证。

由朱子《答吕伯恭》第一〇〇书作于癸巳七或八月推断，吕伯恭《答

---

① [宋]朱熹：《晦庵先生朱文公文集》，第1525页。
② 同上注，第1440页。
③ [宋]吕祖谦：《东莱集》，第201页。

朱侍讲所问》第二书当约作于癸巳六或七月。

吕伯恭在《答朱侍讲所问》第二书说："改定《仁说》，比去岁本殊完粹。"据上考，吕伯恭《答朱侍讲所问》第二书约作于癸巳六或七月。由此推断，朱子当在癸巳五或六月修改过《仁说》。

三十、张栻《寄吕伯恭》第一书①，此书约作于癸巳六或七月。

此书有"《仁说》所题数段，极有开警，别纸奉报，并后来改正处亦录去"语，当是吕伯恭看到张栻《仁说》初稿后所作的答复书信。由张栻《仁说》约作于癸巳五或六月推断，张栻《寄吕伯恭》第一书当在癸巳六或七月。此书又提到"薛士龙及陆、徐、薛叔似诸君比恨未及识"语，薛士龙癸巳春间过访吕伯恭，所以此书当在癸巳春薛士龙过访吕伯恭之后。此书又有"《孟子解》虽已写出，其间毛病改缀不停，正如春草，旋划旋有，且欲自家体当，遽敢传诸人。见录一本，它时欲奉寄求益也"语，由此可知，张栻《癸巳孟子说》当在此书之前已完成初稿。

三十一、朱子《答吕伯恭别纸》第一〇一书②，约作于癸巳七或八月，具体考证见第三章"《洙泗言仁录》辩"书信详考一节第三十四条。

三十二、朱子《答吕伯恭》第二十三书③，此书约作于癸巳八或九月，考证如下：

朱子《答吕伯恭》第二十三书说："钦夫近得书，寄《语解》数段，亦颇有未合处。然比之向来，收敛悫实则已多矣。言仁诸说录呈，渠别寄《仁说》来，比亦答之，并录去。"此书亦提到张栻《仁说》，朱子说已经答复。由此可知，此书当作于朱子《答钦夫仁说》第四十八书之后，此书又有"比日秋高"语，由此可知，此书当约作于癸巳八或九月。

三十三、朱子《仁说》最终定稿，约在癸巳八或九月，考证见后。

三十四、朱子《答吕伯恭》第二十四书④，此书当在癸巳九或十月，考证如下：

此书有："《仁说》近再改定，比旧稍分明详密，已复录呈矣。"朱子曾在癸巳五或六月修改《仁说》，寄吕伯恭讨论。所以此书有"近再改定"和"已复录呈"语。由朱子"《仁说》近再改定"语可知，朱子此时对

---

① ［宋］张栻：《南轩先生文集》，第378页。
② ［宋］朱熹：《晦庵先生朱文公文集》，第1526页。
③ 同上注，第1442页。
④ 同上注，第1442～1443页。

《仁说》已最终定稿。朱子当是在收到吕伯恭《答朱侍讲所问》第二书之后，对《仁说》进行最终定稿，所以朱子《仁说》当最终定稿于癸巳八或九月，而朱子《答吕伯恭》第二十四书则当约作于癸巳九或十月。

三十五、张栻《仁说》最终定稿，亦当约最终改定于癸巳十或十一月，考证见后。

三十六、朱子《仁说图》，约作于癸巳冬。

此图当在朱子《仁说》定稿后所作。陈荣捷先生说："《朱子语类·仁说》节下之仁说图，料系《仁说》成后所作，用以表释而亦为之补充者。"①

三十七、朱子《答吕伯恭》第二十七书②，此书作于癸巳除夕日，考证如下：

此书有"即此岁除"语，知此书作于癸巳除夕日。此书又说："钦夫近得书，别寄《言仁录》来，修改得稍胜前本。《仁说》亦用中间反复之意改定矣。"由此推断，张栻《洙泗言仁录》最后改定于癸巳十或十一月，张栻《仁说》亦最终改定于癸巳十或十一月。

本节首先根据《仁说》论辩相关书信的内在义理脉络、文字关联来大体确定其序次与往复关系，然后再加以相关史实和朱子书信自注有确切时间者来断定书信的作成时间。这里主要采用了三封书信作为考证的关键时间。第一封为张栻《寄吕伯恭》第二书，由此可以确证朱子《仁说》初稿、张栻答朱子《仁说》初稿已佚书、朱子《答张钦夫论仁说》第四十三书作于壬辰六月前。第二封书信为朱子自注作于壬辰仲秋的《记论性答稿后》，由此可以考证朱子《答胡广仲》第五书的时间。第三封书信为朱子自注作于壬辰冬的《答张敬夫》第二十书，由此可以考证张栻《答朱元晦秘书》第九书的时间。由以上三封书信加上书信的往复关系，考证《仁说》论辩诸书信的作成月份，"虽不中，不远矣"。

通过考证，可以得出以下主要结论：朱子《克斋记》初稿先于《仁说》初稿，朱子《仁说》初稿约作于壬辰二或三月。朱子分别在壬辰十或十一月和壬辰十二月两次修改《克斋记》，于癸巳五或六月最终定稿。朱子在癸巳五或六月修改《仁说》，在癸巳八或九月对《仁说》进行最终定稿。《仁说图》当作于《仁说》定稿之后，约作于癸巳冬。张栻《仁说》初稿

---

① 陈荣捷：《朱学论集》，第41页。
② ［宋］朱熹：《晦庵先生朱文公文集》，第1446～1447页。

约作于癸巳五或六月，在癸巳十或十一月最终改定。朱子和张栻关于朱子《仁说》初稿的辩论约发生于壬辰二月至壬辰十二月。张栻《仁说》初稿约在癸巳五或六月作成后，朱子作《答钦夫仁说》第四十八书讨论张栻的《仁说》初稿。

第二节 "《仁说》之辩"义理研究

在考证了朱子和张栻《仁说》的初作和定稿时间，以及确定了朱子、张栻等人关于《仁说》论辩的书信序次、往复关系及作成时间后，下面便来仔细分析"《仁说》之辩"的义理内容。以往学者或者静态地以现行朱子、张栻各自《文集》中的《仁说》来讨论朱子、张栻《仁说》的异同，或者在没有分清书信序次的情况下，讨论"《仁说》之辩"，因此，很难得出较为准确的论断。因为，朱子和张栻都从论辩中吸收了对方的观点，而改进自己的论断，并进而改定自己的《仁说》。只有动态而有序地分析研究《仁说》论辩的过程，才能辨别朱、张仁说思想发展演变的脉络，以及相互影响的线索，才能明辨朱、张仁说思想的异同，并进而断定张栻《仁说》的作者问题。本节将以书信序次和往复关系为主线，再以专题性的讨论为辅线（如"'知觉言仁'辩"虽是"《仁说》之辩"的一部分，但又相互独立，所以在另章详论），如此则泾渭分明，当能最大限度恢复《仁说》论辩的原貌和全貌。为了详细分析《仁说》论辩中各方的论点，本书将尽量逐篇完整地呈现书信的内容。

一、"'天地以生物为心'与'天地生物之心'"辩

约在乾道八年壬辰（1172年）初，朱子作成《克斋记》初稿，曾寄给何叔京，朱子《答何叔京》第十八书即为答复何叔京对朱子《克斋记》初稿所作的回书，其文如下：

> 熹所谓"仁者天地生物之心，而人物之所得以为心"，此虽出于一时之臆见。然窃自谓正发明得天人无间断处稍似精密。若看得破，则见"仁"字与"心"字浑然一体之中自有分别，毫厘有辨之际却不破碎，恐非如来教所疑也。

第六章 "《仁说》之辩"研究

  性、情一物，其所以分，只为未发已发之不同耳。若不以未发已发分之，则何者为性，何者为情耶？仁无不统，故恻隐无不通，此正是体用不相离之妙。若仁无不统而恻隐有不通，则体大用小、体圆用偏矣。观谢子为程子所难，直得面赤汗下，是乃所谓羞恶之心者。而程子指之曰："只此便是恻隐之心。"则可见矣。孟子此章之首但言不忍之心，因引孺子入井之事验之。而其后即云"由是观之，无恻隐、羞恶、辞逊、是非之心，则非人也"，此亦可见矣。
  知觉言仁，程子已明言其非，（见二十四卷。）盖以知觉言仁只说得仁之用而犹有所未尽，不若"爱"字说得仁之用平正周遍也。[①]

由朱子《答何叔京》第十八书可知，朱子《克斋记》初稿取"仁者天地生物之心，而人物之所得以为心"说，何叔京当时对此说有所质疑。在朱子的义理系统中，仁不但是本心之全德，还是爱之理，所以"仁"字与"心"字虽浑然一体，但又有分别；应当精察两者的毫厘相异处，但两者又血脉贯通而不破碎隔绝。

  朱子又说性情只是一物，两者的区别只是未发和已发之不同而已。如果不以未发、已发加以区别，则便不知何者为性、何者为情了。朱子认为性是未发、情是已发。程颢说"义礼智信皆仁"；程颐说"仁偏言则一事，专言则包四者"，即仁包四德的思想；朱子则认为，不但仁无不统，恻隐之心亦无不贯通，此正是仁之体用不相离的妙处。何叔京乍见朱子恻隐之心可以包羞恶、辞逊、是非之心的说法，颇感突兀，所以有所质疑。朱子则反驳说："若仁无不统而恻隐有不通，则体大用小、体圆用偏矣。"对此，朱子举程颢和谢上蔡的例子来加以说明其恻隐之心无所不通的思想：

  明道见谢子记问甚博，曰："贤却记得许多。"谢子不觉身汗面赤。先生曰："只此便是恻隐之心（恻然有隐于心）。"[②]

程颢批评上蔡因记问甚博而有自矜之心，上蔡不觉羞愧面赤而汗下。这本是一种羞恶之心，而程颢却说是恻隐之心。朱子认为这是因为恻隐之心

---

① [宋]朱熹：《晦庵先生朱文公文集》，第1829～1830页。
② [宋]程颢、程颐：《二程集》，第427页。

209

无所不通,不忍人之心可以包四端的缘故。朱子又举《孟子》为例,《孟子·公孙丑上》说:

> 孟子曰:"人皆有不忍人之心。先王有不忍人之政矣。以不忍人之心,行不忍人之政,治天下可运之掌上。所以谓人皆有不忍人之心者,今人乍见孺子将入于井,皆有怵惕恻隐之心,非所以内交于孺子之父母也,非所以要誉于乡党朋友也,非恶其声而然也。由是观之,无恻隐之心,非人也;无羞恶之心,非人也;无辞让之心,非人也;无是非之心,非人也。"

《孟子》在首章以梁惠王不忍牛之觳觫说明人皆有不忍人之心,在《公孙丑上》进一步认为:人皆有不忍人之心,先王有不忍人之心,所以有不忍人之王政。如果能以不忍人之心,行不忍人之政,则治天下易如反掌。孟子又以"乍见孺子入井,皆有怵惕恻隐之心"来进一步说明人皆有怵惕恻隐之心,即不忍人之心。恻隐之心发作时,并没有结交孺子父母的念头,也没有要誉于乡党朋友的想法,也不是厌恶孺子的哀苦求救之声,而是无条件的、纯粹的道德本心、良心。孟子进而推论无恻隐、羞恶、辞让、是非之心,则连做人的资格都没有,形同禽兽。孟子开始只提恻隐之心人皆有之,并没有提到羞恶、辞让、是非之心,但是之后孟子又说无恻隐、羞恶、辞让、是非四者之心,则非人也。朱子认为孟子先只说不忍之心,而后用孺子入井之事来验证之,后又说无四者之心非人,这也说明孟子本来就有恻隐之心能包摄四端的思想。朱子认为仁作为体,能包四德,故其用亦可包四端。性情只是一物,两者之间是未发和已发的关系,性是未发,情是已发。仁作为专言之仁,包括义礼智,所以无不统。因为仁作为体无所不统,所以恻隐之心作为仁之用亦无所不通。如果仁无不统,而恻隐之心有所不通,则是体大而用小、体圆而用偏,此非体用不相离之妙。

朱子在作《克斋记》后不久,约在壬辰二或三月作成《仁说》初稿,寄张栻讨论,张栻答复的书信已佚,但其质疑问难的要点则完整呈现于朱子《答张钦夫论仁说》第四十三书中[1],其文如下:

---

[1] [宋]朱熹:《晦庵先生朱文公文集》,第1408~1411页。

第六章 "《仁说》之辩"研究

  "天地以生物为心",此语恐未安。
   熹窃谓此语恐未有病。盖天地之间,品物万形,各有所事,惟天确然于上,地隤然于下,一无所为,只以生物为事。故《易》曰:"天地之大德曰生。"而程子亦曰:"天只是以生为道。"其论"复见天地之心",又以动之端言之,其理亦已明矣。然所谓"以生为道"者,亦非谓将生来做道也。凡若此类,恐当且认正意而不以文害词焉,则辨诘不烦而所论之本指得矣。

画线部分为张栻答复朱子《仁说》初稿已佚书信中语,从朱子此封答信可知,寄给张栻看的《仁说》初稿,其论天地生物之心的内容与今本《仁说》大致相同。张栻提到的"天地以生物为心",即今本《仁说》:"天地以生物为心者也,而人物之生,又各得夫天地之心以为心者也。"张栻认为"'天地以生物为心',此语恐未安",依张栻之意,"天地以生物为心"语意太狭。我们知道,张栻《洙泗言仁录序》有"盖仁者天地之心,天地之心而存乎人,所谓仁也"一语,采"仁者天地之心"说。张栻很敏感地注意到朱子《仁说》初稿的说法与自己的《洙泗言仁录序》有差异。朱子则认为"天地以生物为心",此语未有病,正好说出天地之心"一无所为,只以生物为事",即能保证天地之心的纯粹至善性。因为仁是天地生物之心,而天地又只以生物为心,这说明天地之心纯粹至善。天地生物之心下贯到人之心,则人之本心亦纯粹至善,无往而不是仁。朱子认为"天地以生物为心"正与"天地之大德曰生"(《周易·系辞下》)和二程"天只是以生为道"之意相同。二程有:"'生生之谓易',是天之所以为道也。天只是以生为道,继此生理者,即是善也。善便有一个元底意思,元者,善之长。万物皆有春意,便是继之者善也,成之者性也。"① 此语又出现在《伊川易传》中。② 二程认为易就是阴阳气化的生生过程,认为这就是天道。天只以生为道,更加强调天道专以生生为事。在易之生生过程中,又有生生之理在其中,万物皆禀此生理,此就是《周易·系辞上》的"继之者善,成之者性"。二程说"善便有一个元的意思,元者善之长",此也是联系到《周易》中《乾》《坤》之《彖传》"大哉乾元,万物资始""至哉

---

① [宋] 程颢、程颐:《二程集》,第29页。
② [宋] 程颐:《伊川易传》,元刻本,第173页。

坤元，万物资生"来说，因为万物莫不依乾元、坤元以资始、资生，所以元便是生，为善之长。二程说万物皆有春意，都禀有至善的生理而成其生性。以"动之端"言"复见天地之心"，指的是程颐："一阳复于下，乃天地生物之心也。先儒皆以静为见天地之心，盖不知动之端乃天地之心也。非知道者，孰能识之？"①朱子引程颐"动之端"是说其天地之心的"生物"意，"生物"即天地之心之动处。朱子进而认为"天只是以生为道"，道并非别有一物，将生来作道，道就是天地生生之理。张栻不赞同朱子"天地以生物为心"说，除了认为此说语意狭隘、不完全之外，一个原因是其当时并不知道朱子"天地以生物为心"说之出处，更不知这是程颢的思想，他只知道程颐"天地生物之心"说。张栻《答吴晦叔》第三书说：

> 《程子语录》云："复非天地之心，复则见天地之心。"兹乃道非阴阳，所以阴阳者道也，理明辞莹，无可疑者。而于其后又云："复其见天地之心。一言以蔽之，天地以生物为心者也。"而于《易传》亦云："一阳复于下，乃天地生物之心也。"如此，则是以一阳为天地之心，大与前言相戾，甚非"反复其道，七日来复"之旨也。望为精剖，以祛所疑。
>
> 《易传》所谓"一阳复于下，乃天地生物之心也"。此语言近而指远，甚为完全，盖非指一阳而言也，言"一阳复于下，乃天地生物之心也"，细味之可见。"一言以蔽之，天地以生物为心者也"，不知在《遗书》中甚处，检未见，但见《微言》中载此句，而文亦不备，便中幸详示谕，当更思之耳。毕竟觉得此语未安。"反复其道，七日来复"，不知晦叔如何说？②

画线部分为吴晦叔语，非画线部分为张栻语。吴晦叔认为二程"复非天地之心，复则见天地之心"，此天地之心乃是指理而言，正如道非一阴一阳，所以一阴一阳才是道。所以二程又在解释"复其见天地之心"时，认为"天地以生物为心"。吴晦叔所理解的"天地以生物为心"，当是与朱子《克斋记》"盖仁也者，天地所以生物之心，而人物之所得以为心者也"意思

---

① [宋]程颐:《伊川易传》，元刻本，第63页。
② [宋]张栻:《南轩先生文集》，第442页。

相同，都是从生物之理，即所以根据上来理解生物之心。所以吴晦叔会认为《伊川易传》中"一阳复于下，乃天地生物之心"，如果这样，那岂不是认一阳之气为天地之心了吗？认为二程的思想具有矛盾之处。张栻认为程颐"一阳复于下，乃天地生物之心"的说法，并不是指"一阳"是"天地生物之心"，但是张栻也没有明确其所指，认为"天地以生物为心"的说法却有未安处，另外他检《二程遗书》亦不见有此语。经过朱子的反驳，张栻在《答朱元晦秘书》第二十一书中说：

> 《仁说》如"天地以生物为心"之语，平看虽不妨，然恐不若只云"天地生物之心，人得之为人之心"似完全，如何？①

张栻在此已经基本认同了朱子"天地以生物为心"说，但是仍认为不如"天地生物之心，人得之为人之心"说来得语意完全。张栻应该并未能完全理解二程"天只以生为道"和朱子从乾元、坤元之资始、资生万物来说天地之心。作为天地生物之心的乾元、坤元，只以生为道，所以下贯到人，人之本心便纯然是此恻然而隐、温然而爱的仁心，天地只以生物为心，所以人之本心也纯粹至善，完全是此"肫肫"之仁的周流洋溢。如果加以扩充而施仁民爱物之功，"博施于民而能济众"，则将"渊渊其渊、浩浩其天"而"天下归吾仁"矣。

张栻或者吴晦叔当把张栻的《答吴晦叔》第三书寄给了朱子观阅，朱子在《答吴晦叔》第十书中说：

> "复非天地心，复则见天地心"，此语与"所以阴阳者道"之意不同，但以《易传》观之，则可见矣。盖天地以生物为心，而此卦之下一阳爻即天地所以生物之心也。至于复之得名，则以此阳之复生而已，犹言临、泰、大壮、夬也，岂得遂指名以为天地之心乎？但于其复而见此一阳之萌于下，则是因其复而见天地之心耳。"天地以生物为心"，此句自无病。昨与南轩论之，近得报云亦已无疑矣。大抵近年学者不肯以爱言仁，故见先生君子以一阳生物论天地之心，则必欲然不满于其意，复于言外生说，推之使高，而不知天地之所以为心者

---

① [宋]张栻:《南轩先生文集》，第330～331页。

实不外此。外此而言，则必溺于虚、沦于静，而体用本末不相管矣。圣人无复，故未尝见其心者。盖天地之气所以有阳之复者，以其有阴故也。众人之心所以有善之复者，以其有恶故也。若圣人之心，则天理浑然，初无间断，人孰得以窥其心之起灭耶？若静而复动，则亦有之，但不可以善恶而为言耳。愚意如此，恐或未然，更乞详谕。①

从"'复非天地心，复则见天地心'，此语与'所以阴阳者道'之意不同，但以《易传》观之，则可见矣"可知，此书当是答复张栻的《答吴晦叔》第三书者。在张栻《答吴晦叔》第三书中，吴晦叔认为程颐"复非天地之心，复则见天地之心"与"道非阴阳也，所以阴阳者道也"意思相同，即一阳来复属于气，而天地之心指形而上的理，正如阴阳二气并非就是道本身，所以一阴一阳的内在根据才是道。朱子则不认同吴晦叔的观点，认为"复非天地心，复则见天地心"与"所以阴阳者道"的意思不同，认为这从《伊川易传》"一阳复于下，乃天地生物之心也。先儒皆以静为见天地之心，盖不知动之端乃天地之心也，非知道者孰能识之"一语可知。程颐并非以一阳之气来复为天地之心，其所说的动之端不是指气化流行而言，而是从生理本体之发用来说。朱子认为《复》卦的得名，正是因为一阳之气来复的缘故，因此不能说《复》卦就是天地之心，但是从一阳之气来复，则可以见天地之心。朱子说："'天地以生物为心'，此句自无病。昨与南轩论之，近得报云亦已无疑矣。""昨与南轩论之"，指的是朱子《答张钦夫论仁说》第四十三书，"近得报云亦已无疑矣"，指张栻《答朱元晦秘书》第二十一书。朱子批评的"近年学者"主要是指湖湘学派学者，湖湘学者主上蔡的"知觉言仁"说，杨时的"一体言仁"说，张栻在《答朱元晦秘书》第二十一书主"以公言仁"说。这些说法都与朱子以"爱之理"训仁有较大的差异，所以这些湖湘学者不满意于朱子用天地生物之心来说仁，而是更采别说。但是，湖湘学者说仁有说得太高之病，朱子认为其说最后必然沉溺于虚浮、寂静，体用本末隔绝而不相联属。

二程认为："《复》卦非天地之心，'复则见天地之心'。圣人无复，故未尝见其心。"②朱子认为，天地之气之所以有复，乃是因为有阴阳之对待，

---

① ［宋］朱熹：《晦庵先生朱文公文集》，第 1916～1918 页。
② ［宋］程颢、程颐：《二程集》，第 85 页。

阴气盛极，阳气便来复。众人之心所以有复，乃是因为其心有恶，所以有善之来复。圣人之心，则是纯然天理，无片刻间断，所以圣人之心无所谓善之来复。圣人之心虽然不能以善恶言，但却也有动有静，有喜怒哀乐等七情的未发之静和已发之动。

朱子《答张钦夫论仁说》第四十三书又有：

> 元之为义，不专主于生。
> 熹窃详此语，恐有大病。请观诸天地而以《易·象》、《文言》、程传反复求之，当见其意。若必以此言为是，则宜其不知所以为善之长之说矣。此乃义理根源，不容有毫厘之差。窃意高明非不知此，特命辞之未善尔。

画线部分为张栻语，非画线部分为朱子语。朱子认为张栻"元之为义，不专主于生"之语恐有大病，从观万物之生意以及《周易》中《乾》《坤》两卦之《象传》"大哉乾元，万物资始""至哉坤元，万物资生"，《文言》"'元'者，善之长也"以及《伊川易传》"天只是以生为道"等语可知，元之意即专主于生。朱子说作为善之长的"元"是义理的根源，在此不容有毫厘之差。

二、"以爱言仁"辩

朱子在《答张钦夫论仁说》第四十三书中又有：

> 不忍之心可以包四者乎？
> 熹谓孟子四端，自首章至"孺子入井"，皆只是发明不忍之心一端而已，初无义、礼、智之心也。至其下文，乃云"无四者之心非人也"，此可见不忍之心足以包夫四端矣。盖仁包四德，故其用亦如此。前说之失，但不曾分得体用，若谓不忍之心不足以包四端，则非也。今已改正。

画线部分为张栻语，非画线部分为朱子语。张栻"不忍之心可以包四者乎"的提问，说明他开始并不认为不忍人之心，即恻隐之心能包四端。但从四十三书后面有张栻"仁专言则其体无不善而已"语，可以看出张栻认

215

同程颐"四德之元，犹五常之仁，偏言则一事，专言则包四者"，即仁专言则可包四德。但是，张栻认为仁虽可包四德，恻隐之心却不能包四端。因为程颐只说仁包四德，却没有说恻隐之心可以包四端。朱子恻隐之心可以包四端的思想不仅对何叔京来得突兀，对张栻也一样。朱子的回答亦与《答何叔京》第十八书基本相同。朱子承认自己的《仁说》初稿没有把四德与四端的体用关系分清楚。但是却不同意张栻"不忍之心可以包四者乎"的诘难。

朱子所说的"前说之失，但不曾分得体用"，或许其《仁说》初稿亦如《克斋记》初稿，只以未发、已发分别性情，如朱子《答何叔京》第十八书所说：

> 性、情一物，其所以分，只为未发已发之不同耳。若不以未发已发分之，则何者为性，何者为情耶？

朱子《仁说》初稿只以未发、已发分性情，即未发为性、已发为情，从朱子"今已改正"，可以看出朱子发现了《仁说》初稿的弊病，并加以修正。今本朱子《仁说》：

> 盖天地之心，其德有四，曰元亨利贞，而元无不统。其运行焉，则为春夏秋冬之序，而春生之气无所不通。故人之为心，其德亦有四，曰仁义礼智，而仁无不包。其发用焉，则为爱恭宜别之情，而恻隐之心无所不贯。故论天地之心者，则曰乾元、坤元，则四德之体用不待悉数而足。论人心之妙者，则曰"仁，人心也"，则四德之体用不待遍举而该。盖仁之为道，乃天地生物之心，即物而在，情之未发而此体已具，情之既发而其用不穷，诚能体而存之，则众善之源，百行之本，莫不在是。①

今本《仁说》，在性情未发、已发的基础上，加入了性情体用关系，从"情之未发而此体已具，情之既发而其用不穷"可以清楚看出：未发为性，为体；已发为情，为用；仁义礼智为性；恻隐、羞恶、辞让、是非为情。

---

① ［宋］朱熹：《晦庵先生朱文公文集》，第 3279～3280 页。

这是"四德之体用",性发为情,体亦由用显。

张栻虽然开始质疑朱子恻隐之心可以包四端的说法,但是在今本张栻《仁说》中,张栻说:

> 仁为四德之长,而又可以兼包焉。惟性之中有是四者,故其发见于情,则为恻隐、羞恶、是非、辞让之端,而所谓恻隐者亦未尝不贯通焉,此性情之所以为体用,而心之道则主乎性情者也。①

由此可见,张栻接受了朱子恻隐之心贯四端、性情体用的思想,不过没有采用朱子以未发、已发论性情的思想。张栻在《仁说》中也采用了朱子在《胡子知言疑义》中所强调的"心统性情"思想:"熹谓'以成性者也',此句可疑。欲作'而统性情也',如何?栻曰:'统'字亦恐未安,欲作'而主性情',如何?"张栻把"心主性情"的思想写进其《仁说》中,而没有直接采用朱子"心统性情"的说法。

朱子《答张钦夫论仁说》第四十三书又有:

> 仁专言则其体无不善而已,对义、礼、智而言,其发见则为不忍之心也。大抵天地之心粹然至善,而人得之,故谓之仁。仁之为道,无一物之不体,故其爱无所不周焉。
>
> 熹详味此言,恐说"仁"字不着。而以义、礼、智与不忍之心均为发见,恐亦未安。盖人生而静,四德具焉,曰仁,曰义,曰礼,曰智,皆根于心而未发,所谓"理也,性之德也"。及其发见,则仁者恻隐,义者羞恶,礼者恭敬,智者是非,各因其体以见其本,所谓"情也,性之发也"。是皆人性之所以为善者也。但仁乃天地生物之心而在人者,故特为众善之长,虽列于四者之目,而四者不能外焉。《易传》所谓"专言之则包四者",亦是正指生物之心而言,非别有包四者之仁,而又别主一事之仁也。惟是即此一事便包四者,此则仁之所以为妙也。今欲极言"仁"字而不本于此,乃概以"至善"目之,则是但知仁之为善,而不知其为善之长也。却于已发见处方下"爱"字,则是但知已发之为爱,而不知未发之为仁也。又以不忍之心与

---

① [宋]张栻:《南轩先生文集》,第278页。

义、礼、智均为发见，则是但知仁之为性，而不知义、礼、智之亦为性也。又谓仁之为道无所不体，而不本诸天地生物之心，则是但知仁之无所不体，而不知仁之所以无所不体也。凡此皆愚意所未安，更乞详之，复以见教。

画线部分为张栻语，非画线部分为朱子语。张栻说专言之仁其本体粹然至善，因其是得自粹然至善的天地之心而为人之心；偏言之仁，则是与义礼智相对而言，此偏言之仁，其发用则为孟子所说的不忍人之心。张栻认为"仁之为道，无一物之不体，故其爱无所不周"，是先说万物一体，之后才"其爱无所不周"。也就是说，人之所以能爱无不周，其原因是仁道之无所不体。

朱子首先批评张栻如此言仁，不符合"仁"字之本义，把义礼智与不忍人之心都作为已发，则亦有所未安。朱子说，人生而静，此心未发，但仁义礼智四德已具，朱子直承孟子"仁义礼智根于心"的思想，认为四德皆根于心，当其未发之时，四德为未发之理，是性之德。及其发用，则仁发见为恻隐之心、义发见为羞恶之心、礼发见为恭敬之心、智发见为是非之心，皆因体之发见为用而知人皆本有此仁义礼智四德。已发之四端乃道德之情，是仁义礼智之性之发用。因为人性中只有此仁义礼智四德，所以知人性之本善。朱子又说仁是天地生物之心而人得之以为心者，所以仁具有天道之元亨利贞四德中"元"之地位，即"元者，善之长也"，而为众德之长。作为四者之目的仁，乃偏之仁。专言之，则仁包四德。但是，不是别有包四者之仁，或别主一事之仁。程颐《易传》所说"专言之则包四者"的专言之仁，正指此生物之心而言。惟是此"生物之心"便能包仁义礼智四者，此正仁之所以为仁之妙。朱子批评张栻虽极口言仁，但却不本于天地生物之心而说，而笼统以至善目之。如此，只知仁之为善，而不知仁为众善之长。在已发之后，方说到爱字，则是只知已发之为爱，而不知未发之为仁。以不忍人之心和义礼智皆为发见，则只知仁之为性，而不知义礼智亦为性。张栻说仁之为道无所不体，但是却不本诸天地生物之心，所以朱子认为张栻只知仁之无所不体，却不知所以能无所不体的根据。

朱子批评张栻说"仁"字不着，一是因为张栻本天地之心而说仁，与朱子本天地生物之心而说仁有很大的差别，朱子突出天地之心之"生物"

的意涵，认为如此方能说着"仁"字，而不是笼统地只说天地之心。二是因为张栻以仁道之无所不体，然后才能爱无不周。朱子批评其只知已发之为爱，而不知未发之为仁。朱子认为仁是爱之理，乃人心所本有，不必因天地万物同体而后有。而且，如果不言爱之理，则是但知仁之无所不体，而不知仁之所以无所不体。也就是说，朱子认为以"爱之理"而言仁，方能说着"仁"字之本义，而仁乃本于天地生物之心而来，应该说朱子的这些批评都是颇有道理的。朱子和张栻都以心说仁，所以都与孟子"仁，人心也""仁义礼智根于心"的思想一脉相承。朱子又以"爱之理"言仁，则主要来自孔孟以爱言仁的思想，如"樊迟问仁。子曰：'爱人'"（《论语·颜渊》）；"孟子曰：'爱人不亲，反其仁'"（《孟子·离娄上》）；"孟子曰：'君子所以异于人者，以其存心也。君子以仁存心，以礼存心。仁者爱人，有礼者敬人'"（《孟子·离娄下》）；"孟子曰：'君子之于物也，爱之而弗仁；于民也，仁之而弗亲。亲亲而仁民，仁民而爱物'"（《孟子·尽心上》）；"孟子曰：'知者无不知也，当务之为急；仁者无不爱也，急亲贤之为务。尧、舜之知而不遍物，急先务也；尧、舜之仁不遍爱人，急亲贤也'"（《孟子·尽心上》）。《礼记》也说："中心憯怛，爱人之仁也"（《礼记·表记第三十二》）；"唯仁人为能爱人，能恶人"（《大学·第四十二》）。应该说朱子以"爱之理"训仁，更符合孔孟的本意。因为爱是一种情感，并不能确保仁的纯粹至善性、普遍永恒性。所以朱子对孔孟以爱言仁的思想有所发展，提出以"爱之理"训仁的思想。其中主要也是受到程颢"吾学虽有所授受，天理二字却是自家体贴出来"，以及程颐"性即理也"的影响而来。朱子和张栻皆本伊洛而言仁，朱子则直承程颢"天地以生物为心""义礼智信皆仁""万物之生意最可观"（以生意言仁），程颐"天地生物之心""爱自是情，仁自是性，岂可专以爱为仁""仁偏言则一事，专言则包四者"而来。张栻则主要承接胡宏"仁者，天地之心"，程颢之"仁者浑然与物同体""仁者与天地万物为一体"，杨时的"视天下无一物之非仁""仁者与物无怼"，吕大临的"凡厥与生，均气同体"而来。在二程以前，虽然有源远流长的天人合一思想，但并没有以天地万物同体来说仁的思想，"一体言仁"说为后起之义。过度强调天地万物同体，难免有陷入穷高极远之嫌，程颐当时就有所批评："陈经正问曰：'据贵一所见，盈天地间皆我之性，更不复知我身之为我。'伊川笑曰：'他人食饱，公无馁乎。'"①

朱子批评张栻"以义、礼、智与不忍之心均为发见,恐亦未安","又以不忍之心与义、礼、智均为发见,则是但知仁之为性,而不知义、礼、智之亦为性也"。张栻显然没有把义礼智视为已发,张栻是说专言之仁其体无不善。"对义、礼、智而言"的仁指偏言之仁,偏言之仁其发见则为不忍人之心。张栻此说没有否定仁义礼智为性,朱子批评显然是误解。张栻"仁之为道,无一物之不体,故其爱无所不周焉",与朱子直接以"爱之理"说仁有较大差别。

朱子《答张钦夫论仁说》第四十三书又有:

> 程子之所诃,正谓以爱名仁者。
>
> 熹按程子曰:"仁,性也;爱,情也。岂可便以爱为仁?"此正谓不可认情为性耳,非谓仁之性不发于爱之情,而爱之情不本于仁之性也。熹前说以爱之发对爱之理而言,正分别性、情之异处,其意最为精密。而来谕每以爱名仁见病,下章又云:"若专以爱命仁,乃是指其用而遗其体,言其情而略其性,则其察之亦不审矣。"盖所谓爱之理者,是乃指其体性而言,且见性情、体用各有所主而不相离之妙,与所谓遗体而略性者,正相南北。请更详之。

画线部分为张栻语,非画线部分为朱子语。张栻没有完全理会朱子以"爱之理"说仁的思想,以"程子之所诃,正谓以爱名仁者"来诘难朱子,认为"若专以爱命仁,乃是指其用而遗其体,言其情而略其性,则其察之亦不审矣"。朱子认为仁是"爱之理",显然不是以爱之情为仁,正是继承了程颐仁性爱情,不可便以爱为仁的思想,张栻此诘难显然没有正确理解朱子"爱之理"说。张栻忽视了朱子以"爱之理"说仁之"理"的意涵,所以指责朱子"专以爱命仁","指其用而遗其体,言其情而略其性",明显为误解。所以朱子反驳"熹前说以爱之发对爱之理而言,正分别性、情之异处,其意最为精密"。由此可知,朱子在《仁说》初稿就已经提出了"爱之理"说,以理为性,以爱为情,爱之理发为爱之情。认为"爱之理"正是指仁之体性而言,认为性情、体用各有所主而又不相离,此正是仁之妙

---

① [宋]程颢、程颐:《二程外书》,第36页。

处，与张栻"遗体而略性"的指责完全不同。应该说朱子是正确的，是张栻误解了朱子的"爱之理"说。

在朱子《答张钦夫论仁说》第四十三书之最后有：

<u>孟子虽言仁者无所不爱，而继之以急亲贤之为务，其差等未尝不明。</u>

熹按仁但主爱，若其等差，乃义之事。仁、义虽不相离，然其用则各有主而不可乱也。若以一仁包之，则义与礼、智皆无所用矣，而可乎哉？（"无所不爱"四字，今亦改去。）

画线部分为张栻语，非画线部分为朱子语。张栻以《孟子·尽心上》"仁者无不爱也，急亲贤之为务……尧、舜之仁不遍爱人，急亲贤也"，认为孟子虽言仁者无不爱，但是应以亲贤为急务，其爱有等差之义未尝不明。朱子反驳说仁只主爱，若说到等差，则说的是义，仁与义虽然不能相离，但是仁之用主于爱，义之用主于别，两者各有所主而不可淆乱，如果只以一仁把义礼智都包尽而不加分别，则义礼智便都无所用。盖朱子《仁说》初稿有仁者无所不爱之语，张栻认为没有把孟子急亲贤之义说出，经过张栻的反驳，朱子也认为"无所不爱"的话头说得过高，故删去了"无所不爱"之语。

张栻在作于壬辰六月的《寄吕伯恭》第二书中说：

元晦《仁说》后来看得渠说爱之理之意却好，继而再得渠书，只拈此三字，却有精神，但前来所寄言语间终多病。兼渠看得某意思亦潦草。后所答今录呈，但渠议论商榷间，终是有意思过处，早晚亦欲更力言之。①

张栻在此书中间接承认曾误解朱子"爱之理"说，此即上已详述的张栻批评朱子"以爱言仁"正是程颐所诃责的，认为朱子"专以爱命仁"，有"指其用而遗其体，言其情而略其性"之病，经过朱子的反驳，张栻承认自己后来才"看得渠说爱之理之意却好"。"继而再得渠书，只拈此三字，却有

---

① ［宋］张栻：《南轩先生文集》，第379页。

精神",即指《答张钦夫论仁说》第四十三书:"熹前说以爱之发对爱之理而言,正分别性、情之异处,其意最为精密。"张栻抱怨朱子没有准确理解其答书的原意,即指朱子误解张栻以义礼智均为发用,所以张栻说"兼渠看得某意思亦潦草"。张栻在收到朱子《答张钦夫论仁说》第四十三书后仍然觉得朱子"前来所寄言语间终多病",说明此时张栻和朱子之间还有诸多分歧。

三、"以公言仁"辩和"一体言仁"辩

张栻在收到朱子《答张钦夫论仁说》第四十三书后,作《答朱元晦秘书》第二十一书,张栻大体认同了朱子"天地以生物为心"说。不过在此书中,张栻首次拈出了程颐"以公言仁"说:

> "仁道难名,惟公近之,然不可便以公为仁。"又曰"公而以人体之故为仁",此意指仁之体极为深切,爱终恐只是情。盖公天下而无物我之私焉,则其爱无不溥矣。如此看乃可。由汉以来,言仁者盖未尝不以爱为言也,固与元晦推本其理者异。然元晦之言,传之亦恐未免有流弊耳,幸更深思,却以见教。①

程颐说:

> 仁道难名,惟公近之,非以公便为仁。②
>
> 仁之道,要之只消道一公字。公只是仁之理,不可将公便唤做仁。(一本有将字。)公而以人体之,故为仁。只为公,则物我兼照,故仁,所以能恕,所以能爱,恕则仁之施,爱则仁之用也。③

程颐认为"仁"字很难训释,只有"公"字最为接近,但又不可便认为"公"就是仁;仁道只须说一"公"字,"公"只是仁之理,所以不可以将"公"字便来训"仁",公是仁之理,将此仁之理以人体之,则是仁。也就是说,公作为理,是仁之体,还必须默契此仁体,做求仁的功夫,此仁理

---

① [宋]张栻:《南轩先生文集》,第330~331页。
② [宋]程颢、程颐:《二程集》,第63页。
③ 同上注,第154页。

才能"纯亦不已"地发用,因为人都有形躯之私,所以必须做"公而以人体之"的求仁功夫,方能做到廓然而大公,此心一旦廓然大公,便能"物我兼照",破除物我、彼己的间隔,如此,则天地万物血脉贯通,既能行恕道,"己所不欲,勿施于人",又能爱以及人,恕是仁之敷施,爱则是仁之发用。

张栻非常推崇程颐以上所引两条语录,认为"指仁之体极为深切,爱终恐只是情。盖公天下而无物我之私焉,则其爱无不溥矣"。张栻此理解应该说准确把握了程颐的原意。但是,如把"公而以人体之"的功夫提到了首要的地位,因公而爱。如此"以爱推仁"说便只能居于次要、从属的地位,这显然与"仁"字之本义不相符合,也与孔孟强调"以爱推仁"的思想有所出入。程颐和张栻把爱作为"公而以人体之",达到"物我兼照","公天下而无物我之私",即万物同体境界之后的结果,这与朱子的仁论是有相当的距离的。张栻的说法正是朱子今本《仁说》批评的对象:

> 或曰:程子之徒,言仁多矣,盖所谓爱非仁,而以万物与我为一为仁之体者矣。……今子之言若是,然则彼皆非与?曰:彼谓物我为一者,可以见仁之无不爱矣,而非仁之所以为体之真也。

杨时"以万物与我为一为仁之体",朱子则认为"物我为一"只是仁者的境界,有此境界可以见仁者之无不爱,但是万物一体的境界却不是仁之所以为仁的本意。朱子认为只有"爱之理"才是仁体,才是"仁之所以为体之真"。张栻则认为由汉以来,诸儒都以爱言仁,这与朱子以"爱之理"说仁有差别,认为朱子以"爱之理"说仁原是为矫正汉以来儒者"以爱言仁"之偏,但是朱子片面强调理、体,恐也不能没有流弊。

朱子在收到张栻《答朱元晦秘书》第二十一书后,作《又论仁说》第四十四书作为回复,其文如下:

> 昨承开谕仁说之病,似于鄙意未安,即已条具请教矣。再领书诲,亦已具晓,然大体不出熹所论也。请复因而申之:
> 谨按程子言仁,本末甚备,今撮其大要,不过数言。盖曰仁者,生之性也,而爱其情也,孝悌其用也。公者所以体仁,犹言"克己复礼为仁"也。学者于前三言者可以识仁之名义,于后一言者可以知其

用力之方矣。今不深考其本末指意之所在，但见其分别性、情之异，便谓爱之与仁了无干涉；见其以公为近仁，便谓直指仁体最为深切。殊不知仁乃性之德而爱之本，因其性之有仁，是以其情能爱。（义、礼、智亦性之德也。义，恶之本；礼，逊之本；智，知之本。因性有义，故情能恶；因性有礼，故情能逊；因性有智，故情能知。亦若此尔。）但或蔽于有我之私，则不能尽其体用之妙。惟克己复礼，廓然大公，然后此体浑全，此用昭著，动静本末，血脉贯通尔。程子之言盖意如此，非谓爱之与仁了无干涉也，（此说前书言之已详，今请复以两言决之：如熹之说，则性发为情，情根于性，未有无性之情，各为一物而不相管摄。二说得失，此亦可见。）非谓"公"之一字便是直指仁体也。（细观来喻所谓"公天下而无物我之私，则其爱无不溥矣"，不知此两句甚处是直指仁体处？若以爱无不溥为仁之体，则陷于以情为性之失，高明之见必不至此。若以公天下而无物我之私便为仁体，则恐所谓公者漠然无情，但如虚空木石，虽其同体之物尚不能有以相爱，况能无所不溥乎？然则此两句中初未尝有一字说着仁体。须知仁是本有之性，生物之心，惟公为能体之，非因公而复有也。故曰公而以人体之为仁。细看此语，却是"人"字里面带得"仁"字过来。）由汉以来，以爱言仁之弊，正为不察性、情之辨，而遂以情为性尔。今欲矫其弊，反使"仁"字泛然无所归宿，而性、情遂至于不相管，可谓矫枉过直，是亦枉而已矣。其弊将使学者终日言仁而实未尝识其名义，且又并与天地之心、性情之德而昧焉。窃谓程子之意不如此，是以敢详陈之。伏惟采察。①

"昨承开谕仁说之病"，指的是已经遗失的张栻答复朱子《仁说》初稿的第一封书信；"即已条具请教"，指的是朱子《答张钦夫论仁说》第四十三书；"再领书诲"，指的是张栻《答朱元晦秘书》第二十一书。

张栻举程颐以公言仁的语录来与朱子"爱之理"说相抗衡，朱子针锋相对，亦引程颐另外言仁的语录来反驳：

---

① ［宋］朱熹：《晦庵先生朱文公文集》，第1411～1412页。

心譬如谷种，生之性便是仁也。①
　　爱，情也；仁，性也。仁者固博爱，以博爱为尽仁，则不可。②
　　行仁自孝弟始。盖孝弟是仁之一事，谓之行仁之本则可，谓之是仁之本则不可。盖仁是性（一作本。）也，孝弟是用也。③
　　公而以人体之，故为仁。④

朱子认为由上引前三条程颐语录可以识得仁之名义，即仁是性，爱是情，孝弟是用，由第四条语录可以知公则是体仁的功夫，犹如克己复礼是为仁功夫一样。张栻认为"爱终恐只是情"，朱子则批评张栻"但见其分别性、情之异，便谓爱之与仁了无干涉"，张栻强调爱不是仁，即强调仁与爱的区别；朱子强调仁是爱之理，强调以爱推仁，则在区分仁与爱的同时，强调以爱推仁的功夫更切于以公体仁的功夫。朱子在批评张栻之后，提出"仁乃性之德而爱之本，因其性之有仁，是以其情能爱"的思想。朱子在《答张钦夫论仁说》第四十三书中就提出了"盖人生而静，四德具焉，曰仁，曰义，曰礼，曰智，皆根于心而未发，所谓'理也，性之德也'。及其发见，则仁者恻隐，义者羞恶，礼者恭敬，智者是非，各因其体以见其本，所谓'情也，性之发也'"的思想。到了《又论仁说》第四十四书则进一步正式提出："仁乃性之德而爱之本"，仁是"爱之理"，所以为"性之德"；性体情用，仁之体发见为爱之情，故仁为"爱之本"。朱子进一步说义礼智皆为"性之德"，为羞恶、辞逊、是非之本。因性中有义礼智之德，故其发见则为羞恶、辞逊、是非等情感。仁义礼智作为性之德，虽然为人所本有，但却易被己私所蒙蔽。一旦有所蒙蔽，仁义礼智之体就不能发为恻隐、羞恶、辞让、是非之用。只有做克己复礼的为仁功夫，方能使此心廓然大公，使此心之体浑全莹彻，如此，心之体便能"纯亦不已"地流行发用。此心不管处于未发之静，还是已发之动，两者都血脉贯通，"於穆不已"地发为全体大用。朱子认为这就是程颐仁论的本意，而不是说爱与仁没有任何干涉。因为性发为情，而情又根于性，不是性情为两物而不相管摄。张栻在《答朱元晦秘书》第二十一书中认为，程颐

---

① ［宋］程颢、程颐:《二程集》，第184页。
② 同上注，第1175页。
③ 同上注，第183页。
④ 同上注，第154页。

"仁道难名，惟公近之"，"公而以人体之故为仁"，此两语"指仁之体极为深切"，张栻有指"公"以为仁体之嫌，朱子诘难称程颐此说"非谓'公'之一字便是直指仁体也"。张栻在《答朱元晦秘书》第二十一书中又说"盖公天下而无物我之私焉，则其爱无不溥矣"，朱子则反问不知此两句哪个是直指仁之体？朱子说如果以"爱无不溥"作为仁之体，则是误以情为性；如果以"公天下而无物我之私"为仁之体，则恐怕所说的"公"又将陷入冷漠无情，就像虚空木石，即使是同体之物都不能相爱，何况普遍地兼爱万物呢？因此，朱子认为张栻"盖公天下而无物我之私焉，则其爱无不溥矣"两语，没有一句道着了仁体。朱子说仁是人所本有之性，是天地生物之心。虽说以"公"能默体此仁体，但此仁体却不因公而后有。所以，朱子认为程颐"公而以人体之故为仁"说，是认为从"人"字里面带得"仁"字过来。朱子此说，与《中庸》"仁者，人也"的思想可谓一脉相承。张栻在《答朱元晦秘书》第二十一书中说，由汉以来，都是以爱说仁，与朱子以"爱之理"说仁有很大差异，理是形而上者，无形无象，不可捉摸，所以此说流传，恐怕又有悬空遁虚的流弊。朱子不接受张栻的批评，认为汉代以来言仁的弊病，正在于只以爱言仁，却不知性情的差别，乃至混情为性。程颐明辨性情之异，正是为了矫正由汉以来儒者"以爱说仁"之弊。张栻却又要矫程颐"仁性爱情"之弊，反而使"仁"字没有归着，致使性情截然两物而不相管摄。朱子说这是矫枉过正，其流弊将使学者终日说仁，却不知"仁"字之本意，又不知仁和"天地之心""性情之德"的联系。朱子此说比较在理，毕竟"以爱言仁"比"以公言仁"更接近仁之本意。

张栻在收到朱子《又论仁说》第四十四书之后，作《答朱元晦秘书》第九书作为回复，其文如下：

> 仁之说，前日之意盖以为推原其本，人与天地万物一体也，是以其爱无所不至，犹人之身无尺寸之肤而不贯通，则无尺寸之肤不爱也。故以"惟公近之"之语形容仁体，最为亲切。欲人体夫所以爱者，《言仁》中盖言之矣，而以所言爱字只是明得其用耳。后来详所谓爱之理之语，方见其亲切。夫其所以与天地一体者，以夫天地之心之所存，是乃生生之蕴，人与物所公共，所谓爱之理者也。故探其本则未发之前，爱之理存乎性，是乃仁之体者也；察其动则已发之际，

第六章 "《仁说》之辩"研究

爱之施被乎物，是乃仁之用者也。体用一源，内外一致，此仁之所以为妙也。前日所谓对义礼智而言，其发见则为不忍之心者，非谓义礼智与不忍之心均为发见，正谓不忍之心合对义礼智之发见者言，羞恶辞逊是非之心是也。今再详不忍之心，虽可以包四者，然据文势对乾元坤元而言，恐只须曰：统言之，则曰仁而已可也。（或云天地之心，其德有四云云，而统言之，则元为善之长。人之心，其德亦有四云云，而统言之，则仁为人之心，如何？）前日所谓元之义，不专主于生物者，疑只云生物，说生生之意不尽，今详所谓生物者，亦无不尽者矣。①

此处所说的"前日之意"，指《答朱元晦秘书》第二十一书。张栻在此书中仍坚持其一体言仁的思想，认为人与天地万物同体，乃是从本体上言之，是推原其本的结果。人因与天地万物同体，如一体之血脉贯通，所以能无所不爱。张栻从本体上说万物一体为仁，显然是从程颢而来的仁学思想。张栻进而辩解其"惟公近之"并不直接把公作为仁体，此只是形容仁体之语，是形容得仁体最为亲切。按张栻的意思，人若能做"公而以人体之"的为仁功夫，达至廓然大公的境界后，人己、物我、天人的间隔便被打通，人与天地万物如人之一身血脉贯通、痛痒相关，所以能无不爱，而爱只是仁之用，并不是仁体本身。从"《言仁》中盖言之矣"，可以看出张栻《洙泗言仁录》的一个主要思想就是以程颢一体言仁的思想来说仁。张栻强调这是"推原其本"，即在本体上说人与天地万物同体，然后能至爱无不溥的仁者境界。张栻称赞朱子以"爱之理"训仁的思想，说自己以前没有真正理解朱子"爱之理"说，后来才看得亲切。张栻认为"爱之理"就是所以与天地一体的根据、原理，此理乃天地之心所存，人与物所公共，是天地生生之德的内在根据。所以张栻说，从本体而言，则未发是爱之理，此理存于性，此即是仁体；性发动而为情则是已发，这是爱之施及于物，是仁之用。张栻认为这就是程颐所谓的"体用一源、显微无间"，此就是仁之妙处。显然，论辩至此，张栻与朱子的思想已经基本相同。朱子在本体上亦可接受天地万物同体的仁说思想，而张栻则接受了朱子以"爱之理"为仁体的思想，及性发为情、仁体爱用的仁说义理架构。此时，

---

① ［宋］张栻：《南轩先生文集》，第318～319页。

227

张栻和朱子在程颐的"仁性爱情"的架构中达成了一致,同时都同意以"爱之理"作为天地万物同体的根据、原理,进而又吸收了程颢的"仁者浑然与物同体""仁者以天地万物为一体"的"一体言仁"说。

"前日所谓对义礼智而言,其发见则为不忍之心者",指张栻答复朱子《仁说》初稿的第一封书信所说:"仁专言则其体无不善而已,对义、礼、智而言,其发见则为不忍之心也。"朱子显然是误解了张栻的意思,张栻说他并没有把义礼智与不忍之心相混,认为都是已发。自己同样也是把仁与义礼智相对,四者都是性之德。只是说仁之发用,则为不忍人之心,并不是把不忍之心和义礼智对言。与不忍之心相对的不是义礼智,而是羞恶、辞逊、是非之心。张栻说不忍人之心虽可以包四端,但对乾元、坤元而言,则仁无不统。张栻建议朱子《仁说》采取这样的句式:"天地之心,其德有四云云,而统言之,则元为善之长。人之心,其德亦有四云云,而统言之,则仁为人之心。"朱子现行《仁说》:"盖天地之心,其德有四,曰元亨利贞,而元无不统。其运行焉,则为春夏秋冬之序,而春生之气无所不通。故人之为心,其德亦有四,曰仁义礼智,而仁无不包。其发用焉,则为爱恭宜别之情,而恻隐之心无所不贯。故论天地之心者,则曰乾元、坤元,则四德之体用不待悉数而足。论人心之妙者,则曰'仁,人心也',则四德之体用不待遍举而该。"其句式和思想都与张栻之建议基本相同,可见这是朱子根据张栻的提议对《仁说》所作的修改。

张栻说的"前日所谓元之义,不专主于生物者",即是《答张钦夫论仁说》第四十三书所引张栻"元之为义,不专主于生"之语。朱子则认为此语:"恐有大病。请观诸天地而以《易·象》《文言》、程传反复求之,当见其意。"张栻认为,如果元之为义,专主于生,"疑只云生物,说生生之意不尽"。这也说明张栻为什么开始不同意朱子采用"天地以生物为心"说仁,即是认为此义太狭。朱子则认为此说正好说明天地之心别无勾当,只以生物为心。朱子此说应是比较准确的说法,因为这可保证天地生物之心的纯粹至善。张栻在经过朱子的反驳后,基本同意了朱子的看法,所以说:"今详所谓生物者,亦无不尽者矣。"

在收到张栻《答朱元晦秘书》第九书后,朱子作《又论仁说》第四十六书答复之:

来教云:"夫其所以与天地万物一体者,以夫天地之心之所有,是

第六章 "《仁说》之辩"研究

乃生生之蕴，人与物所公共，所谓爱之理也。"熹详此数句，似颇未安。盖仁只是爱之理，人皆有之，然人或不公，则于其所当爱者反有所不爱，惟公则视天地万物皆为一体而无所不爱矣。若爱之理，则是自然本有之理，不必为天地万物同体而后有也。熹向所呈似仁说，其间不免尚有此意，方欲改之而未暇。来教以为不如《克斋》之云是也。然于此却有所未察，窃谓莫若将"公"字与"仁"字且各作一字看得分明，然后却看中间两字相近处为亲切也。若遽混而言之，乃是程子所以诃以公便为仁之失。此毫厘间正当子细也。又看"仁"字，所以多说而易差也。又谓体用一源、内外一致为仁之妙，此亦未安。盖义之有羞恶，礼之有恭敬，智之有是非，皆内外一致，非独仁为然也。不审高明以为如何？①

"夫其所以与天地万物一体者，以夫天地之心之所有，是乃生生之蕴，人与物所公共，所谓爱之理也"，乃张栻《答朱元晦秘书》第九书中语，朱子以为"颇未安"。朱子认为仁只是爱之理，乃人人本有之理，人只有在不能大公无私时，才会当爱而有所不爱。如果能廓然大公，则自然会有以天地万物为一体的境界而无所不爱。朱子强调爱之理，乃自然本有之理，不必天地万物同体而后有。朱子认为自己的《仁说》初稿，未免尚有此意，就此而言，朱子承认《仁说》初稿的说法不如《克斋记》初稿。朱子"盖仁只是爱之理，人皆有之，然人或不公，则于其所当爱者反有所不爱，惟公则视天地万物皆为一体而无所不爱矣"的说法，与张栻《答朱元晦秘书》第二十一书"盖公天下而无物我之私焉，则其爱无不溥矣"的说法可谓基本相同，不同的是朱子认为在天地万物一体之前先有爱之理。但是张栻并没有否认爱之理乃自然本有之理，也没有主张爱之理乃天地万物同体而后有。从张栻"推原其本""探其本"的说法可以看出，张栻亦主张在本体上人人皆具爱之理，此理即存于性，所以张栻说："所以与天地一体者，以夫天地之心之所存，是乃生生之蕴，人与物所公共，所谓爱之理者也。故探其本则未发之前，爱之理存乎性，是乃仁之体者也；察其动则已发之际，爱之施被乎物，是乃仁之用者也。"既然爱之理人人本有，为什么要通过以公体仁的功夫，达至天地万物同体境界之后才能爱无不溥呢？那

---

① [宋]朱熹:《晦庵先生朱文公文集》，第1413～1414页。

229

是因为人为私欲蒙蔽的缘故，所以必须做以公体仁的功夫，只有达到廓然大公、与天地万物为一体的天地境界之后，才能真正做到爱无不溥。朱子和张栻在此处已经基本达成一致。

朱子认为应该先将"仁"字和"公"字分开看得分明，然后再看两字所以相近之处，这样方能把此两字都看得亲切。如果混为一谈，则正是程颐批评的将公以为仁的失误。那么张栻到底有没有把"公"字作为"仁"字之失误呢？张栻在《答朱元晦秘书》第二十一书中说："仁道难名，惟公近之，然不可便以公为仁。又曰'公而以人体之故为仁'，此意指仁之体极为深切。"显然没有把"公"唤作"仁"。张栻在《答朱元晦秘书》第九书中说："仁之说，前日之意盖以为推原其本，人与天地万物一体也，是以其爱无所不至，犹人之身无尺寸之肤而不贯通，则无尺寸之肤不爱也。故以'惟公近之'之语形容仁体，最为亲切。"张栻进一步为自己辩护说自己引用程颐的语录，并没有把"公"唤作"仁"。从"指""形容"两词可以明显看出，张栻并没有将"公"字和"仁"字混为一谈。朱子之所以有混为一谈的印象，当是朱子的误解。

朱子又说，张栻"体用一源，内外一致，此仁之所以为妙也"一语也有不妥之处，认为不但仁如此，义礼智亦然，这也是朱子的苛评。张栻认为"体用一源，内外一致"乃仁之所以为仁之妙，并没有排斥这也可以是义礼智之所以为义礼智之妙。

张栻在收到朱子《又论仁说》第四十六书后，作《答朱元晦秘书》第十三书以为回复：

> 来书批玩再四，所以开益甚多。所谓爱之理发明甚有力，前书亦略及之矣。区区并见别纸，嗣有以见告是幸。……《克斋铭》读之无可疑者，但以欠数句说克己下工处如何。①

到此，张栻已经觉得和朱子在诸多方面都达成了一致，也认同了朱子以"爱之理"训仁的思想。此书提到有"别纸"，此"别纸"已不见于今《南轩先生文集》，故知其已佚，其内容难以再考。此书提到的朱子《克斋记》（《克斋铭》为《克斋记》之误），当为朱子《答石子重》第十一书所说的

---

① ［宋］张栻：《南轩先生文集》，第323页。

第六章 "《仁说》之辩"研究

后本《克斋记》，而不是先本(《克斋记》初稿)，张栻认为仍然欠缺几句说"克己下工处"，即仍嫌说得"克己复礼"太过简略，应该详尽说明如何做"克己复礼"的为仁功夫。

四、癸巳《仁说》之辩

在壬辰年主要是朱子和张栻围绕朱子的《仁说》初稿进行辩论，吕伯恭由于壬辰二月丧父，基本上没有参加其中的辩论，至癸巳方有书与朱子辩论"仁"字之义。

约在癸巳正月，吕伯恭有《答朱侍讲所问》第一书，其文如下：

> <u>"仁"字之义如何？周子以爱言之，程子以公言之，谢子以觉言之，三者孰近？程子言："仁性也，爱情也，岂可专以爱为仁？"又曰：或谓训人、训觉者，皆非也。然则言爱、言觉者皆非耶？孟子曰："仁，人心也。"前辈以为言仁之切无如此者，其说安在？且程子以为性，孟子以为心，其不同者又何邪？</u>指其用则曰爱，指其理则曰公，指其端则曰觉。学者由此，皆可以知仁。若直以爱、以觉为仁，则不识仁之体，此所以非之。孟子曰："仁，人心也。"此则仁之体也。程子以为性，非与孟子不同。盖对情而言，情之所发不可言心。如《遗书》所谓自性之有动者谓之情，不曰自心之有动者谓之情。程子之言，非指仁之体，特言仁属乎性尔。有未是处，望一一指教。[①]

画线部分为朱子语，非画线部分为吕伯恭语。在此书中，朱子问吕伯恭"仁"字之义当如何解。因为周敦颐说"德：爱曰仁，宜曰义，理曰礼，通曰智，守曰信"[②]，以爱说仁；程颐则说"仁之道，要之只消道一公字。公只是仁之理，不可将公便唤做仁。(一本有将字。)公而以人体之，故为仁。只为公，则物我兼照，故仁，所以能恕，所以能爱，恕则仁之施，爱则仁之用也"[③]，以公说仁；谢上蔡说"心有所觉谓之仁"[④]，则是以觉言仁。

---

① [宋]吕祖谦：《东莱集》，第295页。
② [宋]周敦颐：《周元公集》，元刻本，第47页。
③ [宋]程颢、程颐：《二程集》，第154页。
④ [宋]朱熹：《论孟精义》，第419页。

朱子说，三者纷纷言仁，究竟哪说更贴近"仁"字的本义呢？程颐就明确反对专以爱言仁："仁性也，爱情也，岂可专以爱为仁？"又有人说"训人""训觉"皆错。朱子问吕伯恭，难道"以爱言仁""以觉言仁"都错了吗？孟子就说："仁，人心也。"有人认为，孟子此说最切近于仁，其理何在？况且，程颐以仁为性，孟子以仁为心，两说甚是不同，这又是为什么呢？

吕伯恭回答说，仁之发用则为爱，其所以然之理则为公，其发见之端绪则为觉。学者由此而进，都可以知仁。如果单说爱、单说觉为仁，则都是不明仁体为何。孟子说"仁，人心也"，乃是说仁体；而程颐说仁是性，两者并没有什么不同。吕伯恭认为，与情相对的不是心，而是性，性发为情，而不能说心发为情，正如程颐说："性之本谓之命，性之自然者谓之天，自性之有形者谓之心，自性之有动者谓之情，凡此数者皆一也。"① 吕伯恭认为程颐这是说仁是性，而不是孟子所说的仁体，因此，两者并没有什么矛盾。吕伯恭以心为仁体，而不是以理为仁体。

在癸巳闰正月，朱子作答吕伯恭《别纸》第九十九书，答复吕伯恭《答朱侍讲所问》第一书：

> "仁"字之义，孟子言心，该贯体用，统性情而合言之也。程子言性，剖析疑似，分体用而对言之也。其他已具别说。如来喻之云固好，然恐未为直截分明耳。
> ……
> 近看《中庸》古注，极有好处。……又注"仁者，人也"云："人也，读如'相人偶'之'人'。以人意相存问之言。""相人偶"此句不知出于何书，《疏》中亦不说破，幸以见告。所谓人意相存问者，却似说得字义有意思也。②

朱子认为孟子"仁，人心也"，此说该贯体用，认为孟子所说的"心"是心统性情之心，包括性体情用而合言之；程子说"仁，性也；情，用也"，则强调性与情的区分而分言之，即性与情之间有其明确的界限。

---

① ［宋］程颢、程颐：《二程集》，第318页。
② ［宋］朱熹：《晦庵先生朱文公文集》，第1521～1522页。

第六章 "《仁说》之辩"研究

朱子此书所说的《中庸》古注，当是汉朝郑玄的《礼记注》，郑玄注《中庸》"仁者，人也"说："读如'相人偶'之'人'，以人意相存问之言。"从郑玄此注的语气来看，"相人偶"也不是其所创发，而是在更早时候就已经为人所抉发，而唐朝孔颖达的《礼记疏》也未说明"相人偶"的出处。朱子认为"以人意相存问"颇能抉发"仁"字的字义，即"仁"字的古义是人与人之间互相关切之意，即含有爱人的意思，所以朱子颇为欣赏此说。

在癸巳二月，吕伯恭作《与朱侍讲》第十七书，书中吕伯恭说：

> 《仁说》、《克斋记》及长沙之往来议论皆尝详阅，长沙之论固疑太宽。如来示虽已明指其体，犹疑侵过用处分数稍多。更俟深思熟看，当以所未晓处往请教。以此便归速，不能俟也。①

朱子当于癸巳一月把自己的《仁说》《克斋记》及与张栻等的往复书信寄给吕伯恭评阅。此书信过于简略，只能推测吕伯恭之意。"长沙之论固疑太宽"，当指朱子《答张钦夫论仁说》第四十三书，在此书朱子引张栻语说"仁专言则其体无不善而已，对义、礼、智而言，其发见则为不忍之心也。大抵天地之心粹然至善，而人得之，故谓之仁。仁之为道，无一物之不体，故其爱无所不周焉"。朱子批评张栻此语："《易传》所谓'专言之则包四者'，亦是正指生物之心而言，非别有包四者之仁，而又别主一事之仁也。惟是即此一事便包四者，此则仁之所以为妙也。今欲极言'仁'字而不本于此，乃概以'至善'目之，则是但知仁之为善，而不知其为善之长也。却于已发见处方下'爱'字，则是但知已发之为爱，而不知未发之为仁也。又以不忍之心与义、礼、智均为发见，则是但知仁之为性，而不知义、礼、智之亦为性也。又谓仁之为道无所不体，而不本诸天地生物之心，则是但知仁之无所不体，而不知仁之所以无所不体也。凡此皆愚意所未安，更乞详之，复以见教。"张栻只说"大抵天地之心粹然至善，而人得之，故谓之仁"，不如朱子《仁说》"天地以生物为心者也，而人物之生，又各得夫天地之心以为心者也"来得明确。只说天地之心粹然至善，而没有明确说天地以生物为心。所以吕伯恭同意朱子，认为"长沙之论固

---

① [宋]吕祖谦：《东莱集》，第199页。

233

疑太宽"。"如来示虽已明指其体，犹疑侵过用处分数稍多"，应当指的是朱子以"爱之理"为仁体，"犹疑侵过用处分数稍多"则颇为费解，毕竟朱子以理言仁，何来侵过用处稍多？

约在癸巳三或四月，吕伯恭作《与朱侍讲》第十九书，可补足吕伯恭《与朱侍讲》第十七书之义：

> 《仁说》及往来议论，屡尝玩绎。所谓爱之理，盖犹曰动之端、生之道云耳，固非直以爱命仁也。然学者随语生解，却恐意思多侵过用上，举其用而遗其体。立言者虽未有此病，而异时学者或不免此病矣。再答长沙书，因性有仁，故情能爱一段，剖判明白而命辞却无病。夫子罕言，及言仁之方之意，愿详思之。①

吕伯恭认为，所谓"爱之理"，爱是指"动之端"，"理"则是指"生之道"。吕伯恭认为此说固然不是直以爱为仁，但是，学者在理解此语时，往往"随语生解"，而有"多侵过用上，举其用而遗其体"。由此可知，吕伯恭《与朱侍讲》第十七书所说"疑侵过用处分数稍多"，指朱子的"爱之理"说有偏重于爱而说仁，容易给人"举其用而遗其体"的印象，张栻亦有此责难。朱子本人以"爱之理"训仁固然没有此毛病，但后辈学者理解时或不免有此弊病。"再答长沙书"，指朱子答张敬夫《又论仁说》第四十四书，书中有："今不深考其本末指意之所在，但见其分别性、情之异，便谓爱之与仁了无干涉；见其以公为近仁，便谓直指仁体最为深切。殊不知仁乃性之德而爱之本，因其性之有仁，是以其情能爱。（义、礼、智亦性之德也。义，恶之本；礼，逊之本；智，知之本。因性有义，故情能恶；因性有礼，故情能逊；因性有智，故情能知。亦若此尔。）但或蔽于有我之私，则不能尽其体用之妙。惟克己复礼，廓然大公，然后此体浑全，此用昭著，动静本末，血脉贯通尔。程子之言盖意如此，非谓爱之与仁了无干涉也。"吕伯恭认为朱子此段说得甚好，不但义理解释得明白清晰，而且命辞用字都恰到好处。

约在癸巳四或五月，朱子作《答吕伯恭》第十八书，答复吕伯恭《与朱侍讲》第十九书：

---

① ［宋］吕祖谦：《东莱集》，第200页。

"仁"字之说，钦夫得书已无疑矣。所谕"爱之理犹曰动之端、生之道云尔"者，似颇未亲。盖"仁者爱之理"，此"理"字重；"动之端"，"端"字却轻。试更以此意称停之，即无侵过用处之嫌矣。如何？

在此书中，朱子提到自己已经与张栻在《仁说》上达成共识，即基本上朱子说服了张栻。吕伯恭在《与朱侍讲》第十九书有"爱之理犹曰动之端、生之道云尔"一语，朱子认为吕伯恭说得"爱之理"不够亲切。因为"仁者爱之理"，侧重在"理"字，"动之端"之"端"字，其意却轻，即朱子认为自己的"爱之理"说，重点在"理"字上，而不在"爱"字上，所以没有吕伯恭"侵过用处稍多之嫌"，即偏重于以爱说仁。

在癸巳五月，吕伯恭作《与朱侍讲》第二十一书，其文如下：

> 长沙近得书，亦寄往复论仁及新定《语》、《孟》诸说来，论议比向来殊深稳平实，其间亦时有未达处，旦夕因便当往商榷也。①

吕伯恭在此书中提到张栻也把与朱子往返讨论《仁说》的书信寄给自己评阅，并寄其《癸巳论语解》《癸巳孟子说》。吕伯恭的感觉是张栻在义理上的见解与之前有所不同，变得"殊深稳平实"，不像当时湖湘学者说得尽高尽妙。

约在癸巳五或六月，张栻作成自己的《仁说》初稿，初稿内容已难详知。因在第一章"张栻的仁论"一节已经对张栻的《仁说》作了疏解，不再重复。在作于癸巳夏末的《答朱元晦秘书》第十二书中，张栻说：

> 《仁说》，岳前之论甚多，要是不肯虚怀看义理。某近为说以明之，亦只是所论之意却似稍分明，今录呈。其间有未安处，某昨得晦叔书，却肯相信，更俟相见与面剖也。②

张栻此书说，朱子的《仁说》在湖湘学者中反响极大，议论很多。但是张

---

① [宋]吕祖谦：《东莱集》，第201页。
② [宋]张栻：《南轩先生文集》，第323页。

栻认为，多是因为他们不能平心静气，一味坚守师说，而不是朱子《仁说》在义理上有很多不完善之处。所以张栻批评湖湘学者"不肯虚怀看义理"。张栻说"某近为说以明之"，即指张栻的《仁说》初稿。由此可知，张栻作《仁说》的目的，与其说是批评朱子的《仁说》，不如说是批判自己身处其中的湖湘学派的仁论思想。张栻承认自己作《仁说》并无多大创发，所以有"亦只是所论之意却似稍分明"，即只是推阐得朱子和张栻之间关于朱子《仁说》辩论的意思稍为分明而已。张栻对自己《仁说》的评价是中肯的。不过，从张栻此封书信可以看出，湖湘学者也不是都一味坚守师说，吴晦叔看了张栻的《仁说》后，便表示认同了朱子、张栻在《仁说》上的主张，所以张栻有"某昨得晦叔书，却肯相信"一语。

张栻《答朱元晦秘书》第十二书提到给朱子寄送自己所作的《仁说》，朱子作《答钦夫论仁说》第四十八书以为答复：

> 《仁说》明白简当，非浅陋所及。但言性而不及情，又不言心贯性、情之意，似只以性对心。若只以性对心，即下文所引《孟子》"仁，人心也"，与上文许多说话似若相戾。更乞详之。
>
> 又曰："己私既克，则廓然大公，与天地万物血脉贯通，爱之理得于内，而其用形于外，天地之间无一物之非吾仁矣。此亦其理之本具于吾性者，而非强为之也。"（此数句亦未安）盖己私既克，则廓然大公，皇皇四达，而仁之体无所蔽矣。夫理无蔽，则天地万物血脉贯通，而仁之用无不周矣。然则所谓爱之理者，乃吾本性之所有，特以廓然大公而后在，非因廓然大公而后有也；以血脉贯通而后达，非以血脉贯通而后存也。今此数句有少差戾，更乞详之。爱之之理便是仁，若无天地万物，此理亦有亏欠。于此识得仁体，然后天地万物血脉贯通而用无不周者，可得而言矣。盖此理本甚约，今便将天地万物夹杂说，却鹘突了。夫子答子贡博施济众之问正如此也。更以"复见天地之心"之说观之可见。盖一阳复处，便是天地之心完全自足，非有待于外也。又如濂溪所云"与自家意思一般"者，若如今说，便只说得"一般"两字，而所谓"自家意思"者，却如何见得耶？
>
> 又云："视天下无一物之非仁。"此亦可疑。盖谓视天下无一物不在吾仁中则可，谓物皆吾仁则不可。盖物自是物，仁自是心，如何视物为心耶？

又云:"此亦其理之本具于吾性者,而非强为之也。"详此盖欲发明仁不待公而后有之意,而语脉中失之。要之,"视天下无一物非仁"与此句似皆剩语,并乞详之,如何?[1]

结合《南轩先生文集》之张栻《仁说》定稿与朱子《答钦夫论仁说》第四十八书,可以清楚地看出张栻根据朱子的建议作了哪些修改。

朱子首先批评张栻《仁说》只言性而不言情,以性心对言,而无心贯性情之意。把性与心对言,则与张栻引孟子"仁,人心也"有冲突。这说明张栻《仁说》初稿是以胡宏的心性思想为其义理的架构的。

张栻今本《仁说》认为:"惟性之中有是四者,故其发见于情,则为恻隐、羞恶、是非、辞让之端,而所谓恻隐者亦未尝不贯通焉,此性情之所以为体用,而心之道则主乎性情者也。"张栻以性、情而不是以性、心对言,以心之道主乎性情,由此可知,张栻全面接受了朱子的批评,放弃胡宏的中和思想,接受朱子的中和新说。不过,张栻仍然坚持胡宏以"心之道"训仁,而不是如朱子以"心之德"训仁。

张栻《仁说》初稿认为:"己私既克,则廓然大公,与天地万物血脉贯通,爱之理得于内,而其用形于外,天地之间无一物之非吾仁矣。此亦其理之本具于吾性者,而非强为之也。"朱子认为张栻此语亦有所未安,朱子说己私克除之后,此心便廓然大公,如明珠般莹彻,四面八方都能映照,如此则仁体便无所遮蔽了。爱之理无所蔽,则便与天地万物血脉贯通,如此则仁体之发用亦无所不周,即爱无不溥矣。朱子和张栻都认为爱之理乃人性中所固有,不同之处在于,张栻认为如果此心能做到"廓然大公,与天地万物血脉贯通",则"爱之理得于内,而其用形于外",朱子批评此语在用词上稍有不妥,即有爱之理因廓然大公而后有的意思,虽然张栻之后明确说明爱之理是本具于吾性者。朱子认为爱之理"乃吾本性之所有,特以廓然大公而后在,非因廓然大公而后有也;以血脉贯通而后达,非以血脉贯通而后存也"。即爱之理是人性所固有,如果能去除私欲的蒙蔽,则其理便能纯亦不已地发生作用,所以说"特以廓然大公而后在,非因廓然大公而后有也";仁能包四德,恻隐之心亦无所不贯,如果此心莹彻无瑕,朗然洞照,则爱之理便能於穆不已地流行于人伦日用之中,所以

---

[1] [宋]朱熹:《晦庵先生朱文公文集》,第 1417~1418 页。

说"以血脉贯通而后达,非以血脉贯通而后存也"。

朱子说仁便是爱之理,但是如果没有天地万物作为载体,则此理亦无所附着而有所亏欠。如果能于此识得仁体之后,说天地万物血脉贯通而爱无不溥,说仁者浑然与物同体、仁者与天地万物为一体,则都可说。如果不先识得爱之理为仁体,便说所谓天地万物血脉贯通,则会显得突兀。由此我们可知,朱子并不一味反对"一体言仁"说,只是先要明得所以天体万物同体的根据。程颢在《识仁篇》中就说:"学者须先识仁。仁者浑然与物同体。"由此可知,朱子的仁说思想与程颢是一脉相承的。朱子认为孔子答子贡"博施济众之问"、《复卦》"复其见天地之心"以及周敦颐不除窗前草,与自家意思一般等,都是说爱之理乃吾所固有,朱子认为张栻只说得万物同体之"理一",而没说万物各自都固有"爱之理"之"分殊"。所以朱子主张先从体贴人所固有的"爱之理"入手来求仁、推仁,而不是直接说天地万物同体。张栻今本《仁说》认为:"是以为仁莫要乎克己,己私既克,则廓然大公,而其爱之理素具于性者无所蔽矣。爱之理无所蔽,则与天地万物血脉贯通,而其用亦无不周矣。"先说爱之理无所蔽,然后说天地万物血脉贯通,可以说张栻也完全接受了朱子的建议而对其《仁说》初稿进行了修改。

朱子又批评张栻"视天下无一物之非仁",用语有所未当,认为天下万物都在吾仁中则可,说物就是吾心之仁则不可。因为物是物,心是心,两者不是一物,不可混物为心。朱子又说张栻"此亦其理之本具于吾性者,而非强为之也",此语虽然是想发明仁不待公而后有之意,但是语脉有失,即先有廓然大公,然后天地万物血脉贯通,有仁待公而后有的意味,应先明爱之理乃吾性本有,然后再说天地万物血脉贯通,如此则语脉不差。朱子又认为"视天下无一物非仁"为剩语,今本张栻《仁说》已无"视天下无一物非仁"语。由此也可知,张栻接受了朱子的建议对其《仁说》作了修改。

约在癸巳五或六月,吕伯恭有《答朱侍讲所问》第二书,书中说:

> 《仁说》窃谓己分上功夫与语学者不同,精讲明辨,剖析毫厘,不留一字之义,此己分上功夫也。若语学者圣贤门中多是指示下手处,或拈出亲切处,鲜有正言其体者。所谓辅之、翼之,使自得之也。命辞立言,欲使学者有所向望,大是难事。固有立言者,所见本

不差，只缘未熟到得流布，语下生病者多矣，此《易传》所以不轻出。改定《仁说》，比去岁本殊完粹……①

吕伯恭在此书中说，《仁说》有自己分"上功夫"和"语学者"之不同。吕伯恭说自己分上功夫应该精讲明辨，剖析毫厘之差，不留一字之疑义，当类聚言仁诸说以比勘核对、找出其异同；若是语学者，则圣门多是指示以为仁功夫下手处，或只拈出论仁亲切处与人，而少谈仁体这些不着边际的高妙之语。因为圣人立言，只是为了辅之、翼之，使其对仁体有所默契而自得。吕伯恭认为，命辞立言，剖析"仁"字的字义名义，使学者有向望的标准，是一件难事。有时，立言者其意虽不差，只是由于命辞立言未经精研细核，久久穷研至熟透以致达到可以广为流布的程度，则容易言下生病。所以程颐的《伊川易传》虽然已经作成，但是不欲轻与人看。吕伯恭又提到朱子对其《仁说》有所修改，与壬辰二或三月所作的《仁说》初稿相比，修改得殊为完粹。由此可知，朱子在癸巳五或六月，对其《仁说》有所修改润饰，但这也不是朱子《仁说》的最终定稿。吕伯恭此书暗批朱子《仁说》以"爱之理"为仁体说得太直接。

约在癸巳九或十月，朱子作《答吕伯恭》第二十四书，其文如下：

《仁说》近再改定，比旧稍分明详密，已复录呈矣。此说固太浅，少含蓄，然窃意此等名义，古人之教，自其小学之时已有白直分明训说，而未有后世许多浅陋悬空、上下走作之弊，故其学者亦晓然知得如此名字但是如此道理，不可不着实践履。所以圣门学者皆以求仁为务，盖皆已略晓其名义，而求实造其地位也。若似今人茫然理会不得，则其所汲汲以求者，乃其平生所不识之物，复何所向望爱说而知所以用其力邪？故今日之言，比之古人诚为浅露，然有所不得已者。其实亦只是祖述伊川仁性、爱情之说，但剔得名义稍分界分，脉络有条理，免得学者枉费心神，胡乱揣摸，唤东作西尔。若不实下恭敬存养、克己复礼之功，则此说虽精，亦与彼有何干涉耶？故却谓此说正所以为学者向望之标准，而初未尝侵过学者用功地步。明者试一思之，以为如何？似不必深以为疑也。自己功夫与语人之法固不同，然

---

① ［宋］吕祖谦：《东莱集》，第296页。

如此说，却似有王氏论高明、中庸之弊也。须更究其曲折，略与彼说破乃佳。①

朱子此书很重要，因为朱子在此书中说明了自己作《仁说》的目的意旨。"《仁说》近再改定"，由此可知，朱子《仁说》当约在癸巳八或九月最终定稿。朱子承认自己的《仁说》诚是太浅，少含蓄，认为古代学者在小学时就已知得"仁"的名义字义，因此多在做确实的求仁功夫，以求实到仁者的地位。可是，今之学者却茫然不知"仁"字是何意味，所以即使汲汲以做求仁的功夫，其所求的也不知为何物，因此，也就不知从何处下手用力求仁了。朱子认为自己对"仁"字的训释诚为浅露，但也是不得不如此。《仁说》只是本程颐仁性爱情之说而来，只是解释得稍微清楚明白，有条理脉络，以便不使学者枉费精神，"胡乱揣摸，唤东作西"而已。但是，即使解释得"仁"字的名义字义分明，但是学者如果不惕实做恭敬存养、克己复礼的为仁功夫，也与其人毫无干涉。朱子认为自己之所以作《仁说》，剖析"仁"字的名义字义，正是为了使学者有所向望探求的标准，但是却没有吕伯恭所说的侵过学者用功之处。朱子最后赞同吕伯恭"自己功夫与语人之法固不同"的说法，但是朱子认为，也不能只是拈出为仁功夫，在字义名义上也应与学者略为说破，使其自得之为佳。程颢说"学者须先识仁"，即强调知仁；朱子注重对仁的字义训释，也是强调知仁。所不同的是，程颢多用指点语、譬喻语来使学者知仁、识仁，朱子则多用辨析名义字义、剖析明辨的方式来知仁、识仁，二者殊途同归，相得益彰。自二程提出自己的新仁论后，到了程门后学其流弊越来越明显，离仁字的本义越来越远，这是朱子作《仁说》的根本原因。

在癸巳除夕日，朱子有《答吕伯恭》第二十七书，其文如下：

所论克己之功，切中学者空言遥度之病。然向来所论，且是大纲要识得仁之名义气味，令有下落耳，初不谓只用力于此，便可废置克己之功。然亦不可便将克己功夫占过讲习地位也。中间有一书论古人小学已有如此训释一段甚详，幸更考之。然克己之诲，则犹不敢不敬承也。

---

① ［宋］朱熹：《晦庵先生朱文公文集》，第 1442～1444 页。

> 钦夫近得书，别寄《言仁录》来，修改得稍胜前本。《仁说》亦用中间反复之意改定矣。①

朱子在此书中说，自己之前与学者关于"仁"字之义诸多辩论，也只是为了大体识得"仁"字的名义气味，使学者有所向望着落，并不是只探讨"仁"字的字义，而废弃克己复礼的为仁功夫。朱子认为知和行有其各自的地位，不可互相夺伦，所以说也不可仅强调为仁功夫，而侵过讲习字义的地位。

此书又说："钦夫近得书，别寄《言仁录》来，修改得稍胜前本。《仁说》亦用中间反复之意改定矣。"由此可知，张栻亦约在癸巳十或十一月，对其《洙泗言仁录》和《仁说》进行最终定稿。由此，朱子与张栻等湖湘学者之间的"《洙泗言仁录》辩""'观过知仁'辩""'知觉言仁'辩""《仁说》之辩"都已落下帷幕矣。

朱子在淳熙七年庚子（1180年，朱子时年51岁）六月所作的《又祭张敬夫殿撰文》说：

> 呜呼！自孔孟之云远，圣学绝而莫继。得周翁与程子，道乃抗而不坠。然微言之辍响，今未及乎百岁。士各私其所闻，已不胜其乖异。嗟惟我之与兄，吻志同而心契。或面讲而未穷，又书传而不置。盖有我之所是，而兄以为非；亦有兄之所然，而我之所议。又有始所共向，而终悟其偏；亦有蚤所同挤，而晚得其味。盖缴纷往反者十余年，末乃同归而一致。由是上而天道之微，远而圣言之秘，近则进修之方，大则行藏之义，以兄之明固已洞照而无遗，若我之愚，亦幸窃窥其一二。②

"然微言之辍响，今未及乎百岁。士各私其所闻，已不胜其乖异"，朱子在这里非常明确地说明了自己与湖湘学派进行关于"仁"字字义的四大论辩的根本原因，即二程之后不过百年时间，程门后学对二程所开创的洛学已经偏离得越来越严重，所以朱子和张栻即承担了纠偏救弊，总结、重

---

① ［宋］朱熹：《晦庵先生朱文公文集》，第1446～1447页。
② 同上注，第4075～4076页。

振道学的任务。只可惜张栻年寿不永,其影响不如朱子之广大而流深。对朱子与张栻等湖湘学者之间关于"仁"字的四大论辩的详细疏释,也只是推明了"盖有我之所是,而兄以为非;亦有兄之所然,而我之所议。又有始所共向,而终悟其偏;亦有蚤所同挤,而晚得其味。盖缴纷往反者十余年,末乃同归而一致"的发展演变过程。

第七章　朱子《仁说》义理研究

第一章至第六章重在呈现从二程到朱子的仁论发展演变的过程，以及关于仁的四次辩论，动态、微观地呈现从二程到朱子，特别是朱子本人的仁论。从本章开始，则重在从体系与结构，即静态、宏观地阐明朱子仁论。

朱子仁论集中表现在《仁说》中，《仁说》是代表朱子成熟理论的最重要文献之一，是两次中和之悟和"《洙泗言仁录》辩""'观过知仁'辩""'知觉言仁'辩""《仁说》之辩"的最后结晶，与其直接相关的又有《克斋记》和《仁说图》。儒学是内圣之学，而其核心又是仁学，仁学乃孔孟之道、宋明理学的精髓。中国文化发展到了周代出现了人文主义的转向，强调德在人伦日用中的关键作用，而孔子更是标举仁在儒家德性中的首要地位，并汲汲指示弟子以求仁之方。孟子则突破性地以人之道德本心诠释仁，可谓是儒家道德哲学史上的一个重大突破，犹如康德所说："在他心中升起了一道光明。"[①]当然此是道德之觉醒，而非认识论上之突破。由汉以后，儒者重视传承孔孟"以爱言仁"的传统，至宋代张载的《西铭》和程颢的《识仁篇》，则开始重视仁的形上意涵，突出仁者"乾父坤母""民胞物与"的宇宙情怀和"浑然与物同体"的天地境界，儒家仁学遂发展到一新境界。朱子《仁说》的提出及其论辩，即是要总结由孔孟而来的仁学传统，深培其本根，修剪其枝叶，乃是儒家仁学之树上结出的硕果。仁是众善之源、百行之本，所以仁是朱子和儒家哲学的本根、源头，仁学即是儒家传统的源头活水。

陈来师认为："《仁说》的意义乃在于，它是己丑以后朱子在理论上清

[①] 《〈纯粹理性批判〉第二版·序》，见〔德〕康德：《纯粹理性批判》，邓晓芒译，北京：人民出版社，2004年，第13页。

算、纠正和转化湖南学派,并重建道学正统的系列活动的重要一环。更广泛地,从道学发展史来看,从己丑之悟到仁说之辩,朱子完成了从二程的立场,综合与整理龟山、上蔡、五峰这三大南宋道学的支派的工作,使得程门伊洛之学,在经历了南宋初期的分歧发展之后,走向了朱子所代表的、以朱子为核心的新的整合。"① 陈荣捷则认为:"总而言之,朱子说仁,实造我国思想史言仁之最高峰。"② 唐君毅也说:"朱子于仁,乃就其前事为公,后事为与物同体。内为心之知觉之性,外形于知觉物而生之情。上通于天,下贯于人。本在己之一理,末散而为由爱恭宜别爱人利物之万事,而加以界说。此连仁之前后、内外、上下、本末以论仁,固有其精切细密之旨,存在于其中也。"③ 朱子的《仁说》既有如此显著之地位和重要之特色,所以本章专论朱子《仁说》的义理。

现行朱子《仁说》,其全文如下:

> 天地以生物为心者也,而人物之生,又各得夫天地之心以为心者也。故语心之德,虽其德总摄贯通无所不备,然一言以蔽之,则曰仁而已矣。请试详之。
>
> 盖天地之心,其德有四,曰元亨利贞,而元无不统。其运行焉,则为春夏秋冬之序,而春生之气无所不通。故人之为心,其德亦有四,曰仁义礼智,而仁无不包。其发用焉,则为爱恭宜别之情,而恻隐之心无所不贯。故论天地之心者,则曰乾元、坤元,则四德之体用不待悉数而足。论人心之妙者,则曰"仁,人心也",则四德之体用不待遍举而该。盖仁之为道,乃天地生物之心,即物而在,情之未发而此体已具,情之既发而其用不穷,诚能体而存之,则众善之源,百行之本,莫不在是。此孔门之教所以必使学者汲汲于求仁也。其言有曰:"克己复礼为仁。"言能克去己私,复乎天理,则此心之体无不在,而此心之用无不行也。又曰:"居处恭,执事敬,与人忠。"则亦所以存此心也。又曰:"事亲孝,事兄弟,及物恕。"则亦所以行此心也。又曰:"求仁得仁。"则以让国而逃、谏伐而饿为能不失乎此心也。又曰:"杀身成仁。"则以欲甚于生、恶甚于死为能不害乎此心也。此心

---

① 陈来:《朱子哲学中"心"概念》,见《中国近世思想史研究》(增订本),第83页。
② 陈荣捷:《朱学论集》,第41页。
③ 唐君毅:《中国哲学原论——原性篇》,香港:新亚研究所,1968年,第390~399页。

何心也？在天地则块然生物之心，在人则温然爱人利物之心，包四德而贯四端者也。

或曰：若子之言，则程子所谓"爱，情；仁，性；不可以爱为仁"者，非与？曰：不然。程子之所诃，以爱之发而名仁者也。吾之所论，以爱之理而名仁者也。盖所谓情性者，虽其分域之不同，然其脉络之通，各有攸属者，则曷尝判然离绝而不相管哉！吾方病夫学者诵程子之言而不求其意，遂至于判然离爱而言仁，故特论此以发明其遗意，而子顾以为异乎程子之说，不亦误哉！

或曰：程子之徒，言仁多矣，盖所谓爱非仁，而以万物与我为一为仁之体者矣。亦有谓爱非仁，而以心有知觉释仁之名者矣。今子之言若是，然则彼皆非与？曰：彼谓物我为一者，可以见仁之无不爱矣，而非仁之所以为体之真也；彼谓心有知觉者，可以见仁之包乎智矣，而非仁之所以得名之实也。观孔子答子贡博施济众之问，与程子所谓觉不可以训仁者，则可见矣。子尚安得复以此而论仁哉！抑泛言同体者，使人含胡昏缓而无警切之功，其弊或至于认物为己者有之矣；专言知觉者，使人张皇迫躁而无沉潜之味，其弊或至于认欲为理者有之矣。一忘一助，二者盖胥失之，而知觉之云者，于圣门所示乐山能守之气象，尤不相似。子尚安得复以此而论仁哉！因并记其语，作《仁说》。①

《仁说》前半部正面提出"心之德""爱之理"说，后半部则批判杨时"一体言仁"说和上蔡"知觉言仁"说，其中"心之德"说又内含"仁者天地生物之心"说和"心统性情"说。可以说是以辨析"仁"字名义字义为主，兼顾克己复礼、主敬涵养等求仁功夫，是一篇结构完整、义理精密的思想文献。本章为避免重复，尽量不用朱子早中期已经用过的仁论文献，而主要以《仁说》之后的《文集》《语类》中材料为主，深入讨论朱子的《仁说》。

---

① [宋]朱熹：《晦庵先生朱文公文集》，第3279～3281页。

第一节　天地以生物为心

一、天地以生物为心

《仁说》开篇便提出"天地以生物为心者也，而人物之生，又各得夫天地之心以为心者也"。朱子认为仁是天赋的先验道德本心，而"天地生物之心"则是仁的价值源头与存在本原。

"天地以生物为心"的说法，据目前所知，最早见于唐朝吕严所撰的《吕子易说》："造化无所谓杀机也。盖天地以生物为心，阳舒阴惨，皆生生之气也。故自无而达有，则生意之显于万物也，自有而归于无，则生意之敛于万物也。"① 吕严认为阴阳二气乃生生之气，天地以生物为心，天地之造化无所谓杀机。由于阳舒阴惨，所以生意有显于和敛于万物的两个过程。吕严的说法已经非常接近于二程和朱子，但是以其"从无到有""从有到无"的说法来看，明显受到了王弼等道家思想的影响。欧阳修在《易童子问》中也说："天地之心见乎动，复也。一阳初动于下矣，天地所以生育万物者本于此，故曰：天地之心也，天地以生物为心者也。"②《二程集》亦有"天地以生物为心"的说法："'复其见天地之心。'一言以蔽之，天地以生物为心。"③ 此句属于谁语，学界有不同的说法。陈来师倾向于是程颢语，其证据是："'程颢多言生'，如：'天只是以生为道。''万物之生意最可观，此"元者善之长也"，斯所谓仁也。'"④"天只是以生为道"，出现在《二程遗书》卷二上：

> "生生之谓易"，是天之所以为道也。天只是以生为道，继此生理者，即是善也。善便有一个元底意思。"元者善之长"，万物皆有春意，

---

① ［唐］吕严：《吕子易说》，清乾隆真燠刻本，第129页。"天地生物之心"，据目前所知，亦最早出现于吕严的《吕子易说》卷下："君子而行解也，以宽容为德体。天地生物之心，解斯民法网之密，赦其无心之过，宥其有罪之诛，则得刚柔并济之宜也。"（《吕子易说》，第83页。）
② ［宋］欧阳修：《欧阳文忠公集》，四部丛刊，景元本，第491页。
③ ［宋］程颢、程颐：《二程集》，第366页。
④ 陈来：《中国近世思想史研究》（增订本），第96页。

便是"继之者善也"。"成之者性也",成却待佗万物自成其(一作甚)性须得。①

告子云"生之谓性"则可。……"成性存存,道义之门",亦是万物各有成性存存,亦是生生不已之意。天只是以生为道。②

以上两条语录内容相近,且紧相先后,为元丰二年己未(1079年)吕与叔东见二先生语,当为同一人所说。《宋元学案》认为第一条语录是程颢语③,又程颢有一条语录与上引两条语录意思极为相近:"'天地之大德曰生','天地絪缊,万物化醇','生之谓性',(告子此言是,而谓犬之性犹牛之性,牛之性犹犬之性,则非也。)万物之生意最可观,此元者善之长也,斯所谓仁也。人与天地一物也,而人特自小之,何耶?"④由此可知,上引两条语录为程颢的语录的可能性很大。

朱子最先拈出"天地以生物为心"说是在作于乾道三年丁亥(1167年,朱子时年38岁)的《答张敬夫》第三十四书:

"复见天地心"之说,熹则以为天地以生物为心者也,虽气有阖辟、物有盈虚,而天地之心则亘古亘今未始有毫厘之间断也。故阳极于外而复生于内,圣人以为于此可以见天地之心焉。盖其复者气也,其所以复者,则有自来矣。向非天地之心生生不息,则阳之极也一绝而不复续矣,尚何以复生于内而为阖辟之无穷乎?此则所论动之端者,乃一阳之所以动,非徒指夫一阳之已动者而为言也。夜气固未可谓之天地心,然正是气之复处,苟求其故,则亦可以见天地之心矣。⑤

朱子认为《复》卦彖辞"复见天地之心",是因为天地以生物为心。虽气有阖辟、物有盈虚的变化消长过程,但是天地之心却亘古亘今毫无间断。一阳来复指的是一阳之气复生于内,但是,阳气之来复有其所以来复的根据与原理,这就是天地之心。如果不是天地之心生生不息,那么阳气盛极

---

① 陈来:《中国近世思想史研究》(增订本),第29页。
② 同上注,第30页。
③ [清]黄宗羲:《宋元学案》,第564页。
④ [宋]程颢、程颐:《二程集》,第120页。
⑤ [宋]朱熹:《晦庵先生朱文公文集》,第1393页。

于外则不复生于内,气之阖辟、盈虚、消长便会间断、中绝。朱子指出,所论动之端,乃是指一阳之气之所以动,而不只是指一阳之气之已动。正如一阳之气之来复不可便谓天地之心,夜气之复也不是天地之心。但是,如果探求阳气、夜气所以能复的根据与原理,则可以见天地之心。由此可知,朱子是指理为天地之心,理是阴阳之气阖辟、盈虚、消长的所以根据。

在作于乾道六年庚寅(1170年,朱子时年41岁)的《元亨利贞说》中,朱子又说:

> 元亨利贞,性也;生长收藏,情也;以元生,以亨长,以利收,以贞藏者,心也。仁义礼智,性也;恻隐、羞恶、辞让、是非,情也;以仁爱,以义恶,以礼让,以智知者,心也。性者,心之理也;情者,心之用也;心者,性情之主也。程子曰:"其体则谓之易,其理则谓之道,其用则谓之神。"正谓此也。又曰:"言天之自然者谓之天道,言天之付与万物者谓之天命。"又曰:"天地以生物为心。"亦谓此也。①

朱子和程颢一样,认为人道本于天道,仁心本于天心。程颢说:"盖上天之载,无声无臭,其体则谓之易,其理则谓之道,其用则谓之神,其命于人则谓之性,率性则谓之道,修道则谓之教。"②即认为天道流行是一个自然过程,其变化流行的统体就是易,流行过程的根据、原理则是道,天道发用流行的变化不测就是神。程颢又说"言天之自然者谓之天道,言天之付与万物者谓之天命"③,即天道赋予万物以天命。又说"天地以生物为心",此处所说的天地以生物为心,指的是天道之创辟万物、天命之流行赋命。朱子说:"明道云:'其体则谓之易,其理则谓之道,其用则谓之神。'易,心也;道,性也;神,情也。此天地之心、性、情也。"④虽然朱子在《元亨利贞说》中把天道之元亨利贞四德与人道之仁义礼智四德联系起来,并以程颢易道神的天道观来建立其人道之心性系统,并把程颢所说的天道、

---

① [宋]朱熹:《晦庵先生朱文公文集》,第3254页。
② [宋]程颢、程颐:《二程集》,第4页。未注明谁语,《宋元学案》认为是程颢语。
③ 同上注,第126页。
④ [宋]朱熹:《朱子语类》,第233页。

天命最后统一于其所说的"天地以生物为心"说，但是，仍未明确地把仁和天地生物之心联系起来，没有明确地说仁心乃是天地生物之心之贯注。此处朱子把"天地以生物为心"和程颢关于易道神的语录并列，似乎也可以推断，朱子是把"天地以生物为心"作为程颢的语录。

朱子《克斋记》初稿约作于乾道八年壬辰（1172年，朱子时年43岁）初，约修定于乾道九年癸巳（1173年，朱子时年44岁）五或六月。朱子在《克斋记》中说：

> 盖仁也者，天地所以生物之心，而人物之所得以为心者也。惟其得夫天地之心以为心，是以未发之前，四德具焉，曰仁、义、礼、智，而仁无不统。已发之际，四端著焉，曰恻隐、羞恶、辞让、是非，而恻隐之心无所不通。此仁之体用所以涵育浑全，周流贯彻，专一心之妙，而为众善之长也。①

在《克斋记》中，朱子明确指出仁是"天地所以生物之心"，即进一步明确了仁之形上根源乃是"天地所以生物之心"。从"所以"字眼来看，朱子在《克斋记》中更突出仁作为生理的意涵，即仁是天地生物的所以根据、内在原理而赋予人者。从天地生物之心来论证人之仁心、仁德的形上根源，突出了仁所具有的普遍性。仁作为理，乃是具有普遍必然性的道德法则；作为价值，乃是一种亘古长存的道德价值；作为心，乃是人之道德实践的主体。朱子认为仁义礼智四德是未发之体，仁包四德；恻隐、羞恶、辞让、是非是已发之情，而恻隐之心无不贯通，此即是仁之体用。仁涵育浑全，万理具足，乃是天道、天命之周流贯彻。正如天道是存在之本、价值之源，仁是众善之源、百行之本。

《仁说》初稿约作于壬辰二或三月，于癸巳八或九月最终定稿。在《仁说》中朱子说：

> 天地以生物为心者也，而人物之生，又各得夫天地之心以为心者也。故语心之德，虽其德总摄贯通无所不备，然一言以蔽之，则曰仁而已矣。请试详之。

---

① [宋]朱熹：《晦庵先生朱文公文集》，第3709页。

> 盖天地之心，其德有四，曰元亨利贞，而元无不统。其运行焉，则为春夏秋冬之序，而春生之气无所不通。故人之为心，其德亦有四，曰仁义礼智，而仁无不包。其发用焉，则为爱恭宜别之情，而恻隐之心无所不贯。故论天地之心者，则曰乾元、坤元，则四德之体用不待悉数而足。论人心之妙者，则曰"仁，人心也"，则四德之体用不待遍举而该。盖仁之为道，乃天地生物之心，即物而在，情之未发而此体已具，情之既发而其用不穷，诚能体而存之，则众善之源，百行之本，莫不在是。此孔门之教所以必使学者汲汲于求仁也。

与《克斋记》不同的是，《仁说》回到了《元亨利贞说》的"天地以生物为心"说，而不是《克斋记》的"盖仁也者，天地所以生物之心，而人物之所得以为心"说；与《克斋记》相同的是都明确把仁与天地生物之心直接联系起来，认为天地生物之心是仁的形上根源。《仁说》在天道元亨利贞四德中，强调其运行表现为春夏秋冬之序。元亨利贞四德主要是指存在与价值之理而言，而其运行则表现为春生之气的通达畅遂，也就是在天地之心上明确了乾元、坤元统摄元亨利贞四德之体用。在人道之仁上，朱子则强调仁是孟子所说的道德本心，此道德本心的形上根源即是程颢所说的天地生物之心，仁作为本心包仁义礼智四德之体用，而为众善之源、百行之本，所以孔门之教的核心在"诚能体而存之"的求仁功夫。

《仁说图》约作于癸巳冬，朱子说：

> 仁者天地生物之心而人之所得以为心，元亨利贞便是天地之心。是以未发之前四德具焉而惟仁则包乎四者，是以涵育浑全，无所不统；已发之际，四端著焉而惟恻隐则贯乎四端，是以周流贯澈，无所不通。所谓生之性，性之情，爱之理仁之体也，爱之发仁之用也。[1]

《仁说图》采"仁者天地生物之心而人之所得以为心"说，似乎与《仁说》之"天地以生物为心者也，而人物之生，又各得夫天地之心以为心"说有所不同，其实并非如此，《仁说》亦说："盖仁之为道，乃天地生物之心，即物而在。"朱子在《仁说图》突出元亨利贞便是天地之心，也是突出天

---

[1] [宋] 朱熹：《朱子语类》，第3455页。

地之心是亘古长存的生理。《克斋记》和《仁说》突出作为专言之仁的体用,《仁说图》则突出偏言之仁的体用。《仁说图》也明确指出"爱之理"就是仁体。

不过,上述诸说只是朱子论述的侧重点有所不同,在根本义理上并无矛盾。朱子在《仁说》中主"天地以生物为心"说,则突出了天地生物之心的粹然至善,其语意虽狭而更明确,朱子在《语类》中有一条语录说明其当时字斟句酌、权衡取舍的过程:

> "天地以生物为心"。天包著地,别无所作为,只是生物而已。亘古亘今,生生不穷。人物则得此生物之心以为心,所以个个肖他,本不须说以生物为心。缘做个语句难做,著个以生物为心。①

朱子认为,"天地以生物为心"是说天地只是生物,别无所作为。如果简单说"仁者天地生物之心",却没有说明天地之心除了以生物为心外,是否还具有人格神义、思虑营为义,显得宽泛而模糊。如果我们明白了"天地以生物为心"和"仁者天地生物之心"所说的对象有所不同,且具有不同的内涵,那么我们就可以明白朱子为什么在《答何叔京》第十八书和《答张钦夫论仁说》第四十三书中各自捍卫"仁者天地生物之心"说和"天地以生物为心"说,在《仁说》《仁说图》两者又交相为用。张栻在其《仁说》中,虽然还是主"天地生物之心"说:"而所谓爱之理者,是乃天地生物之心,而其所由生者也。"②但是朱子认为张栻对其"天地以生物为心"说最后也表示了赞同:"'天地以生物为心',此句自无病。昨与南轩论之,近得报,云亦已无疑矣。"③

二、"天地以生物为心"与"不忍人之心"

朱子《仁说》"天地以生物为心者也,而人物之生,又各得夫天地之心以为心",表明人得天地之心以为心,此心即是人之本心、良心、不忍人之心、恻隐之心、仁心,即道德实践的主体。在中国古代,具有悠久的以天心、天地之心说人、仁的传统。"人者,天地之心也。"(《礼记·礼运

---

① [宋]朱熹:《朱子语类》,第1756页。
② [宋]张栻:《南轩先生文集》,第287页。
③ [宋]朱熹:《朱子语类》,第1916页。

第九》）"人者，天地之心而五行之端。"（《孔子家语》卷七）董仲舒《春秋繁露》说："仁，天心。"杨时也说："要当以身体之、以心验之，则天地之心日陈露于目前，而古人之大体已在我矣。"① 认为做反身体验的功夫便能使天地之心日益呈露，此处所说的"古人之大体"，即作为价值与道德之源的天道或天理。胡宏则更加明确地说："仁者，天地之心也。"② 张栻在作于乾道五年己丑（1169年）的《桂阳军学记》中也说："夫人之心，天地之心也，其周流而该遍者本体也。在《乾》《坤》曰元，而在人所以为仁也。故《易》曰'元者善之长也'，而孟子曰'仁者人也，合而言之道也'，《礼》曰'人者天地之心也'。"③ 朱子在《元亨利贞说》拈出了"天地以生物为心"说，但是与仁的联系还不直接，自《克斋记》开始，则明确地把仁与天地生物之心联系起来。

朱子在《中庸章句》中说："仁者，天地生物之心，而人得以生者，所谓'元者善之长'也。"④ 五常之仁如四德之元，乃众善之源、百行之本，人道之仁来源于天道之元的生生之意，仁心来源于天地生物之心。在《孟子集注》中也说："天地以生物为心，而所生之物因各得夫天地生物之心以为心，所以人皆有不忍人之心也。"⑤ 人之所以皆有不忍人之心，是因为人人皆天生禀赋有天地生物之心，所以朱子又说：

> 不忍者心之发，而仁者天地生物之心，而人之所得以为心者也。是心之存，则其于亲也，必知所以亲之；于民也，必知所以仁之；于物也，必知所以爱之矣。然人或蔽于物欲之私，而失其本心之正，故其所发有不然者，然其根于天地之性者，则终不可得而亡也。⑥

不忍人之情乃是人之道德本心之发用，而仁就是人所禀得的为天所赋的天地生物之心。如果人能存养此仁心而不失，则自然能亲亲、仁民而爱物。人或由于受到物欲的蒙蔽，而失其本心之正。但是，人之不忍人之心乃根

---

① ［宋］杨时：《龟山集》，第210页。
② ［宋］胡宏：《胡宏集》，第4页。
③ ［宋］张栻：《南轩先生文集》，第163～164页。
④ ［宋］朱熹：《四书章句集注》，见《朱子全书》（修订本）第6册，第45页。
⑤ 同上注，第289页。
⑥ ［宋］朱熹：《四书或问》，第923页。

源于天所赋予的天地之性，此性虽被一时遮蔽，但终不会失去。只要孺子入井、牛之觳觫等事感，则恻隐之心、不忍人之心自然发用呈露。朱子又说：

> "天地以生物为心"。天包著地，别无所作为，只是生物而已。亘古亘今，生生不穷。人物则得此生物之心以为心，所以个个肖他。①

天地只以生物为心，而此生物之心，亘古亘今而常存，生生不穷，而人之仁心就是禀得的亘古长存的天地生物之心，所以仁心具有永恒性、普遍性和超越性。朱子又说："'人皆有不忍人之心'者，是得天地生物之心为心也。盖无天地生物之心，则没这身。才有这血气之身，便具天地生物之心矣。"②朱子这里进一步认为，人之形气之身亦为此天地生物之心所生，而人只要一有天地所生的血气之身，便具此天地生物之心而为人之道德本心、仁心。朱子又认为人所具有的不忍人之心，乃从天地生物之和气中生：

> 问："天地以生物为心，而所生之物，因各得夫天地之心以为心，所以'人皆有不忍人之心'。"曰："天地生物，自是温暖和煦，这个便是仁。所以人物得之，无不有慈爱恻怛之心。"又曰："人物皆得此理，只缘他上面一个母子如此，所以生物无不肖他。"③

天地生物之心，温暖和煦，这就是天地之仁。人物得此天地之仁心，便无不有慈爱恻怛之心。这是因为，人物生时，都禀有天地之和气，而此和气中皆有天地生生之理。由于人物皆生而禀有此天地之和气、天地生生之理，所以如同母子一般相似。天道是仁的价值根源和形上根据，而天道就是天理，作为众善之长的天道之元，是於穆不已的创生主体，宇宙万物无不是此天道之元所生。天道之元，在人道则为五常之仁，五常之仁与天道之元血脉贯通。五常之仁作为众善之源、百行之本，亦是一个於穆不已的道德创生、道德实践的主体。在此道德主体中，由于心与理的血脉贯通，

---

① ［宋］朱熹：《朱子语类》，第1756页。
② 同上注，第1755页。
③ 同上注，第1756页。

仁性能当下发为恻隐、羞恶、辞让、是非等道德情感，产生道德实践的动机与力量。朱子又说：

>　　"'心，生道也。'心乃生之道。'恻隐之心，人之生道也'，乃是得天之心以生。生物便是天之心。"可学。①
>　　"'心，生道也。人有是心，斯具是形以生。恻隐之心，生道也。'如何？"曰："天地生物之心是仁；人之禀赋，接得此天地之心，方能有生。故恻隐之心在人，亦为生道也。"谟。②
>　　伊川云："心，生道也。"方云："生道者，是本然也，所以生者也。"曰："是人为天地之心意。"（本文云。）又曰："生亦是生生之意。盖有是恻隐心，则有是形。"方曰："满腔子是恻隐之心。"方。③
>　　问："'仁，天之尊爵。'先生解曰：'仁者，天地生物之心，得之最先。'如何是得之最先？"曰："人得那生底道理，所谓'心，生道'也。有是心，斯具是形以生也。"广。④
>　　问："'心生道也'一段，上面'心生道'，莫是指天地生物之心？下面'恻隐之心，人之生道'，莫是指人所得天地之心以为心？盖在天只有此理，若无那形质，则此理无安顿处。故曰：'有是心，斯具是形以生。'上面犹言'继善'，下面犹言'成性'。"曰："上面'心，生道也'，全然做天底，也不得。盖理只是一个浑然底，人与天地混合无间。"端蒙。⑤
>　　"'有是心，斯具是形以生。'是心乃属天地，未属我在，此乃是众人者。至下面'各正性命'，则方是我底，故又曰：'恻隐之心，人之生道也。'仁者，天地生物之心，而人物之所得以为心。人未得之，此理亦未尝不在天地之间。只是人有是心，便自具是理以生。又不可道有心了，却讨得一物来安顿放里面。似恁地处，难看，须自体认看。"端蒙。⑥

---

① ［宋］朱熹：《朱子语类》，第 3208 页。
② 同上。
③ 同上注，第 3208～3209 页。
④ 同上。
⑤ 同上注，第 3208 页。
⑥ 同上。

第七章　朱子《仁说》义理研究

以上六条朱子语录都是讨论程颐的语录"心,生道也。有是心,斯具是形以生。恻隐之心,人之生道也"①。郑可学所录第一条语录,朱子认为,"心,生道也"之"心"是说心乃生之道。"恻隐之心,人之生道也",是说人得天地之心以为心,此心即天地生物之心。周谟所录的第二条语录,朱子认为仁是天地生物之心,人之恻隐之心即是生道。第三条语录为杨方所录,杨方说程颐此生道是本然具有的,是生之所以生者,即生理。朱子则认为生是生生之意,"盖有是恻隐心,则有是形",人之恻隐之心与天地生物之心血脉贯通,故说有恻隐之心,则便有人之形躯。辅广所录的第四条语录,朱子认为"心,生道也",是人得那生底道理,"有是心,斯具是形以生",是说既有此生理,必须有是形以承载此生理。第五条语录为程端蒙所录,程端蒙提出了自己的理解来质问朱子。程端蒙在上句问朱子,"心,生道也"所指的是不是天地生物之心,而"恻隐之心,人之生道也"所指的是不是人得天地之心以为心。程端蒙在下句则提出"盖在天只有此理,若无那形质,则此理无安顿处。故曰:'有是心,斯具是形以生。'上面犹言'继善',下面犹言'成性'"。程端蒙用"若无那形质,则此理无安顿处"来解释程颐的"有是心,斯具是形以生",朱子没有否定程端蒙下句的提法,说明此解符合朱子的意思。但是朱子对程端蒙上句的设问则不完全赞同,认为"心,生道也",不能仅指天地生物之心,也指人之仁心。因为天地生生之理和人之仁理本只是一浑然无间的生理,所以人和天地亦浑然无间。由此我们可知,朱子所说的天地生物之心和人之仁心,是一体无间、血脉感通的。程端蒙所录的第六条语录,朱子则明确提出"有是心,斯得是形以生",此"心"是天地生物之心,为众人所共有。只有到"各正性命"的时候,人才得天地生物之心以为心,此心则表现为个体的仁心。所以说,恻隐之心是人之生道。仁是天地生物之心,而人之所得以为心。天地生物之心未被我禀有之前,天地生生之理已经存在于天地之间,只是人有是心之后,人便禀得天地生生之理。但是,天地生生之理是无形的,不是说像一个有形之物安顿在心里。

---

① [宋]程颢、程颐:《二程集》,第274页。

第二节　心之德、爱之理

一、心之德

朱子《仁说》以"心之德""爱之理"训仁，可谓发前人所未有。陈荣捷认为"心之德、爱之理"乃朱子《仁说》"主脑"，①可谓深得其意。下面我们便来深入分析"心之德""爱之理"两词的含义。

朱子在《仁说》中说："天地以生物为心者也，而人物之生，又各得夫天地之心以为心者也。故语心之德，虽其德总摄贯通无所不备，然一言以蔽之，则曰仁而已矣。"朱子认为天地以生物为心，别无所思虑营为，天地生物之心是仁心的形上根源，人得此天地生物之心而为己心、为己心之德。此心之德总摄贯通，乃众德所从出；亦无所不备，万理无不具足于此心。此心之德，如果一言以蔽之，则为仁。

> 仁者，心之德。②
> 仁本吾心之德。③
> 盖仁是此心之德，才存得此心，即无不仁。④
> 盖仁者心之德，有是心而不失其德，则谓之仁人。一时如此，则一时之仁也，一事如此，则一事之仁也，其时与事虽有不同，而所谓仁者，则常在此而不在彼也，盖始出乎此，而终合乎此耳。⑤

朱子说仁作为"心之德"，乃人人所本有，因此，只要时时存养得此心而不放失，则便无所不是此仁。人如果不丧失其所固有的心之德，就是仁人。一时如此，是一时之仁，一事如此，则是一事之仁。仁作为心之德，是众德之总名，万善之根源，为道德实践的主体。朱子说"所谓仁者，则

---

① 陈荣捷：《朱学论集》，第 31 页。
② [宋] 朱熹：《四书章句集注》，第 111 页。
③ [宋] 朱熹：《晦庵先生朱文公文集》，第 1412 页。
④ [宋] 朱熹：《朱子语类》，第 255 页。
⑤ [宋] 朱熹：《四书或问》，第 892 页。

常在此而不在彼也",即仁作为心之德,不是由于外铄,乃是本心固有之德,仁作为道德实践的主体,其所依据的道德法则乃是道德本心所颁布,并为本心无条件地遵守执行。在人之本然的状态,本心无时不如理合义,心即是理。本心具足万理,而万理亦无时不呈露于此本心而发为万事万行,所以朱子说"所谓仁者……盖始出乎此,而终合乎此耳"。即仁乃根源于道德本心,人所依据的道德法则乃道德本心所颁布,仁之万事万行,无不是道德本心依照其自己所颁布的道德法则而行的结果。

但是,因为人不能无形气之私,所以,还不能说心无时不仁,心之德不能等同于人心:

> 问:"杨氏谓:'孟子言:"仁,人心也。"最为亲切。'窃谓以心之德为仁,则可。指人心即是仁,恐未安?"曰:"'仁,人心也;义,人路也。'此指而示之近。缘人不识仁义,故语之以仁只在人心,非以人心训仁;义,只是人之所行者是也。"必大。①
>
> 或曰:仁,人心也,则心与仁宜一矣。而又曰心不违仁,则心之与仁,又若二物焉者,何也?曰:孟子之言,非以仁训心也,盖以仁为心之德也,人有是心,则有是德矣。然私欲乱之,则或有是心,而不能有是德,此众人之心,所以每至于违仁也。②

孟子说:"仁,人心也。"(《孟子·告子上》)以心训仁,是儒家仁学思想的重大突破。杨时称赞孟子以心言仁最为亲切:"问《论语》言仁处,何语最为亲切?曰:皆仁之方也。若正所谓仁,则未之尝言也。故曰:子罕言利与命与仁。要道得亲切,唯孟子言'仁,人心也'最为亲切。"③但是,由于形气之私,人心不能无时、无事都为仁,所以,朱子认为以"人心"说仁,还只是近似之语。朱子说孟子并非以"人心训仁",而是因人不识仁义,乃说仁只在心,而不在外。由此,我们可知,仁作为心之德,此"心之德"已经不是普通所谓的人心,乃是心即理之心。作为仁的"心之德",既是人之道德本心,又是人做为仁功夫,使此心纯乎天理而无人欲之私之后所呈露的纯粹至善之心。此心先验而内在,是道德法则的根源,

---

① [宋]朱熹:《朱子语类》,第1911页。
② [宋]朱熹:《四书或问》,第721页。
③ [宋]杨时:《龟山集》,第86页。

是亘古亘今常存的道德本心，此心与天地生物之心血脉贯通，是天理、天命流行之体；同时，人得此天地生物之心，得此流行的天命、天理而为人之仁心，所以此心又内在于人，而成为道德实践的主体。人心虽然时有所陷溺，但是，如果为仁功夫久久纯熟，则人之此心便人欲净尽，天理流行。此时，人与天地万物浑然一体，都是此天命、天理纯亦不已之流行，此心即是天心。

> 道者，当为之理……德者，得也。既得之，则当据守而弗失。仁者，人之本心也。①

朱子认为仁是人之本心，这本心即是孟子所说的道德本心，道则是当为之理，可以说就是道德原理，而德则是得此理而为本心之德。朱子"德者，得也"的思想，主要是受到了《礼记》和《管子》的影响："礼乐皆得，谓之有德。德者，得也"（《礼记·乐记》）；"天之道，虚其无形。……遍流万物而不变。德者，道之舍，物得以生生，知得以职道之精。故德者，得也。得也者，其谓所得以然也"（《管子·心术上》）。

> "人未说为善，先须疾恶。能疾恶，然后能为善。今人见不好事，都只恁不管它。'民之秉彝，好是懿德'，不知这秉彝之良心做那里去，也是可怪。"与立。②

朱子认为《诗经》"民之秉彝，好是懿德"中的德，即是作为人之秉彝的良心，朱子在这里把《诗经》中所说的"秉彝""懿德"与孟子所说的"良心"联系起来。由此可知，朱子所说的德具有先天性，乃人所天生禀有，此德即是孟子所说的良心，此心能根据其所固有的义理法则，辨别善恶，发出好善恶恶的道德情感与行为。

> 仁者，本心之全德。……为仁者，所以全其心之德也。盖心之全德，莫非天理，而亦不能不坏于人欲。故为仁者必有以胜私欲而复于

---

① ［宋］朱熹：《朱子语类》，第 1216～1217 页。
② 同上注，第 395 页。

第七章　朱子《仁说》义理研究

礼，则事皆天理，而本心之德复全于我矣。①

夫仁者，本心之全德也。己者，一身之私欲也。礼者，天理之节文也。盖人心之全德莫非天理之所为，然既有是身，则亦不能无人欲之私以害焉。故为仁者，必有以胜其私欲而复于礼，则事皆天理而本心之德复全于我也。心德既全，则虽以天下之大而无一人不归吾之仁者。然其机则固在我而不在人也。日日克之，不以为难，则私欲净尽，天理流行，而仁不可胜用矣。此大舜、孔子之言，而臣辄妄论其以用力之方如此，伏乞圣照。②

王景仁问仁。曰："无以为也。须是试去屏叠了私欲，然后子细体验本心之德是甚气象，无徒讲其文义而已也。"壮祖。③

以上三条语录都认为仁是本心之全德。"莫非天理所为"，指的是仁心所发无不符合当为的道德法则，为仁功夫便是保全此本心之全德而不丧失。作为道德本心的"心之德"，纯乎天理，但是，由于人都有形气躯壳，所以，难免有一己之私欲，作为本心之全德的仁容易为私欲所害而丧失。因此，必须做克己复礼的功夫，以复全此本心之全德。心德既全，则天下之人无不归于吾仁，即一种私欲净尽、天理流行，人与万物浑然无间、血脉贯通的天地一体境界，此即是仁者气象。因此，朱子强调为仁功夫，须屏叠了一己私欲，细细体会作为本心之全德的仁是一种什么气象，不能只从文义字义上下功夫。朱子一方面强调理解经典的字义名义，另一方面又强调为仁等道德修养的功夫。但是，与对外部事物的格物穷理不同，在道德修养方面，朱子更强调行的功夫。

问："仁者，心之德也。不仁之人，心德既亡，方寸之中，绝无天理。平日运量酬酢，尽是非僻淫邪之气，无复本心之正。如此等人，虽周旋于玉帛交错之间，钟鼓铿锵之际，其于礼乐判为二物，如猿狙衣周公之服一般，其如礼乐何。伊川所谓'仁者，天下之正理。失正理，则无序而不和'。所谓正理，即心之德也。若天理不亡，则见得礼乐本意，皆是天理中发出来，自然有序而和。若是胸中不有正理，

---

① ［宋］朱熹:《四书章句集注》，第 2010 页。
② ［宋］朱熹:《晦庵先生朱文公文集》，第 591～592 页。
③ ［宋］朱熹:《朱子语类》，第 259 页。

虽周旋于礼乐之间，但见得私意扰扰，所谓升降揖逊，铿锵节奏，为何等物。不是礼乐无序与不和，是他自见得无序与不和，而礼乐之理自在也。"曰："只是如此。"南升。①

仁是心之德，此心之德即是程颐所说的"仁者，天下之正理"的"正理"，失此正理，则无序而不和。不仁之人，丧失了此心之德，无复本心之正，所以心中无非是私意，虽然周旋于礼乐之间，却如猿狙穿周公之服，已与作为仁心之发的礼乐判为二物。朱子在这里强调了作为心之德的仁是天理的流行，即人之本心无不符合道德法则。脱离了本心的如理合道，则外部的行为即使符合礼仪规范，也如猿狙穿周公之服，完全丧失了礼乐之道。

牟宗三说："视性为只是理，是一个普遍的理，而爱与恻隐乃至孝弟都视同一律，一律视为心气依这普遍之理而发的特殊表现，而表现出来的却不是理，如是，仁与恻隐遂成为异质的两物，此非孟子之本意也。气是形而下者，理是形而上者。如是，遂将心一概视为形而下者，一往是气之事。恻隐、羞恶、辞让、是非之心亦皆是形而下者，皆是气之事。此一义理间架完全非孟子言本心之本义。"②从本节所引朱子语录可知，朱子明确指出，仁就是本心之全德，此本心即是孟子所说的道德本心、良心，而牟氏却认为朱子将"心一概视为形而下者，一往是气之事。恻隐、羞恶、辞让、是非之心亦皆是形而下者，皆是气之事"，显然是对朱子的重大误读。朱子明确指出孟子所说"仁，人心也"，不是以人心便为仁，而是说仁在人之心，仁心不是未免于形气之私的人心，而是纯粹道德本心，显然不是如牟氏所说"一概而视为形而下者，一往皆气之事"。在朱子哲学中，仁是生理本体，此生理本体乃天地生物之心，此心之下贯为人之仁心，即本心之全德，此仁心显然不是形而下的气心，而是形而上的理心。

下面再进一步展开论述朱子"德者，得也"的思想。朱子认为德与道具有一种密切的关联，道就是当为之理，而德则是得此当为之理而为本心之全德。仁作为本心之全德，具有一种"道"的形上来源：

"道者，人之所共由，如臣之忠、子之孝，只是统举理而言。德

---

① ［宋］朱熹：《朱子语类》，第883页。
② 牟宗三：《心体与性体》第3册，第268～269页。

者，己之所独得，如能忠、能孝，则是就做处言也。依仁，则又所行处每事不违于仁。"端蒙。①

朱子认为道是人所共由的法则，这说明道具有一种普遍性，而德则是人得此道为己之所独有。臣忠、子孝是人所当为之理，仁因为是心之德，所以能忠、能孝，所谓依仁即是处事能不违于仁理。

"道是日用常行合做底。德是真个有得于己，仁谓有个安顿处。"季札。②

"德是得于天者，讲学而得之，得自家本分底物事。"节。③

"天之赋于人物者谓之命，人与物受之者谓之性，主于一身者谓之心，有得于天而光明正大者谓之明德。"敬仲。④

"天之明命，即天之所以与我，而我之所以为德者也。"⑤

命，犹令也。性，即理也。天以阴阳五行化生万物，气以成形，而理亦赋焉，犹命令也。于是人物之生，因各得其所赋之理，以为健顺五常之德，所谓性也。率，循也。道，犹路也。人物各循其性之自然，则其日用事物之间，莫不各有当行之路，是则所谓道也。⑥

道是人之日用常行所当做的法则、准则，德是实得此道于己，仁则是道之安顿、发用处。人所共由的道是一种天道，德是得此天道而为己之德。由于人天生便禀赋有天道、天理而为己之德，所以平时讲学明理，都是明其自家本有、本分的物事。这说明仁德虽得于天，却不是在外者，乃为我天生本具、本有，是人之本心之全德。天所赋为命，人得此天命则为人之德。天以阴阳五行化生万物，作为形体之气的万物莫不禀有理，所以人物都得有此所赋之理为其健顺五常之德。因为仁义礼智信五常皆为人所天生所禀赋的理，所以人循此理而行，乃是循自己本性之自然。日用事物，无不具有当行之理，这就是道。

---

① [宋]朱熹：《朱子语类》，第1214页。
② 同上。
③ 同上注，第238页。
④ 同上注，第432页。
⑤ [宋]朱熹：《四书章句集注》，第18页。
⑥ 同上注，第32页。

"道者，古今共由之理，如父之慈、子之孝，君仁、臣忠，是一个公共底道理。德，便是得此道于身，则为君必仁，为臣必忠之类，皆是自有得于己，方解恁地。尧所以修此道而成尧之德，舜所以修此道而成舜之德。自天地以先，羲、黄以降，都即是这一个道理，亘古今未尝有异，只是代代有一个人出来做主。做主，便即是得此道理于己，不是尧自是一个道理，舜又是一个道理，文王、周公、孔子又别是一个道理。……以其古今公共是这一个，不着人身上说，谓之道。德，即是全得此道于己。"贺孙。①

朱子认为得之于心而为心之德的"道"是指理而言，理是形而上者，是独立于时空的存在，所以它具有普遍性、超越性，它是古今共由的公共之理，伏羲、黄帝、尧、舜、文王、周公、孔子都是得此道而为己之德。虽然古今公共只此一理，但它分殊地表现为各种行为准则，如父慈、子孝、君仁、臣忠等，此是理一分殊的表现；另外，作为公共道理的道，它是一，在人全得此道于己后，则表现为己之德，此是理一分殊的另一种表现。

性与天道，乃是此理之精微。盖性者是人所受于天，有许多道理，为心之体者也。天道者，谓自然之本体所以流行而付与万物，人物得之以为性者也。②

性和天道都是深微的同一公共之理，性是得天之理具于心而为心之体，天道是自然流行之本体所以付与万物者，人则是得此流行之天道、天理而为己之性，也就是说作为人道之性，本于天道，乃天之所赋予。因此，朱子说：

德者，道理得于吾心之谓。③
德，谓义理之得于己者。非己有之，不能知其意味之实也。④

---

① [宋]朱熹：《朱子语类》，第397～398页。
② 同上注，第1036页。
③ 同上注，第1026页。
④ [宋]朱熹：《四书章句集注》，第202页。

德是得此道理于吾心，而为心之德。朱子说"非己有之，不能知其意味之实也"，不是说此理不为人所本有、固有，而是说人虽先天本有此道理、义理于己，但是由于私欲之蒙蔽而不能呈现，所以虽有若无，因此必须做克己复礼、主敬涵养的为仁功夫，使此仁体纯亦不已地流行发用。如此则如人饮水，冷暖自知，而深得仁义礼智诸德之意味。

> 仁者心之德，而万理具焉。一有不合于理，则心不能安，而害其德矣。顺此理而不违，则身虽可杀，而此心之全，此理之正，浩然充塞天地之间，夫孰得而亡之哉？①

仁作为本心之全德，得天道、天理于心而为心之德，因此仁心万理具足。同时，此仁心本体即是道德实践的主体，仁心本体依据其所自立的道德法则而发动道德行为，发为众善万行。仁作为本心之全、义理之正，充塞宇宙，亘古亘今，具有超越性、永恒性。

德是得于天之道、理而为己之德，这是说人先天便禀有天理，因此作为本心之德的仁，乃人人所本有：

> "德者，吾之所自有，非自外而得也。以仁、义、礼、智观之，可见。韩退之云：'德，足乎己，无待乎外。'说得也好。"南升。②

仁义礼智作为德，乃人所本有、固有，非从外得，朱子认为德的这种既超越又内在的特点可以从仁义礼智四德观之而见。作为心之德的仁，正如韩愈所说，足乎己而无待于外，即仁德具有独立于外部条件的超越性，人的道德本心万理具足，当体流行。仁体之流行即天道、天命、天理的流行，乃是一个纯亦不已的过程。所以朱子又说："仁者，心之德，非在外也。"③朱子认为《大学》中所说的"明德"即具有仁义礼智四德：

> "人本来皆具此明德，德内便有此仁义礼智四者。只被外物汩没了不明，便都坏了。所以《大学》之道，必先明此明德。若能学，则

---

① ［宋］朱熹：《四书或问》，第851页。
② ［宋］朱熹：《朱子语类》，第1214页。
③ ［宋］朱熹：《四书章句集注》，第2010页。

能知觉此明德，常自存得，便去刮剔，不为物欲所蔽。推而事父孝，事君忠，推而齐家、治国、平天下，皆只此理。《大学》一书，若理会得这一句，便可迎刃而解。"椿。①

明德为人人所本有，此明德中便有仁义礼智四德，只是因为受到外物的引诱而为人的私欲所汩没，才会失坏而有所不明。因此，大学之道，必须先明此明德。明明德的功夫即是常常"知觉此明德"，朱子所说的"若能学，则能知觉此明德"，是说人如果能常存此心，不被私欲所蒙蔽，常常刮剔，则此心便如宝珠一般明莹透彻，所以能知觉不昧。朱子认为事父孝、事君忠，以及《大学》中所说的齐家、治国、平天下等条目，无不以明此明德为根本。朱子所理解的明德，即人所固有的本心之德，即是人的道德本心，此心万理具足，所以朱子说心之灵明，具众理而应万事，无不如理合义。

"明德，谓本有此明德也。'孩提之童，无不知爱其亲；及其长也，无不知敬其兄。'其良知、良能，本自有之，只为私欲所蔽，故暗而不明。所谓'明明德'者，求所以明之也。譬如镜焉：本是个明底物，缘为尘昏，故不能照；须是磨去尘垢，然后镜复明也。"德明。②
良心便是明德。③

朱子认为《大学》所说的"明德"，也就是孟子所说的良知、良能、良心，乃是不学而知、不学而能，人人所固有之德。正如孟子所说"孩提之童，无不知爱其亲；及其长也，无不知敬其兄"，都是此良知、良能纯亦不已地发用流行。只是由于私欲的蒙蔽，所以此仁体、良知之体暗而不明。所以《大学》强调"明明德"的功夫，即是去除私欲之蔽而有以明之。仁心、仁体、明德就像明镜，其体本自明莹透彻，物来便能照，只是因为尘垢的污染而有所不明，所以要磨去镜上的尘垢，以恢复镜体本来之明。人之私欲犹如染污镜子的尘垢，所以要恢复心体、仁体的虚灵不昧，便应做明明德的功夫，明明德的功夫就是克己复礼、主敬涵养、存心养性等操存心体

---

① [宋] 朱熹：《朱子语类》，第 435 页。
② 同上注，第 440 页。
③ 同上注，第 442 页。

的功夫。

朱子有时以仁为本心之全德,有时又以仁为性之德,两说之侧重点有所不同,但都是强调仁乃人所固有之德。

> 仁者,性之德也,然必忠信笃敬,克己复礼,然后能至。①
> 道者,日用事物当行之理,皆性之德而具于心,无物不有,无时不然,所以不可须臾离也。若其可离,则为外物而非道矣。②

朱子认为道就是人伦日用所依据之理,即当然法则。此理作为性之德具于心而为心之体,"无物不有"是说此理存在的普遍性,"无时不然"是此理发用的即在性,即此心体、仁体、理体乃天道、天命、天理流行之体,天道、天命、天理流行贯注于人,为人人所禀赋的性之德而具于人之本心,此是人之所以为人的根据,众德万善无不源于此本心仁体的发用流行,因此须臾不可离。如果可离的话,则为身外之物,而不是纯亦不已地流行发用于自身的性之德、心之德了。朱子说仁是性之德时,有强调仁作为理之寂然不动一面;说仁是心之德时,则强调仁的总摄贯通、该贯体用一面。

> 又问:"言中,则诚与仁亦在其内否?"曰:"不可如此看。若可混并,则圣贤已自混并了。须逐句看他:言诚时,便主在实理发育流行处;言性时,便主在寂然不动处;言心时,便主在生发处。"砥。③

朱子认为中与诚、仁不可混看,各自有其界分。当说诚时,侧重于说天道、天理、天命的发育流行;说性时,则侧重于说实理的寂然不动;说心时,则是侧重于道德实践主体依据其本有的道德义理而发用为各种如理合义的道德行为。朱子所说的"性之德",主要是理、本体,是寂然不动处;而"心之德"则包括了"性之德",同时包括了理、性、心三者的发用流行。性体、理体统一于心体,即仁体。仁体的发用流行,即是天道、天命、天理的流行,这就是朱子所说的"诚",是天地生物之心与仁心一体无间、血脉贯通,於穆不已地创生万物的过程。

---

① [宋]朱熹:《四书或问》,第768页。
② [宋]朱熹:《四书章句集注》,第32~33页。
③ [宋]朱熹:《朱子语类》,第3390页。

朱子认为德便是得此道而为本心之全德，而德便是行此道的一种禀赋、能力：

> 问："仁与道如何分别？"曰："道是统言，仁是一事。如'道路'之'道'，千枝百派，皆有一路去。故《中庸》分道德曰，父子、君臣以下为天下之达道，智仁勇为天下之达德。君有君之道，臣有臣之道。德便是个行道底。故为君主于仁，为臣主于敬。仁敬可唤做德，不可唤做道。"干。①

朱子认为德便有行之义，即能把其所禀受的天道、天理付诸实践的一种能力。道是统名，就像道路一样，虽千枝百派，但总有一路去。《中庸》说："天下之达道五，所以行之者三。曰：君臣也，父子也，夫妇也，昆弟也，朋友之交也，五者天下之达道也。知仁勇三者，天下之达德也，所以行之者一也。"认为君臣、父子、夫妇、兄弟、朋友五伦乃天下之达道，而智仁勇则为三达德，而达德即是行此达道的。朱子继承《中庸》的这一思想，认为德便是行道底，所以君德主于仁，臣德主于敬，仁德都是人的道德禀赋，为天道所赋予人者，因此不可唤作道。朱子又说：

> 或问"志道，据德，依仁，游艺"。曰："德是行来行去，行得熟，已成个物事了。惟这个物事已得于我，故孝也是这物事流出来做孝，忠也是这物事流出来做忠。若只说为子尽孝，为臣尽忠，这只说得尽，说德不得。盖德是得这物事于我，故事亲必孝，必不至于不孝；事君必忠，必不至于不忠。若今日孝，明日又不孝；今日忠，明日又不忠，是未有得于我，不可谓之德。惟德是有得于我者，故可据守之也。若是未有得于我，则亦无可据者。"又问："此是成德否？"曰："便恁地说，也不得。若做这物事未成就时，一个物事是一个物事在，孝只是孝，忠只是忠。惟做来做去，凑足成就一个物事贯通时，则千头万件，都只是这一个物事流出来。道家所谓'安养成胎'，盖德是百行之胎也。所以君子以成德为行。'依于仁'，仁是个主，即心也。'依于仁'，则不失其本心。既不失其本心，则德亦自然有所据。若失

---

① ［宋］朱熹：《朱子语类》，第238页。

其本心，则与那德亦不见矣。"①

朱子认为德是一种依据道德义理而行的一种能力，人天赋有仁、义、礼、智、孝、忠等德，众德皆是从本心仁体中生发流溢而出。道德本心是人道德实践的主体，此心万理具足，所以能具众理而应万事，创生各种道德行为。本心仁体的自立法则，自我实践，依据其所自立的道德法则而行的道德行为能力，朱子认为即是德。人因有此天赋的道德本心、仁体，所以事亲必孝，为臣必忠。如果不孝不忠，或孝忠之行有所间断，则是未有得于我，不能算作是德。由此我们可知，朱子在此既承认道德的天赋先验性，又承认仁义礼智等德目是后天德行修养的一种结果，所以他说德要行来行去，而且要行得熟。在德行修养未臻纯熟之境时，各种德行似乎各自分开，孝只是孝，忠只是忠，各是一个物事。但是，如果久久存养，到了德盛仁熟的时候，则千德万行无不贯通融会于本心仁体，都是自本心仁体所流出。正如道家说要"安养成胎"，本心仁体就是百行之胎。朱子用"胎"来比喻本心仁体，既说到了仁德之理的天赋性、先天性，又说到仁德之行的后天性、养成性。所以朱子说："'以德行仁'，仁便是德，德便是仁。"②心之德天赋便有行仁的能力，以德行仁至纯熟之境时，则仁便是德、德便是仁，既先天又后天、既超越又内在、即体即用。所以朱子说："以德行仁，则自吾之得于心者推之，无适而非仁也。"③又说："君子以成德为行。'依于仁'，仁是个主，即心也。'依于仁'，则不失其本心。既不失其本心，则德亦自然有所据。"

二、爱之理

上面详细分析了朱子以"心之德"训仁，接下来再讨论朱子以"爱之理"训仁的思想。朱子在《仁说》中说：

> 或曰：若子之言，则程子所谓"爱，情；仁，性；不可以爱为仁"者，非与？曰：不然。程子之所诃，以爱之发而名仁者也。吾之所论，以爱之理而名仁者也。盖所谓情性者，虽其分域之不同，然其

---

① ［宋］朱熹：《朱子语类》，第1218～1219页。
② 同上注，第1753页。
③ ［宋］朱熹：《四书章句集注》，第286页。

> 脉络之通，各有攸属者，则曷尝判然离绝而不相管哉！吾方病夫学者诵程子之言而不求其意，遂至于判然离爱而言仁，故特论此以发明其遗意，而子顾以为异乎程子之说，不亦误哉！

朱子设问有人以程颐爱是情，仁是性，不可以爱为仁来反对以"爱之理"训仁。朱子认为程颐反对的是以性之发用，即以爱之情来训仁，而自己是用"爱之理"训仁，性即是理，与程颐仁是性的思想没有什么不同。朱子虽然用"爱之理"训仁，但是爱之情乃仁性之发用，因此反对以程颐"爱，情；仁，性；不可以爱为仁"来隔绝性情之间的关联。朱子认为性情虽其分域界限有所不同，各有所属，但是两者血脉贯通，即情为性之所发，而性情作为体用又为心所统摄。因此朱子反对在程颐之说上走向另一个极端，即离爱而言仁，而主张回复儒家以爱言仁的传统，主张以爱推仁，以"爱之理"训仁。

> "'仁者爱之理'，只是爱之道理，犹言生之性，爱则是理之见于用者也。盖仁，性也，性只是理而已。爱是情，情则发于用。性者指其未发，故曰'仁者爱之理'。情即已发，故曰'爱者仁之用'。"端蒙。[1]

朱子认为"爱之理"，就像生之性一样。仁作为性，只是爱之理。爱则是仁理之发用，仁性发为爱情。仁性是未发，爱情是已发。

> "仁是爱之理，爱是仁之用。未发时，只唤做仁，仁却无形影；既发后，方唤做爱，爱却有形影。未发而言仁，可以包义礼智；既发而言恻隐，可以包恭敬、辞逊、是非。四端者，端如萌芽相似，恻隐方是从仁里面发出来底端。程子曰：'因其恻隐，知其有仁。'因其外面发出来底，便知是性在里面。"植。[2]

作为"爱之理"的"仁"是未发，此时仁是性、是理，是形而上的存在，

---

[1] ［宋］朱熹：《朱子语类》，第690页。
[2] 同上注，第691页。

所以说仁无形影。已发后,则是爱之情,爱之情却是形而下的存在,所以说爱却有形影。朱子认为未发之仁,可以包义礼智,已发之恻隐,也可以包恭敬、辞逊、是非。恻隐之心是从仁性里发出来的,孟子所说"四端"之"端",如树木的萌芽。因其恻隐之心的萌蘖,可以推知其本有未发的仁性。

  仁父问"仁者爱之理"。曰:"这一句,只将心性情看,便分明。一身之中,浑然自有个主宰者,心也。有仁义礼智,则是性;发为恻隐、羞恶、辞逊、是非,则是情。恻隐,爱也,仁之端也。仁是体,爱是用。"贺孙。①

朱子强调要理解仁是爱之理,必须通过"心统性情"才能看分明。心是一身之主宰,仁义礼智是性,恻隐、羞恶、辞逊、是非是情。恻隐是爱,是仁之端倪,仁作为爱之理,则是体,恻隐作为爱,则是用。朱子仁体爱用的思想,来自程颐"至微者理也,至著者象也。体用一源,显微无间"②的思想。这种体用思想以形而上为体,形而下为用,因有心的统摄作用,形上之体发为形下之用都以心体流行的形式呈现,心是道德实践和认识论的主体。朱子意识到了不能仅仅以程颐的这种体用思想来训仁,即以"爱之理"来训仁,同时,必须以"心之德"来训仁。以"爱之理"来训仁,主要是受程颐思想的影响,以"心之德"来训仁,则主要是受孟子和胡宏思想的影响。而理解朱子《仁说》的枢纽则是张载"心统性情"的思想,正是因为张载"心统性情"的思想,让朱子能打通"爱之理"和"心之德",打通孟子和程颐,也就是打通心学和理学两大系统。正因为如此,朱子对程颐"性即理"思想和张载"心统性情"思想给予非常高的评价:"伊川'性即理也',横渠'心统性情'二句,颠扑不破。"③

三、心之德、爱之理

  在《仁说》中,朱子虽以"心之德""爱之理"说仁,但是"心之德""爱之理"却没有明确以定义的形式,出现在同一句子中。朱子在《四书

---

① [宋]朱熹:《朱子语类》,第690页。
② [宋]程颢、程颐:《二程集》,第582页。
③ [宋]朱熹:《朱子语类》,第229页。

章句集注》中，明确以"心之德、爱之理"来训仁，分别出现在《论语集注》卷一"其为人也孝弟"章"孝弟也者，其为仁之本与"注和《孟子集注》卷一"孟子见梁惠王"章"王何必曰利？亦有仁义而已矣"注，其文如下：

> 仁者，爱之理，心之德也。①
> 仁者，心之德、爱之理。②

两处"心之德"与"爱之理"的顺序虽然不同，但是都同时以"心之德"和"爱之理"训仁。这是朱子从《仁说》到《四书章句集注》一个很重要的发展。在《仁说》时期，朱子对"心之德"与"爱之理"的关系似乎还不太明确，但是在《四书章句集注》时，则对它们之间的关系已经有了明确的认识。朱子关于仁是"心之德"的思想，主要来源于孟子、程颐和胡宏：

> <u>谦之前此请问《语》《孟》仁不同处，先生批教曰："《集注》中云'仁者，心之德，爱之理也'，此言极有味，可更思之。"</u>……大率孔子只是说个为仁工夫，至孟子方解仁字之义理。（如"仁之端"、"仁，人心"之类。）然仁字又兼两义，非一言之可尽，故孔子教人亦有两路，（"克己"即孟子"仁，人心"之说，"爱人"即孟子"恻隐"之说。）而程子《易传》亦有专言偏言之说。如熹训释，又是孟子、程子义疏。可更详之。③

画线部分为欧阳希逊语，非画线部分为朱子语。朱子明确指出自己《论孟集注》以"心之德、爱之理"训仁是来自孟子和程颐的思想："如熹训释，又是孟子、程子义疏。"孟子主要是"仁，人心也"，即以心论仁的思想，程颐则主要是"四德之元，犹五常之仁，偏言则一事，专言则包四者"④。"爱之理"即是偏言之仁，"心之德"即是专言之仁。

---

① ［宋］朱熹：《四书章句集注》，第68页。
② 同上注，第246页。
③ ［宋］朱熹：《晦庵先生朱文公文集》，第2953～2954页。
④ ［宋］程颢、程颐：《二程集》，第699页。

第七章　朱子《仁说》义理研究

> 问"仁者，天下之正理"。曰："说得自好，只是太宽。须是说仁是本心之全德，便有个天理在。若天理不在，人欲横肆，如何得序而和。"时举。①
>
> "程子说'仁者，天下之正理'，固好；但少疏，不见得仁。仁者，本心之全德。人若本然天理之良心存而不失，则所作为自有序而和。若此心一放，只是人欲私心做得出来，安得有序，安得有和。"铢。②

朱子认为程颐以"天下之正理"训仁说得太宽，仁应是本心之全德，乃本然天理之良心。本心、良心都是来自孟子的思想。程颐以理训仁，朱子显然不能完全满意，认为仁不但是理，更应该是心，此心即是孟子所说的本心、良心：

> 人之本心，无有不仁……心是通贯始终之物，仁是心体本来之妙……孟子之言固是浑然，然人未尝无是心，而或至于不仁，只是失其本心之妙而然耳。然则"仁"字、"心"字，亦须略有分别始得。记得李先生说："孟子言'仁，人心也'，不是将心训仁字。"此说最有味，试思之。③
>
> 问："杨氏谓：'孟子言："仁，人心也。"最为亲切。'窃谓以心之德为仁，则可。指人心即是仁，恐未安？"曰："'仁，人心也；义，人路也。'此指而示之近。缘人不识仁义，故语之以仁只在人心，非以人心训仁；义，只是人之所行者是也。"必大。④

人之本心无有不仁，仁即是心体本来之妙。朱子以"心之德"训仁的思想虽然主要来自孟子，但是却不太满意孟子"仁，人心也"的说法，认为只是近似之说，孟子并非以人心训仁，而是说仁只在心，即仁是本心、良心。人心并不必然纯粹至善，难免有形气之私，所以不能说仁是人心。

---

① ［宋］朱熹:《朱子语类》，第882页。
② 同上。
③ ［宋］朱熹:《晦庵先生朱文公文集》，第1841页。
④ ［宋］朱熹:《朱子语类》，第1911页。

271

仲思问:"五峰中、诚、仁如何?"曰:"'中者性之道',言未发也;'诚者命之道',言实理也;'仁者心之道',言发动之端也。"又疑"道"字可改为"德"字。曰:"亦可。'德'字较紧,然他是特地下此宽字。伊川答与叔书中亦云:'中者性之德,近之。'"伯羽。砥录别出。①

"五峰曰:'诚者,命之道乎。中者,性之道乎。仁者,心之道乎。'此语分得轻重虚实处却好。某以为'道'字不若改做'德'字,更亲切。'道'字又较疏。"植。②

童伯羽和刘砥所录的语录都是绍熙元年庚戌(1190年)所闻,潘植所录的语录则是绍熙四年癸丑(1193年)所闻。杨道夫认为胡宏的"仁者心之道","道"可改为"德"字,朱子认可了杨道夫的观点。潘植所录则是朱子本人认为胡宏的"仁者,心之道乎","'道'字不若改做'德'字,更亲切。'道'字又较疏"。两则材料都表明朱子以"心之德"训仁受到了胡宏思想的影响。

我们在上面已经提到朱子以"心之德"训仁,受到了胡宏"仁者,心之道乎"思想的影响,这也可以从下面的材料看出:

盖仁也者,心之道,而人之所以尽性至命之枢要也。③

盖主于身而无动静语默之间者,心也;仁则心之道,而敬则心之贞也。此彻上彻下之道,圣学之本统。明乎此,则性情之德、中和之妙可一言而尽矣。④

上引第一条材料来自《答张钦夫》第十书,作于乾道四年(1168年);第二条材料来自《答张钦夫》第四十九书,作于乾道五年(1169年)。这不但说明朱子以"心之德"训仁的思想受到了胡宏的影响,而且朱子在40岁己丑中和新悟之前,都是采用胡宏以"心之道"训仁,但是在乾道八年壬辰(1172年)却发生了很大的变化:

---

① [宋]朱熹:《朱子语类》,第3390页。
② 同上注,第241页。
③ [宋]朱熹:《晦庵先生朱文公文集》,第1327页。
④ 同上注,第1419页。

第七章　朱子《仁说》义理研究

盖人生而静，四德具焉，曰仁，曰礼，曰智，皆根于心而未发，所谓"理也，性之德也"。及其发见，则仁者恻隐，义者羞恶，礼者恭敬，智者是非，各因其体以见其本，所谓"情也，性之发也"。是皆人性之所以为善者也。

……

熹按程子曰："仁，性也；爱，情也。岂可便以爱为仁？"此正谓不可认情为性耳，非谓仁之性不发于爱之情，而爱之情不本于仁之性也。熹前说以爱之理而言，正分别性、情之异处，其意最为精密。而来谕每以爱名仁见病，下章又云："若专以爱命仁，乃是指其用而遗其体，言其情而略其性，则其察之亦不审矣。"盖所谓爱之理者，乃指其体性而言，且见性情、体用各有所主而不相离之妙，与所谓遗体而略性者，正相南北。请更详之。①

仁乃性之德而爱之本，因其性之有仁，是以其情能爱。（义、礼、智亦性之德也。）②

夫以爱名仁固不可，然爱之理则所谓仁之体也。天地万物与吾一体，固所以无不爱，然爱之理则不为是而有也。须知仁、义、礼、智，四字一般，皆性之德，乃天然本有之理，无所为而然者。但仁乃爱之理、生之道，故即此而又包乎四者，所以为学之要耳。③

盖仁者，性之德而爱之理也；爱者，情之发而仁之用也；公者，仁之所以为仁之道也；元者，天之所以为仁之德也。④

仁本吾心之德，又将谁使知之而觉之耶？⑤

上引五条材料均作于壬辰（1172年），与《仁说》同年所作。第一条语录出于《答张钦夫论仁说》第四十三书，此书约作于壬辰四或五月，主要是申说以"爱之理"训仁的思想来源以及其义理的优胜之处，"心之德"的思想没有突出。第二条材料出于《又论仁说》第四十四书，约作于壬辰七或八月，首次采取了"仁乃性之德而爱之本"的形式，但是"性之德"主

---

① ［宋］朱熹：《晦庵先生朱文公文集》，第1409～1410页。
② 同上注，第1411页。
③ 同上注，第1903～1904页。
④ 同上注，第1917～1918页。
⑤ 同上注，第1412页。

要也是以"爱之理"训仁，并没有"心之德"的含义。第三条材料出自《答胡广仲》第五书，此书约作于壬辰九或十月，此书最值得注意的是首次采取了"仁乃爱之理、生之道"的定义形式，但是"生之道"与"心之道""心之德"都还有比较大的距离，仁作为心的含义亦未得到明确和突出。第四条材料出自《答吴晦叔》第十书，此书约作于壬辰十或十一月，值得注意的是此书采取"盖仁者，性之德而爱之理也"的形式来定义仁，到《孟子集注》"仁者，心之德、爱之理"还有一步之遥。第五条语录出自答张敬夫《又论仁说》第四十五书，此书亦当约作于壬辰十或十一月，稍后于《答吴晦叔》第十书，此书最值得注意的是朱子首次明确以"心之德"定义仁，即"仁本吾心之德"。

由此可知，朱子最先采用胡宏"心之道"说来定义仁，在壬辰《答张钦夫论仁说》第四十三书则首次同时出现了"性之德"和"爱之理"两词，但是还是分开使用。"性之德"一词来自于《中庸》"成己，仁也；成物，知也。性之德也，合外内之道也，故时措之宜也"，即把仁、知作为"性之德"的思想。朱子的"性之德"主要是指理而言："理也，性之德也。"在《又论仁说》第四十四书则以"仁乃性之德而爱之本"，首次以"性之德"和"爱之本"来训仁。在《答胡广仲》第五书则又发展为"仁乃爱之理、生之道"，在《答吴晦叔》第十书发展为"仁者，性之德而爱之理也"。在《又论仁说》第四十五书则首次出现了"仁本吾心之德"的思想，在《仁说》定稿中则"心之德""爱之理"两词同时出现，但是还分散在不同段落，只有在作于淳熙四年（1177年）的《论语集注》和《孟子集注》，才出现了同时以"心之德、爱之理"来训仁的思想。所以，在"心之道"和"心之德"之间还有"性之德""生之道"两个环节作为中介；而"爱之理"则相对确定，只出现中间一次"爱之本"的说法。由此可知，朱子以"心之德、爱之理"训仁确实是朱子本人的哲学创造，陈荣捷认为"大槻信良谓朱子注《论语》'爱之理，心之德'为新义，此非一人之私言，而乃数百年来之公议也"①，此论确然无疑。不过，从上面的考证中可知，朱子《仁说》初稿极有可能还未正式提出"心之德"训仁德思想。

"心之德"一词，或许首先来自张栻。朱子《答吕子约》（"熹再叨祠禄"）书（此书作于淳熙十二年，1185年）有：

---

① 陈荣捷：《朱学论道》，第31页。

第七章 朱子《仁说》义理研究

  大抵仁之为义，须以一意一理求得，方就上面得无不通贯底道理。如其不然，即是所谓"侊侗真如，颠顶佛性"，而"仁"之一字遂无下落矣。向来鄙论之所以作，正为如此。中间钦夫盖亦不无疑，后来辨析分明，方始无说。然其所以自为之说者，终未免有未亲切处。须知所谓纯粹至善者，便指生物之心而言，方有着实处也。今欲改"性之德，爱之本"六字为"心之德，善之本"，而天地万物皆吾体也，但心之德可以通用，其他则尤不着题，更须细意玩索，庶几可见耳。①

"性之德，爱之本"六字来自朱子《又论仁说》第四十四书，书中说："仁乃性之德而爱之本。"从朱子此书来看，张栻对朱子"仁乃性之德而爱之本"，感到不满意，认为应当改为"'心之德，善之本'，而天地万物皆吾体也"。以胡宏的"心之道"和杨时的天地万物同体说仁，正是张栻一以贯之的思想。张栻当在朱子"仁乃性之德而爱之本"说的启发下，首先提出了"心之德"说。朱子表示赞成张栻以"心之德"来训仁，但对"善之本，而天地万物皆吾体也"，则认为与仁的字义无关，而"尤不着题"。不过，必须指出的是，张栻虽然可能首次提出了"心之德"的思想，但是在现存的张栻《仁说》《癸巳论语解》《癸巳孟子说》中，张栻都没有采用"心之德"来训仁，如张栻癸巳修订的《仁说》便仍采用"心之道"来说仁，所以就算张栻首次提出"心之德"思想，也无碍以"心之德、爱之理"训仁为朱子的哲学创发。张栻并没有意识到"心之德"比"心之道"更优，所以他一直坚持胡宏"心之道"的说法。对于上引材料有不同的句读：

  欲改"性之德，爱之本"六字为"心之德，善之本，而天地万物皆吾体也"，但"心之德"可以通用其他，则犹不着题，更须细意玩索，庶几可见耳。②

此标点方法为赵峰、刘述先、田浩所采，显然不符合张栻和朱子的思想。按照此种标点，朱子变成反对"心之德"说，此种说法显然没有来自张栻

---

① ［宋］朱熹：《晦庵先生朱文公文集》，第2200页。
② 赵峰：《朱熹的终极关怀》，上海：华东师范大学出版社，2004年，第184页。

275

和朱子的材料依据。刘述先认为"从他（指朱子）乙巳致吕子约书的回叙看来，他先提出了仁是'性之德、爱之本'之说，但南轩则提出改'性之德'一语为'心之德、善之本'，这还是五峰思想的变体"，这是可以说的，但是其认为"朱子当时的反应认为心之德一语太泛，所指各异"，则是根据错误标点得出的对朱子思想的误解。① 美国学者田浩也根据此种标点认为："他（朱子）当时反对'心之德'的说法，因为它意义过于模糊，可以任人随意解释：'但心之德可以通用其他，则犹不着题，更需细意玩索，庶几可见耳。'可是他却在自己的《仁说》定本里使用'心之德'，并以'爱之理'平衡这观点。朱熹显然认为，从湖湘学者所坚持的心的观点理解'心之德'，可能造成许多损害，以'爱之理'平衡后，就可以完全排除可能的损害。"② 田浩认为朱子本人反对"心之德"的说法，也是因其错误的标点所致。朱子不但不认为湖湘学者所坚持的用心的观点来理解"心之德"可能会造成许多损害，相反朱子"心之德"的思想正是继承胡宏以"心之道"训仁思想并加以改进的结果。张栻显然没有意识到以"心之德"训仁比用"心之道"训仁会更优，而坚持胡宏"心之道"说。"心之德"虽然可能是张栻在朱子的启发下首先提出，但是朱子之前就有用胡宏"心之道"训仁的思想，而且张栻对"心之德"之后也弃而不用，所以不能认为张栻是"心之德"训仁思想的发明者。从壬辰七或八月所作《又论仁说》第四十四书之"仁乃性之德而爱之本"，到壬辰十或十一月作的《又论仁说》第四十五书之"仁本吾心之德"之间有大约三个月的时间，朱子或许是受到张栻的异议之后才正式提出以"心之德"训仁。

上面我们已经考证了"心之德""爱之理"说的来源以及朱子以"心之德""爱之理"训仁的演变线索，下面我们再来深入分析朱子"心之德"和"爱之理"之间的关系。

《集注》说："爱之理，心之德。"爱是恻隐，恻隐是情，其理则谓之仁。心之德，德又只是爱。谓之心之德，却是爱之本柄。③

朱子解释"爱之理"，认为爱是恻隐之情，仁则是爱的道理。"心之德"的

---

① 刘述先：《朱子哲学思想的发展与完成》，第189页。
② 〔美〕田浩：《朱熹的思维世界》（增订版），南京：江苏人民出版社，2009年，第80页。
③ 〔宋〕朱熹：《朱子语类》，第252页。

"德"则是一种爱人的德性、德行。所谓"心之德"是"爱之本柄",意思是爱人的行为皆从此"心之德"而发,犹如树木之萌芽,皆是从根而萌蘖一样。"爱之理"是形而上的存在,人的道德本心具此"爱之理"而为"心之德"。人人皆具此道德本心,故在日常行为中能当下依据恻隐之理、羞恶之理、辞逊之理、是非之理,而发为恻隐、羞恶、辞让、是非等道德情感。正因为如此,所以朱子说:"仁只是爱底道理,此所以为'心之德'。"① 当弟子问"心之德,爱之理"时,朱子说:"爱是个动物事,理是个静物事。"② 此即理为形而上的本体,而爱是经验性的情感。作为形而上本体的"理"无所谓动静,所以朱子认为是"静物事",但是"爱之理"作为仁体却可以用而为爱之情。"爱之理"虽是个静物事,但是作为"心之德"的仁却能依据"爱之理"而发为爱人利物的道德情感,这是一方面。理本体本身就能於穆不已之发用,即发为爱之情,这是另一方面。朱子之所以说"爱之理"是静物事,是因为理是形而上的存在,不能用形容形而下之物的范畴来形容。

朱子又说:"心之德即爱之理,非二物也,但所从言之异耳。"③ "爱非仁,爱之理是仁;心非仁,心之德是仁。"④ 爱非仁,是因为爱是一种道德情感,以程颐仁性爱情的思想,爱不能是仁,爱之理才是仁,只有爱之理才能保证仁的普遍必然性、纯粹至善性、超越永恒性,因为它是形而上的道德义理,完全超越了经验欲望的因素,而成为纯粹的形式法则。但是,如果仁只是纯粹的形式法则,它如何能决定一道德行为?显然"爱之理"只是说到了仁的一面,必须还有"心之德"的一面。"心之德",作为人的本心之全德,它是决定一道德行为的实践主体,因为本心具有虚灵不昧的特点,能依据"爱之理"发为恻隐之心,依据"羞恶之理"发为羞恶之心,依据"辞逊之理"发为"辞逊之心",依据"是非之理"发为"是非之心",总之仁为诸德之总名,道德行为无不由此作为"心之德"的本心仁体所决定、所发出,由于专言之仁包括了义礼智,特别是"智",所以它具有知觉的作用,本心仁体对道德行为的决定,就是朱子所说"知觉从义理上去"的"道心",即本心仁体依据道德原理当下发布道德法则,决定一道

---

① [宋]朱熹:《朱子语类》,第692页。
② 同上。
③ [宋]朱熹:《晦庵先生朱文公文集》,第2396页。
④ [宋]朱熹:《朱子语类》,第702页。

德行为。要之,爱之理即是心之德,理体即心体即仁体。

> "夫子答子贡曰:'己欲立而立人,己欲达而达人。'至于答颜子,则曰:'克己复礼为仁。'分明一个仁,说两般。诸公试说,这两般说是如何?"……或曰:"一为心之德,一为爱之理。"曰:"是如此。但只是一个物事,有时说这一面,又有时说那一面。人但要认得是一个物事。"①

朱子认为"心之德""爱之理"其实是一个物事,只不过说时的角度不同而已。

> 或曰:子于有子孝弟之章,既以仁为爱之理矣,于巧言令色鲜仁之章,又以为心之德,何哉?曰:仁之道大,不可以一言而尽也。程子论四德而曰:"四德之元,犹五常之仁,偏言则一事,专言则包四者。"推此而言,则可见矣。盖仁也者,五常之首也,而包四者;恻隐,仁之体也,而贯四端。故仁之为义,偏言则爱之理,前章所言之类是也;专言之则曰心之德,后章所言之类是也。其实爱之理所以为心之德,是以圣门之学,必以求仁为要。②

朱子认为仁之道大,正如程颐所说,有专言之仁,即"心之德",有偏言之仁,即"爱之理"。作为专言之仁的"心之德"犹如程颐所说的谷种:"须知所谓'心之德'者,即程先生谷种之说"③,"心之德,更以程子谷种之譬思之"④。正如谷种可以萌发为千枝万叶一样,"心之德"也能依据其本具的道德原理发为道德之日用万行。"仁者心之德,犹言润者水之德、燥者火之德。爱之理,犹言木之根、水之原。试以此意思之。"⑤犹如水之德润下,火之德炎上,仁作为心之德也具有依据道德原理发布道德律,决定爱人利物的道德行为的特性。偏言,则仁是爱之理;专言,则仁是心之

---

① [宋]朱熹:《朱子语类》,第1190~1191页。
② [宋]朱熹:《晦庵先生朱文公文集》,第3270页。
③ [宋]朱熹:《朱子语类》,第609页。
④ [宋]朱熹:《晦庵先生朱文公文集》,第2698页。
⑤ 同上注,第2893页。

德。朱子说"其实爱之理所以为心之德",即是认为人得天所赋的爱之理而为己心之德。

> "'心之德'是统言,'爱之理'是就仁义礼智上分说。如义便是宜之理,礼便是别之理,智便是知之理。但理会得爱之理,便理会得心之德。"又曰:"爱虽是情,爱之理是仁也。仁者,爱之理;爱者,仁之事。仁者,爱之体;爱者,仁之用。"道夫。①

朱子认为"心之德"是统言,即程颐所说的专言之仁;"爱之理"是就仁义礼智上分说,即程颐所说的偏言之仁,偏言则仁是爱之理,义是宜之理,礼是别之理,智是知之理。如果能理会得"爱之理",便能理会得"心之德",因为道德本心得此"爱""宜""别""知"之理而为"心之德"。就偏言之仁而言,则仁是爱之理、爱之体;爱则是情,是仁之事、仁之用。程颐说仁是性,爱是情,不可便以爱为仁,朱子则没有像程颐那样有把爱与仁割裂开来的嫌疑,认为理是仁之体,爱是仁之用,仁则包括了体和用两个方面。

> "'心之德',是兼四端言之。'爱之理',只是就仁体段说。其发为爱,其理则仁也。仁兼四端者,都是这些生意流行。"贺孙。②

"心之德"兼四端而言,"心之德"之所以能兼四端,是因为它本就是道德本心,心统性情,所以兼包恻隐之心、羞恶之心、辞逊之心、是非之心。"仁兼四端",都是生意流行。朱子此说来自程颢"万物之生意最可观"的思想,这说明作为"心之德"的仁是一个能直接发用的仁心本体。

> "以'心之德'而专言之,则未发是体,已发是用;以'爱之理'而偏言之,则仁便是体,恻隐是用。"端蒙。③

以"心之德"而专言,则未发是体,已发是用,未发、已发是仁心本体流

---

① [宋]朱熹:《朱子语类》,第692页。
② 同上。
③ 同上注,第693页。

279

行的两个不同阶段,即寂然不动或静的阶段和感而遂通或动的阶段,如水之发为波澜,谷种之萌蘖,恻隐是本心仁体的创生直贯;以"爱之理"而偏言,则仁是体,恻隐是用,其中体是指理、性,用是指情,此即程颐仁性爱情的思想。

> 或问"仁者心之德,爱之理"。曰:"'爱之理',便是'心之德'。公且就气上看。如春夏秋冬,须看他四时界限,又却看春如何包得三时。四时之气,温凉寒热,凉与寒既不能生物,夏气又热,亦非生物之时。惟春气温厚,乃见天地生物之心。到夏是生气之长,秋是生气之敛,冬是生气之藏。若春无生物之意,后面三时都无了。此仁所以包得义礼智也,明道所以言义礼智皆仁也。"时举。[①]

朱子的仁论,在偏言之仁上,采取了程颐仁性爱情、性即理的思想,认为性情乃血脉贯通,非如程颐仁性爱情,不可以爱便为仁之隔绝;在专言之仁上,则采取孟子和胡宏以心言仁、张载心统性情、程颢以生意识仁、程颐谷种譬仁的思想,可谓是从先秦到北宋儒家仁学思想之集大成者。陈荣捷认为朱子仁说为中国古代仁说思想的顶峰,可谓是大师之语,不易之论。

第三节 朱子对"离爱言仁"说的批判

朱子《仁说》的后半部分主要是为自己以"爱之理"训仁进行辩护,同时对"离爱言仁"说进行批判。

> 或曰:若子之言,则程子所谓"爱,情;仁,性;不可以爱为仁"者,非与?曰:不然。程子之所诃,以爱之发而名仁者也。吾之所论,以爱之理而名仁者也。盖所谓情性者,虽其分域之不同,然其脉络之通,各有攸属者,则曷尝判然离绝而不相管哉!吾方病夫学者诵程子之言而不求其意,遂至于判然离爱而言仁,故特论此以发明其

---

① [宋]朱熹:《朱子语类》,第694～695页。

遗意，而子顾以为异乎程子之说，不亦误哉！

朱子认为程颐所谓"爱，情；仁，性；不可以爱为仁"，是反对以爱之发为仁，而自己是以"爱之理"来训仁，性情虽是体用的关系，其分域不同，但是两者血脉贯通而不是判然离绝，各有攸属而不是不相管摄。因此，朱子主张以爱推仁，而不是离爱言仁。张栻对朱子以"爱之理"训仁的责难，正是以程颐"仁性爱情"说为据："程子之所诃，正谓以爱名仁者。"① 由此可知，朱子《仁说》此段的批判对象为张栻等湖湘学者。

"离爱言仁"说主要表现为杨时的"一体言仁"说和谢良佐的"知觉言仁"说：

> 或曰：程子之徒，言仁多矣，盖所谓爱非仁，而以万物与我为一为仁之体者矣。亦有谓爱非仁，而以心有知觉释仁之名者矣。今子之言若是，然则彼皆非与？曰：彼谓物我为一者，可以见仁之无不爱矣，而非仁之所以为体之真也；彼谓心有知觉者，可以见仁之包乎智矣，而非仁之所以得名之实也。观孔子答子贡博施济众之问，与程子所谓觉不可以训仁者，则可见矣。子尚安得复以此而论仁哉！抑泛言同体者，使人含胡昏缓而无警切之功，其弊或至于认物为己者有之矣；专言知觉者，使人张皇迫躁而无沉潜之味，其弊或至于认欲为理者有之矣。一忘一助，二者盖胥失之，而知觉之云者，于圣门所示乐山能守之气象，尤不相似。子尚安得复以此而论仁哉！因并记其语，作《仁说》。②

朱子在此段中明确提出自己的批判对象是"程子之徒"，即由二程门人而来的仁论，它们的共同点是认为爱不是仁，所以离爱而言仁，而其中最主要的表现即是杨时的"一体言仁"说和上蔡的"知觉言仁"说。杨时以万物一体为仁体："曰：'万物与我为一，其仁之体乎？'曰：'然。'"③ 朱子则认为万物一体可以见仁之无不爱，但不是仁之所以为体之真，即认为万物一体不是仁体，"爱之理"才是仁体。从孔子答子贡"博施济众之问"，可

---

① ［宋］朱熹：《晦庵先生朱文公文集》，第1410页。
② 同上注，第3279～3281页。
③ ［宋］杨时：《龟山集》，第18页。

以见孔子是"以爱言仁",而不是以"一体言仁"。"知觉言仁"说主要为上蔡所主,后又为胡宏所开创的湖湘学派所继承,胡宏主张"欲为仁,必先识仁之体",主张"以心观心"的知仁功夫,并进一步发展为湖湘学者的"观过知仁"说。朱子认为知觉是"智"之发用,由此可以见仁可以包摄智,但不能以知觉便为仁,朱子说程颐就明确批评"仁者必有知觉,然指知觉为仁则不可"。朱子进而批评"一体言仁"说和"知觉言仁"说的流弊:"一体言仁"说容易使人"含胡昏缓而无警切之功",其弊是"认物为己",即容易流入墨氏之兼爱而二本,朱子认为此是孟子所说的"忘";"知觉言仁"说容易使人"张皇迫躁而无沉潜之味",其弊是"认欲为理",即在没有明辨天理人欲之分际而确实做克己复礼的为仁功夫,即主张知觉此能觉之心、观此能观过之心而为仁的"以心观心"功夫,朱子认为此是孟子所说的"助长"。"一忘一助"都失却了"仁"字的意味,而"知觉言仁"说更是与"乐山能守"的仁者气象不符。

在《朱子语类》中有一条语录甚是值得注意:

"《仁说》只说得前一截好。"闳祖。①

据《朱子语录姓氏》,李闳祖所录为淳熙十五年戊申(1188年)以后所闻。由此我们可知,朱子在晚年开始反省自己中年时期所作的《仁说》。

问:"先生答湖湘学者书,以'爱'字言仁,如何?"曰:"缘上蔡说得'觉'字太重,便相似说禅。"问:"龟山却推'恻隐'二字。"曰:"龟山言'万物与我为一'云云,说亦太宽。"问:"此还是仁之体否?"曰:"此不是仁之体,却是仁之量。仁者固能觉,谓觉为仁,不可;仁者固能与万物为一,谓万物为一为仁,亦不可。譬如说屋,不论屋是木做柱,竹做壁,却只说屋如此大,容得许多物。如万物为一,只是说得仁之量。"(因举禅语是说得量边事云云。)德明。②

廖德明所录为乾道九年癸巳(1173年)以后所闻,此条语录当在癸巳为近。

---

① [宋]朱熹:《朱子语类》,第3454页。
② 同上注,第260～261页。

由此段语录可知，朱子以"爱之理"训仁就是要力图纠正谢良佐的"知觉言仁"说。杨时赞同把万物与我为一作为仁体，朱子则认为说得过宽，万物一体只是说得了仁之量，而没有说着仁之体。朱子认为"一体言仁"只是说到了仁者的境界，但是却没有说到"仁"字的实质，即万物一体更多只是一种量边事，而没有说出"仁"字本义；而以"爱之理"训仁，则能突出仁作为道德法则的普遍必然义和爱人利物的道德情感义，比较符合先秦以来"以爱言仁"的传统。

> 曰："仁毕竟是个甚形状？"曰："仁者与天地万物为一体。"曰："此只是既仁之后，见得个体段如此。方其初时，仁之体毕竟是如何？要直截见得个仁底表里。若不见他表里，譬犹此屋子，只就外面貌得个模样，纵说得著，亦只是笼罩得大纲，不见屋子里面实是如何。须就中实见得仔细，方好。"大雅。①

余大雅所录为淳熙五年戊戌（1178年）以后所闻。此条语录朱子仍是强调"一体言仁"说得太宽，没有说着"仁底表里"，必须从初就知得仁是"爱之理"，由此扩充即可到得万物一体的境界。若只说万物一体，则不知"仁"字的真正含义为何。

> 或问："明道说：'学者须先识仁，仁者浑然与物同体。孟子言"万物皆备于我"，反身而诚则为大乐。若反身未诚，则犹是二物有对，又安得乐？《订顽》意思乃备言此体。'……"曰："……如明道这般说话极好，只是说得太广，学者难入。"去伪。铢同。②
>
> "明道言'学者须先识仁'一段，说话极好。只是说得太广，学者难入。"人杰。③

上引第一条语录为金去伪淳熙二年乙未（1175年）所闻，此条语录在朱子乾道九年癸巳（1173年）改定《仁说》之后两年；第二条语录为万人杰淳熙七年庚子（1180年）以后所闻。在上两条语录中，朱子都认为程颢的

---

① ［宋］朱熹：《朱子语类》，第1155页。
② 同上注，第1950～1951页。
③ 同上注，第3266页。

《识仁篇》虽然说得极好，但是由于程颢是即本体、即境界、即功夫而说仁，所以有"学者难入"的感叹。朱子并不是一味地反对程颢的"一体言仁"说，只是觉得若无确实的求仁功夫，学者很难便进入并拥有仁者"浑然与物同体"的高远境界。我们知道，朱子在30岁时便抱怨程颢的《识仁篇》难以进入："熹《论语》说方了第十三篇，小小疑悟时有之，但终未见道体亲切处。如说仁者浑然与物同体之类，皆未有实见处。反思茫然，为将奈何？"①朱子的抱怨是有道理的，高远的境界不但学者难入，就算知得到，也未必能行得到，因此更应在为仁功夫上切实用功。朱子认为要进入此高远的境界，必须先做"以爱推仁"的功夫：

> 因举天地万物同体之意极问其理。曰："须是近里著身推究，未干天地万物事也。须知所谓'心之德'者，即程先生谷种之说，所谓'爱之理'者，则正谓仁是未发之爱，爱是已发之仁尔。只以此意推之，不须外边添入道理。若于此处认得'仁'字，即不妨与天地万物同体。若不会得，便将天地万物同体为仁，却转无交涉矣。"谟。②

> "所谓仁之德，即程子'谷种'之说，爱之理也。爱乃仁之已发，仁乃爱之未发。若于此认得，方可说与天地万物同体。不然，恐无交涉。"𫗦。③

上引第一条语录为周谟淳熙六年己亥（1179年）以后所闻，第二条语录为黄子耕淳熙十五年戊申（1188年）所闻。两条语录意思基本相同，当是戊申年的同闻异录。两条语录都认为若能先认得仁是爱之理，爱是仁之发用，并就此做以爱推仁的功夫，则不妨说天地万物同体，不然则会显得漫无边际而与"仁"字无干涉。

> 只如杨氏为我，只知为我，都不知圣贤以天地万物为一体，公其心而无所私底意思了。道夫。④
> "渣滓是私意人欲。天地同体处，如义理之精英。渣滓是私意人

---

① [宋]朱熹：《晦庵先生朱文公文集》，第1735页。
② [宋]朱熹：《朱子语类》，第697页。
③ 同上注，第3680页。
④ 同上注，第4338页。

欲之未消者。人与天地本一体，只缘渣滓未去，所以有间隔。若无渣滓，便与天地同体。'克己复礼为仁'，已是渣滓，复礼便是天地同体处。……"寓。①

先生曰："子路是不以外物累其心，方剥得外面一重粗皮子去。颜渊却又高一等，便是又剥得一重细底皮去，犹在躯壳子里。若圣人，则超然与天地同体矣！"②

以上三条语录中，第一条语录为杨道夫所录，淳熙十六年己酉（1189年）以后所闻；第二条为徐寓所录，绍熙元年庚戌（1190年）以后所闻；第三条语录为郑南升所录，绍熙四年癸丑（1193年）所闻。此三条语录的共同点都是认为圣人因其心没有私意人欲，廓然大公，达到了"以天地万物为一体"的仁者境界；普通人则须先做克己复礼的为仁功夫，去得人欲渣滓，使得此心浑是天理，方能有万物同体的仁者境界。但是，朱子又认为人在本体上本来就是与物同体的，只为私欲间隔，所以必须做克己复礼、以爱推仁的求仁功夫：

林安卿问："'仁者以天地万物为一体'，此即人物初生时验之可见。人物均受天地之气而生，所以同一体，如人兄弟异形而皆出父母胞胎，所以皆当爱。故推老老之心，则及人之老；推幼幼之心，则及人之幼。惟仁者其心公溥，实见此理，故能以天地万物为一体否？"曰："不须问他从初时，只今便是一体。若必用从初说起，则煞费思量矣。犹之水然，江河池沼沟渠，皆是此水。如以两碗盛得水来，不必教去寻讨这一碗是那里酌来，那一碗是那里酌来。既都是水，便是同体，更何待寻问所从来。如昨夜庄仲说人与万物均受此气，均得此理，所以皆当爱，便是不如此。'爱'字不在同体上说，自不属同体事。他那物事自是爱。这个是说那无所不爱了，方能得同体。若爱，则是自然爱，不是同体了方爱。惟其同体，所以无所不爱。所以爱者，以其有此心也；所以无所不爱者，以其同体也。"僩。③

问："明道说'学者识得仁体，实有诸己，只要义理栽培'一段，只缘他源头是个不忍之心，生生不穷，故人得以生者，其流动发生之

---

① [宋]朱熹：《朱子语类》，第1587页。
② 同上注，第1072页。
③ 同上注，第1197页。

机亦未尝息。故推其爱，则视夫天地万物均受此气，均得此理，则无所不当爱。"曰："这道理只熟看，久之，自见如此，硬椿定说不得。如云从他源头上便有个不忍之心，生生不穷，此语有病。他源头上未有物可不忍在，未说到不忍在。只有个阴阳五行，有阖辟，有动静；自是用生，不是要生。到得说生物时，又是流行以后。既是此气流行不息，自是生物，自是爱。假使天地之间净尽无一物，只留得这一个物事，他也自爱。如云均受此气，均得此理，所以须用爱，也未说到这里在。此又是说后来事。此理之爱，如春之温，天生自然如此。如火相似，炙着底自然热，不是使他热也。"因举《东见录》中明道曰"学者须先识仁。仁者浑然与物同体，义礼智信皆仁也"，（云云，）"极好，当添入《近思录》中。"僴。①

以上两条语录均为沈僴庆元四年戊午（1198年）以后所闻，所以为朱子的晚年定论。两条语录都强调爱是一种不容已的道德情感，并不是须万物同体了方能爱。第一条语录重在强调人在本体上本来就是与物同体的，无所不爱则是具有仁者境界之后才具有的。因为人物都禀有此爱之理，所以从本原上说，人自是与万物同体。第二条语录则否定在源头上就有不忍之心，认为在源头上只有个阴阳五行之气之动静阖辟，自是要生万物，生物就是爱，爱是本源于天地生物之心，所以爱之情乃人所天然本有。以上两条语录都强调了爱的基础地位，同时肯定程颢的"一体言仁"说，认为应把《识仁篇》添入《近思录》中。由此我们可知，朱子从两个方面批判杨时的"一体言仁"说，一个是杨时以万物与我为一为仁之体，一个是湖湘学派在没有确实做克己复礼、主敬涵养等为仁功夫便遽言天地万物同体为仁，所带来的"含胡昏缓而无警切之功"、"认物为己"的气象和流弊。

上面我们深入分析了朱子晚年在"一体言仁"说上的发展变化，那么朱子晚年在"知觉言仁"说上是否也有所变化呢？

问："程门以知觉言仁，《克斋记》乃不取，何也？"曰："仁离爱不得。上蔡诸公不把爱做仁，他见伊川言：'博爱非仁也，仁是性，爱是情。'伊川也不是道爱不是仁。若当初有人会问，必说道'爱是仁

---

① ［宋］朱熹：《朱子语类》，第3216～3217页。

之情，仁是爱之性'，如此方分晓。惜门人只领那意，便专以知觉言之，于爱之说，若将浼焉，遂蹉过仁地位去说，将仁更无安顿处。'见孺子匍匐将入井，皆有怵惕恻隐之心'，这处见得亲切。圣贤言仁，皆从这处说。"又问："知觉亦有生意。"曰："固是。将知觉说来冷了。觉在知上却多，只些小搭在仁边。仁是和底意。然添一句，又成一重。须自看得，便都理会得。"淳。寓同。①

陈淳所录在绍熙元年庚戌（1190年）、庆元五年己未（1199年）两年，徐寓所录在庚戌以后所闻，由此可知，本条语录乃录于己未，朱子时年70岁，乃去世前一年。此条语录讨论了《克斋记》为什么不取上蔡的"知觉言仁"说。朱子认为，仁不能离爱字来训释，上蔡因为程颐有"博爱非仁也，仁是性，爱是情"一说，便离爱而言仁，专以知觉言仁。其实，程颐只是说爱是情，仁是性，即仁是爱之性、爱之理。孟子说见孺子入井，人皆有恻隐之心，这说的正是人所固有的爱情，于此推仁，方能见得"仁"字亲切。知觉固然亦可说是生意，但是却离仁字很远，并没有说到仁的温然爱人利物之意，所以说将"仁"字说得冷了。"觉"字是"智"边事，和"仁"字之意味关联不大。"仁"是蔼然和平之意，如果以知觉说仁，则又是多了一重说话。必须自己身体力究，方能理会得"仁"字的深味。

总之，朱子在上蔡"知觉言仁"说上，至死也没有什么改变，主张以爱之理训仁，把"以爱推仁"作为求仁功夫，而反对上蔡的"知觉言仁"说。所以朱子对《仁说》后半部分的反省主要是反省其"一体言仁"说。

第四节　朱子和张栻《仁说》异同

由于在之前的章节已经详细分析了朱子和张栻各自的《仁说》及其辩论，所以本节直接给出结论而不多做分析。

一、朱子和张栻《仁说》异同

朱子和张栻《仁说》的相同之处是都以"爱之理"训仁，都主张专言

---

① ［宋］朱熹：《朱子语类》，第261页。

之仁可以贯通义礼智，恻隐之心可以贯通羞恶、辞让、是非之心，以及天道和人道的血脉贯通。朱子主张以"心之德"训仁，而张栻则坚持以胡宏的"心之道"训仁；朱子主"心统性情"说，张栻则采"心主性情"说，两者虽然有某些差异，但是基本相同，两者互相启发和影响；张栻在开始时并不理解朱子以"爱之理"训仁的思想，提出程颐的"以公言仁"说和程颢的"一体言仁"说来与朱子论辩，最后张栻接受了朱子以"爱之理"训仁；张栻起初也不理解朱子用"天地以生物为心"来说仁，但是后来也同意了朱子，不过认为不如朱子的"仁者天地生物之心"说来得更好，所以在其《仁说》中即采"仁者天地生物之心"说，不过，由于受胡宏的影响，张栻本身就以天地之心说仁，其最后采"仁者天地生物之心"说，固然是受到朱子思想影响；张栻最初也反对朱子恻隐之心贯通四端的思想，后来也接受了朱子的这一思想而写进自己的《仁说》。

张栻的《仁说》比朱子的《仁说》更重视程颐的"以公言仁"说，虽然认为"指公以为仁则失其真"，但是却强调"公而以人体之"的求仁功夫，这是张栻的《仁说》的一个特色，朱子的《仁说》则没有拈出程颐"以公言仁"的思想，只在《仁说图》中说："公者所以体仁，犹言克己复礼为仁也。盖公则仁，仁则爱。"张栻《仁说》认为："人惟己私蔽之，以失其性之理而为不仁，甚至于为忮为忍，岂人之情也哉？其陷溺者深矣。是以为仁莫要乎克己，己私既克，则廓然大公，而其爱之理素具于性者无所蔽矣。爱之理无所蔽，则与天地万物血脉贯通，而其用亦无不周矣。"从"天地万物血脉贯通"可以看出张栻的《仁说》对"一体言仁"说并不采取批判的态度；张栻虽然同样主张仁者必有知觉，不可便以知觉为仁，但没有采取激烈批判的形式。因此，朱子《仁说》与张栻《仁说》的最大不同是，朱子在《仁说》的后半部分激烈批评杨时的"一体言仁"说和上蔡的"知觉言仁"说。不过，张栻先说"爱之理无所蔽"，然后再说"天地万物血脉贯通"，则是经过朱子的批判后对其"一体言仁"说的修正。

其实，经过《仁说》的往复论辩，朱子和张栻在"一体言仁"说、"以公言仁"说、"知觉言仁"说、"观过知仁"说、以"爱之理"训仁说、"心统性情"说、"仁包四德，恻隐贯四端"说，以及"克己复礼"和"以爱推仁"在求仁功夫上具有基础的地位，都取得了一致。朱子后来回忆自己与张栻之间的《仁说》辩论时说：

第七章 朱子《仁说》义理研究

问:"先生旧与南轩反覆论仁,后来毕竟合否?"曰:"亦有一二处未合。敬夫说本出胡氏。胡氏之说,惟敬夫独得之,其余门人皆不晓,但云当守师之说。向来往长沙,正与敬夫辨此。"可学。①

郑可学所录乃绍熙二年辛亥(1191年)所闻。朱子与张栻论仁最后的"一二处未合"当是指张栻坚持以胡宏的"心之道"训仁,坚持其"心主性情"说而没有采取朱子的"心统性情"说,以及朱子批判"一体言仁"说而张栻则赞同"一体言仁"说。但是,由于朱子后来对自己的《仁说》后半部有较大的反省,认为程颢的《识仁篇》写得极好,赞同以天地万物一体说仁。由此我们可知,朱子和张栻之间的理论互动"盖缴纷往反者十余年,末乃同归而一致"②,确实符合历史事实。

二、张栻《仁说》非朱子所作

经过朱子和张栻之间的反复论辩,朱子的《仁说》与张栻的《仁说》可以说在义理上已经出现了惊人的一致,以致在朱子生前就已刊印的淳熙本朱子《文集》以及朱子及门弟子陈淳和熊节都误以张栻《仁说》为朱子《仁说》。朱杰人主编的《朱子全书》对朱子《仁说》附注云:"淳熙本、浙本皆以张栻《仁说》为朱熹之作,而以此篇题作《序仁说》附于后。浙本且于篇题'序仁说'下注云:'此篇疑是《仁说》序,故附此。'闽本删正之,题注云:'浙本误以南轩先生《仁说》为先生《仁说》,而以先生《仁说》为《序仁说》,又注"此篇疑是《仁说》序,姑附此"十字,今悉删正之。'底本同闽本。"③"淳熙本其本编次无法,未经朱子手定无疑。"④由此可知,朱子生前刊印的淳熙本误以张栻《仁说》为朱子《仁说》是不明其中事实的人所误。浙本之误当是沿袭了淳熙本的结果,闽本的编者纠正了淳熙本和浙本之误,必有其中的依据。《南轩先生文集》中的张栻《仁说》为朱子本人所编定,为张栻本人所作自应无疑。日本学者佐藤仁教授在《朱子的仁说》中指出:"这两篇文章的论调如此相似,以致常被混淆,甚至朱子高弟陈淳亦不能免,在某处他曾说:'文公有仁说二篇……一篇误

---

① [宋]朱熹:《朱子语类》,第3420页。
② [宋]朱熹:《晦庵先生朱文公文集》,第4075～4076页。
③ 同上注,第3288页。
④ 同上注,《校点说明》,第6页。

289

在《南轩文集》中。'(《北溪全集》卷十四《答陈伯澡》（五））朱子另一门徒熊节，是《性理群书句解》的编者，也把这两篇论文的作者搞混，正是由于它们的性质太相似之故。"① 刘述先在佐藤仁教授研究的基础上提出了自己大胆的假设："朱子把《南轩文集》中凡不合于他自己思路的书信文章当作南轩少年时代不成熟的东西看待全部加以删削，是否有可能南轩撰仁说初稿受到朱子批评之后一直未定稿，他死后朱子乃把自己与南轩共同商订以后另写的一篇仁说编在《南轩文集》之中当作南轩的作品而刻出，所以有的门人如陈淳、熊节还把这篇仁说认定为朱子的作品。就我的了解来说，要不是这样的情形，在朱子的及门弟子就产生了这样的混淆根本是不可以想象的事。……大概朱子写了另一篇仁说，接受了南轩的批评，把克己的观念写入文章之中，又采用了南轩的'天地万物血脉贯通'一类的话头，为了纪念亡友，就把这篇东西当作南轩的定见编入《南轩文集》之内，这种情形决不是不可以想象的。"② 刘氏认为"南轩撰仁说初稿受到朱子批评之后一直未定稿"，这一判断不符合历史事实。朱子在《答吕伯恭》第二十七书中说："钦夫近得书，别寄《言仁录》来，修改得稍胜前本。《仁说》亦用中间反复之意改定矣。"③ 朱子此书作于癸巳除夕日，所以可推断张栻《仁说》最终定稿于癸巳十或十一月。

最先反对刘述先此说的是陈荣捷，陈氏提出了四点反对意见：第一是熊节的《性理群书句解》乃"为训课童蒙而设，故《四库全书总目提要》谓其'浅近之甚，殊无可采'"。陈淳"庚戌（绍兴元年，一一九〇）十一月乃师事朱子。距《仁说》之著已二十年。《仁说》讨论早已沉寂。当时著者多次易稿。名家著作，抄写传递之间，名称或有混乱。陈淳以其师有两《仁说》，殊不足怪"。第二是"《朱子文集》为朱子之子朱在（一一六九年生）等所编，与陈淳见《仁说》之时期不远。彼等谓'浙本误以南轩先生《仁说》为先生《仁说》'。是则当时有人以南轩《仁说》为朱子所作，亦有人以南轩《仁说》为非朱子所作。编《文集》者不以南轩《仁说》出于朱子。彼等必代表多数而比较可靠"。第三是"至于南轩本人何以又于朱子已著《仁说》之后，自著《仁说》，亦有可解。拙文《论朱子之仁说》

---

① 〔日〕佐藤仁：《朱子的仁说》，《史学评论》1983 年第 5 期。
② 刘述先：《朱子的仁说、太极观念与道统问题的再省察》，《史学评论》1983 年第 5 期。
③ 〔宋〕朱熹：《晦庵先生朱文公文集》，第 1446～1447 页。

尝云:'盖南轩认仁乃是天地之心所由生,但不认天地以生物为心,故不言心之德。朱子《仁说》侧重理论。虽言学者应汲汲于求仁,究于求仁之方,未有畅言。南轩则并言仁者之能推以至存义、存礼、存智。尤重要者,南轩以为仁莫要于克己,学者当以克己为道。朱子《仁说》虽引《论语》克己一次,顺及而已,非要义也。朱子谓南轩以其《仁说》不如《克斋记》,即谓朱子忽略克己为仁之方,或亦为其自作《仁说》之一因,以补朱子之不足耳。'①第四是陈荣捷认为朱子把自己《仁说》放入《南轩文集》与朱子忠直性格不符。②

陈来师比较了张栻《仁说》和其《答朱元晦秘书》第九书的行文语势和结构:

> "统言之曰'仁,人心也',亦犹在《易》乾坤四德而统言乾元、坤元也。"(《仁说》)

> "仁之说,……然据其文势对乾元、坤元而言,恐只须曰'统言之,则曰仁而已矣'可也,或曰'天地之心,其德有四云云,而统言之,则元为善之长;人之心,其德亦有四云云,而统言之,则仁为人之心',如何?"(《答朱元晦秘书》第九书)

陈师认为:"二者语言相同。……《南轩集》中之仁说,即张南轩所著,并无可疑。"③

通过对"《仁说》之辩"一章的详细研究和本节所论朱子和张栻《仁说》的异同,并结合当今学者所做的研究,可以确切地做出结论:张栻《仁说》为本人所作,此确然无疑。

---

① 朱子和张栻都同时作有《观过说》,朱子作《克斋记》,张栻作《克斋铭》,所以朱子和张栻各自作《仁说》完全可能,不必质疑。
② 陈荣捷:《朱子新探索》,第253~254页。
③ 陈来:《中国近世思想史研究》(增订本),第113~114页。

第八章　综论朱子仁论及其哲学体系的特质

由于朱子以"心之德、爱之理"训仁，所以如何理解朱子哲学中的"理"和"心"这两个概念就是一个非常重要的问题。朱子哲学后来受到反朱子学的儒者的批判，也主要来自对此两个概念的理解有分歧。在历代反朱子学儒者中，以日本的伊藤仁斋、我国清代的戴震和当代的牟宗三最为突出。本章的写作即在从综合、全局的角度来全面评述朱子仁论及其哲学体系的特质。

第一节　朱子"生理"思想研究[①]

在朱子哲学中，"理"可谓其体系之基石或核心。但是，朱子在不同著作中，所讨论的"理"的内涵具有不同的面向，加上理气关系，可谓纷繁复杂至极。可是，从近代以来，由于强调吸收西学，所以，在以往的朱子哲学研究中，特别重视朱子"理"的形而上的含义，即形式法则或规律的面向。如冯友兰先生在其所著的《中国哲学史》中讨论朱子哲学之"理"时说："所谓道，即抽象的原理或概念"，"以现在哲学史中之术语言之，则所谓形而上者，超时空而潜存（subsist）者也"，认为在器物世界之上有一"理世界"，"形而上之理世界中只有理"，"理世界为一'无形迹'之净洁空阔的世界"。[②]在《中国哲学史新编》中，则用"一般"和"特殊"来分别解释"理"和"器"。[③]牟宗三先生对于朱子哲学的研究深受冯先生

[①] 赖尚清：《朱子"生理"思想研究》，《哲学研究》2016年第4期。
[②] 冯友兰：《中国哲学史》下，见《三松堂全集》第3卷，第322、328页。
[③] 冯友兰：《中国哲学史新编》，见《三松堂全集》第10卷，第154页。

的影响，也是强调其形而上的含义："朱子唯将此理视为静态的、形式的所以然（当然亦是超越的、形而上的所以然）"①，认为朱子"只能顺伊川之抽象的、分解的思路入。但正因此，其所了解之仁亦是抽象的、理智的、干枯的、死板的（以定义、名义的方式入）……而以'心之德爱之理'之方式说，这便把仁定死了"②。认为朱子的"理"为一"但理"，"只存有不活动"，③乃"是由'然'以推证其'所以然'"者，即朱子哲学中的"理"只是一死理："然'爱之理'则表示然与所以然之关联，'心之德'则表示认知的、静摄的关联，心统性情则是心发而为情即统情，心情为一面；心与性为两行平行之外在的管摄之关联，即统性，此即其所谓'脉络之通'而非'判然离绝'者也。此一'分域不同'，而又非'判然离绝'之义理间架显非孟子言本心之骨干。此合下是实在论之心态、分解对列的思考方式之所凝结，乃渐教、他律、重智之道德系统也。"④冯先生和牟先生都是著名的新儒学家代表，他们都一致认为朱子的"理"是抽象的、"形而上"的理，只是立场有所不同。冯先生用此形上之理以接引西学而创新，形成了自己的"新理学"，并承认自己是"接着讲"而非"照着讲"。牟先生则据朱子之"理"的形而上面向，从道德实践的角度批判朱子，进而判定朱子的哲学体系不能体现孟子和明道的真精神，是一种他律道德，乃别子为宗。⑤由此可知，关于朱子的"理"是否仅具有"形而上"的抽象含义，对于厘清学界的争议，把握朱子哲学的整体特质和在中国哲学中的地位具有非常重要的意义。

一、理之静态层次："生理"与"原理"

朱子哲学中的"理"，作为"本质""规律""法则"之"形而上"的含义，是毫无疑义的。朱子认为宇宙中的万事万物都有"理"，而理则有两个面向，即"当然而不容已"的"当然之则"和"所以然而不可易"的"所以然之故"，两方面都具有法则、规律的意义。但是两个方面又各有侧

---

① 牟宗三：《心体与性体》第2册，第27页。
② 牟宗三：《心体与性体》第3册，第259页。
③ 牟宗三：《心体与性体》第1册，第21页。
④ 同上注，第270页。
⑤ 牟氏此判断颇值得商榷，可参看拙文《朱子之仁：道德实践的自律主体》，《孔子研究》2015年第4期。

重:"当然之则"强调其"当然"和"不容已"的面向,即"理"作为当然的秩序、规范具有一种不得不发用、流行的面向,也就是生生而条理的面向,此即是"生理"的面向;"所以然之故"则强调其"不可易"的面向,即强调法则和规律所具有的普遍性、必然性和超越性,此即"形而上"的面向。

> 至于天下之物,则必各有所以然之故,与其所当然之则,所谓理也。①
>
> 身心性情之德,人伦日用之常,以至天地鬼神之变,鸟兽草木之宜,自其一物之中,莫不有以见其所当然而不容已,与其所以然而不可易者。②
>
> 人之生于天地之间也,莫不有形,其有是形也,莫不有色,而本其所得于天者,则是形是色莫不有所以然之故焉,莫不有所当然之则焉,是则所谓天性者也。③
>
> 穷理者,欲知事物之所以然,与其所当然者而已。知其所以然,故志不惑;知其所当然,故行不谬。④

以上所引四则材料分别出自《四书或问》和《晦庵先生朱文公文集》,而且都强调万事万物之理都有"所当然"和"所以然"两个面向,可见这是朱子非常成熟的思想,而非一时之意见。

以上我们区分了朱子哲学中"理"的两个面向,即"所当然而不容已"的"生生而条理"的面向,以及"所以然而不可易",即具普遍必然性的"形而上之理"面向。但是,两者的关系又是怎样的呢?朱子认为,"形上之理"具有比"生理"更高一层的含义及地位。这时朱子更强调的是"所以然"和"所当然"的关系,而不是"不容已"和"不可易"的关系。如朱子说:

> 郭兄问"莫不有以知夫所以然之故,与其所当然之则"。曰:"所

---

① [宋]朱熹:《四书或问》,第512页。
② 同上注,第527~528页。
③ 同上注,第1004页。
④ [宋]朱熹:《晦庵先生朱文公文集》,第3136~3137页。

以然之故，即是更上面一层。……且以仁言之：只天地生这物时便有个仁，它只知生而已。从他原头下来，自然有个春夏秋冬，金木水火土。故赋于人物，便有仁义礼智之性。又如父之所以慈，子之所以孝，盖父子本同一气，只是一人之身，分成两个，其恩爱相属，自有不期然而然者。其它大伦皆然，皆天理使之如此，岂容强为哉！"僩。①

"万物当然之则，便是理。所以然底，便是原头处。"②

在上引材料中，朱子非常明确地区分了"所当然"和"所以然"两者之间的关系，认为"所以然"比"所当然"更高一层。在此对话中，朱子和弟子主要探讨了仁、爱、慈、孝等德目，所以可以认为两者是道德法则和道德原则之间的关系，即朱子认为在道德法则之上还有更深一层的所以然。更值得注意的是，朱子在此段材料中以生气、生意说仁，而朱子认为仁又是性，即理，是爱之理。所以我们可以说朱子哲学中"理"之"所当然"的面向指的是"生理"，毕竟仁爱、慈孝等作为德目，是同一"生理"在人伦日用中所分殊呈现的性理、伦理（情理和事理）。上引第二则材料则进一步指出"形上之理"是"生理"的"原头处"。朱子认为"形上之理"作为"理"，比"生理"不但具有更高阶的层次和地位，而且"形上之理"还是"生理"所以如此的根据。正是由于"形上之理"蕴含的是"所以然"的面向，以及相对于"生理"具有"更高一层"的"原头处"的地位，所以为了论述的方便，姑且把朱子所说的"形上之理"命名为"原理"。

必须注意的是，首先，虽然"生理"和"原理"有类似于社会道德领域的道德法则和道德原则的关系。但是，朱子对"生理"和"原理"的区分不仅适用于社会道德领域，即朱子所说的"所当然之则"不能仅仅理解为只适用于社会道德领域的应然规范、当然秩序，而是万事万物作为生理本体的显现、呈现，它所具有的不得不如此发生的当然法则、规范和秩序，此即是道体、理体、仁体於穆不已发生其功用的过程。其次，我们虽然区分出了朱子的"理"具有"生理"和"原理"的两个面向，但是此两个面向不是截然二分的，而是同一"理体"，即本体的两个面向，也就是

---

① ［宋］朱熹：《朱子语类》，第 585～586 页。
② 同上注，第 3698 页。

说在朱子哲学中，理作为本体具有"不容已"和"不可易"的两个面向或含义。就其为同一本体的两个面向而言，它类似于康德对理性的区分，即理论理性和实践理性并不是两个理性，而是同一理性的两个方面；就此"理体"具有"生理"和"原理"，即"不容已"和"不可易"的两个面向而言，它又类似佛教"真常唯心论"中"真如"具有"不变"和"随缘"两个面向。①

那么，区分出朱子哲学中的"理"具有"生理"和"原理"两个面向，究竟有什么意义呢？其实，意义是非常重大的。因为，宋明理学认为天人本一，人道来自于天道，而且人道和天道是直接贯通的。朱子哲学体系中的诸多范畴和思想，如仁心来自于天地生物之心、"心统性情"、"心具理"、"性发为情"、天道元亨利贞四德和人道仁义礼智四德直接贯通的思想，都必须在"生理"的层面上才能做出更合理的解释。而"原理"更多的是人们格物穷理的结果，即在认识事物的"生理"之后，更进一步探究其所以然。人心并不能通过反求诸己的方式来直接认识事物的"原理"，作为认识主体的心也没有先天地具备万物的"原理"，心所本具的是性理，即仁义礼智等性理，因为这些理本质上都是生理的分殊表现。如朱子说：

> 曰："'仁'字恐只是生意，故其发而为恻隐，为羞恶，为辞逊，为是非。……仁，便是个温和底意思；义，便是惨烈刚断底意思；礼，便是宣著发挥底意思；智，便是个收敛无痕迹底意思。性中有此四者，圣门却只以求仁为急者，缘仁却是四者之先。"道夫。②

> "本只是一个仁，爱念动出来便是孝。程子谓：'为仁以孝弟为本，论性则以仁为孝弟之本。仁是性，孝弟是用。性中只有个仁义礼智，曷尝有孝弟来。'譬如一粒粟，生出为苗。仁是粟，孝弟是苗，便是仁为孝弟之本。"淳。③

上引两则材料明确说明朱子认为作为天命之性的"性"中只有仁义礼智四

---

① 关于朱子"理"的"生理"（不容已）和"原理"（不可易）与佛教"真常唯心论"中"真如"具有"不变"和"随缘"性质的关系，限于篇幅，不在此具体展开，拟作另书进行深入研究讨论。
② ［宋］朱熹：《朱子语类》，第250～251页。
③ 同上注，第700页。

者，而四者中，仁又只是生意，即仁作为"爱之理"只是生理，义礼智则是此生理之分殊的呈现，即仁理的分殊呈现。而孝弟等德目作为用，也是从仁性中生发出来的。也就是说朱子所说的性主要指的是作为"生理"的性，而不是作为"原理"的性。①这是必须注意和强调的，否则就无从理解中国古代哲学。牟宗三认为朱子所说的"理"，乃"是由'然'以推证其'所以然'"者，主要指的是认识论意义上的"原理"，而不是生理。因为牟氏是从道德的角度来指斥朱子的理的，认为只是一但理，只存有而不活动。应该说牟氏只看到了朱子理的认识论意义上的"原理"的面向，即纯形式的面向，而没有看到"生理"的面向，与朱子所说的仁性、仁理其实是相悖而驰的。另外，我们也必须特别注意的是，朱子所说的"原理"也不仅仅是认识论意义上的纯形式的"原理"，而且还具有作为存在和意义本原的存在论和价值论的本体的含义。因为，朱子明确地说，"原理"是"生理"的更上一层，是其源头处。如果"原理"仅仅是认识论意义上的纯粹逻辑原理，那么它绝对没有作为存在和价值之源的本体的意义。

那么，本书所突出强调的朱子哲学中"理"的"生理"面向，在朱子本人的著作和语录中可以找到直接的文献依据吗？

"枯槁之物，谓之无生意，则可；谓之无生理，则不可。如朽木无所用。止可付之爨灶，是无生意矣。然烧甚么木，则是甚么气，亦各不同，这是理元如此。"贺孙。②

问："仁得之最先，盖言仁具义礼智。"曰："先有是生理，三者由此推之。"可学。③

"'仁者爱之理'，是将仁来分作四段看。仁便是'爱之理'，至于爱人爱物，皆是此理。义便是宜之理，礼便是恭敬之理，智便是分别是非之理。理不可见，因其爱与宜，恭敬与是非，而知有仁义礼智

---

① 此处所说的"原理"是狭义的"原理"，即认识论意义上的原理。但是，朱子哲学中的"原理"还有存在论和价值论的本原的意义，此是广义的"原理"。本节在讨论认识论时，"原理"都是指认识论意义上的狭义的原理。狭义的"原理"基本上可以与冯友兰、牟宗三所认为的朱子的"理"相对应。
② ［宋］朱熹:《朱子语类》，第189页。
③ 同上注，第246页。

之理在其中，乃所谓'心之德'，乃是仁能包四者，便是流行处，所谓'保合太和'是也。仁是个生理，若是不仁，便死了。人未尝不仁，只是为私欲所昏，才'克己复礼'，仁依旧在。"南升。①

四德之元，专言之，则全体生生之理也，故足以包四者。偏言之，则指万物发生之端而已，故止于一事。

孔子之言仁，专言之也；孟子之言仁义，偏言之也。②

上引几则材料朱子和学生在讨论中明确提出了"生理"的思想，朱子认为枯槁之物虽无生意，但不能说它没生理，而生理是决定气的性质的根据。而且认为仁就是"生理"。朱子的学生范伯崇认为天道四德之元即是生理全体，朱子也是认可的。由此可知，"生理"思想是朱子哲学中的"理"所本身具有的重要面向，如果不突出此"生理"的面向，则断然不能理解朱子哲学，也不能理解中国古代哲学。牟宗三认为，朱子的理只是一"但理"，是死理，这根本是和朱子哲学本身有天壤之别的。

二、理之动态分殊：天命流行

上面我们已经从文献中直接论证了朱子哲学中的"理"确有"生理"的面向，其实，"生理"的面向应该是朱子哲学中"理"的主要面向，只是由于近代以来的中国哲学研究偏重于认识论，所以只注重朱子哲学中"理"的认识论意义上的"原理"面向，而这肯定不是朱子之"理"的本来面目。在辨明了朱子哲学中的"理"从静态看有"生理"和"原理"两层次及其关系，以及朱子哲学本身具有明确的"生理"思想之后，下面便来讨论朱子哲学中的"生理"之动态分殊，如此则可以进一步明确在朱子哲学中的"生理"是如何呈现为不同类别的。③而且，可以进一步论证"生理"的面向确乎是朱子哲学中"理"的主要面向。

（一）天理：天地生物之心

朱子在《仁说》中认为，天地以生物为心，而人得之以为人之仁心，

---

① [宋]朱熹：《朱子语类》，第695页。
② [宋]朱熹：《晦庵先生朱文公文集》，第1775页。
③ 对于宋明理学中"理"的含义，陈来师认为可以分为天理、性理、伦理、物理、理性。（参看陈来：《宋明理学·引言》，第15页。）但陈师没有用此观点对朱子的"理"做更具体的分析，而认为朱子的理"主要是法则和规律"。

人之仁义礼智四德与天道元亨利贞四德相对应，且直接贯通：

> 天地以生物为心者也，而人物之生，又各得夫天地之心以为心者也。……盖天地之心，其德有四，曰元亨利贞，而元无不统。其运行焉，则为春夏秋冬之序，而春生之气无所不通。故人之为心，其德亦有四，曰仁义礼智，而仁无不包。其发用焉，则为爱恭宜别之情，而恻隐之心无所不贯。……盖仁之为道，乃天地生物之心，即物而在。①

由此，我们可知，朱子所说的天理，主要即是生理，天地之心的内涵就在于生物。朱子认为天道和人道是直接贯通的，天道是人道的存在和价值之源。之所以如此，是因为不管是天理、性理，都是生理，是同一生理的分殊表现，即总体一太极，物物一太极而已。在天理的层次，则是天命（生理）之流行，在人物的层次，则是此生理赋予每一个别的人物，而表现为每一人物分殊的性理。在性理的层次，此生理已经被气禀有所拘蔽，所以人物呈现出固定而不可易的特殊性质，此即理一分殊的过程。

朱子说天地以生物为心，并不是说天地如人心或人格神那样能思维、有情意，它只是一种"无心之心"，这种无心之心即指"天理"而言。

> 道夫言："向者先生教思量天地有心无心。近思之，窃谓天地无心，仁便是天地之心。若使其有心，必有思虑，有营为。天地曷尝有思虑来。……"曰："……如公所说，只说得他无心处尔。若果无心，则须牛生出马，桃树上发李花，他又却自定。……心便是他个主宰处，所以谓天地以生物为心。"……"天地以此心普及万物，人得之遂为人之心，物得之遂为物之心，草木禽兽接着遂为草木禽兽之心，只是一个天地之心尔。今须要知得他有心处，又要见得他无心处，只恁定说不得。"道夫。②

所以我们可知，朱子所说的天地生物之心即是指理而言，天理即是生理，此生理即是天命之流行，人禀得天地生物之心而为人之仁心，禀得天地生

---

① ［宋］朱熹：《晦庵先生朱文公文集》，第118页。
② ［宋］朱熹：《朱子语类》，第118页。

物之理而为人之仁性，所以说天理是人之存在和价值的根源。值得特别注意的是，在天地生物之心，即天理的层次，天地生物之心即是天地生物之理，"心"即是"理"，即"生理"的流行、发用与主宰，"心""理"两者是同一个东西。所以朱子认为人心之本体也即是理，道德本心即理，但是不能简单说人心即理。因为人心是包括了已发的面向，即包括了"道心"和"人心"两个方面，而"人心"是知觉从耳目之欲上去所发动的心，此"人心"有善有恶，不全是如理合义。总之，"天理"是理体，是生物之本，即本体，此生理本体是万物的存在和价值根源。在"天理"的层次，"生理"和"原理"的面向还没有具体呈现、分殊出来，天理只是一本体而已，此即是朱子所说的"太极"。

（二）性理：天地之性与气质之性

自张载区分人性有天地之性和气质之性后，程朱都接受其人性学说，朱子认为气质之性，是天地之性堕在气质之中所形成的性。如朱子说：

> 论天地之性，则专指理言；论气质之性，则以理与气杂而言之。……虽其方在气中，然气自是气，性自是性，亦不相夹杂。[1]
>
> 气质之性，便只是天地之性。只是这个天地之性却从那里过。好底性如水，气质之性如杀些酱与盐，便是一般滋味。僩。[2]
>
> 人之性皆善。然而有生下来善底，有生下来便恶底，此是气禀不同。……人之为学，却是要变化气禀，然极难变化。……看来吾性既善，何故不能为圣贤，却是被这气禀害。璘。[3]

宋儒提出天地之性和气质之性说，主要在证成孟子性善说的同时，解释为何人心难免产生恶的念头，进而做出伤天害理的事。朱子认为，天地之性指的是理，即生理，所以它纯粹至善；气质之性则是天地之性（即理）与气相杂后而产生的另一种性。在气质之性中，理和气是一种不离不杂的关系，由于天地之性受到了气质的拘蔽，便有不善。如果气质非常粗浊，把此天地之性拘蔽太多，人还甚至可能有生下来便恶的。这时，只能做变化气质的为圣功夫，但朱子承认变化气质极难。所以不可能人人皆为圣贤。

---

[1] ［宋］朱熹：《朱子语类》，第196页。
[2] 同上注，第197页。
[3] 同上注，第198页。

仁义礼智作为性理，是天理赋予人物的结果，人之仁义礼智之心也来自天地生物之心。由上引语录可知，人物之性理是天理（理命）赋予人物的结果，总之，即是生理流行的结果，是同一生理本体分殊、发用、流行的结果。性理，朱子有时指的是仁义礼智，有时又是后面所说的物理，朱子本人区分不是很分明。

（三）伦理：情理与事理

朱子认为仁只是生意，其发为恻隐、羞恶、辞让、是非，即作为道德情感的四端之心。仁性作为体，发为恻隐之用，是因为外面有孺子将入井之事感。所以说，一方面情理和事理具有同一性，另一方面也说明情理和事理都是仁性作为生理的更进一步发用流行的表现。① 情理是为了使自己内心的情感得到合理的节制和调节，时刻处于一种和谐、中节的状态，无过与不及；事理则更多地涉及人与人之间的关系。要使人际关系处于一种和谐的状态，其关键又在于每个人自己内心的情感受到天理的节文。所以朱子在注释《中庸》"仁者人也，亲亲为大；义者宜也，尊贤为大；亲亲之杀，尊贤之等，礼所生也"时说："人，指人身而言。具此生理，自然便有恻怛慈爱之意，深体味之可见。宜者，分别事理，各有所宜也。礼，则节文斯二者而已。"② 在注释《论语》"克己复礼为仁"时说：

> 仁者，本心之全德。克，胜也。己，谓身之私欲也。复，反也。礼者，天理之节文也。为仁者，所以全其心之德也。盖心之全德，莫非天理，而亦不能不坏于人欲。故为仁者必有以胜私欲而复于礼，则事皆天理，而本心之德复全于我矣。归，犹与也。又言一日克己复礼，则天下之人皆与其仁，极言其效之甚速而至大也。又言为仁由己而非他人所能预，又见其机之在我而无难也。日日克之，不以为难，则私欲净尽，天理流行，而仁不可胜用矣。③

---

① 这里所说的事理，不是一般意义上的事理，而是与人的伦理道德实践有关的事理。而只要涉及伦理道德领域，就涉及作为道德实践主体的仁心，朱子明确认为仁是生理，所以我们可以说与人的伦理道德实践有关的事理也是生理的进一步分殊的表现。如朱子说："义者宜也。……宜者，分别事理，各有所宜也。"即作为德目的"义"，它可以说就是一种实理，此事理必须由作为道德实践主体的仁心做出"分别"。朱子认为心统性情，所以与道德实践直接相关的事理也可以说是"生理"的一种发用流行的结果。
② ［宋］朱熹：《四书章句集注》，第20页。
③ 同上注，第167页。

也就是说仁是本心之全德,而"德者,得也",即仁心是人禀得天地生物之心而为己之本心。但是,人性具有两方面,即不但具有仁性(即天地之性),而且具有由身,即气质而来的气质之性,所以人难免有私欲之发。所以需要克除一己之私欲,而复于礼,即受到天理之节文。朱子说人之道德本心,即仁心,莫非天理,虽然难免坏于人欲,但只要一日做克己复礼的功夫,则天下之人都归与、赞许他为仁。朱子说仁者的境界即是私欲净尽、天理流行的境界。由此可知,作为仁性的性理和作为伦理的情理和事理都是同一天理流行、分殊的表现,都是生理,即天理之生生大德的表现。所谓"礼仪三百,威仪三千","子温而厉,威而不猛,恭而安",都是天理之节文,都是人之仁心所发,并受到仁心先天具有的性理所节文。

(四)物理:分理与条理

上面已说,朱子有时所说的性理,即是指物理。朱子认为,万物都有其理,而此理并不为认识主体所本来具有,因此,非常强调格物穷理,还特别作了《大学》"格物补传":

> 所谓致知在格物者,言欲致吾之知,在即物而穷其理也。盖人心之灵莫不有知,而天下之物莫不有理,惟于理有未穷,故其知有不尽也。是以大学始教,必使学者即凡天下之物,莫不因其已知之理而益穷之,以求至乎其极。至于用力之久,而一旦豁然贯通焉,则众物之表里精粗无不到,而吾心之全体大用无不明矣。此谓物格,此谓知之至也。①

也就是说,朱子认为人作为认识主体,都天生禀得认识事物的能力,但要获得外部事物的理,则必须仔细观察事物的特点,从中获得对事物的本质和规律的认识。认为格物既多,对事物之理的把握会出现一种触类旁通的现象,即豁然贯通的境界,朱子说这就是《大学》所说的"物格""知至"。朱子认为事物都有文理、条理:

> "理是有条理,有文路子。文路子当从那里去,自家也从那里去;文路子不从那里去,自家也不从那里去。须寻文路子在何处,只挨着

---
① [宋]朱熹:《四书章句集注》,第45页。

理了行。"①

问:"……所谓分者,莫只是理一而其用不同?如君之仁,臣之敬,子之孝,父之慈,与国人交之信之类是也。"曰:"其体已略不同。君臣、父子、国人是体;仁敬慈孝与信是用。"问:"体、用皆异?"曰:"如这片板,只是一个道理,这一路子恁地去,那一路子恁地去。"②

朱子认为,物理也就是条理、文路子,即物穷理就应该顺着文路子来认识事物。所以,条理、文理是指事物现象所呈现的一种较稳定的内部结构和秩序。朱子把仁敬慈孝等性理、伦理和物理相提并论。朱子认为君臣、父子、国人作为理之载体有所不同,所以理之用也相应有所异。就像木板之间的差异一样,各有文路子。但是,都是生理发用、流行过程中所呈现的不同,即性理、伦理、物理本质上都是相通的。朱子对性理和物理有时并不做严格区分,如说:

问:"枯槁之物亦有性,是如何?"曰:"是他合下有此理,故云天下无性外之物。"因行街,云:"阶砖便有砖之理。"因坐,云:"竹椅便有竹椅之理。枯槁之物,谓之无生意,则可;谓之无生理,则不可。如朽木无所用。止可付之爨灶,是无生意矣。然烧甚么木,则是甚么气,亦各不同,这是理元如此。"贺孙。③

又谓"枯槁之物,只有气质之性而无本然之性",此语尤可笑。若果如此,则是物只有一性,而人却有两性矣。此语非常丑差,盖由不知气质之性只是此性堕在气质之中,故随气质而自为一性,正周子所谓"各一其性"者。向使元无本然之性,则此气质之性又从何处得来耶?④

朱子认为枯槁之物也有性,只是没了生意,但是生理还在。街砖也有理,也有性,也就是说不管是有机物、无机物都有性,所以朱子断然否认天

---

① [宋]朱熹:《朱子语类》,第237页。
② 同上注,第240页。
③ 同上注,第189页。
④ [宋]朱熹:《晦庵先生朱文公文集》,第2768页。

下有性外之物。枯槁也同样禀得了本然之性（即天地之性）和气质之性。朱子之所以这样说，是因为万物都同样禀得了天理，只是由于禀得的气质各异，所以所呈现的性理、物理也各异，即各一其性，各一其理。朱子所说的气质之性、物理，通过即物穷理，由事物现象呈现的文理、条理、分理等，经过认识的进一步抽象，即成为一事物之所以成为此事物的类理，此即冯友兰所说的一般、共相。由于一般、共相、规律都是认识主体逻辑抽象的结果，此理可以离开具体事物而存在，所以朱子认为有一个净洁空阔的理世界。因为此理是超越于时空的存有，所以朱子同时肯定理在气先，理气不可分先后，要之理先于气也只是冯先生所说的"逻辑在先"。一般、共相即是"原理"，乃是个体必须遵循的规律、法则，即"所以然而不可易"的原故、原理、根据。但是，我们必须特别注意的是，由格物穷理所认识到的理（原理），只是朱子所说的"原理"的一个侧面，即朱子哲学中的"原理"不仅具有认识论意义上的规律、法则方面的意义，"原理"还是"生理"的源头处，即存在论和价值论意义上的本体、本原。就此而言，冯先生用新实在论来诠释朱子所说的"理"，固然有其合理性，但是其最大弊病就是忽视了朱子"理"的"生理"面向，以及"原理"所具有的存在论和价值论之本原的含义。而此弊病的进一步结果是，牟宗三据此批评朱子的"理"，认为只是一但理，只存有不活动。

三、"生理"之诸义：体物而不遗

在分疏了朱子哲学中"理"的静态层次和"生理"的动态分殊之后，我们再来看朱子哲学中的"生理"具有哪几方面的内涵，由此可以进一步看清牟宗三对朱子哲学中"理"的批判所具有的巨大局限性。

（一）本体义

"生理"的首先一个特性即是"本体"义，即它是生物之本体。在此意义上，"生理"和"原理"是不可分的，它们都是同一生理本体，即存在论和价值论上的本体、本原。如朱子说：

> 天地之间，有理有气。理也者，形而上之道也，生物之本也；气也者，形而下之器也，生物之具也。是以人物之生，必禀此理然后有性，必禀此气然后有形。其性其形虽不外乎一身，然其道器之间分际

甚明，不可乱也。①

也就是说，天地万物的存在、生成都是理和气共同作用的结果，其中理是形而上的道，是生物的本体；气是形而下的器，是生物的质具。朱子所说的"形而上"不但是"形以前"，即无形无象的含义，更重要的是它有气所不具的超越性；而气则是"形而后"的存在，即有一定的形质。理构成了事物的性，气构成了事物的形质。如果从存在来说，理气本不可分，也没有先后之可言。朱子上面的分析给人以理、气本来是分别存在的，事物的生成是理气相结合的产物的感觉。其实，并不是这样，朱子在上面只是对存在的事物做逻辑上的区分而已。万事万物的产生在朱子看来，不是分离的理和气在时空中结合的产物，而是作为本体的理发用之结果，即理生气的结果。

朱子哲学是一种理本体论的哲学，理是本体的概念，具有本原性的地位，而与理相对的是气概念，而气是理所派生的。理气关系是一种体用关系，即理是气之本体，气是理之发用。朱子在注释周敦颐的《太极图》时说：

〇，此所谓无极而太极也，所以动而阳，静而阴之本体也。然非有以离乎阴阳也，即阴阳而指其本体，不杂乎阴阳而为言尔。②

朱子受周敦颐《太极图说》的影响，认为天地万物虽然纷繁复杂，但是若要从逻辑上推宇宙的生成过程，则宇宙万物作为一种现象，是太极本体发用、显现的结果。朱子受程颐"动静无端，阴阳无始"思想的影响，认为阴阳，即气是在时空中的永恒存在，作为一个整体没有始生和终消的时候。但是，气作为永远处于生成变化中的现象，它的背后有其所以如此生成变化，即动静的根据，朱子认为此根据指的即是理。朱子这里所说的"理生气"的"理"和"太极"，本质上就是"生理"本体，"生理"与"原理"在本体意义上是直接同一的。

---

① ［宋］朱熹:《晦庵先生朱文公文集》，第2755页。
② ［宋］朱熹:《太极图解》，见《朱子全书》(修订本)第13册，第70页。

（二）发用义

既然朱子否认理气有先后，可是朱子又认为理可以生气，理生气如母生子一样吗？如此，理气不是有时间上的先后了吗？非也。朱子明确提出"理生气"说来自下面一则材料：

> 太极生阴阳，理生气也。阴阳既生，则太极在其中，理复在气之内也。①

朱子此语录最先出自《朱子语略》一书，②但是却没收在现在的《朱子语类》中。朱子"理生气"的思想，其实并不只存于上条语录中，从如下材料亦可推出：

> 然气之已散者，既化而无有矣，其根于理而日生者，则固浩然而无穷也。故上蔡谓"我之精神，即祖考之精神"，盖谓此也。③

朱子更进一步认为不但在宇宙初始有太极生阴阳的一个阶段，在宇宙生成之后，气仍然是"根于理而日生"的。那么"根于理"是什么意思呢，是气根据于理，依照于理而日生吗？虽不排除此义，但是朱子理生气的思想，恐怕还不就是气依据于理而生。朱子认为太极（〇）是阴阳之气的本体，太极和阴阳之间的关系是一种不离不杂的关系。程颐认为"动静无端，阴阳无始"，也就是宇宙造化是阴阳二气流行变易的过程，认为阴阳并非道，所以一阴一阳才是道："一阴一阳之谓道，道非阴阳也，所以一阴一阳，道也，如一阖一辟之谓变。"④又说："离了阴阳更无道，所以阴阳者是道也。阴阳，气也。气是形而下者，道是形而上者。"⑤所以说，朱子以太极为即乎阴阳而不杂乎阴阳的阴阳变易的本体，而此本体是阴阳变易的所以根据的思想完全是从程颐而来的。值得注意的是"即阴阳而指其本体"，说明太极与阴阳之气没有时间上的先后关系。太极是阴阳之气的本

---

① 《性理大全书》卷一，清文渊阁四库全书本，第3页。
② 陈来：《朱学杂考·"理生气"考》，《中国近世思想史研究》（增订本），第201～203页。
③ [宋]朱熹：《晦庵先生朱文公文集》，第2082页。
④ [宋]程颢、程颐：《二程集》，第67页。
⑤ 同上注，第162页。

体，气化是太极，即理所呈现的现象，即理和气是一种本体与现象的关系，也就是即体即用的关系。朱子"理生气"的思想，不是一种母生子的关系，因为这样，理和气就有时间上的先后。也不是理与气先各自存在，然后理与气结合的一种关系。朱子认为："天地之间，有理有气。理也者，形而上之道也，生物之本也；气也者，形而下之器也，生物之具也。"那是从认识论上，对已经存在的气化品物从逻辑上所做的一种区分的结果。因为朱子明确否定，理可以离气而存在，如果存在一个净洁空阔的理世界，那也是逻辑抽象所认识的"原理"，它既为人们所认识，它就只是一个抽象的认识论意义上的本体，此本体可以脱离器物而存在。但是，朱子所说的"理"显然不只此认识论意义上的本体，它还是可以於穆不已地发用的本体，可以说"理生气""太极动而生阳"都是生理本体发用为气化现象的结果。因此，"生理"的本体义和发用义是直接相关的。另外，朱子理有发用的含义还可以从下面一则材料中看出：

四端是理之发，七情是气之发。①

朱子认为恻隐、羞恶、辞让、是非作为道德情感是理之发用，不过"理发"和"气发"的含义有所不同，"理发"是理本体的发用，是即体即用的关系；"气发"按朱子的理解，可以说是气的造作的结果。而且，天地生物之心，也就是理，所以"理生气"绝非朱子偶然的意见，而是成熟的思想。所以我们可以非常明确而肯定地说，朱子的"理"具有发用的含义，朱子的"理"之所以给人们一种印象，即不能发用，那是因为后世的儒者只认识到了朱子的"理"的"所以然而不可易"的层面，即"原理"的层面，而没有注意到"当然而不可以已"的层面，即"生理"层面的结果。由此也可以看出，区分"生理"和"原理"对于认识朱子的"理"具有多么重大的意义。

（三）流行义

朱子说："仁者，本心之全德。克，胜也。己，谓身之私欲也。复，反也。礼者，天理之节文也。为仁者，所以全其心之德也。盖心之全德，莫非天理，而亦不能不坏于人欲。……日日克之，不以为难，则私欲净尽，

---

① ［宋］朱熹：《朱子语类》，第1777页。

天理流行，而仁不可胜用矣。"①明确提出了"天理流行"的思想：

> 做到私欲净尽，天理流行，便是仁。道夫。②
>
> 问："颜子'不改其乐'，是私欲既去，一心之中浑是天理流行，无有止息。此乃至富至贵之理，举天下之物无以尚之，岂不大有可乐！"曰："周子所谓至富至贵，乃是对贫贱而言。今引此说，恐浅。只是私欲未去，如口之于味，耳之于声，皆是欲。得其欲，即是私欲，反为所累，何足乐！若不得其欲，只管求之，于心亦不乐。惟是私欲既去，天理流行，动静语默日用之间无非天理，胸中廓然，岂不可乐！此与贫窭自不相干，故不以此而害其乐。"南升。③

朱子认为人只要做克己复礼的功夫，去除了私欲以后，便能达到天理流行的一种境界。此中所谓的天理流行，即是天理本体的发用流行，即生理本体的发用不但未受到气质的拘蔽与间隔，而且生理本体能够主宰气化之流行。从上面关于"生理"的动态层次的分析，也可以非常清楚地看到"生理"如何流行分殊为"天理""性理""伦理""物理"。另外，朱子"理"能生气，理能发用的思想，都无不清楚地说明了"理"的流行义。其实发用即流行，天理流行的过程也就是生理本体发用的过程。所以"生理"的流行义和发用义本质上是一回事。

（四）主宰义

前引材料在说明天地生物之心时即说明了朱子的"理"具有主宰义，天地生物之心是"无心之心"，说它是"无心"，是说理是自然无为的，它没有人所具有的思虑、营为，即情意、计度、造作，同时，也排除了它是一种人格神。说天地生物之心是"无心之心"，是其中还有"理"作为主宰，否则牛须生出马，桃树发李花。朱子又说：

> "帝是理为主。"④
>
> 问："天地之心，天地之理。理是道理，心是主宰底意否？"曰：

---

① ［宋］朱熹：《四书章句集注》，第167页。
② ［宋］朱熹：《朱子语类》，第259页。
③ 同上注，第1126页。
④ 同上注，第1777页。

"心固是主宰底意,然所谓主宰者,即是理也,不是心外别有个理,理外别有个心。"又问:"此'心'字与'帝'字相似否?"曰:"'人'字似'天'字,'心'字似'帝'字。"夔孙。义刚同。①

朱子认为一般人所说的上帝其实只是理,天地之心固然有主宰的含义,但其实也是理在主宰。也就是说,朱子哲学是一种理性主义的哲学,它排除了人格神,在当时,无疑是具有重要意义的思想。

总之,朱子哲学中的"理",从静态的层次,可以分为"生理"和"原理";从动态的层次,则"生理"又可进一步分殊为天理、性理、伦理、物理,而朱子所说的"生理"具有本体义、发用义、流行义和主宰义。在本体的意义上,"生理"和"原理"是直接同一的。"生理"和"原理"也不是两个"理",而是同一"理"的两个面向。这里主要突出了朱子哲学中"理"的"生理"的面向及其本体、发用、流行的含义。"原理"不仅是认识论意义上的、纯逻辑的"原理",而且是作为存在论和价值论本原的本体。后世儒者之所以对朱子的"理"有各种争论,主要原因是没有突出其"生理"的面向,以及没有对"生理"进一步分殊,同时对"生理"所具有的本体义、发用义、流行义没有得到应有的认识、突出和重视,更多强调了认识论意义上的"原理"的层次以及"形而上"的含义,所以对朱子哲学有各种曲解。由于"理"是朱子哲学的基石,所以突出其"生理"的面向,对于理解朱子哲学,甚至整个中国古代哲学,具有关键的意义。

第二节 论朱子哲学中的"太极"与"理一分殊"②

在深入研究朱子的"生理"思想之后,我们再来仔细分析作为生理本体的"太极"是如何发用、流行的,即讨论"太极"与"理一分殊"的关系,从而对朱子"生理"的思想有进一步的了解。

"太极"是朱子哲学中重要概念之一,在朱子哲学中,"理"是本体,"气"是此本体的显现、实现。与理气相对应的,则是太极和阴阳的概念。

---

① [宋]朱熹:《朱子语类》,第1777页。
② 赖尚清:《论朱子哲学中的"太极"与"理一分殊"》,《中国哲学史》2016年第4期。

太极指的即是理，阴阳指的即是气，太极和阴阳是一种体用的关系。"理一分殊"是程颐和杨时讨论张载《西铭》时提出的一个命题，起初只有伦理学的意义。但是，在朱子哲学中，"理一分殊"更上升到了本体论的高度。朱子的太极概念不仅指的是理，太极更是总包天地万物之理，而且朱子有"人人一太极，物物一太极"的命题。那么，是否可以就此推出草木都有天地万物之理呢？也就是说朱子的"太极"本体的内涵在其发用流行过程中是否会有变化？此变化又是怎样的？跟"理一分殊"的命题又有什么样的关系？这些都是朱子哲学中的重要问题。

一、"太极"之静态含义

在朱子哲学中，"太极"概念具有丰富的含义，特别是太极作为本体在其显现、实现，即分殊的过程中，其含义会发生相应的变化。"太极"概念的含义可以分为静态和动态两个层次，我们先来探讨其静态的层次。

（一）造化大源

在朱子哲学中，"太极"概念的含义首先指的是"理"，如朱子说："太极只是一个'理'字。"① 朱子哲学是一种理本体论的哲学，理是本体的概念，具有本原性的地位，而与理相对的是气概念，而气是理所派生的。但是，理气关系不是如母生子那样的具有时间上先后的派生关系，而是一种体用关系，即理是气之本体，气是理之发用。"〇，此所谓无极而太极也，所以动而阳，静而阴之本体也。然非有以离乎阴阳也，即阴阳而指其本体，不杂乎阴阳而为言尔。"② 作为气化流行的宇宙万物和太极是一种本体与发用的关系。"太极生阴阳，理生气也。阴阳既生，则太极在其中，理复在气之内也。"③ 这里的"理生气"，不是宇宙论的气化之生成，而是指天理本体发为气化之用，"理生气"不是时空中的生成关系。相应的，朱子所说的太极既生阴阳之后，太极复在阴阳之中，即理气之间的不离不杂的关系，也不是如戴震所谓的"后儒乃别有一物焉，与生俱生而制乎事"④，朱子的"理"或"太极"乃形上的本体，它不可能是一个物，所以戴震批评朱子的"理"如有一物显然是误解，当然戴震有此误解，与朱子本人的

---

① ［宋］朱熹:《朱子语类》，第114页。
② ［宋］朱熹:《太极图解》，第70页。
③ 《性理大全书》卷一，清文渊阁四库全书本，第3页。
④ ［清］戴震:《孟子字义疏证》，北京：中华书局，1982年，第496页。

用词也有一定的关系。朱子又说：

> 自太极至万物化生，只是一个道理包括，非是先有此而后有彼。但统是一个大源，由体而达用，从微而至著耳。①

朱子所谓"自太极而万物化生"，只是"由体而达用""从微而至著"的过程，即本体发为现象的过程。朱子认为"太极"即是宇宙的造化大源，也就是"太极"是宇宙存在和意义的根源、本原：

> 天地之间，有理有气。理也者，形而上之道也，生物之本也。气也者，形而下之器也，生物之具也。是以人物之生，必禀是理然后有性；必禀此气然后有形。②

首先我们必须注意的是，朱子此处关于理气二分的思想，是对现实的品物所做的逻辑分析的结果，而在现实中理气其实是不可截然二分的，二者是"不离不杂"的关系。其实，用"不离不杂"来形容理气关系本身就不大贴切，毕竟按此说法，事物是由分离的理和气相结合的产物，事物产生之后，理气仍然是两个事物。朱子认为形上之理是"生物之本"，此"本"指的是本体，形下之气是"生物之具"，即理本体的载具、表现，也就是说理气二者的关系是一种即体即用的关系。

（二）理之极至

上面我们已经说明了太极作为理本体，乃是造化之大源。朱子进而认为太极不仅指的是理，而且是理之极至。如朱子说："太极之义，正谓理之极致耳。"③"极是名此理之至极。"④"太极者，如屋之有极，天之有极，到这里更没去处，理之极至者也。"⑤"无极而太极……非谓别有一物也，其意则固若曰：非如皇极、民极、屋极之有方所形象，而但有此理之至极耳。"⑥其实，作为形上本体的理，跟屋极、皇极是不同的，屋极、皇极是

---

① ［宋］朱熹：《朱子语类》，第3133页。
② ［宋］朱熹：《晦庵先生朱文公文集》，第2755页。
③ 同上注，第1642页。
④ 同上注，第1572页。
⑤ ［宋］朱熹：《朱子语类》，第3126页。
⑥ ［宋］朱熹：《晦庵先生朱文公文集》，第1574页。

有形之物的极至，而太极则是无形的理之极至。中国古代哲学中虽然没有发展出完整的共相理论，但是已经有了普遍概念和特殊概念的观念，以及对于普遍概念和特殊概念的认识。如韩非子说："道者，万物之所然也，万理之所稽也。……万物各异理，而道尽稽万物之理。"（《韩非子·解老》）韩非子即认识到了"道"作为最普遍之理和万物分殊之理的关系，认为作为最大共名的"道"总括了天地万物所有之理。名有共有殊，如荀子所说："万物虽众，有时而欲遍举之，故谓之物；物也者，大共名也。"（《荀子·正名》）特别是后期墨家具有了丰富的关于共相和殊相的理论，如在解释《墨经》"名，达、类、私"时说："名，物、达也，有实必待之名也。命之马，类也，若实也者，必以是名也。命之臧，私也，是名也，止于是实也。声出口，俱有名；若姓字俪。"（《墨子·经说上》）后期墨家认为，作为个体的万物都有名，如一个叫臧的人，他的名字叫"臧"，这是名和个体之物最接近的名字，即"私"；在"私"之上，则有很多具有内在关联的共名，如"人""动物"等，从私名一直往上推，则是作为大共名的"达"名。朱子的太极概念作为理之极至，可以说包含了先秦时期的"理"论的几个方面，一方面太极总包天地万物之理，而且太极即是作为万事万物的本体、本原，也就是说"太极"既是本体之"一"，又是分理之多的总体。如朱子说："以物论之，易之有太极，如木之有根，浮屠之有顶。但木之根，浮图之顶，是有形之极；太极却不是一物，无方所顿放，是无形之极。"[①]"无极只是极至，更无去处了。至高至妙，至精至神，更没去处。濂溪恐人道太极有形，故曰'无极而太极'，是无之中有个至极之理。如'皇极'，亦是中天下而立，四方辐凑，更没去处；移过这边也不是，移过那边也不是，只在中央，四畔合凑到这里。"[②]也就是说太极是无形之理的极至，在太极之上更无所谓的理，即太极作为理之极至，一方面它是本体之一，此可以说是"无极"，同时它又是理之全体，此可以说是韩非子"总稽万物之理"的"道"，朱子称之为"太极"。因此朱子说："'无极而太极'，只是无形而有理。周子恐人于太极之外更寻太极，故以无极言之。既谓之无极，则不可以有底道理强搜寻也。……阴静是太极之本，然阴静又自阳动而生。一静一动，便是一个辟阖。自其辟阖之大者推而上之，更

[①] ［宋］朱熹：《朱子语类》，第 2566～2567 页。
[②] 同上注，第 3120 页。

无穷极。"① "太极非是别为一物,即阴阳而在阴阳,即五行而在五行,即万物而在万物,只是一个理而已。因其极至,故名曰太极。"② 冯友兰说:"所有之理之全体,我们亦可以之为一全而思之。此全即是太极。所有众理之全,即是所有众极之全,总括众极,故曰太极。"③ 冯先生关于"理"和"太极"的论述甚精,对朱子哲学深有创发。当然,朱子所说的"太极",不是指称物的最高概念、最大共名,而是指称理的最高概念,即一方面太极是理之本体之一,一方面太极又是理之全体。

(三)极好至善

朱子认为,太极是造化大源、理之极至,除此之外,太极的"极"也是万物"至善"的标准:"太极中,全是具一个善。"④ "理"是至善的极则、准则、法则,它本身是纯粹至善的:"太极只是个极好至善底道理。人人有一太极,物物有一太极。周子所谓太极,是天地人物万善至好底表德。"⑤ 所谓"人人有一太极,物物有一太极",不能仅理解为每一事物都包含理之全体,而是说万物都具有太极本体,是太极本体的发用、显现。由于太极是理之极至,所以人物都是此至善的太极本体之分殊的表现、呈现,即"理一分殊"的结果。朱子认为"太极"是至善的表德的时候,不仅指的是作为造化大源的理本体之纯粹至善,此理本体也就是"天地生物之心",在本体的层次,天理、太极、天地生物之心是同一个东西。正是由于太极在本体层次是天地生物之心,所以它是存在和价值的本原,是仁之本体,即仁体,而仁是众善之源、百行之本,如朱子在《仁说》中说:"天地以生物为心者也,而人物之生,又各得夫天地之心以为心者也。……盖天地之心,其德有四,曰元亨利贞,而元无不统。其运行焉,则为春夏秋冬之序,而春生之气无所不通。……盖仁之为道,乃天地生物之心,即物而在。"⑥ 正是由于"太极"就是仁体,就是天地生物之心,所以它也是天道元亨利贞四德之元,同时也是仁义礼智四德之仁。自然界所呈现的春夏秋冬的气化流行,以及人伦道德界所呈现的爱恭宜别之情,恻隐、羞恶、

---

① [宋]朱熹:《朱子语类》,第3116页。
② 同上注,第3122页。
③ 冯友兰:《新理学》,《三松堂全集》第4卷,第39页。
④ [宋]朱熹:《朱子语类》,第2564页。
⑤ 同上注,第3122页。
⑥ [宋]朱熹:《晦庵先生朱文公文集》,第3279～3280页。

辞让、是非之心，无不是此太极本体，即仁体、理体之於穆不已的发用流行的表现，此即是天理之流行，即朱子所说的"理"之生理的面向。同时，朱子的"理"还具有"形上之理"的面向，此时它作为理之极至，成了极好至善的标准、准则："极是名此理之至极，……中者，天下之大本。乃以喜怒哀乐之未发，此理浑然无所偏倚而言。太极固无偏倚而为万化之本，然其得名，自为'至极'之'极'而兼有'标准'之义，初不以'中'而得名也。"① 朱子认为"极"虽然包含了"中"所具有的不偏倚的意思，而且更重要的是还具有"标准"之义。也就是说，作为"喜怒哀乐未发之谓中"的"中"，主要还是状性之体段，也就是摹状"理"的一个属性，此属性更多属于伦理道德领域，即心性修养的领域。冯友兰对此有精辟的发挥："每理对于依照之之事物，无论就极之任何一义说，皆是其极。方之理是方底物之标准，亦是其极限。方底物，必须至此标准，始是完全地方。"② 朱子又说：

> 陈问："刘子所谓天地之中，即周子所谓太极否？"曰："只一般，但名不同。中，只是恰好处。上帝降衷，亦是恰好处。极不是中，极之为物，只是在中。如这烛台，中央簪处便是极。从这里比到那里，也恰好，不曾加些；从那里比到这里，也恰好，不曾减些。"宇。③

朱子在此语录中分别了"极"与"中"的异同，即"极"包括了"中"的含义，同时，朱子更赋予了"极"以时空中的含义，即"在中"和"时中"的含义。太极不但是静态的至善法则、极则，而且是在时空中的事事物物所呈现的极好至善的法则、极则。如朱子又说：

> 仲履云："太极便是人心之至理。"曰："事事物物皆有个极，是道理之极至。"蒋元进曰："如君之仁，臣之敬，便是极。"曰："此是一事一物之极。总天地万物之理，便是太极。太极本无此名，只是个表德。"盖卿。④

---

① ［宋］朱熹:《晦庵先生朱文公文集》，第 1572 页。
② 冯友兰:《新理学》，第 36 页。
③ ［宋］朱熹:《朱子语类》，第 622 页。
④ 同上注，第 3127～3128 页。

朱子在此对话中，进一步明确了一事一物之极和太极的关系，如君仁、臣敬等德目是一事一物的极则、标准，而太极则包括了所有事物的道理、极则、标准。也就是说太极作为"形上之理"，它是理之极至，是万物之极则、标准；另一方面，太极作为"生理"，它又是"当然而不容已"的"当然之则"，也就是说"形上之理"於穆不已地发用、分殊为事事物物之"在中"和"时中"，即超越即内在，即体即用的天理之流行。

二、"太极"之动态分殊

在仔细分殊了"太极"的静态含义之后，下面再从"理一分殊"的角度解析"太极"概念的内涵的可能变化，由此才能真正了解朱子"太极"概念的所有含义。冯友兰针对朱子"物物一太极"，而太极总包天地万物之理时，直言感到比较困惑和难解："我们只能说，一类事物依照某理，而不能说一事物依照一切理。用如此看法，则所谓'人人有一太极，物物有一太极'者，是一种神秘主义底说法，我们现在不能持之。"[1] 冯先生说得没错，如果"太极"的概念只是静态的总包天地万物之理，那确实是难以理解的。但是，如果我们知道了朱子"太极"概念的动态内涵后，我们可以发现其实朱子说的也有其道理。

（一）"太极"其"始"只是一本体，即生理：月印万川

上面我们在论述太极是造化大源时已经指出，"太极"是生物之本，此作为本体的理，即是万物化生所公共的理，即生理，太极生理本体和万物之间的关系是体用、显微的关系，万事万物都是从太极这一本源、本体中化生出来的。值得注意的是，朱子认为作为万物生化大源的太极本体，只是一个道理，即在太极动而生阳的阶段，太极其实还没有分殊为万事万物之理，有的只是一个万物所公共的生理而已，此即上文已引的："自太极至万物化生，只是一个道理包括，非是先有此而后有彼。但统是一个大源，由体而达用，从微而至著耳。"如朱子又说：

> 太极中，全是具一个善。若三百八十四爻中，有善有恶，皆阴阳变化以后方有。[2]

---

[1] 冯友兰：《新理学》，第39页。
[2] ［宋］朱熹：《朱子语类》，第2564页。

朱子认为"太极"只是"全具一个善",此"善"指的即是生理,也就是纯粹至善的"天地生物之心",若是三百八十四爻等分殊之理,要到太极发用,即动而生阳之后才具有。因为,理只是生物之本,还必须有生物之具才能化生万物,而理没有气,则没有载体,在万物化生之后,气的昏明、厚薄、清浊决定了理的分殊,也就是作为同一生理本体的"太极"分殊为万事万物之理。如朱子又说:"太极初生,亦只生阴阳,然后方有其他底。"①"太极非是别为一物,即阴阳而在阴阳,即五行而在五行,即万物而在万物,只是一个理而已。"②也就是说,太极初生,以及太极化生万物之后,更多的是指作为生理本体的理。如朱子又说:

> 问:"'太极动而生阳,静而生阴',见得理先而气后。"曰:"虽是如此,然亦不须如此理会,二者有则皆有。"问:"未有一物之时如何?"曰:"是有天下公共之理,未有一物所具之理。"德明。③

由上条语录可以清楚地知道,在太极未生物之前,只"是有天下公共之理",却"未有一物所具之理",由此,我们可以得出一个重要结论,即太极其始只是一个本体,即生理。此即是朱子借用佛教著名的"月印万川"所阐述的"理一分殊"之"理":

> 行夫问:"万物各具一理,而万理同出一源,此所以可推而无不通也。"曰:"近而一身之中,远而八荒之外,微而一草一木之众,莫不各具此理。如此四人在坐,各有这个道理,某不用假借于公,公不用求于某,仲思与廷秀亦不用自相假借。然虽各自有一个理,又却同出于一个理尔。如排数器水相似;这盂也是这样水,那盂也是这样水,各各满足,不待求假于外。然打破放里,却也只是个水。此所以可推而无不通也。所以谓格得多后自能贯通者,只为是一理。释氏云:'一月普现一切水,一切水月一月摄。'这是那释氏也窥见得这些道理。濂溪《通书》只是说这一事。"道夫。④

---

① [宋]朱熹:《朱子语类》,第1823页。
② 同上注,第3122页。
③ 同上注,第3124页。
④ 同上注,第606~607页。

朱子认为"万物各具一理，而万理同出一源"的"源"，指的即是"太极"，此由上面所说"太极"为造化大源可知。朱子进而认为，人们通过格物致知，可以达到对万物分殊之理的认识，而格物多后，会出现一种"豁然贯通"的境界。之所以如此，一个是因为万物之理，本是作为同一本体的生理的分殊，另外一个原因是太极总包万物之理，而太极总包的万物之理不是毫无关系的，而是具有逻辑上必然联系的理之全体，此有似金岳霖《论道》说的"共相的关联"。① 朱子借用佛教"月印万川"的比喻来说明太极本体和作为现象的万物的关系，即宇宙万物只是同一太极本体的显现、实现，太极本体和万事万物是体用的关系，其中的"月"指的即是太极本体，"万川"即是宇宙万物，"印"即是本体发为现象。如朱子说：

> 问："'理性命'章注云：'自其本而之末，则一理之实，而万物分之以为体，故万物各有一太极。'如此，则是太极有分裂乎？"曰："本只是一太极，而万物各有禀受，又自各全具一太极尔。如月在天，只一而已；及散在江湖，则随处而见，不可谓月已分也。"谟。②

朱子认为"理一分殊"的"分"不是整体分割为局部，即"不是割成片去，只如月映万川相似"③。本体是不可分的，太极和万物不是实体与实体之间的可分的整体与局部的关系，而是同一本体和众多分殊的现象的关系，即作为"万川"的现象只是作为"月"的同一太极本体分殊显现的结果。此段语录已经讨论到了"一实万分"，说明朱子"理一分殊"中的"月印万川"喻和"一实万分"喻之间是有其内在联系的，下面我们即来讨论太极与"一实万分"的关系。

（二）"太极"其"中"又是一"类理"：一实万分

朱子接受了周敦颐"太极—阴阳—五行—万物"的宇宙生成观，太极是理，是本体，阴阳、五行、万物是作为本体之理发用为质具之气的产物。在此宇宙万物的生成演化过程中，产生了阴阳、五行（金木水火土）等具有内在关联的类，即共相，每一共相包含有此一类中的每一具体事物所具有的公共之理，即太极在生成演化过程中进一步分殊为"类理"，这

---

① 金岳霖：《论道》，《金岳霖全集》第二卷，北京：人民出版社，2013 年，第 108～135 页。
② ［宋］朱熹：《朱子语类》，第 3167～3168 页。
③ 同上注，第 3167 页。

也是一种"理一分殊",即"一实万分"。当然,如果仔细分析,其中还蕴含了共相与共相之间的关联,此也是一种"理一分殊",即普遍规律和特殊规律之间的关系。"一实万分"的比喻,主要说明的是"类理"和属于此类的每一个体事物之间的联系,当然也包括从太极本体到具体的个体事物之间所有共相之间的关联。这一点可从上已论述的"月印万川"喻和"一实万分"喻具有内在关系中得出。不过,"一实万分"喻主要说明的"类理"和其所属的个体事物之间的"理一分殊"之间的关系,如朱子说:

> 太极如一木生上,分而为枝干,又分而生花生叶,生生不穷。到得成果子,里面又有生生不穷之理,生将出去,又是无限个太极,更无停息。只是到成果实时,又却少歇,不是止。到这里自合少止,正所谓"终始万物莫盛乎艮"。艮止,是生息之意。贺孙。①

朱子认为太极如木之生,其初只是一干,然后分出许多枝叶,枝叶又长出果实,果实又是无限个太极,此作为果实的太极里面又具有生生不穷之理,又从此太极本体生出许多具体的事物。虽然朱子在此表述得不是很清晰,但是,我们可以推出,在太极本体和具体事物之间,有许多"类理",即一类事物所具有的公共之理。作为同一生理的太极本体,分殊为众多的"类理"。虽然朱子把"类理"都统称为太极,但是为了区别起见,我们不妨称为"类极"。

> "既有理,便有气;既有气,则理又在乎气之中。周子谓:'五殊二实,二本则一。一实万分,万一各正,大小有定。'自下推而上去,五行只是二气,二气又只是一理。自上推而下来,只是此一个理,万物分之以为体,万物之中又各具一理。所谓'乾道变化,各正性命',然总又只是一个理。此理处处皆浑沦,如一粒粟生为苗,苗便生花,花便结实,又成粟,还复本形。一穗有百粒,每粒个个完全;又将这百粒去种,又各成百粒。生生只管不已,初间只是这一粒分去。物物各有理,总只是一个理。"淳。②

---

① [宋]朱熹:《朱子语类》,第 2567 页。
② 同上注,第 3125～3126 页。

朱子在此语录中,明确说明太极本体如何发用分殊为阴阳、五行以及万物的过程。朱子认为周敦颐"五殊二实,二本则一。一实万分,万一各正",说的正是"理一分殊":"'一实万分,万一各正',便是'理一分殊'处。"① 值得注意的是,朱子使用的"自下推而上去"与"自上推而下来"字眼,在周敦颐的宇宙生成图景中,由于太极是属于气的实体,所以在周敦颐的宇宙生成论中,确实是认为宇宙有一从太极到阴阳到五行到万物的过程,而朱子认为,由于太极是作为生理的本体,本体与万物是一种体用的关系,所以朱子所说的从太极到阴阳到五行到万物是一种本体与发用的关系,也就是即体即用的关系,太极和宇宙万物之间虽然有逻辑上的先后,但是却没有时间上的先后。因此,太极生阴阳、生五行、生万物不是如母生子那样,一实体生出另一实体,那是有时间上的先后关系的宇宙生成论,而是没有时间先后关系的本体与现象的、即体即用的本体生成论。所以,朱子所说的"一实万分"这一"理一分殊"的命题中"实"和"分"的内涵都是具有动态的变化的。开始,此"实",指的是"太极"这一理本体,"分"既表现为从阴阳、五行到具体万物,还包括其中每类事物所具有的"类理";同时,"一实万分"也表现为某一特殊的"类"所包括的"类理"和包括在此类中所有个体事物之间的关系。也就是说,从太极本体到作为个体事物的万事万物之间具有无数的"理一分殊"的层次和关系,既表现"类理"之间的"理一分殊",也包括某一特殊的类所具有的类理和此类所包括的所有具体事物之间的"理一分殊"。但是,我们说"一实万分"中的"实"是指类理,此更多的是从"形上之理"的面向来诠释,可是,朱子哲学中的"理"除了具有"形上之理"("所以然而不可易")的面向,还具有"生理"("当然而不容已")的面向。因此,"一实万分"既是"形上之理"的、逻辑意义上的"理一分殊",同时,也表现为"类理"(既是形上之理,又是生理)在具体事物中所呈现的生生而条理的过程,也就是生理本体於穆不已地发用、流行和主宰的过程。

(三)"太极"其"终"总包万理:理同气异

我们从上面的分殊中,已经知道朱子的"太极"概念的内涵有其自身的变化过程,每一事物所具有的"太极"中所包括的"理",即共相之间的关联是有所不同的。比如人所具有的"太极"的内涵中所具有的理和鸟

---

① [宋]朱熹:《朱子语类》,第3167页。

所具有的"太极"的内涵中所具有的理,即共相关联是有多少和层次之间的不同的,这也就决定了从太极本体到宇宙万物之间可以分成很多层次不同的等级。朱子认为,每一事物都同具一太极本体,即生理,它们所具的"太极"中的理的多少主要是由其载体,即气的属性决定的。这样,朱子用理之全体之一来说明"理一分殊"中的"理一",用气异来说明"理一分殊"中"分殊"的原因及其表现。这又是一种"理一分殊"。如朱子说:

> 问:"人物皆禀天地之理以为性,皆受天地之气以为形。若人品之不同,固是气有昏明厚薄之异。若在物言之,不知是所禀之理便有不全耶,亦是缘气禀之昏蔽故如此耶?"曰:"惟其所受之气只有许多,故其理亦只有许多。如犬马,他这形气如此,故只会得如此事。"又问:"物物具一太极,则是理无不全也。"曰:"谓之全亦可,谓之偏亦可。以理言之,则无不全;以气言之则不能无偏。故吕与叔谓物之性有近人之性者,如猫相乳之类。《温公集》载他家一猫,又更差异。人之性有近物之性者。"广。①

朱子在这里认为,从天地之性方面来说,则宇宙万物都禀同一太极,故理无不同,理无不全。人物受生,除了太极本体作为生物之本外,还必须具有生物之具的气质,两者之间的合一即产生宇宙间的万物。朱子认为天地之性堕在气质之中,便形成气质之性,而宇宙万物之间的气质之性则各不相同,气质之性之所以不同,是因为气有昏明、厚薄、清浊等各种各样的差异:

> 问:"五行均得太极否?"曰:"均。"问:"人具五行,物只得一行?"曰:"物亦具有五行,只是得五行之偏者耳。"可学。②

因此,"理一分殊"命题又表现为太极全体和宇宙万物之中的"气质之性"的关系。如朱子说:"气质是阴阳五行所为,性则太极之全体。但论气质之性,则此全体在气质之中耳,非别有一性也。"③由于"太极"和宇宙万物

---

① [宋]朱熹:《朱子语类》,第184页。
② 同上注,第182～183页。
③ 同上注,第3131～3132页。

之间是一种"不离不杂"的体用关系，其实朱子用"不离不杂"来论述理气关系已经有所不妥当，毕竟理是无形的，气是有形的，这应该是比喻难做的缘故，而非朱子本人认识不到。由于理气之间是一种体用的关系，即宇宙万物都是同一"太极"全体，即生理的分殊表现，所以，朱子同时又说"太极"总包天地万物之理：

"总天地万物之理，便是太极。太极本无此名，只是个表德。"盖卿。①

也就是，朱子虽然认为太极本体显现为宇宙万物的分殊之后，可以说太极最终包含宇宙万物之理的"全体"，但是，太极并不是一开始就具有天地万物之理的，说太极总包天地万物之理，只是人为地给"太极"概念以一至高无上的内涵而已，因此朱子说"只是个表德"。如朱子又说：

问："太极不是未有天地之先有个浑成之物，是天地万物之理总名否？"曰："太极只是天地万物之理。在天地言，则天地中有太极；在万物言，则万物中各有太极。"淳。②

朱子在此语录中认为万物都各具一太极，而太极即是天地万物之理。值得注意的是，朱子在这里也没有否认太极起初只是一个"浑成之物"，即只是一生理、一本体，太极最后总包天地万物之理也只是一个"总名"。由此也可以看出朱子哲学的理性主义特征，即朱子虽然赋予了"太极"以造化之源和总包万理的地位，但毕竟没有把"太极"作为一个人格神来看待，朱子和学生都认为"太极"只是一个"总名"，只是一个"表德"。从朱子"太极"概念内涵的变化，我们可以看出朱子的"太极"及"理一分殊"思想有似于黑格尔绝对真理的范畴，即绝对真理是无数相对真理的总和。当然，我们只是说它相似，毕竟朱子和黑格尔的哲学体系有巨大的不同，其对"理"的理解也有极大的差异。我们还必须指出的是，虽然朱子说物物都有"太极"之理之全体，但是，由于事物气禀的差异的拘蔽，所

---

① [宋]朱熹：《朱子语类》，第3127～3128页。
② 同上注，第113～114页。

以此"太极"全体之理又只能分殊呈现为"类理"。所以，朱子有时说"太极"是一类理，有时又说是理之全体，两者虽然有所不同，但是又有关系。朱子说的"人人一太极，物物一太极"，其中的"太极"不是总包天地万物之理的"太极"，而是一"本体"，这是完全可以成立的。当然，另外一种理解是，此中的"太极"名称虽然相同，但是"太极"所内含的理是有分殊的，不是说人和物所内含的"理"都是完全一样，没有差别的。

第三节　论朱子"仁者，理即是心，心即是理"①

在讨论了朱子哲学中的"理"概念后，我们再来深入研究朱子哲学中的"心"概念，这涉及"心"和"理""气"两个概念的联系。目前学界对朱子哲学中"心"与"气"的关系有争论，这里不对此争论进行讨论，而留到下面一节。从"仁"的角度来研究"心"和"理"的关系，是解决朱子哲学中的"心"是否属于"气"范畴的关键。

一、理即心

（一）天地生物之心即生理

朱子认为天地以生物为心，而天地生物之心是人之仁心的形而上的根源，如朱子在《仁说》中认为："天地以生物为心者也，而人物之生，又各得夫天地之心以为心者也。……盖仁之为道，乃天地生物之心，即物而在。"②朱子所说的"天地以生物为心"是说天地只以生物为心，所以天地之心粹然至善，仁心来自天地生物之心，且以天地生物之心一体贯通。从天地之心说，有元亨利贞四德，从仁心来说，有仁义礼智四德。而此天地生物之心即是理，如朱子在《克斋记》中便说："盖仁也者，天地所以生物之心，而人物之所得以为心者也。"③从"天地所以生物之心"之"所以"两字可以看出朱子是从理来理解天地生物之心的。

---

① 赖尚清：《论朱子"仁者，理即是心，心即是理"——兼论牟宗三批判朱子哲学"心即是气"》，《朱子学刊》2017年第2期。
② ［宋］朱熹：《晦庵先生朱文公文集》，第3279～3280页。
③ 同上注，第3709页。

第八章 综论朱子仁论及其哲学体系的特质

> 人之所以为人，其理则天地之理，其气则天地之气。理无迹，不可见，故于气观之。要识仁之意思，是一个浑然温和之气，其气则天地阳春之气，其理则天地生物之心。①

朱子认为仁呈现为浑然温和之气，此气则是天地阳春之气，而仁作为一种生理，其理则是天地生物之心。朱子明确把天地生物之心和理直接等同起来。

> 问："天地之心，天地之理。理是道理，心是主宰底意否？"曰："心固是主宰底意，然所谓主宰者，即是理也，不是心外别有个理，理外别有个心。"②

朱子说天地道之心固然可说是万物的主宰，但是从本质上说，还是理在主宰。在天地生物之心的层面，理即是心，心即是理，二者都是生物之本体，在本体的层次，理和心还没有分立开来，两者是直接同一的。

> 问："天地之心亦灵否？还只是漠然无为？"曰："天地之心不可道是不灵，但不如人恁地思虑。伊川曰：'天地无心而成化，圣人有心而无为。'"淳。③

天地之心虽然也可说是具有虚灵的特性，但是天地之心却没有人心之思虑、计度和营为，天地生物之心是一种理心，心即理之心，作为一种理心，它是自然无为的，只以生物为心。虽然天地生物之心没有人心之思虑、计度和营为，但是却有本体、发用、流行、主宰四个含义，因此，天地生物之心即是生理。

> 道夫言："向者先生教思量天地有心无心。近思之，窃谓天地无心，仁便是天地之心。若使其有心，必有思虑，有营为。天地曷尝有思虑来。……"曰："……如公所说，只说得他无心处尔。若果无心，

---

① ［宋］朱熹：《朱子语类》，第251～252页。
② 同上注，第117页。
③ 同上注，第116～117页。

323

则须牛生出马，桃树上发李花，他又却自定。……心便是他个主宰处，所以谓天地以生物为心。"……"天地以此心普及万物，人得之遂为人之心，物得之遂为物之心，草木禽兽接着遂为草木禽兽之心，只是一个天地之心尔。今须要知得他有心处，又要见得他无心处，只恁定说不得。"道夫。①

也就是说天地生物之心是"无心而有心"，"无心"是说理之自然无为，没有人心之思虑和营为；"有心"是说天地生物之心作为生理，它具有主宰万物的作用，否则"须牛生出马，桃树上发李花"。

因此，在朱子哲学中，天地生物之心即是生理，此生理并不是牟宗三所认为的"虚说的心"：

朱子申明"无心"是化之自然义，"有心"是理之定然义。无心有心两面以观，"天地生物之心"被融解为理气，其自身遂为虚脱，是即成虚说之心。"天地生物之心"，若从此正面"有心"之义观之，心只是理之定然义，心被吞没于理。（此非"心即理"义）。"天地无心而成化"，若从此反面"无心"之义而观之，心只成气化之自然义，心被吞没于气。（此不是本心呈用之自然）。在朱子之义理间架中，心实未能自持其自己而成为一实体性之本心天心也。②

牟宗三之所以认为朱子的"天地生物之心"是虚说的心，其根源在认为朱子哲学中的理只是一但理，只存有而不活动，而不悟朱子所说的"天地生物之心"即是生理，具有本体、发用、流行、主宰四个主要含义。在天地生物之心的层次，理和心是直接同一的，乃是存在之本原和价值意义之根源，是於穆不已的道德创生的本体。

（二）太极即天地生物之心

朱子用天地生物之心来论证仁心之粹然至善，此天地生物之心不是别的，正是"太极"，如朱子说：

---

① ［宋］朱熹：《朱子语类》，第118页。
② 牟宗三：《心体与性体》第3册，第263页。

> 自太极至万物化生，只是一个道理包括，非是先有此而后有彼。但统是一个大源，由体而达用，从微而至著耳。端蒙。①

也就是说太极是本体、生理，此本体之理能发为气化之用，即"由体而达用，从微而至著"的生生过程。朱子这里作为万物化生之"大源"的"太极"很明显即是天地生物之心。在上节论述了太极是一种天理，与阴阳气化是一种本体与发用的关系，其实太极即是天地生物之心。作为本体的理深微而不可见，只能从阴阳而指其本体，本体和现象的关系如程颐所说："至微者理也，至著者象也，体用一源，显微无间。"②

在朱子哲学中，"天地生物之心"和"太极"作为阴阳、万物的根源，两者其实是一个东西，即在理本体的层次，天地生物之心即是太极。但是两者又有所区别，天地生物之心是仁心的形上根源，此仁心是道德之本心；太极是阴阳气化流行之根源，阴阳气化已经属于形而下的层次。

（三）爱之理即心之德

朱子以"心之德"和"爱之理"训仁，如"仁者，爱之理，心之德也"③，"仁者，心之德、爱之理"④。朱子认为"爱之理"就是仁体，人禀有此"爱之理"而为己本心之全德，即"心之德"。其中"爱之理"的理是生理，作为理本体，它本身就有发为恻隐之心的一种可能。同样，仁作为"心之德"，此德本身就包括了能行，也就是说作为道德实践主体的仁心，它本身即有颁布道德法则，并依此道德法则而行的一种能力。在仁的层面上，朱子认为，其实爱之理即是心之德，也就是仁作为一种道德本心，此心即理，两者是直接同一的。

> 或问"仁者心之德，爱之理"。曰："'爱之理'，便是'心之德'。公且就气上看。如春夏秋冬，须看他四时界限，又却看春如何包得三时。四时之气，温凉寒热，凉与寒既不能生物，夏气又热，亦非生物之时。惟春气温厚，乃见天地生物之心。到夏是生气之长，秋是生气之敛，冬是生气之藏。若春无生物之意，后面三时都无了。此仁所以

---

① ［宋］朱熹:《朱子语类》，第3133页。
② ［宋］程颢、程颐:《二程集》，第582页。
③ ［宋］朱熹:《四书章句集注》，第68页。
④ 同上注，第246页。

包得义礼智也，明道所以言义礼智皆仁也。"时举。①

朱子认为仁作为爱之理即是心之德，从生气之流行中，可以见天地生物之心，此即是爱之理。正如生气贯注、流行于春夏秋冬四时，仁也贯注、流行于仁义礼智四德，也就是说爱之理是偏言之仁，心之德是专言之仁，爱之理作为生理本体，流行发用于仁义礼智四德之中。

> "'仁者爱之理'，是将仁来分作四段看。仁便是'爱之理'，至于爱人爱物，皆是此理。义便是宜之理，礼便是恭敬之理，智便是分别是非之理。理不可见，因其爱与宜，恭敬与是非，而知有仁义礼智之理在其中，乃所谓'心之德'，乃是仁能包四者，便是流行处，所谓'保合太和'是也。仁是个生理，若是不仁，便死了。人未尝不仁，只是为私欲所昏，才'克己复礼'，仁依旧在。"南升。②

也就是说仁是生理，在仁则是爱之理，在义则是宜之理，在礼则是恭敬之理，在智则是是非之理。此生理本体作为形而上的存在，只有发用为恻隐、羞恶、辞让、是非四端才可见。只要不被私欲间隔，此仁心本体便於穆不已地发用流行。所以朱子得出了一个主要结论：

> 仁者理即是心，心即是理。③

朱子在此非常明确地认为在仁上，心和理是直接同一的，也就是说在天地生物之心、本心、仁心的层面上，心即是理，理即是心，其实都是天地生物之心、天理本体之发用流行，心和理不是两个东西。

由此我们可以得出重要的结论，即天地生物之心、仁心根本不属于气，乃是一种理心，也就是说牟宗三认为朱子哲学中的心都是气，没有道德实践主体的看法是值得商榷的。

---

① ［宋］朱熹：《朱子语类》，第 694～695 页。
② 同上注，第 695 页。
③ 同上注，第 1372 页。

二、心具理

但是，在朱子哲学中，心和理的关系也非如此简单，毕竟人物都是理气互相作用的产物，也就是理是生物之本体，气是生物之载具。具体到人，理就是天地之性，此性即是理，即是仁，即是天地生物之心，粹然至善；而人之躯壳则是气，朱子认为气是理之发用流行，因为气有精粗、厚薄、清浊之不同，所以对理之发用流行具有一种不同程度的痼弊作用，因此，人心不即是仁，不即是道心。下面我们再来讨论在人心的层面上，心和理的关系。

（一）心统性情之统具

朱子非常看重张载"心统性情"的思想，认为可以和程颐"性即理"思想相提并论："伊川'性即理也'，横渠'心统性情'二句，颠扑不破。"[1] "心统性情"中的"性"即是程颐"性即理"的"性"，如朱子说："'心统性情'。心兼体用而言。性是心之理，情是心之用。"[2] 由于性是心之理，所以"心统性情"中的"性"即是程颐"性即理"的"性"，此性发为情而为心之所统，"统"有两义，即一个是"兼"，一个是"主"：是朱子《仁说》所内蕴的一个重要思想，朱子在《仁说》中指出：

> "'心统性情'，统，犹兼也。"升卿。[3]
>
> "心，主宰之谓也。动静皆主宰，非是静时无所用，及至动时方有主宰也。言主宰，则混然体统自在其中。心统摄性情，非侗侗与性情为一物而不分别也。"端蒙。[4]

由于心统性情的"心"包括了性和情，所以心是一个包括了理气总体的范畴，不能简单地等同于理、等同于气。

> "心之全体湛然虚明，万理具足，无一毫私欲之间；其流行该遍，贯乎动静，而妙用又无不在焉。故以其未发而全体者言之，则性也；

---

[1] ［宋］朱熹：《朱子语类》，第229页。
[2] 同上注，第232页。
[3] 同上注，第3304页。
[4] 同上注，第229页。

以其已发而妙用者言之，则情也。然'心统性情'，只就浑沦一物之中，指其已发、未发而为言尔；非是性是一个地头，心是一个地头，情又是一个地头，如此悬隔也。"端蒙。①

朱子认为湛然虚灵的心体，万理具足，贯乎动静。未发之静是性，已发之动是情，心则是贯通未发和已发、动和静的流行之全体。虽有心、性、情三者之分，但是三者只是浑沦一物，虽可指其已发、未发而为言，其实三者不能截然分开，也就是说不能简单地以理或气来说心。"心统性情"的"心"乃是一个浑然统体，不能把此心割裂为一个是心、一个是性、一个是情。

问"心统性情"。曰："性者，理也。性是体，情是用。性情皆出于心，故心能统之。统，如统兵之统，言有以主之也。且如仁义礼智是性也，孟子曰：'仁义礼智根于心。'恻隐、羞恶、辞逊、是非，本是情也，孟子曰：'恻隐之心'，'羞恶之心'，'辞逊之心'，'是非之心'。以此言之，则见得心可以统性情。一心之中自有动静，静者性也，动者情也。"卓。②

朱子认为"心统性情"中的"性"指理而言，性是未发之体，即是心之静；情则是已发之用，即是心之动。心则贯动静、体用、未发与已发。值得注意的是，朱子说"性情皆出于心，故心能统之"。由于"性"是指理，指合当如此的道理，应行的法则，即道德法则。由此我们可知，朱子"心统性情"之"心"是道德本心，类似于康德所说的道德实践主体，颁布道德法则的自由意志、实践理性。心依据其所颁布的道德法则，发为恻隐、羞恶、辞让、是非等道德情感，决定各种道德行为。

（二）格物穷理之摄具

在儒家哲学中，知识论的传统相对于西方哲学，一向被认为严重不足。朱子作为孔子之后中国文化的集大成者，其中的一个重要面向是从其理学中开出了一条向外寻求真理的知识论的传统。如朱子在《格物补

---

① ［宋］朱熹：《朱子语类》，第230页。
② 同上注，第3304页。

传》中说：

> 所谓致知在格物者，言欲致吾之知，在即物而穷其理也。盖人心之灵莫不有知，而天下之物莫不有理，惟于理有未穷，故其知有不尽也。是以大学始教，必使学者即凡天下之物，莫不因其已知之理而益穷之，以求至乎其极。至于用力之久，而一旦豁然贯通焉，则众物之表里精粗无不到，而吾心之全体大用无不明矣。此谓物格，此谓知之至也。①

朱子认为人心具有虚灵明觉的特性，具有认识事物并获取真理的认识能力，因此主张向外即物穷理。在朱子时代，由于望远镜、显微镜等科学的工具还未发明，加上中国哲学缺乏逻辑层面的纯抽象思维，古希腊哲学也还未传入中国，所以朱子的格物学说还不能等同于西方近现代的认识论，但是在朱子时代，无疑是具有重要意义的思想。

> "凡有一物，必有一理，穷而至之，所谓格物者也。然而格物亦非一端，如或读书讲明道义，或论古今人物而别其是非，或应接事物而处其当否，皆穷理也。"曰："格物者，必物物而格之耶？将止格一物而万理皆通耶？"曰："一物格而万理通，虽颜子亦未至此。唯今日而格一物焉，明日又格一物焉，积习既多，然后脱然有贯通处耳。"又曰："自一身之中，以至万物之理，理会得多，自当豁然有个觉处。"又曰："穷理者，非谓必尽穷天下之理，又非谓止穷得一理便到，但积累多后，自当脱然有悟处。"又曰："格物，非欲尽穷天下之物，但于一事上穷尽，其他可以类推。至于言孝，则当求其所以为孝者如何？若一事上穷不得，且别穷一事，或先其易者，或先其难者，各随人浅深。譬如千蹊万径，皆可以适国，但得一道而入，则可以推类而通其余矣。盖万物各具一理，而万理同出一原，此所以可推而无不通也。"②

---

① ［宋］朱熹：《四书章句集注》，第45页。
② ［宋］朱熹：《四书或问》，第525页。

朱子格物思想中的"物"的范围是非常广泛的，如"或读书讲明道义，或论古今人物而别其是非，或应接事物而处其当否，皆穷理也"，认为"自一身之中，以至万物之理"，皆所当穷。但是，朱子认为人的认识能力有限，不可能尽穷天下万物之理，但是"万物各具一理，而万理同出一原，此所以可推而无不通"，所以认为格物穷理达到一定程度之后会出现一种豁然贯通的现象。人要认识周围的世界，要通过即物穷理的方法，才能掌握宇宙中万事万物运行的法则，这种外在于人的"理"是通过具有认识能力的心灵不昧的认识主体所摄具的。

（三）心具太极之总具

由上"心统性情"之"统具"与"格物穷理"之"摄具"，两者的结果便是"心具太极"的"总具"。朱子认为物物皆有一太极："太极只是天地万物之理。在天地言，则天地中有太极；在万物言，则万物中各有太极。"① 而太极作为天理万物之理，即具于心中："心之理是太极，心之动静是阴阳。"② 心之所以能具万里，是因为心之虚灵不昧："心属火，缘是个光明发动底物，所以具得许多道理。"③ "心虽是一物，却虚，故能包含万理。"④ 朱子所说的心具太极，一方面是因为太极作为生理本体，本具于每一物中，而人心因为具有认识事物以获取事物之理的能力，所以又能通过格物穷理而摄具天下万物之理。

> 致道谓"心为太极"，林正卿谓"心具太极"，致道举以为问。先生曰："这般处极细，难说。看来心有动静：其体，则谓之易；其理，则谓之道；其用，则谓之神。"……贺孙问："'其体，则谓之易'，体是如何？"曰："体不是'体用'之'体'，恰似说'体质'之'体'，犹云'其质则谓之易'。"⑤

当学生问是"心为太极"还是"心具太极"的时候，朱子认为不好直接回答这个问题。因为如果说"心是太极"则过于笼统，应该说仁心是太极、

---

① ［宋］朱熹：《朱子语类》，第113页。
② 同上注，第218页。
③ 同上注，第221页。
④ 同上注，第222页。
⑤ 同上注，第217～218页。

本心是太极、天地生物之心是太极，此太极即是生理、本体。如果说"心具太极"，则还须区分太极作为生理本体是先验地具于心中，是本具，而不是即物穷理之摄具。朱子认为心体就是易，乃是变化流行的总体，流行变异所呈现的规律、秩序即是理，心之变化莫测即是神。朱子之所以不说"心具太极"，当是这样会把心和理作为两个独立存在的物而截然分割，而心理两者其实是不可分的，理也不是作为一物具于心中，所以心具太极之"具"只能是一种比喻、形象的说法。也就是说仁义礼智这些性理则是本具，为人所先天所并有，而万事万物的物理、事理则有待于人物所摄具，而太极则总包天地万物之理。

三、心即理

（一）道心主宰人心之"心即理"

由于现实的人心是一个连接形而上和形而下的总体的范畴，所以此时的心很难用气或理范畴来直接等同。如知觉从义理上去则是道心，此可以说是生理本体之发用，知觉从耳目之欲上去，则是人心。虽然人心不一定全恶，但是耳目之欲毕竟容易障蔽本心之明，如朱子说：

> 性只是理。然无那天气地质，则此理没安顿处。但得气之清明则不蔽锢，此理顺发出来。蔽锢少者，发出来天理胜；蔽锢多者，则私欲胜，便见得本原之性无有不善。①

朱子说仁就是生理，"仁是个生理"②，也就是说如果仁心作为生理，其发如果没有受到气质的蔽锢，则仁理之体能顺利发用为恻隐之情，蔽锢多者，则私欲胜，仁体的发用就受到了影响。但是"人未尝不仁，只是为私欲所昏，才'克己复礼'，仁依旧在"③。只要做克己复礼的求仁功夫，则此心即是仁心，此仁心也就是生理本体之於穆不已地发用，所以仍可以说是心即理。但是，人心毕竟有从气而来的因素，如"四端是理之发，七情是气之发"④。则从人心来说只能是合理或以理为主，如朱子说：

---

① ［宋］朱熹：《朱子语类》，第195页。
② 同上注，第695页。
③ 同上。
④ 同上注，第1777页。

> 理即是性，这般所在，当活看。如"心"字，各有地头说。如孟子云："仁，人心也。"仁便是人心，这说心是合理说。如说"颜子其心三月不违仁"，是心为主而不违乎理。就地头看，始得。①

孟子说仁是人心，朱子认为是就此心合理而言；颜子其心三月不违仁，是就其心不违理而言。所以在仁心的层次，我们可以说心即理，在现实的人心的层次，即使我们说心即理，也不是说心和理直接同一，而是指心合于理或理主宰心这种意义上的"心即理"。

> 盖尝论之，心之虚灵知觉，一而已矣。而以为有人心、道心之异者，则以其或生于形气之私，或原于性命之正，而所以为知觉者不同，是以或危殆而不安，或微妙而难见耳……必使道心常为一身之主，而人心每听命焉，则危者安，微者著，而动静云为自无过不及之差矣。②

由于人心来自形气之私，道心来自性命之正，所以人心有善有恶，道心则纯粹是理发，所以粹然至善。因此，应该以道心为主而人心每听命，则人心才能无时不如理合义。

（二）豁然贯通之"心即理"

朱子在格物补传上认为人如果在格物穷理上用力之久后会达到一种物格知至、豁然贯通而吾心之全体大用无不明的境界。由于朱子主张主敬致知交相为助，且其格物的"物"也包括吾心之念虑，所以朱子所说的格物致知不纯粹是认识论的探求知识、真理，而是也包括道德修养的一种功夫。

> 吾闻之也，天道流行，造化发育，凡有声色貌象而盈于天地之间者，皆物也。既有是物，则其所以为是物者，莫不各有当然之则，而自不容已，是皆得于天之所赋，而非人之所能为也。今且以其至切而近者言之，则心之为物，实主于身，其体则有仁义礼智之性，其用则有恻隐、羞恶、恭敬、是非之情，浑然在中，随感而应，各有攸主，

---

① [宋] 朱熹：《朱子语类》，第 217～218 页。
② [宋] 朱熹：《四书章句集注》，第 29 页。

而不可乱也。……次而及于身之所具，则有口鼻耳目四肢之用。又次而及于身之所接，则有君臣父子夫妇长幼朋友之常。是皆必有当然之则而自不容已，所谓理也。……若其用力之方，则或考之事为之著，或察之念虑之微，或求之文字之中，或索之讲论之际。使于身心性情之德，人伦日用之常，以至天地鬼神之变，鸟兽草木之宜，自其一物之中，莫不有以见其所当然而不容已，与其所以然而不可易者。必其表里精粗无所不尽，而又益推其类以通之，至于一日脱然而贯通焉，则于天下之物，皆有以究其义理精微之所极，而吾之聪明睿智，亦皆有以极其心之本体而无不尽矣。此愚之所以补乎本传阙文之意，虽不能尽用程子之言，然其指趣要归，则不合者鲜矣，读者其亦深考而实识之哉！曰：然则子之为学，不求诸心而求诸迹，不求之内而求之外，吾恐圣贤之学不如是之浅近而支离也。曰：人之所以为学，心与理而已矣。心虽主乎一身而其体之虚灵，足以管乎天下之理；理虽散在万物，而其用之微妙，实不外乎一人之心，初不可以内外精粗而论也。然或不知此心之灵，而无以存之，则昏昧杂扰，而无以穷众理之妙。不知众理之妙，而无以穷之，则偏狭固滞，而无以尽此心之全。此其理势之相须，盖亦有必然者。是以圣人设教，使人默识此心之灵，而存之于端庄静一之中，以为穷理之本；使人知有众理之妙，而穷之于学问思辨之际，以致尽心之功。巨细相涵，动静交养，初未尝有内外精粗之择，及其真积力久，而豁然贯通焉，则亦有以知其浑然一致，而果无内外精粗之可言矣。今必以是为浅近支离，而欲藏形匿景，别为一种幽深恍惚、艰难阻绝之论，务使学者莽然措其心于文字言语之外，而曰道必如此然后可以得之，则是近世佛学诐淫邪遁之尤者，而欲移之以乱古人明德新民之实学，其亦误矣。①

也就是说"身心性情之德，人伦日用之常，以至天地鬼神之变，鸟兽草木之宜"，皆是朱子格物的对象，朱子通过格物穷理所得到的豁然贯通的境界必然也不只是知识论意义的豁然贯通，而应该是以道德义理为主、知识法则为辅的一种境界，也就是尊德性和道问学并重，而尊德性在价值上优先的一种境界。朱子说："心之为物，实主于身，其体则有仁义礼智之性，

---

① ［宋］朱熹：《四书或问》，第 526～529 页。

其用则有恻隐、羞恶、恭敬、是非之情,浑然在中,随感而应,各有攸主,而不可乱也。"仁义礼智等性理是心之本体,恻隐、羞恶、辞让、是非则是心之发用。"吾心之全体大用无不明"主要是指人通过道德修养的功夫,已经完全去除了私欲的干扰而达到了一种此心完全是天理本体所发的一种境界。而"众物之表里精粗无不到",既包括了穷尽物理知识,还包括了事理之明透。朱子所追求的"豁然贯通"的境界是一种仁智合一的境界,也就是圣人的一种境界。在此境界中,由于本心仁体已经完全不被形气、私欲所蔽锢,也就是人欲净尽、天理流行的一种境界。所以,"豁然贯通"所达到的不仅仅是心之如理合义的"心即理",更重要的是本心即理、仁心即理、天地生物之心即理,也就是天理本体於穆不已之发用流行,也就是最后达到了从心所欲不逾矩、由仁义行、从容中道的一种仁者境界、圣人境界。朱子所达到的豁然贯通的境界由于是经过了很多格物穷理的功夫,所以非简单地如禅宗或陆王心学之顿悟之豁然贯通。朱子的豁然贯通,既有本体之一的豁然贯通,又有分殊之理之豁然贯通,也就是太极本体、仁心本体之全体大用之发用流行之豁然贯通。

　　总之,朱子所说的心,在天地生物之心、仁心的层次,是心即理之心,在人心的层次,由于难免形气私欲的干扰,人心只能合理,以理为主,而不能直接和理为一,人心之具理,包括了心统性情之统具、格物穷理之摄具,也包括仁心太极之总具,朱子所追求的豁然贯通的境界则是人欲净尽、天理流行,仁心全体大用无不明的一种境界。在此境界中,人通过心性修养的功夫,已经回复到了本原之心之全体,天理本体全体大用流行发用的一种心即理的状态。所以,我们绝不能以人心难免受形气之私的影响而否定仁心之粹然至善,否定仁心是道德实践的自律主体;同时,也绝不能把朱子所说的心直接等同于气,在人心的层面,此心和气有关,但不就是气,在天地生物之心、仁心的层次则是形而上的道德本心,绝非形而下的气心;在朱子追求的豁然贯通的境界中,由于打通了天理本体,此心是天理本体、仁心本体之全体大用之流行,也是一种心即理之心。

第四节　朱子和伊藤仁斋、戴震之仁论比较研究 ①

朱子的理学和仁论受到了后世持"实学"思想的儒者的批判，其中最重要的代表是日本的伊藤仁斋（1627年—1705年）和我国清代的戴震（1724年—1777年）。朱子著有《仁说》和《论孟集注》，仁斋著有《仁说》和《语孟字义》，戴震则著有《孟子字义疏证》，而且仁斋和戴震的思想和仁论具有很大的相似性，所以比较三者的仁论具有文献和思想上的重要意义。

一、朱子的仁论

（一）《仁说》

朱子《仁说》初稿约作于乾道八年壬辰（1172年，时年43岁）二或三月，于乾道九年癸巳（1173年）八或九月最终定稿。朱子《仁说》的核心思想可以归纳为三：

1. 仁心是人所禀得的"天地生物之心"。陈来先生认为朱子"天地以生物为心"说，是"朱子仁说的立论基础"②，可见其重要。朱子在《仁说》中说：

> 天地以生物为心者也，而人物之生，又各得夫天地之心以为心者也。故语心之德，虽其德总摄贯通无所不备，然一言以蔽之，则曰仁而已矣。请试详之。
>
> 盖天地之心，其德有四，曰元亨利贞，而元无不统。其运行焉，则为春夏秋冬之序，而春生之气无所不通。故人之为心，其德亦有四，曰仁义礼智，而仁无不包。其发用焉，则为爱恭宜别之情，而恻隐之心无所不贯。故论天地之心者，则曰乾元、坤元，则四德之体用不待悉数而足。论人心之妙者，则曰"仁，人心也"，则四德之体用不待遍举而该。盖仁之为道，乃天地生物之心，即物而在，情之未发

---

① 赖尚清：《朱子和伊藤仁斋、戴震之仁论比较研究》，《江苏社会科学》2016年第4期。
② 陈来：《论宋代道学话语的形成和转变——论二程到朱子的仁说》，见《中国近世思想史研究》（增订本）。

而此体已具，情之既发而其用不穷，诚能体而存之，则众善之源，百行之本，莫不在是。此孔门之教所以必使学者汲汲于求仁也。[①]

朱子认为天地生物之心是人之仁心的形上根源，天道元亨利贞四德主要是指存在与价值之本原或本体的理，而其运行则表现为生气的通达畅遂，在天地生物之心的基础上用乾元、坤元统摄元亨利贞四德之体用。在人道之仁上，朱子则强调仁心是孟子所说的道德本心，此道德本心的形上根源即是天地生物之心，仁作为本心包仁义礼智四德之体用，而为众善之源、百行之本。朱子指出仁之形上根源乃是"天地生物之心"，突出了仁所具有的普遍性。仁作为理，乃是具有普遍必然性的道德原理、法则；作为价值，乃是一种亘古长存的道德价值；作为心，乃是人之道德实践的主体。作为仁的形上根源的天地生物之心，也即是理，包括了"生理"和"形上之理"两个方面，在天地生物之心，即本体的层次，两者是直接同一的。朱子的"天地以生物为心"说更突出了理的内涵，以及天地之心的纯粹至善。

2. 仁是"心之德"。朱子认为天地以生物为心，人得此天地生物之心而为己心之德。此心之德总摄贯通，乃众德所从出。此心之德，如果一言以蔽之，则为仁。朱子认为仁作为"心之德"，乃人人所本有，因此，只要时时存养得此心而不放失，则便无所不是此仁。仁作为心之德，是众德之总名、万善之根源，为道德实践的主体。此道德本心包括了两个方面，即仁性和爱情，性是体，是未发，情是用，是已发，心则包括了体用、性情，而为其主宰，即"心统性情"[②]。仁作为一种天赋的德性，乃是生而具有的。仁作为道德本心，其生而禀有纯粹至善的生生之理作为自己的天赋德性，而为本心之全德。

3. 仁是"爱之理"。朱子在《仁说》中又说：

> 或曰：若子之言，则程子所谓"爱，情；仁，性；不可以爱为仁"者，非与？曰：不然。程子之所诃，以爱之发而名仁者也。吾之所论，以爱之理而名仁者也。盖所谓情性者，虽其分域之不同，然其

[①] ［宋］朱熹：《晦庵先生朱文公文集》，第3279～3281页。
[②] 同上注，第232页。

脉络之通，各有攸属者，则曷尝判然离绝而不相管哉！吾方病夫学者诵程子之言而不求其意，遂至于判然离爱而言仁，故特论此以发明其遗意，而子顾以为异乎程子之说，不亦误哉！①

程颐认为爱是情，仁是性，不可便以爱为仁。朱子认为程颐反对的是以性之发用，即以爱之情来训仁，而自己则是用"爱之理"训仁，而性即是理，与程颐仁性爱情的思想没有冲突。朱子虽然用"爱之理"训仁，但是爱之情乃仁性之发用，因此反对以程颐"爱，情；仁，性；不可以爱为仁"说来隔绝性情之间的关联。朱子认为性情虽其分域界限有所不同，各有所属，但是两者血脉贯通，即情为性之所发，而性情作为体用又为心所统摄。因为朱子认为仁心可以包括并统摄仁性和爱情，所以理、性、心、情、气等种种范畴是血脉贯通的。仁作为天赋的爱之理，当下呈现于道德本心，即恻隐之心当下呈露，仁性发为爱情，此即仁体、理体之发用、流行与主宰。

（二）《论孟集注》

仁是"心之德，爱之理"。在《仁说》中，朱子分散地提出了"心之德""爱之理"两个概念，到了《论孟集注》中，则明确提出："仁者，爱之理，心之德也。"② "仁者，心之德、爱之理。"③ 就仁是"心之德"而言，则侧重仁作为仁心，是道德实践的主体，它先天禀有天理，即天地生物之心作为己心之全德。也就是说，作为人之道德实践主体的仁心，它本身具有先天的道德原理，而非外烁而得。就仁是"爱之理"方面而言，仁同时还是道德法则的本原、本体。因为，作为"爱之理"的仁体，即是理体，而理体是一个能够於穆不已发用的生生本体。理之本体义，就包含了发用义、流行义和主宰义。朱子认为仁是"爱之理"，也突出强调了仁作为道德法则、道德原则的普遍必然性。朱子用"心之德""爱之理"两方面来定义仁，还有另外一层意思，即作为"心之德"的仁是专言之仁，作为"爱之理"的仁是偏言之仁。就偏言之仁而言，则仁是爱之理、爱之体；爱则是情，是仁之事、仁之用。以"心之德"而专言之，则仁犹如天道元亨利贞四德之元，而包义礼智。

---

① [宋]朱熹:《晦庵先生朱文公文集》，第3279～3281页。
② [宋]朱熹:《论语集注》，第68页。
③ [宋]朱熹:《孟子集注》卷一，《朱子全书》（修订本）第6册，第246页。

二、仁斋之仁论

伊藤仁斋非常重视仁德，认为："圣门学问，第一字是仁。"[①]他早年追随朱子，于万治元年（1658年，时年32岁），著有《仁说》一文，与朱子《仁说》义理接近；于天和三年（1683年，时年57岁），作《语孟字义》，转而批判朱子哲学。

（一）《仁说》

仁斋在年轻时著有与朱子同名的《仁说》，可见朱子对其的影响非同一般。

1. 仁者，人之本心。仁斋《仁说》[②]开篇就说：

> 仁者，性情之美德，而人之本心也。盖天地之大德曰生，人之大德曰仁。而所谓仁者，又得夫天地生生之德，以具于心者也。其本以爱得名，而众善之所由而生，即所谓不忍人之心，而能充能大者，此也。

朱子认为仁是人之本心，是本心之全德，同时认为人之仁心是天地生物之心而存于人者，即人人本自具有的恻隐之心、不忍人之心。仁斋在《仁说》中完全继承了朱子这一仁论思想。仁斋认为仁是人之本心，是性情之美德，主张仁之本义是爱，乃天地生生之德而具于人者，认为仁具有性情两个方面，可以说都与朱子完全相同。但是，也有所不同的是，朱子认为仁是天地生物之心而具于人者，而仁斋却不提天地生物之心，而只说天地生生之德。朱子所说的天地生物之心更多具有的是理的内涵，而仁斋生生之德更多具有的是气的内涵，这是两者的重要不同。

2. 仁者，其心以爱为体。《仁说》接着又说：

> 盖尝以仁者之心观之，仁者，其心以爱为体，故能与物同体。能与物同体，故其心自公。其心自公，故宽而能大。宽而能大，故常久无变。常久无变，故能守无失。以爱为体，则心周。与物同体，则能

[①]〔日〕伊藤仁斋:《童子问》（2版）卷上，〔日〕伊藤重光编，1904年。
[②]〔日〕伊藤仁斋:《古学先生文集》卷三，亨保2，第1717页。

恕。其心自公，则好正，宽而能大则有容，常久无变则常静，能守无失则足。则此仁道脉络相因，自然之机，而莫不皆从爱出也。……故仁之为德，一言以蔽之，曰爱而已矣。

以爱推仁是朱子《仁说》的主要思想，朱子以仁为性，以爱为情，仁斋则认为仁德也是爱，以爱为体，这是两种仁论共同的地方，即都认为仁字的本义是爱。仁斋与朱子《仁说》不同的地方是朱子以爱之理训仁，而仁斋《仁说》却不见有理字。仁斋所说"仁者，其心以爱为体"的"体"字，似也非朱子之形上本体，即作为"爱之理"的理体、仁体，而是"以爱为本"的意思，即以爱为主。朱子《仁说》不言"公"，而批判杨时的"一体言仁"说："彼谓物我为一者，可以见仁之无不爱矣，而非仁之所以为体之真也……抑泛言同体者，使人含胡昏缓而无警切之功，其弊或至于认物为己者有之矣。"① 由此可知，仁斋《仁说》受到了程颐"以公言仁"说和程颢"一体言仁"说的影响，而与朱子《仁说》有所不同。

然而谓爱即仁，则知其情而不知其性者也。谓爱非仁，则亦知其性而不知其情者也。一体一用，判然离绝，遂不能得其全体。但以爱言仁者，虽不知其性，而犹未失之远。至于外情而论仁，则非未失之益远，且使学者至于瞑搜摸索，无所用力焉，岂非斯道之大厄耶？盖仁义礼智，人之四德，而合性情为言者也。故孟子曰：君子所性，仁义礼智根于心。又曰：恻隐之心，仁也；羞恶之心，义也；恭敬之心，礼也；是非之心，智也。依前言则仁义礼智可以为性矣；依后言，则仁义礼智亦可以为情矣。岂独可以性谭之哉？

朱子认为仁是性，是体，爱是情，是用；仁斋也认为仁包括了体用、性情两个方面，同样反对离爱言仁，与朱子以爱推仁的思想非常接近。不过，仁斋更加强调不可只以性言仁，这又与朱子强调仁是性、以爱推仁的思想有比较大的不同。同时，值得注意的是，由于仁斋《仁说》绝口不提"理"字，所以其认为的"性"是否就是朱子作为形上本体的"理"是值得仔细推敲的，或许仁斋在《仁说》时期，其所说的仁性就已经是气禀之性。

---

① [宋]朱熹：《晦庵先生朱文公集》，第3279～3281页。

（二）《语孟字义》

在《语孟字义》中，仁斋的思想已经有了很大的改变，下面结合其思想的主要方面来阐释其仁论。

1. 阴阳交运谓之天道。仁斋认为道的古义是路，从而把"形上之理"的面向从道的内涵中剔除出去。

> 道犹路也，人之所以往来通行也。故凡物之所以通行者，皆名之曰道。其谓之天道者，以一阴一阳往来不已，故名之曰天道。《易》曰："一阴一阳之谓道。"其各加一字于阴阳之上者，盖所以形容夫一阴而一阳，一阳而又一阴，往来消长，运而不已之意也。盖天地之间，一元气而已，或为阴，或为阳，两者只管盈虚消长，往来感应于两间，未尝止息，此即是天道之全体，自然之气机。万化从此而出，品汇由此而生。圣人之所以论天者，至此而极矣。可知自此以上，更无道理，更无去处。考亭以谓阴阳非道，所以阴阳者是道，非也。阴阳固非道，一阴一阳往来不已者，便是道。考亭本以太极为极至，而以一阴一阳为太极之动静，所以与《系辞》之旨相戾太甚也。①

仁斋在《仁说》中已经不以理来训仁，至《语孟字义》则进了一步，明确批判朱子以太极为理，为形而上的本体。仁斋认为天地之间，只是一阴阳气化之流行，此即是所谓的天道，而不是如朱子所说阴阳是形而下的气，非道，而所以阴阳者为道，为形而上的理。至此，仁斋思想已经游离出了宋明理学的范围，而转变成一种实学的思想。②

2. 理者，气中之条理。由于后期仁斋认为宇宙只是一阴阳气化的流行，所以仁斋认为理是气化所呈现出的一种条理，即秩序。

> 故知天地之间，只是此一源之气而已矣。可见非有理而后生斯气。所谓理者，反是气中之条理而已。……大凡宋儒所谓有理而后有气，及未有天地之先，毕竟有此理等说，皆臆度之见，而画蛇添足，

---

① 〔日〕伊藤仁斋：《语孟字义》卷上，保永 2，第 1705 页。
② 朱子哲学本身就有以气化流行的总体为道体的思想，就此而言与仁斋没有什么不同，但是朱子的道还有形上之理的面向，这是后期仁斋所明确排斥的。

头上安头，非实见得者也。①

仁斋指责朱子等宋儒所谓的形上之理、无极太极、理先气后等诸说只是个人之意见，乃多余之举。但是，仁斋有所不知的是，朱子所说的理在气先，是逻辑在先，即理是本体，气是理之发用，理气二者是一种即体即用的关系。仁斋认为理是死字，而道才是活字：

> 理字与道字相近，道以往来言，理以条理言。故圣人曰天道，曰人道，而未尝以理字命之。……或谓圣人何故以道字属之天与人，而以理字属之事物乎？曰：道字本活字，所以形容其生生化化之妙也。若理字本死字，从玉，里声，谓玉石之文理，可以形容事物之条理，而不足以形容天地生生化化之妙也。盖圣人以天地为活物，故《易》曰："复其见天地之心乎！"②

仁斋还原"理"之本义为玉石之文理，即事物之条理，认为理只是一死字而已，从而把程朱理学中"理"所具有的"生理"的内涵，以及"形上之理"所具有的宇宙万物存在本原、价值源头及超越主宰的含义完全消解了。

3. 孔孟说仁，皆言其用。由于后期仁斋认为宇宙万物只是一阴阳气化之往来流行，理只是气之条理，没有形而上与形而下的区分，所以仁斋在《语孟字义》中不主其《仁说》中所谓仁是包括体用、性情两个方面的朱子学思想：

> 学有本体，有修为。本体者，仁义礼智是也；修为者，忠信、敬恕之类是也。盖仁义礼智，天下之达德，故谓之本体。圣人教学者由此而行之，非待修为而后有也。忠信、敬恕，力行之要，就人用功夫上立名，非本然之德，故谓之修为。③

我们已知，仁斋《仁说》"以爱为体"中的"体"已经不是形而上的本体，而是一种本来状态、本来具足意义上的本体。《语孟字义》继承了这一思

---

① 〔日〕伊藤仁斋：《语孟字义》卷上，保永 2，第 1705 页。
② 同上。
③ 同上。

想,认为仁义礼智是本体,是人人所本来具有的天赋德性,不待修为;忠信、敬恕等则不是本体,而是为仁的功夫。仁斋批评程朱以仁为性的学说深有害于道:

> 宋儒以仁为性,予深以为害于道者。若从宋儒之旨论之,则性为未发,情为已发。仁之存于未发之中,则不可施澄治之功,其用功夫总在发用上,而于其本体则无奈之何。故别立主敬、主静等说以补之,谓如此则不违于仁,而义自在其中矣。其功夫可谓甚疏矣。是以仁义礼智之德终为虚器,而无复用力于仁者矣。且孔孟说仁之言,皆为总言其用,而无一及于体者,则孔孟之言,岂非失之一偏,而其理不备者哉!与孔门之教法同乎不同,学者默而识之可也。①

仁斋认为朱子等宋儒以仁为性,而性即是理,即形而上的本体,是未发,可是却不能在本体上做求仁的功夫,这样无异于把仁义礼智诸德目说为是虚器。仁斋认为孔孟说仁都是只就仁之发用或为仁功夫而言,而没有一言及于本体,程朱所谓仁性爱情的说法与孔孟的仁学思想不符。仁斋认为韩愈以博爱为仁虽不全面,但是胜过宋儒以仁为性,把仁变成为一种虚器:"宋儒以仁为性,爱为情,故讥韩子谓知情而不知性。夫博爱之未足为仁者,正在于生熟大小之间,而非性情之别。若充之而至于熟且大焉,则亦仁焉而已。韩子徒知爱物之为仁,而不知圣学之全体,万善之总括,皆在于仁。然胜于宋儒以仁为性之徒为虚器,而不能施之于行事远矣。"②

三、戴震之仁论

戴震不像朱子和仁斋都著有《仁说》,对戴震仁论的研究主要以其《孟子字义疏证》为主。

1. 气化即道。戴震哲学最根本的范畴是气,是气一本论。"阴阳五行,道之实体也"③,"天道,阴阳五行而已矣"④,"道,指其实体实事之名"⑤,戴

---

① 〔日〕伊藤仁斋:《语孟字义》卷上,保永2,第1705页。
② 〔日〕伊藤仁斋:《童子问》(2版)卷上,〔日〕伊藤重光编,1904年。
③ 〔清〕戴震:《孟子字义疏证》,第180页。
④ 同上。
⑤ 同上注,第200页。

震认为道是一种实体的存在,即阴阳五行之气。阴阳五行之气是道的内容,而道则是指称阴阳五行之气之名。也就是说,在自然宇宙中,阴阳五行之气是第一性、根源性概念,道不是形而上的存在,它具体地存在于实体实事之中。道也指气化之流行。"道,犹行也;气化流行,生生不息,是故谓之道"①,"道,即阴阳气化"②,戴震认为,道并不神秘,它就是普通所谓的"行",在自然宇宙的演变过程中,道表现为气化流行。

2. 形上与形下。戴震又对《易传》之"形而上"与"形而下"做出了有别于宋儒的解释:

> 气化之于品物,则形而上下之分也。……形谓已成形质,形而上犹曰形以前,形而下犹曰形以后。阴阳之未成形质,是谓形而上者也,非形而下明矣。……不徒阴阳是非形而下,如五行水火木金土,有质可见,固形而下也,器也;其五行之气,人物咸禀受于此,则形而上者也。③

戴震把朱子形而上的道,具体化为实体实事,认为气化即道。其次,他用其气本论哲学来贯通《易·系辞上》中"形而上者谓之道,形而下者谓之器"和"一阴一阳之谓道"两处关于"道"的定义。戴震认为,"形而上"是指形以前,即未成形的阴阳五行之气;"形而下"是指形以后,即成形质以后的五行水火木金土以及宇宙万物。这与朱子以"形而上"为理,"形而下"为气是有根本不同的。

3. 分理与条理。戴震所谓的"理"指的是阴阳气化所呈现的分理和条理:

> 理者,察之而几微必区以别之名也,是故谓之分理;在物之质,曰肌理,曰腠理,曰文理。得其分则有条而不紊,谓之条理。④
>
> 凡物之质,皆有文理,粲然昭著曰文,循而分之、端绪不乱曰理。故理又训分,而言治亦通曰理。"理"字偏旁从"玉",玉之文理

---

① [清]戴震:《孟子字义疏证》,第175页。
② 同上注,第356页。
③ 同上注,第176页。
④ 同上注,第151页。

343

也。盖气初生物，顺而融之以成质，莫不具有分理，则有条而不紊，是以谓之条理。①

戴震认为，理是人观察、认识事物到了精微的程度，所认识到的事物所具有的差别性、殊异性，因此，叫作"分理"。就事物的体质，可以说肌理、腠理、文理，是事物表现出来的一种稳定而特殊的结构、性质，这种特殊的性质是对千差万别事物加以区分的根据。戴震认为："天理云者，言乎自然之分理也。"② "天理"是自然的分理，这样，戴震所谓的天理，就不再是程朱所谓的形而上的存在，而是在各个具体事物中表现出来的自然的分理、天然的条理。宋明儒主要为其道德伦理学说而构建的道德形而上学，在戴震分理、条理、天理说中已经被彻底消解了。

4. 仁者，生生之德。戴震和仁斋《仁说》一样，都从生生之德论仁：

> 仁者，生生之德也；"民之质矣，日用饮食"，无非人道所以生者。一人遂其生，推之而与天下共遂其生，仁也。言仁可以赅义，使亲爱长养不协于正大之情，则义有未尽，亦即为仁有未至。言仁可以赅礼，使无亲疏上下之辨，则礼失而仁亦未为得。且言义可以赅礼，言礼可以赅义；先王之以礼教，无非正大之情；君子之精义也，断乎亲疏上下，不爽几微。而举义举礼，可以赅仁，又无疑也。举仁义礼可以赅智，智者，知此者也。……自人道溯之天道，自人之德性溯之天德，则气化流行，生生不息，仁也。由其生生，有自然之条理，观于条理之秩然有序，可以知礼矣；观于条理之截然不可乱，可以知义矣。在天为气化之生生，在人为其生生之心，是乃仁之为德也；在天为气化推行之条理，在人为其心知之通乎条理而不紊，是乃智之为德也。惟条理，是以生生；条理苟失，则生生之道绝。凡仁义对文及智仁对文，皆兼生生、条理而言之者也。③

戴震认为气化即道，所以他认为仁就是生生之德。戴震认为天道即生气之流行，而人道本于天道，所以在人则生生之心即为仁，生生而有条理即为

---

① ［清］戴震：《孟子字义疏证》，第89页。
② 同上注，第152页。
③ 同上注，第205页。

礼，条理之截然不可乱则为义，人之心知知此条理而不紊则为智。因为有这种内在的关系，所以仁义礼智可以互赅。

5.无私即仁。戴震也讨论了仁和私的关系：

> 人之患，有私有蔽；私出于情欲，蔽出于心知。无私，仁也；不蔽，智也；非绝情欲以为仁，去心知以为智。是故圣贤之道，无私而非无欲；老、庄、释氏，无欲而非无私；彼以无欲成其自私者也；此以无私通天下之情，遂天下之欲者也。①

戴震肯定人有血气，所以都有自然的欲望。因此，为仁不能从无欲中求，即不能像佛老之徒那样绝情去欲以为仁："理也者，情之不爽失也；未有情不得而理得者也。……天理云者，言乎自然之分理也；自然之分理，以我之情絜人之情，而无不得其平是也。"②戴震肯定情欲的基础和优先的地位，认为情欲没有差失即是理，认为理就在情欲之中。戴震因此批评宋儒因受到佛老影响，所以在做求仁功夫时，把理欲二者对立起来的观点："宋以来之言理也，其说为'不出于理则出于欲，不出于欲则出于理'，故辩乎理欲之界，以为君子小人于此为分。今以情之不爽失为理，是理者存乎欲者也。"③戴震认为理是气化流行所呈现出的分理、条理，所以具体在人中，理就表现为人之情欲的如理合义，没有爽失，即"情之不爽失为理"，认为理就在欲之中，而不是在欲之外。戴震批评宋儒从欲外求理的学说是从佛老中来："古贤圣所谓仁义礼智，不求于所谓欲之外，不离乎血气心知，而后儒以为别如有物凑泊附着以为性，由杂乎老、庄、释氏之言，终昧于六经、孔、孟之言故也。"④"宋儒合仁义礼而统谓之理，视之'如有物焉，得于天而具于心'，因以此为'形而上'，为'冲漠无朕'；以人伦日用为'形而下'，为'万象纷罗'。盖由老、庄、释氏之舍人伦日用而别有所谓道，遂转之以言夫理。在天地，则以阴阳不得谓之道，在人物，则以气禀不得谓之性，以人伦日用之事不得谓之道。六经、孔、孟之言，无与之合

---

① ［清］戴震：《孟子字义疏证》，第211页。
② 同上注，第152页。
③ 同上注，第159页。
④ 同上注，第184页。

者也。"① 其实，当理无私即仁，在朱子亦是认可的。早在《延平答问》中李侗便提出"仁只是理……当理而无私心，即仁矣"②。只是二者背后的义理架构有很大的不同，戴震认为理是情欲之条理，理就在欲中；而朱子则认为，理和气（情欲）分属形上和形下两个不同的层次。在现实的为仁功夫中，更多地表现为关于私欲、人欲的界定和尺度，朱子亦认为之自然合理的欲望："饮食者，天理也；要求美味，人欲也。"③ 朱子所说的"人欲"即是戴震所说的"私欲"，乃是必须去除的对象。

四、三者仁论之异同

朱子的仁论奠基在形上之理体的基础上，仁性爱情，仁体情用，性发为情，体发为用，仁包括了仁性和爱情两方面，主张以爱推仁。朱子认为形而上的"理"，是具体人物事为之超越而内在的本体，形而下的"气""器"则是理本体的呈现、发用。朱子这一学说本质上是为其道德学说奠定一形而上学的基础。

仁斋和戴震则认为，"形而上"与"形而下"无非气化流行的两个不同阶段，这就从根本上推翻了朱子理体气用的思想，同时也把朱子哲学所具有的为人伦道德奠定形而上学基础的价值意涵从"道"概念中剥离出去。同时，朱子形而上的理本体也被转化为气化之条理，这是后期仁斋和戴震仁论共同的哲学基础。正如黄俊杰先生所说："日本儒者以'气一元论'所建构新的'仁'学论述，不能免于使人成为'一度空间的人'（one-dimensional man），失去了中国朱子学中人的生命的高度与厚度。"④ 黄先生此论断不但适合于仁斋等日本儒者，也适合于戴震。另外，由于仁斋和戴震都主气一元论，理只是气之条理，所以其为仁功夫论相对于朱子和宋明儒也大大萎缩。

由于仁斋和戴震同主气化即道，所以都从气化生生之德说仁，认为仁是天道生生之德而具于人者。仁斋和戴震都同主天道和人道的贯通，而仁德来自天道的生生之德，这是和朱子仁论相同的地方。朱子以心之德训

---

① ［清］戴震：《孟子字义疏证》，第 45～46 页。
② ［宋］朱熹：《辛巳二月二十四书》，《延平答问》，第 328 页。
③ ［宋］朱熹：《朱子语类》，第 389 页。
④ 黄俊杰：《朱子〈仁说〉在德川日本的回响》，见钟彩钧主编《东亚视域中的儒学：传统的诠释》，2013 年，第 428 页。

仁，仁斋在《仁说》中同样以人之本心训仁。但是，仁斋在《语孟字义》中批评宋儒言心而不言德："圣人言德而不言心，后儒言心而不言德。盖德也者，天下之至美，万善之总括。故圣人使学者由焉而行之。若心，本清浊相杂，但在以仁义存之耳。……是圣人之所以言德而不言心也。而后儒见心而不见德，故以心为重，而一生功夫总归之于此，所以学问枯燥，无复圣人从容盛大之气象，盖如此故也。"[①]仁斋后期仁论具有排斥心，而直接以气之德性言仁的倾向，与朱子有很大不同。而戴震则认为心知是血气的一种功能，认为生生之心即仁，朱子之仁所具有的道德本心的内涵大大减杀，这又是与朱子有很大的不同。[②] 同时，朱子以爱之理训仁，仁斋不以理训仁，戴震也认为仁即是生生之心。

朱子认为形上之理是"生物之本"，此"本"指的是本体，形下之气是"生物之具"，即理本体的载具、表现，也就是说理气二者的关系是一种体用的关系。朱子哲学是一种理本体论的哲学，理是本体的概念，具有本原性的地位，而与理相对的是气概念，而气是理所派生的。理气关系是一种体用关系，即理是气之本体，气是理之发用。

戴震和仁斋所说的条理和分理在朱子哲学中更多地表现为物理，如朱子说：

> 理是有条理，有文路子。文路子当从那里去，自家也从那里去；文路子不从那里去，自家也不从那里去。须寻文路子在何处，只挨着理了行。[③]

而戴震所说的情理和欲理，相当于朱子所说的伦理，此伦理包括了情理和事理，作为仁性的性理和作为伦理的情理和事理都是同一天理流行、分殊的表现，都是生理，即天理之生生大德的表现。仁斋和戴震由于不承认在气化之中有形而上的理本体，认为气化即道，所以虽然他们和朱子一样都

---

① 〔日〕伊藤仁斋：《语孟字义》卷上，保永 2，第 1705 页。
② 关于朱子哲学的"心"是否是气心，学界有争议。陈来师认为朱子哲学中的心不能归结为气心，与牟宗三、钱穆、李明辉关于朱子的心是气心的观点有很大的不同。参看陈来：《朱子哲学中"心"概念》，《中国近世思想史研究》(增订本)。笔者赞同朱子哲学的"心"不能仅归结为气心，请参考拙文：《朱子之仁：道德实践的自律主体》，《孔子研究》2015 年第 4 期。
③ 〔宋〕朱熹：《朱子语类》，第 237 页。

赞同人道来自天道，但是天道的内涵却有很大的不同。朱子的天道有形上之理的面向，仁斋和戴震的天道就只是气化实体及其流行而已。

我们必须清楚的是，儒家是一种以伦理道德为主的学说，而伦理道德本身就包含了某种超越性，即人作为道德实践的主体，它所应当依从的是道德法则，即形而上的天理。人的欲望必须得到具有超越性、普遍性和必然性的道德法则的节制，才能最后达到如理合义的一种理想境界。仁斋认为朱子和宋儒所说的理是"死理"，认为宋儒所谓的仁义礼智等德性已沦为虚器，这种观点是站不住脚的。因为在本体的层次，朱子所说的"生理"和"形上之理"是直接同一的，也就是说理体作为本体，它本身具有一种"当然而不容已"的面向，即於穆不已地发用的面向，理本体它具有发用、显现为气化的一种势用。人们在认识天地万物时，首先认识的就是其所呈现的条理、分理，但是人类的认识必然会往更高阶段发展，从气化现象所呈现的条理、分理中进一步抽象出具有普遍必然性的道德法则、自然规律。仁斋和戴震看不出人类认识的这种规律，其对朱子和宋儒所说的"理"的批判本身就是值得商榷的。戴震批评朱子等宋儒的理"如有物焉"，也是没有认识到朱子等宋儒所说的"理"是一种本体，其本身并不是一种物，而且是与物不可分离的。朱子和宋儒的"理"之所以会给后世儒者以一种实体的印象，本质上是比喻难做的缘故，毕竟作为形而上的理本体，它本身是很难用言语来形容的。

戴震和仁斋否定理的形而上面向，也就否定了道德法则在价值上优先于情感、欲望。孔子说"朝闻道，夕死可矣"，孟子说"舍生取义"，其中的"道""义"显然不是情感、欲望，而是人类从情感、欲望中抽取出的价值、意义、法则、原则，这些价值、意义、法则、原则一经人类抽象出来，便具有了超越性、普遍性和必然性，这就是价值、意义、法则、原则的形而上的内涵。孔子所说的"朝闻道"的"道"显然不是戴震、仁斋所认为的"形以前"的"气"，而是人类所遵从的意义、价值、法则，这就是朱子所说的"形而上"的"理"。戴震、仁斋否定孔子、孟子等先秦思想家的哲学具有形而上的面向，只认识到了气化之条理（这种意义上的理朱子也认可），但是却完全忽视，甚至批判朱子作为形而上的自然规律、道德法则，显然是一种巨大的倒退。人类的生存不仅是情感、欲望的物的存在，更是人生价值、存在意义、理想信念这些形而上的意义世界的存在，没有了这些意义、价值、理念、信念、法则的指引，人就容易沦为只知形而下世界的情感、欲望驱使的动物,与其他动物没有什么区别,而没有更高远的思维、思想与境界。

朱子之所以把"理"或"天理"本体化,认为"理在气先",是继承了孔子"君子喻于义,小人喻于利""无信不立",孟子"舍生取义"的思想,把天理放在比气化更优先的位置,这种优先除了冯友兰先生认为的逻辑在先,更重要的是一种价值优先,即道德价值优先的一种立场,也是儒家以道德代替宗教的一种理论形态,他把天理尊崇到古代上帝的至尊位置而去除其人格神的形象。仁斋、戴震看不到朱子等宋儒的立言宗旨,可谓无的放矢,其以字义、疏证名义欲探求孔孟的本意,所探求到的也未必是孔孟的本意,而是把孔孟思想丰富的内涵给片面化、狭窄化了。

第五节 论儒家的道德律——普遍公共利益原则[①]

朱子以"心之德""爱之理"训仁,"心"是道德主体,"理"是道德法则,因此,从道德律的视角来进一步研究朱子的"心""理"这两个核心概念的内涵就很有必要。因为道德律是人类社会的基石,所以对"什么是道德律"的研究实具有非常重要的意义。[②]

一、普遍公共利益原则

(一) 普遍公共利益原则

1. 利益是人类的欲求对象。它包括具体的物质利益和抽象的价值利益。具体的物质利益虽然千差万别,但是它作为能够满足人类需求的使用价值蕴含了人类无差别劳动,因而具有普遍价值,如马克思说:"作为价值,一切商品都只是一定量的凝固的劳动时间","使用价值或财物具有价值,只是因为有抽象人类劳动对象化或物化在里面"。抽象的价值利益,它不以某一具体的物质利益为欲求对象,而是一种人的抽象价值的需求,如尊严、自由等,它们是人的类的需求,因为是抽象的价值,本身就有一

---

① 赖尚清:《论儒家的道德律:普遍公共利益原则》,《中国哲学史》2021年第4期。
② 作者博士论文的最后一章为《朱子之仁:道德实践的自律主体》,由于作者对康德道德哲学及其与儒家的异同的认识有了很大的转变,所以对此章做了整体的删除。读者如欲了解,可查阅相关论文。(赖尚清:《朱子之仁:道德实践的自律主体》,《孔子研究》2015年第4期。)

种普遍性。

2. "公共"不是利益的交集。公共不是几何学上的交集，它是个体利益的总和，即人与人之间没有冲突的利益的总和。这里的公共不必然蕴含共同体的概念，因为道德行为与共同体是否存在无关。因此，公共利益不能完全等同于共同体利益、集体利益，但是共同体利益、集体利益可以包括公共利益在内。人在现实中往往隶属于某一共同体，当共同体成员的行为涉及其他共同体成员利益时，必须把其他共同体成员的利益包括在内。普遍公共利益原则要求大的层次的公共利益优先于小的层次的公共利益，以便在更大层次上实现利益的普遍一致。

3. "普遍"包括三个层次：首先，普遍是普遍一致、没有冲突。普遍利益是人合理、正当利益的总和。没有冲突，是指人人都愿意，即普遍公共利益是人人都愿意作为自己行为动机的一种利益，即在动机上具有一种普遍一致性；同时，没有冲突是人人都愿意自己行为的准则符合普遍公共利益原则的行为结果。普遍公共利益原则作为法则，它并没有指出普遍公共利益具体是什么，它只是规定行为的动机，即按照普遍公共利益原则而行动，从而导出行为动机的普遍一致，进而在结果上实现没有冲突的、普遍一致的利益。其次，普遍是普遍有效，普遍公共利益原则对所有人都有效。普遍公共利益原则实现的是所有人正当的、合理的利益，它和自然律一样，具有普遍必然性，人类如果不按照普遍公共利益原则行动，必然会产生各种冲突。虽然人类的理性是有限的，人不可能在任何时候都准确知道何为普遍公共利益，但是这不影响普遍公共利益原则的普遍有效性。最后，普遍是普遍适用。普遍公共利益原则，它是一个形式法则，类似于康德的道德律公式（不同在于康德的道德律公式不能有任何质料的动机，而普遍公共利益原则明确地把普遍公共利益作为自己行为的动机）。虽然某一具体的行为可能只涉及部分人的利益，因此普遍公共利益原则在适用时，它的普遍可能是一种相对的普遍，即可指从两人到所有人的一种相对普遍性，这就是"理一而分殊"。

因此，普遍公共利益，是所有人合理利益的总和，是人类按照普遍公共利益原则行动而去除了个人不合理利益的一种结果。

普遍公共利益原则：你应当这样行动，使你愿意的行动准则符合普遍公共利益原则。普遍公共利益原则，它有两个层次：狭义上，它是人类普遍公共利益原则；广义上，它是宇宙普遍公共利益原则。

（二）卢梭的公意与普遍公共利益原则

卢梭政治思想的核心是讨论如何建立共和国，以及如何为共和国立法，而立法的根本目的是保障进入社会状态之后人的自由。卢梭说："'要找出一种结合的形式，使它能以全部共同的力量来卫护和保障每个结合者的人身和财富，并且由于这一结合而使得每一个和全体相结合的个人只不过是在服从其本人，并且仍然像以往一样地自由。'这就是社会契约所要解决的根本问题。"[①]卢梭致力于把权利和利益、正义和功利统一起来，"我将努力把权利所许可的和利益所要求的结合在一起，以便使正义和功利不致有所分歧"[②]，提出了"公意"的概念，认为公意是共同体的最高指导原则："我们每一个人都以其自身及其全部的力量共同置于公意的最高指导之下，并且我们在共同体中接纳每一个成员作为全体之不可分割的一部分。"[③]公意是国家创制的目的，公意的特点是平等、公正，而且永远是正确的，因为它以公共利益为依归，它其实就是一种道德人格。通过社会契约，人民结合成为共同体，共同体最根本的法律即是公意："由社会公约而得出的第一条法律，也是唯一真正根本的法律，就是每个人在一切事物上都应该以全体的最大幸福为依归。"[④]

公意是一种法律的行为，是一种普遍的意志，"是其他一切意志的唯一规范"[⑤]。"只要有若干人结合起来自认为是一个集体，他们就只能有一个意志，这个意志关系着共同的生存以及公共的幸福。"[⑥]公意就是一切个别意志应该遵守的规范，可以说公意作为一种普遍意志，公意即是法则，普遍意志即是道德法则的思想已经呼之欲出。[⑦]

普遍公共利益原则作为道德法则，它的另外一种表述是：你应当克除自己的私欲（不正当利益），即儒家讲的克己。出于普遍公共利益原则克除私欲的结果实现的正是普遍公共利益，与卢梭的公意相通："公意永远是公正的，而且永远是以公共利益为依归。……众意和公意之间经常总是有很大的差别；公意只着眼于公共的利益，而众意则着眼于私人的利益，

---

① 〔法〕卢梭著：《社会契约论》，何兆武译，北京：商务印书馆，2009年，第19页。
② 同上注，第3页。
③ 同上注，第20页。
④ 同上注，第39页，注释①。
⑤ 同上注，第79页。
⑥ 同上注，第131页。
⑦ 黄裕生：《论意志与法则——卢梭与康德在道德领域的突破》，《哲学研究》2018年第8期。

众意只是个别意志的总和。但是，除掉这些个别意志间正负相抵消的部分而外，则剩下的总和仍然是公意。"① 卢梭非常明确地说公意只是"除掉这些个别意志间正负相抵消的部分"，因此，个人的所有合理利益都包括在公意之内，公意是除掉个别意志间正负抵消部分之后所剩下的所有个人正当、合理利益的总和。普遍公共利益原则和卢梭的公意一样，去除的只是人的不合理利益，它是所有人合理利益的总和。卢梭的公意即是普遍公共利益原则，虽然它主要还只是一个政治哲学的概念，而不是一个道德哲学的概念。

狭义道德律表述一：你应当这样行动，使你愿意的行动准则符合人类普遍公共利益原则。

（三）人类普遍公共利益原则和孔子的道德法则

康德对孔子"己所不欲，勿施于人"法则有所批判："人们不要以为，'己所不欲，勿施于人'这句话在这里能够充当准绳或者原则，因为它尽管有不同的限制，但却是从原则导出的；它不可能是一个普遍的法则，因为它既不包含对自己的义务的根据，也不包含对他人的爱的义务的根据（因为有些人会乐于同意，只要他可以免除施惠于他人，他人也无须施惠于他），最后也不包含相互之间的应有义务的根据；因为罪犯会从这一根据出发对要惩罚他的法官提出抗辩，等等。"② 康德的批判有三个层次：第一，"己所不欲，勿施于人"是从原则导出的。这是康德从自己的哲学体系出发而来的批判，孔子说"三军可夺帅也，匹夫不可夺其志"（《论语·子罕》），孔子显然也有一种自由意志的思想作为基础。儒家不取康德绝对的自由意志，不从康德的形式法则来推演道德律。"己所不欲，勿施于人"，可转换为"你不愿别人怎么对待你，你就被禁止怎么对待别人"，因此，它是一个关于禁止的命令式。它涉及的是消极的义务，而不是积极的义务。第二，不包括对自己和他人的义务。康德没有注意到《论语·雍也》中"己欲立而立人，己欲达而达人"，表述的正是对自己和他人的义务。第三，即是罪犯可以根据"己所不欲，勿施于人"对惩罚他的法官提出抗辩。但是，由于罪犯首先违背了"己所不欲，勿施于人"这一原则，

---

① 〔法〕卢梭著：《社会契约论》，何兆武译，第35页。
② 〔德〕康德著：《康德著作全集》第4卷，李秋零译，北京：中国人民大学出版社，2013年，第438页。

那么他就不能再根据此原则来对惩罚他的法官提出抗辩。

"己欲立而立人，己欲达而达人"，虽然也包括立己、达己的动机，但是其行为动机主要不是"立己""达己"，而是"立人""达人"，即个人从自己有"立"和"达"的愿望，推断别人也有"立"和"达"的愿望，从而去"立人""达人"。"己所不欲，勿施于人"表达的是个人的消极义务，"己欲立而立人，己欲达而达人"表达的是积极义务，因此，人类普遍公共利益原则，即道德律，也可以表述为孔子的道德法则。

狭义道德律表述二：己所不欲，勿施于人；己欲立而立人，己欲达而达人。

（四）天理即是广义的道德律

朱子哲学的"天理"是一个包括自然律和道德律的概念，朱子认为："至于天下之物，则必各有所以然之故，与其所当然之则，所谓理也。"① 又说："身心性情之德，人伦日用之常，以至天地鬼神之变，鸟兽草木之宜，自其一物之中，莫不有以见其所当然而不容已，与其所以然而不可易者。"② 朱子认为理有两个面向：第一，所当然而不容已的当然法则；第二，所以然而不可易的必然法则。理是当然和必然的统一，此理是所得于天者，即天理，天理又分殊为宇宙万物不同的性理。所当然而不容已的天理，是宇宙万物不得不如此行动，而且能够如此行动的当然法则，德就包含了能行。朱子说："道者，当为之理……德者，得也……仁者，人之本心也。"③"德便是个行道底。"④"道"是当为之天理，德就是得此天理而为本心之全德，即仁；仁作为德，它是必然、当然而不容已地行此"道"，即按天理行动的，此即是天理的流行。天理作为法则蕴含了康德"应当包含了能够"的思想："遵守道德的定言命令，这任何时候都在每个人的控制之中……他在这方面想做的事情，他也能够去做。"⑤ 所以然而不可易的天理，则说明天理作为必然法则具有普遍必然性，它是宇宙万物不得不如此行动的强制力量。天理作为道德法则，是宇宙普遍公共利益原则、广义的

---

① ［宋］朱熹：《朱子全书》（修订本）第 6 册，第 512 页。
② 同上注，第 527～528 页。
③ ［宋］朱熹：《朱子全书》（修订本）第 15 册，第 1216～1217 页。
④ ［宋］朱熹：《朱子全书》（修订本）第 14 册，第 238 页。
⑤ ［德］康德著：《康德著作全集》第 5 卷，李秋零译，第 41 页。

道德律。人类不仅应该遵循狭义的道德律,维持人类社会的当然秩序,同时应遵循广义的道德律,让宇宙万物各得其所,而不应仅追求短期的、人类一己的私欲。由此,我们得出了广义的道德律。

广义的道德律: 你应当这样行动,使你愿意的行动准则符合宇宙普遍公共利益原则。

宇宙普遍公共利益原则即是天理,作为万物之灵的人类迫切需要从狭隘的人类中心主义中解脱出来,不仅按照狭义道德律行动,更重要的是还必须按照广义道德律行动。在广义道德律中,自然律和道德律是直接同一的。老子在《道德经》第二十五章中说:"人法地,地法天,天法道,道法自然。"宋明理学家也强调天理之自然。程颢说:"夫天地之常,以其心普万物而无心;圣人之常,以其情顺万事而无情。故君子之学,莫若廓然而大公,物来而顺应。"① 程颢所说的天地之常,也就是宇宙普遍意志,也即是广义的道德律,即天理,圣人就是按宇宙普遍公共利益原则行动的仁者,因此,君子之学应当效仿"廓然而大公"的天地之心,朱子也认为天地生物之心是无心之心。② 既符合人类普遍公共利益原则,又符合宇宙普遍公共利益原则,才是人类应当追求的正当利益。孟子说:"亲亲而仁民,仁民而爱物。"(《孟子·尽心上》)程颢也说:"仁者,浑然与物同体"③,"仁者,以天地万物为一体,莫非己也"④,"所以谓万物一体者,皆有此理"⑤。天理即是宇宙万物同体的根据,浑然与物同体,是仁者的境界,仁者行动所遵从的天理,即是宇宙普遍公共利益原则。

广义的道德律,即是宇宙普遍公共利益原则,它是宇宙自然对人类"颁布"的命令,人类不服从宇宙普遍公共利益原则,就会受到自然的惩罚。狭义的道德律,虽然由仁心所颁布,但是,也可以说是人类作为宇宙自然生物的一个成员,由自然"颁布"给人类的一条命令,即道德律不能离开利益,因为人虽然具有理性,但是人还是动物。如果人类不按照普遍公共利益原则行动,人类个体之间、人与自然万物之间就会出现各种各样的冲突,此即是宇宙自然的惩罚。道德律是规范人类利益冲突的法则,离

---

① [宋]程颢、程颐:《二程集》,第460页。
② [宋]朱熹:《朱子全书》(修订本)第14册,第117~118页。
③ [宋]程颢、程颐:《二程集》,第16~17页。
④ 同上注,第15页。
⑤ 同上注,第33页。

开了利益没有道德法则。因此，道德律其实也就是自然律，是具有普遍必然性的强制力量，康德也认为："要这样行动，就好像你的行为的准则应当通过你的意志成为普遍的自然法则似的。"①

之所以提出宇宙普遍公共利益原则，是因为人类行为的影响已经大大超出了人与人之间关系的范围。由于科技水平的巨大发展，人类按照自己的目的改造自然的能力也获得了空前的提高。但是，人的理性毕竟是有限的，人类的经济行为造成了很多非常严重的后果，即资源枯竭、物种多样性的减少、大气的污染及气温的升高……这些都演化为全球性的生态危机。因此，迫切需要改变人类的行为和思维方式，从自然整体及其长远发展来设定人类的目的，追求人与自然的和谐相处。正是基于这个目的，提出了宇宙普遍公共利益原则。因此，人类的道德法则应该进一步推扩，即应该把自然万物合理的生存、发展利益引入人类的道德行为、道德法则中来。

二、儒家的自由意志：道德自由与心性自由

（一）道德自由

在康德哲学中，自由有三个层次，②其中先验的自由是指意志作为一种"物自身"，它具有独立于一切经验条件束缚的自由；另外，意志还有独立开启一个因果系列的自由，此即作为纯粹实践理性的意志具有颁布道德律，并按照道德律行动的自由。在朱子哲学中，仁作为性，它是作为"爱之理"的天理，它本身是天地生物之心，也就是天理本体；同时，仁作为"心之德"，此心即是一种理心，朱子说："夫心者，人之所以主乎身者也，一而不二者也，为主而不为客者也，命物而不命于物者也。"③因此，在朱子哲学中作为本心之全德的仁心也是一种自由意志。

朱子在注《论语》"颜渊问仁"章时说："仁者，本心之全德。克，胜也。己，谓身之私欲也。复，反也。礼者，天理之节文也。为仁者，所以全其心之德也。盖心之全德，莫非天理，而亦不能不坏于人欲。故为仁者必有以胜私欲而复于礼，则事皆天理，而本心之德复全于我矣。归，犹与也。又言一日克己复礼，则天下之人皆与其仁，极言其效之甚速而至

---

① 〔德〕康德著：《康德著作全集》第4卷，李秋零译，第429页。
② 邓晓芒：《康德自由概念的三个层次》，《复旦学报》（社会科学版）2004年第2期。
③ 〔宋〕朱熹：《朱子全书》（修订本）第23册，第3278～3279页。

大也。又言为仁由己而非他人所能预，又见其机之在我而无难也。日日克之，不以为难，则私欲净尽，天理流行，而仁不可胜用矣。"①朱子认为"盖心之全德，莫非天理"，表明作为心之德的仁心是一种善良意志。克己复礼即是遵从作为"理"的道德法则，战胜个人的私欲，而复于礼，从而达到事皆天理，恢复本心之全德，此即消极意义上的自由。"为仁由己而非他人所能预"，表明儒家道德是善良意志的自律。"心之全德，莫非天理"，作为道德实践主体的仁心是粹然至善的，是道德实践的主体，能够独立颁布作为天理的道德法则，并按照此道德法则而行动，此即积极意义上的自由。仁心虽然莫非天理，但也不能不坏于人欲之私，即人都有从躯壳而来的私欲。但是，通过克己复礼，日日克之，克己复礼的为仁功夫日渐纯熟，则克己不甚为难，最后达到"私欲净尽，天理流行"的仁者境界。"私欲"，有时被说成是"人欲"，如"曾点之学，盖有以见夫人欲尽处，天理流行，随处充满，无少欠阙"。在朱子哲学中，"人欲"的概念跟我们现在的"人欲"概念不同，它特指人的私欲，即不合理的利益。"饮食者，天理也；要求美味，人欲也。"②在朱子哲学中，"天理"不是完全没有任何欲望，而是没有任何负面的私欲，即不符合道德法则的欲望，也就是没有任何与他人正当利益相冲突的个人欲望。就此而言，朱子哲学中的消极自由与康德哲学中的消极自由有所不同，康德认为，必须"把一切感性的动机从实践法则中排除掉"③，康德所说的消极自由是摆脱一切经验条件约束的自由，自由意志是完全摆脱经验约束的自由意志；朱子哲学的自由意志是完全摆脱负面欲望约束的自由意志。

（二）心性自由

在先秦诸子以及朱子等宋明理学中，除了摆脱个人私欲的道德自由，还极力推崇和体证广义的道德自由，即心性自由。④《中庸》："君子素其位而行，不愿乎其外。素富贵，行乎富贵；素贫贱，行乎贫贱；素夷狄，行

---

① ［宋］朱熹：《朱子全书》（修订本）第6册，第167页。
② ［宋］朱熹：《朱子全书》（修订本）第14册，第389页。
③ ［德］康德著：《康德著作全集》第4卷，李秋零译，第411页。
④ 中国哲学的"道德"范畴和西方哲学的"道德"范畴，其内涵有所不同。在中国哲学中，"道"是宇宙万物的本体、本根或本原，而"德"则是万物作为个体禀赋"道"以后所具有的独特的德性。因此，中国哲学所说的心性自由是广义的道德自由，而狭义上的道德自由则可以与康德道德哲学中的自由概念相通，但是有所不同。朱子等宋明理学的自由，更多强调的是没有不正当欲望，而不是完全没有质料动机的自由。

乎夷狄；素患难，行乎患难，君子无入而不自得焉。"孟子："君子所性，虽大行不加焉，虽穷居不损焉，分定故也。"程颢："夫天地之常，以其心普万物而无心；圣人之常，以其情顺万事而无情。故君子之学，莫若廓然而大公，物来而顺应。"所谓心性自由，是从任何负面、消极的情感中摆脱出来的自由，也就是从贵贱、贫富、荣辱、得失、顺逆、进退、苦乐等一切现实对立中摆脱出来，而证成的一种心性自由，是个人从小我中摆脱出来，而在宇宙大化流行中证得宇宙大我而来的心性自由。宋明理学对这种心性自由非常重视，如北宋黄庭坚称赞理学开山周敦颐："舂陵周茂叔，人品甚高，胸中洒落，如光风霁月。"沙县邓天迪形容朱子老师李侗的气象时说："愿中如冰壶秋月，莹彻无瑕。"[①]朱子在评论曾点气象时也说："曾点之学，盖有以见夫人欲尽处，天理流行，随处充满，无少欠阙。故其动静之际，从容如此。而其言志，则又不过即其所居之位，乐其日用之常，初无舍己为人之意。而其胸次悠然，直与天地万物上下同流，各得其所之妙，隐然自见于言外。"这种胸次悠然、动静从容，上下与天地同流的境界也就是一种儒家所极力追求的心性自由的境界。这种意义上的心性自由，在康德哲学中是没有抉发出来的，康德通过悬设灵魂不朽和上帝存在，来实现德福按比例一致的至善，在儒家看来，只能是一种善良的愿望。

三、儒家道德律与康德道德律的异同

（一）康德的"道德律公式"

康德认为他的《道德形而上学的奠基》"无非是找出并且确立道德性的最高原则"[②]，"道德形而上学应当研究的是一种可能的纯粹意志的理念和原则"[③]。道德法则与自然法则不同，自然法则是人类的知性范畴综摄经验杂多的结果，因此，应该从经验现象开始；道德法则却不能从经验开始，而必须从善的意志开始。这种善的意志是无条件地善的，这种无条件的善与意欲对象的有条件的善不同，这种绝对善的意志其实就是纯粹实践理性："最高使命在于确立一个善的意志的理性"[④]，其中的"意志"即是自由

---

① ［宋］朱熹：《朱子全书》（修订本）第25册，第4520页。
② ［德］康德著：《康德著作全集》第4卷，李秋零译，第399页。
③ 同上注，第397页。
④ 同上注，第403页。

意志，"理性"即是纯粹实践理性。纯粹实践理性之所以是纯粹的，是因为它颁布的是独立于一切条件之上的定言命令，即道德律公式："要这样行动，使得你的意志的准则在任何时候都能同时被视为一种普遍的立法的原则。"[1] 康德认为道德法则不能包含任何质料上的动机："道德性的惟一原则就在于对法则的一切质料（亦即一个被欲求的客体）有独立性"[2]，"把一切感性的动机从实践法则中排除掉"[3]。由于康德的道德律排除了任何质料的动机，所以他承认只是提出了一个"道德律的公式"[4]。

（二）儒家道德律和康德道德律的异同

康德哲学的一个最基本的区分是关于现象与物自身的区分，认为现象服从具有普遍必然性的自然律，物自身则服从的是一种自由律，它具有绝对的自动性。人同时具有感性和理性两部分，人的感性的部分属于现象世界，因此要受自然律的支配；人除了具有感性欲望之外，还是一个理性的存在者。作为理性存在者，他颁布的是没有任何质料动机的道德律，因此，理性也就是纯粹实践理性。由于纯粹实践理性它是纯粹的，没有任何感性的质料动机，所以纯粹实践理性作为一种纯粹的能动能力，它是一种绝对的自动性。纯粹实践理性自我立法，因而是理性的自律。纯粹理性的自律也就是意志的自律，因此，康德的自由意志是一种不受任何经验条件束缚的绝对自由意志。这种意志以没有任何质料动机的道德律为动机，因此它是一个绝对的、无条件的善良意志。道德律规定的是无条件的、绝对的善，道德律也就是无条件的绝对命令。康德认为人因为有纯粹实践理性、自由意志，所以人是知性世界的成员，而上帝作为纯形式的理念，服从道德律对它来说不是一种义务，因此，它是知性世界的元首。人作为同时具有感性和理性的存在者，服从道德律就是一种义务、强制、诫命。

康德认为必有物自身作为现象的基底来刺激我们的内外感官，那物自身到底是一个客观的存在呢？还是一个纯粹的虚构（设定）？如果物自身是一个客观的实在，那么物自身和现象就是同一对象的不同部分，现象是对象可知的部分，物自身是对象不可知的部分："普劳斯根据他自己的文本考证也持对象两重性的观点，也就是说将现象和物自身看做同一个对象，

---

[1] 〔德〕康德著：《康德著作全集》第5卷，李秋零译，第33页。
[2] 同上注，第37页。
[3] 〔德〕康德著：《康德著作全集》第4卷，李秋零译，第411页。
[4] 〔德〕康德著：《康德著作全集》第5卷，李秋零译，第9页。

而将它们的区别仅仅看做主观方面思考关系不同的结果。"① 如果物自身和现象是同一对象的不同部分,那康德如何能够推出现象服从自然律而物自身服从自由律,而不是现象和物自身同时都服从同一规律,即自然律？如果现象和物自身不是同一对象的不同部分,也就是物自身不是一种客观实在,那么物自身就仅仅是一种设定,费希特认为:"物自身是一种纯粹的虚构,它不但不能在经验中表现出来,而且关于它的抽象也得依赖于意识的抽象活动。"②

如果物自身是一种纯粹的设定,那么康德的绝对自由意志也是一种设定(虚构),因为自由是道德律的存在根据,既然绝对的自由不存在,那没有任何质料动机的道德律作为人的动机的有效性就会产生疑问,如康德也承认:"作为法则的准则普遍性,从而道德如何以及为什么使我们感兴趣,其说明对于我们人来说是完全不可能说明的。"③ "纯粹理性如何能够是实践的？一切人类理性都没有能力对此作出说明,试图对此作出说明的一切辛苦和劳作都是白费力气。"④ "理性不遗余力地寻求无条件必然的东西,发现自己被迫假定它,却没有任何办法使自己可以理解它。"⑤ 自由也是一种悬设:"上帝、自由和不死,因为通过我的思辨理性不能证明它们。"⑥ 自由意志作为一个形式的理念,它与康德对纯形式的上帝的信仰具有内在的联系,可以说是与其上帝信仰自洽的一种逻辑上的设定。黑格尔就批评说:"这种自由首先是空的,它是一切别的东西的否定；没有约束力,自我没有承受一切别的东西的义务。这样它是不确定的；它是意志和它自身的同一性,即意志在它自身中。但什么是这一道德律的内容呢？这里我们所看见的又是空无内容。因为所谓道德除了只是同一性、自我一致性、普遍性之外不是任何别的东西。"⑦ "为义务而不是为某种内容而尽义务,这是形式的同一,正是这种形式的同一排斥一切内容和规定。"⑧ 李泽厚据此认为

---

① 韩水法:《康德物自身学说研究》,北京:商务印书馆,2007年,第77页。
② 同上注,第151页。
③ 〔德〕康德著:《康德著作全集》第4卷,李秋零译,第469页。
④ 同上注,第470页。
⑤ 同上注,第471～472页。
⑥ 〔德〕康德著:《康德著作全集》第5卷,李秋零译,第151页。
⑦ 〔德〕黑格尔:《康德哲学论述》,北京:商务印书馆,1962年,第51页。
⑧ 〔德〕黑格尔:《法哲学原理》,北京:商务印书馆,1964年,第138页。

"黑格尔把康德伦理学称之为'空的形式主义'"①。康德的道德律因为排斥了任何质料的动机,所以会面临道德实践的动力不足的问题,如李明辉说:"在康德底情感与理性二分的主体性架构中,理性我与感性我之间的紧张关系属于有限存有者(如人类)底本质,而敬畏之情底积极要素却要求这两重自我底统一;这真是康德底难题。康德也不可能为了闪避这个难题而否定这项积极要素底存在;因为这样一来,我们便只能处于恐惧或痛苦而服从道德法则,则其'道德兴趣'、'道德动机'底概念将完全落空。"② "康德底道德主体(严格意义的'意志')只是实践理性;这个主体虽是道德法则的制定者,它本身却无执行道德法则的力量;这种力量落在'道德动机'(即道德情感)上。因此,康德的道德主体若无感性之助,其自身是虚欠无力的。这对于康德底'自律'概念(意志对其自己是一法则)是不够的,因为道德法则并非外来的法则,而是意志自己制定的法则;意志能制定之,却不能实践之,这是说不通的。"③

如果不把意志的自由设定为一种绝对的、无条件的自由,而是一种相对的自由,则可以推出另外一种道德律,即普遍公共利益原则。儒家哲学认为,绝对存在于相对之中,作为自本、自根、自主、自在、自由的"道",不能脱离宇宙万物而独立存在,道不离器,理在气中。因此,道、天理、本心作为本体,不能脱离气化流行的总体而独立存在,道普遍存在于宇宙万物之中,天理是自然律和道德律的统一,也就是说作为道德律的自由律它是一种高阶的自然律。宇宙万物是一个相互联系的整体,因此,自由也是在一种联系、关系之中的相对的自由。天人一体,"道法自然",宋明理学也强调天理之自然。儒家从关系中定义人的德性,如"君仁臣忠,父慈子孝,兄友弟恭"。因此,儒家的道德哲学不建立在康德的绝对自由意志的基础上,而是建立在天人一体的相对自由的基础上。道德律并不必须建立在绝对的自由意志之上,它还可以建立在相对的自由意志之上。人虽然在行为上具有选择的自由,但是,这种选择的自由不是一种绝对的、无条件的自由。如果自由意志不仅是一个纯形式的理念,还是一种能力的话,它必然需要有一种动力的来源,这种动力的来源只能是宇宙本

---

① 李泽厚:《批判哲学的批判:康德哲学述评》,北京:生活·读书·新知三联书店,2007年,第311页。
② 李明辉:《儒家与康德》,台北:联经出版事业公司,1990年,第31页。
③ 同上注,第33页。

身，因此，自由意志就只能有相对的自由，而无绝对的自由。

儒家的道德法则和康德的道德法则有五点不同：第一，道德律的存在根据不同，康德的道德律建立在绝对自由意志基础上，儒家的道德律建立在相对自由意志的基础上；第二，道德律的行为动机不同，康德的道德律不能有任何质料的动机，儒家的道德律可以有质料的动机，但不能有任何不合理利益的质料动机；第三，道德律的适用范围不同，康德的道德律适用于人类、上帝和宇宙中所有可能的理性存在者，儒家道德律的适用范围只限于人类；第四，道德律的追求结果不同，康德的道德律追求的是没有任何质料的、纯形式的理知世界，儒家道德律追求的是"天下为公"的大同世界；第五，道德律的性质不同，康德的道德律是一种绝对的自由律，其中的绝对的、无条件的自由只是一种悬设，一个纯粹实践理性的理念，它只是一种道德实践上的应当，而不是理论的知识，即理论知识上的一种客观实在。儒家的道德律它是一种高阶的自然律，它来源于人类天生具有的仁心，对具有平等人格的他人具有的同情心，不忍他人的合理利益受到损害。儒家的道德律实现的自由是现实中人人都可以实现的自由，它是一种客观的存在，表现为仁者的一种心境和人与人、人与万物的和谐相处。

附录一

"《洙泗言仁录》辩"书信详考编表

序号	书信名称	答复书信	写作年月
1	张栻《答乔德瞻》第一书		己丑八或九月
2	张栻《答潘叔度》第一书		己丑八或九月
3	张栻《答潘叔度》第二书		己丑十或十一月
4	张栻《答朱元晦秘书》第三十九书		己丑十一或十二月
5	张栻《答朱元晦秘书》第四十书		庚寅十二月
6	张栻编成《洙泗言仁录》最初稿		庚寅十二月或辛卯一月
7	朱子《答张敬夫》("昨陈明仲转致手书")	张栻《答朱元晦秘书》第四十书	辛卯一月
8	朱子《答范伯崇》第十三书		辛卯一月
9	张栻《答朱元晦秘书》第二十八书		辛卯一月
10	张栻《寄吕伯恭》第三书		辛卯一或二月
11	张栻《答朱元晦秘书》第四书	朱子《观过说》	辛卯二月
12	朱子《答张敬夫》第十六书	张栻《洙泗言仁录》初稿、张栻《答朱元晦秘书》第二十八书	辛卯二月
13	张栻《答吴晦叔》第五书		辛卯二或三月

续表

序号	书信名称	答复书信	写作年月
14	朱子《答吴晦叔》第七书		辛卯三或四月
15	朱子《巧言令色说》		辛卯夏
16	张栻《洙泗言仁录序》初稿		辛卯十二月
17	张栻《洙泗言仁录》正式完编		辛卯十二月
18	张栻《答胡季随》第一书		壬辰一月
19	朱子《答张敬夫》第十八书	张栻《洙泗言仁录序》	壬辰一或二月
20	张栻《答朱元晦秘书》第九书		壬辰八或九月
21	朱子《答张敬夫》第十九书		壬辰九或十月
22	张栻《答朱元晦秘书》第五书	朱子《答张敬夫》第十九书	壬辰十或十一月
23	张栻《答朱元晦秘书》第十三书		壬辰十或十一月
24	张栻修改《洙泗言仁录》和《洙泗言仁录序》		壬辰十或十一月
25	朱子《答张敬夫》第二十书	张栻《答朱元晦秘书》第五书	壬辰冬
26	朱子《答钦夫仁疑问》第四十七书	张栻《答朱元晦秘书》第十三书	壬辰十一或十二月
27	吕伯恭《与朱侍讲》第十六书		癸巳正月初
28	朱子《答吕子约》第七书		癸巳二或三月
29	张栻再次修改《洙泗言仁录》并刊印		癸巳五或六月
30	朱子《答李伯谏》		癸巳五或六月
31	朱子《答吕伯恭》第二十一书		癸巳六月

续表

序号	书信名称	答复书信	写作年月
32	吕伯恭《答朱侍讲所问》第二书		癸巳六或七月
33	吕伯恭《与朱侍讲》第二十二书		癸巳七月
34	朱子《答吕伯恭别纸》第一〇一书	朱子《答吕伯恭》第一〇〇书之《别纸》	癸巳七或八月
35	朱子《答吕伯恭》第二十三书		癸巳八或九月
36	张栻再次修改《洙泗言仁录》		癸巳十或十一月
37	朱子《答吕伯恭》第二十七书		癸巳除夕日

附录二

"'观过知仁'辩"书信详考编表

序号	书信名称	答复书信	作成年月
1	张栻《观过知仁说》		丁亥春夏间
2	朱子《答林择之》第二书		丁亥夏秋间
3	朱子《答蔡季通》第三十九书		丁亥七月
4	朱子《答蔡季通》第九十二书		庚寅春
5	张栻《答谢梦得》		丁亥至辛卯间
6	胡伯逢《观过知仁说》		辛卯一月
7	朱子《观过说》		辛卯一月
8	朱子《答蔡季通》第四十五书		辛卯二月
9	张栻《答朱元晦秘书》第四书	朱子《观过说》	辛卯二月
10	张栻《与吴晦叔》第十三书		辛卯二月
11	朱子《答蔡季通》第四书		辛卯二月
12	朱子《答吴晦叔》第六书		辛卯二或三月
13	朱子《答张敬夫》第十七书	张栻《答朱元晦秘书》第四书	辛卯三月
14	朱子《答蔡季通》第四十书		辛卯三或四月
15	朱子《答胡广仲》第三书		辛卯三或四月
16	朱子《答林择之》第十六书		辛卯三或四月
17	朱子《观心说》		辛卯三或四月
18	朱子《答胡伯逢》第三书		辛卯三或四月

365

续表

序号	书信名称	答复书信	作成年月
19	朱子《答吴晦叔》第七书		辛卯三或四月
20	朱子《答蔡季通》第四十三书		辛卯四或五月
21	张栻《答周允升》第六书		辛卯四或五月
22	朱子《答虞士朋》第一书		辛卯春夏间
23	朱子《答吴晦叔》第九书		壬辰十或十一月
24	朱子《答胡伯逢》第四书		壬辰十一或十二月

附录三

"'知觉言仁'辩"书信详考编表

序号	书信名称	答复书信	作成年月
1	朱子《答程允夫》第四书		戊子
2	朱子《答吕伯恭》第八书		辛卯一或二月
3	朱子《答吴晦叔》第七书		辛卯三或四月
4	张栻《答胡广仲》第一书		壬辰七或八月
5	张栻《答胡广仲》第二书		壬辰七或八月
6	张栻《答胡伯逢》第二书		壬辰七或八月
7	张栻《答胡伯逢》第三书		壬辰七或八月
8	朱子《答胡广仲》第五书		壬辰九或十月
9	朱子《答吴晦叔》第十书		壬辰十或十一月
10	朱子答张敬夫《又论仁说》第四十五书	张栻《答胡广仲》第一、二书,张栻《答胡伯逢》第二、三书	壬辰十或十一月
11	朱子《答石子重》第十一书		壬辰十或十一月
12	朱子《答石子重》第十二书	与朱子《答石子重》第十一书有相承关系	壬辰十一或十二月
13	吕伯恭《答朱侍讲所问》第一书		癸巳正月
14	朱子《答吕伯恭别纸》第一〇一书（朱子《答吕伯恭》第一〇〇书之《别纸》）	吕伯恭《答朱侍讲所问》第二书	癸巳七或八月

续表

序号	书信名称	答复书信	作成年月
15	朱子《答游诚之》第一书		癸巳七或八月
16	朱子《答游诚之》第二书		癸巳九或十月
17	朱子《答程允夫》第八书		癸巳为近

附录四

"《仁说》之辩"书信详考编表

序号	书信名称	答复书信	作成年月
1	朱子《克斋记》初稿		壬辰初
2	朱子《答何叔京》第十八书	何叔京对朱子《克斋记》初稿的回复书	壬辰二或三月
3	朱子《仁说》初稿		壬辰二或三月
4	张栻已佚答朱子《仁说》初稿书信	朱子《仁说》初稿	壬辰三或四月
5	朱子《答张钦夫论仁说》第四十三书	张栻已佚答朱子《仁说》初稿书信	壬辰四或五月
6	张栻《寄吕伯恭》第二书		壬辰六月
7	张栻《答朱元晦秘书》第二十一书	朱子《答张钦夫论仁说》第四十三书	壬辰六或七月
8	朱子答张敬夫《又论仁说》第四十四书	张栻《答朱元晦秘书》第二十一书	壬辰七或八月
9	张栻《答朱元晦秘书》第九书	朱子答张敬夫《又论仁说》第四十四书、《答张钦夫论仁说》第四十三书	壬辰九或十月
10	朱子《答张敬夫》第二十书		壬辰冬
11	朱子答张敬夫《又论仁说》第四十五书	张栻《答胡广仲》第一书、张栻《答胡伯逢》第二书	壬辰十或十一月
12	朱子首次修改《克斋记》		壬辰十或十一月
13	朱子《答石子重》第十一书		壬辰十或十一月

续表

序号	书信名称	答复书信	作成年月
14	朱子答张敬夫《又论仁说》第四十六书	张栻《答朱元晦秘书》第九书	壬辰十或十一月
15	张栻《答朱元晦秘书》第十三书	朱子答张敬夫《又论仁说》第四十六书	壬辰十一或十二月
16	朱子第二次修改《克斋记》		壬辰十二月
17	吕伯恭《答朱侍讲所问》第一书		癸巳正月
18	吕伯恭《与朱侍讲》第十七书		癸巳二月
19	朱子《答吕子约》第七书		癸巳二或三月
20	吕伯恭《答朱侍讲》第十九书		癸巳三或四月
21	朱子《答吕伯恭》第十八书	吕伯恭《答朱侍讲》第十九书	癸巳四或五月
22	吕伯恭《答朱侍讲》第二十一书	朱子《答吕伯恭》第十八书	癸巳五月
23	朱子《答吕伯恭》第二十一书	吕伯恭《答朱侍讲》第二十一书	癸巳五或六月
24	张栻《仁说》初稿		癸巳五或六月
25	朱子《克斋记》最终定稿		癸巳五或六月
26	朱子修改《仁说》		癸巳五或六月
27	张栻《答朱元晦秘书》第十二书		癸巳夏末
28	朱子《答钦夫仁说》第四十八书	张栻《仁说》初稿	癸巳六或七月
29	吕伯恭《答朱侍讲所问》第二书		癸巳六或七月
30	张栻《寄吕伯恭》第一书		癸巳六或七月

续表

序号	书信名称	答复书信	作成年月
31	朱子《答吕伯恭别纸》第一〇一书（朱子《答吕伯恭》第一〇〇书之《别纸》）	吕伯恭《答朱侍讲所问》第二书	癸巳七或八月
32	朱子《答吕伯恭》第二十三书		癸巳八或九月
33	朱子《仁说》最终定稿		癸巳八或九月
34	朱子《答吕伯恭》第二十四书		癸巳九或十月
35	张栻《仁说》最终定稿		癸巳十或十一月
36	朱子《仁说图》		癸巳冬
37	朱子《答吕伯恭》第二十七书		癸巳除夕日

参考文献

古籍

［汉］董仲舒：《春秋繁露》，上海：上海古籍出版社，1989年。
［汉］许慎撰：《说文解字》，［宋］徐铉增释，卷八上，文渊阁四库全书本。
［南朝宋］范晔：《后汉书》，百衲本景宋绍熙刻本。
［唐］韩愈：《昌黎先生文集》，宋蜀本。
［唐］吕严：《吕子易说》，清乾隆真燠刻本。
［宋］陈亮：《陈亮集》，北京：中华书局，1974年。
［宋］程颢、程颐：《二程粹言》，清文渊阁四库全书本。
［宋］程颢、程颐：《二程集》，北京：中华书局，1981年。
［宋］程颢、程颐：《二程外书》，明弘治陈宣刻本。
［宋］程颢、程颐：《二程文集》，清文渊阁四库全书本。
［宋］程颢、程颐：《二程遗书》，清文渊阁四库全书本。
［宋］程颐：《伊川易传》，元刻本。
［宋］胡宏：《胡宏集》，北京：中华书局，1987年。
［宋］李侗：《李延平集》，丛书集成初编本。
［宋］李幼武：《宋名臣言行录外集》，清文渊阁四库全书本。
［宋］罗从彦：《罗豫章集》，丛书集成初编本。
［宋］吕大临：《蓝田吕氏遗著辑校》，北京：中华书局，1993年。
［宋］吕祖谦：《东莱集》，民国续金华丛书本。
［宋］欧阳修：《欧阳文忠公集》，四部丛刊，景元本。
［宋］谢良佐：《上蔡语录》，见朱杰人、严佐之、刘永翔主编《朱子全书外编》第3册，上海：华东师范大学出版社，2010年。
［宋］熊禾：《勿轩集》，清文渊阁四库全书本。
［宋］徐自明：《宋宰辅编年录》，民国敬乡楼丛书本。
［宋］杨时：《龟山集》，清文渊阁四库全书本。
［宋］张栻：《南轩先生文集》，见朱杰人、严佐之、刘永翔主编《朱子全书外编》第4册，上海：华东师范大学出版社，2010年。
［宋］张载：《张载集》，北京：中华书局，1979年。
［宋］周敦颐：《周元公集》，元刻本。

[宋]朱熹:《晦庵先生朱文公文集》,见朱杰人、严佐之、刘永翔主编《朱子全书》(修订本)第20～25册,上海:上海古籍出版社,合肥:安徽教育出版社,2010年。

[宋]朱熹:《论孟精义》,见朱杰人、严佐之、刘永翔主编《朱子全书》(修订本)第7册,上海:上海古籍出版社,合肥:安徽教育出版社,2010年。

[宋]朱熹:《四书或问》,见朱杰人、严佐之、刘永翔主编《朱子全书》(修订本)第6册,上海:上海古籍出版社,合肥:安徽教育出版社,2010年。

[宋]朱熹:《四书章句集注》,见朱杰人、严佐之、刘永翔主编《朱子全书》(修订本)第6册,上海:上海古籍出版社,合肥:安徽教育出版社,2010年。

[宋]朱熹:《延平答问》,见朱杰人、严佐之、刘永翔主编《朱子全书》(修订本)第13册,上海:上海古籍出版社,合肥:安徽教育出版社,2010年。

[宋]朱熹:《伊洛渊源录》,清文渊阁四库全书本。

[宋]朱熹:《朱子语类》,见朱杰人、严佐之、刘永翔主编《朱子全书》(修订本)第14～18册,上海:上海古籍出版社,合肥:安徽教育出版社,2010年。

[元]脱脱:《宋史》,北京:中华书局,1977年。

[元]脱脱:《宋史》,清乾隆武英殿刻本。

[明]凌迪知:《万姓统谱》,清文渊阁四库全书本。

[明]阮元声、史继任编:《东莱吕成公年谱》,明崇祯五年刻本,见于浩辑《宋明理学家年谱》第7册,北京:北京图书馆出版社,2005年。

[明]王阳明:《阳明全书》,四库备要本。

[清]段玉裁:《说文解字注》,成都:成都古籍出版社,1981年。

[清]胡宗楙编:《张宣公年谱》,民国二十一年刻本,见于浩辑《宋明理学家年谱》第7册,北京:北京图书馆出版社,2005年。

[清]黄宗羲:《宋元学案》,北京:中华书局,1986年。

[清]王懋竑:《朱子年谱·考异》,见朱杰人、严佐之、刘永翔主编《朱子全书》(修订本)第29册,上海:上海古籍出版社,合肥:安徽教育出版社,2010年。

佚名:《宋史全文》,清文渊阁四库全书本。

论著

陈来:《仁学本体论》,北京:生活·读书·新知三联书店,2014年。

陈来:《宋明理学》,北京:生活·读书·新知三联书店,2011年。

陈来:《中国近世思想史研究》(增订本),北京:生活·读书·新知三联书店,2010年。

陈来:《朱子书信编年考证》(增订本),北京:生活·读书·新知三联书店,2007年。

陈来:《朱子哲学研究》,北京:生活·读书·新知三联书店,2010年。

陈荣捷:《朱学论集》,上海:华中师范大学出版社,2007年。

陈荣捷:《朱子门人》,上海:华东师范大学出版社,2007年。

陈荣捷:《朱子新探索》,上海:华东师范大学出版社,2007年。

邓晓芒:《康德〈道德形而上学奠基〉句读》,北京:人民出版社,2012年。

杜海军：《吕祖谦年谱》，北京：中华书局，2007年。
冯友兰：《中国哲学史新编》，见《三松堂全集》第10册，郑州：河南人民出版社，2001年。
郭晓冬：《识仁与定性》，上海：复旦大学出版社，2006年。
韩水法：《康德物自身学说研究》，北京：商务印书馆，2007年。
〔德〕黑格尔：《法哲学原理》，北京：商务印书馆，1964年。
〔德〕黑格尔：《康德哲学论述》，北京：商务印书馆，1962年。
金春峰：《朱熹哲学思想》，台北：东大图书股份有限公司，1998年。
〔德〕康德著：《纯粹理性批判》，邓晓芒译，北京：人民出版社，2004年。
〔德〕康德著：《道德形而上学的奠基》，《康德著作全集》，李秋零译，北京：中国人民大学出版社，2013年。
〔德〕康德著：《实践理性批判》，《康德著作全集》，李秋零译，北京：中国人民大学出版社，2013年。
〔德〕康德著：《实践理性批判》，见《康德三大批判合集》，邓晓芒译，北京：人民出版社，2009年。
李明辉：《儒家与康德》，台北：联经出版事业公司，1990年。
李明辉：《四端与七情：关于道德情感的比较哲学探讨》，台北：台湾大学出版中心，2012年。
李泽厚：《批判哲学的批判：康德哲学述评》，北京：生活·读书·新知三联书店，2007年。
刘述先：《朱子哲学思想的发展与完成》，台北：台湾学生书局，1982年。
〔美〕刘易斯·贝克著：《〈实践理性批判〉通释》，黄涛译，上海：华东师范大学出版社，2010年。
〔法〕卢梭著：《社会契约论》，何兆武译，北京：商务印书馆，2009年。
〔德〕马克思：《资本论》，中共中央马克思恩格斯列宁斯大林著作编译局，北京：人民出版社，2018年。
蒙培元：《理学的演变：从朱熹到王夫之戴震》，北京：方志出版社，2007年。
蒙培元：《朱熹哲学十论》，北京：中国人民大学出版社，2010年。
牟宗三：《心体与性体》，台北：联经出版事业公司，2003年。
钱穆：《朱子新学案》，北京：九州出版社，2011年。
束景南：《朱熹年谱长编》，上海：华东师范大学出版社，2001年。
唐君毅：《中国哲学原论——导论篇》，台北：台湾学生书局，1984年。
唐君毅：《中国哲学原论——原道篇》，台北：新亚研究所，1976年。
唐君毅：《中国哲学原论——原性篇》，香港：新亚研究所，1968年。
〔美〕田浩：《朱熹的思维世界》（增订版），南京：江苏人民出版社，2009年。
赵峰：《朱熹的终极关怀》，上海：华东师范大学出版，2004年。

论文

白奚：《从〈左传〉〈国语〉的"仁"观念看孔子对"仁"的价值提升》，《首都师范大学学报》（社会科学版）2007年第4期。

陈来:《朱子思想中的四德论》,《朱子学国际学术研讨会暨朱子诞辰880周年纪念会论文集》,上海：华东师范大学出版社,2011年。

邓晓芒:《康德自由概念的三个层次》,《复旦学报》（社会科学版）2004年第2期。

黄裕生:《论意志与法则——卢梭与康德在道德领域的突破》,《哲学研究》2018年第8期。

赖尚清:《论朱子"仁者,理即是心,心即是理"——兼论牟宗三批判朱子哲学"心即是气"》,《朱子学刊》2017年第2期。

赖尚清:《朱子"生理"思想研究》,《哲学研究》2016年第4期。

赖尚清:《朱子与张栻"〈仁说〉之辩"书信序次详考》,《厦门大学学报》（哲学社会科学版）2014年第4期。

李明辉:《朱子对"道心"、"人心"的诠释》,《湖南大学学报》（社会科学版）2008年第1期。

李明辉:《朱子论恶之根源》,见钟彩钧主编《国际朱子学会议论文集》,1992年。

李秋莎:《朱子与张南轩〈仁说〉讨论相关书信系年再考》,《国学研究》2010年第30期。

刘述先:《朱子的仁说、太极观念与道统问题的再省察》,《史学评论》1983年第5期。

〔韩〕苏铉盛:《张栻早期仁学思想考》,《孔子研究》2003年第5期。

〔韩〕苏铉盛:《朱子与张南轩的仁说论辨》,《湖南大学学报》（社会科学版）2012年第6期。

孙玄常:《朱子仁说疏证》,《国文月刊》1946年第47期。

〔美〕田浩:《〈仁说〉：朱熹与张栻论仁》,见钟彩钧主编《国际朱子学会议论文集》,1992年。

〔日〕佐藤仁:《朱子的仁说》,《史学评论》1983年第5期。

后记　我向往在思想的天空自由翱翔[①]

命运或许给了我一双——
既可以搏击蓝天，
又可以穿越风暴的精神翅膀，
我向往在思想的天空自由翱翔。

人生注定是一趟不可逆之旅程，人人都可以用热情和信念谱写自己人生精彩而又宏大之乐章，喜怒哀乐爱恶欲或许就是人生乐曲之七个音符。一个人最好具有诗人之气质，一双超越尘俗的翅膀，将使你栖居在诗意之高山，以希望为食，理想为灯，与古今贤哲为伍。若能体悟贵贱、贫富、困达之不二，则入道矣。"富贵福泽，将厚吾之生也。贫贱忧戚，庸玉汝于成也。"大象无形，大音希声，直道而行，无入而不自得，不亦快乎！吾尝作一《曲成万物》诗曰：

曲成万物若善水，
奇正相生真道洄。
有无万境当体悟，
一舟逍遥安宅归。

一、山村一缕溪

1976年的某一天，一个婴儿呱呱坠地。父母本很希望他是一个女孩，

[①] 此《后记》是我在入职岳麓书院后不久，应书院之邀写的关于自己求学经历的心得体会，里面有本人的一些过往经历以及诗文，放在本书后面或许也是对自己人生的一次回顾和纪念。

因为之前已经有六个男孩,就盼着能有一个女孩将来能帮助料理家务。可是这又有什么办法呢?那个婴儿就是我。沉重的负担很快就把生母压垮,在我嗷嗷待哺的时候,她去了一个我再也见不到的很远很远的地方。我想我人生最大的遗憾,莫过于每当我人生有所进展的时候,我再也没有生母可以分享我的快乐,我只能默默地面对苍穹。

由于家里照顾不过来,我出生不久便被抱养到了现在的父母家,听爸妈说为了让我有奶吃,我们家那时养了很多的羊,所以我小时候应该喝了很多羊奶。我长大的山村那时还是比较闭塞的,我10岁左右才有电灯,五六年后才通了公路。那时我们村有一小学,一、二年级在一个教室上,小学三年级就要到另一个村子上,那时因为个头小,爸爸不放心,让我留级了一年。在要读四年级的时候,我们村有人去了镇中心小学读书,我跟老爸说我也要去。从小学四年级开始我便寄宿学校,镇中心小学离村子有十五里左右的路程,走路差不多要一个半小时。那时每个周末回家一次,背一星期吃的腌菜和大米。那时家里比较穷,记得别的伙伴的腌菜不时可以看到有猪肉,而我的可是油星都不足啊。

我记得刚到镇中心小学,我坐在最后一排,一次老师叫我回答问题,可能是因为不会普通话或讲得不好,惹得全班同学哄堂大笑。不过,可能是因为自己比较勤奋,一学期过后,我就基本在班上能排到四五名。更幸运的是,我后来以镇并列第二名的成绩考上了我们县最好的中学——永定县第一中学。

永定县是客家人居住的地方,举世闻名的福建土楼群就主要集中在永定县。我记得,在读初二的时候,在家里找不到书来看,就翻我哥哥、姐姐破旧的教材来看。那时碰巧看到了高尔基写的《海燕》,感觉写得很好,慢慢地开始喜欢上了诗歌。后面在语文老师上这课时,准备叫同学来朗诵这首诗,老师环视四周,发现没人响应,最后竟然叫上了我。我一口气就把它朗诵了下来,当时应该是颇为酣畅淋漓的吧。后来我给自己取了个笔名,叫海燕。也就在那时,我还发现雨果的这首小诗特别好:

我有翅膀我就向往顶点,
我会飞得最高。
我的翅膀可以搏击蓝天,
可以穿越风暴。

在一中六年的学习是非常充实的，或许也是我性格的主要形成时期。母校优良的校风浸染了我。学校坐落在龙岗，后面是凤山，那时我们几乎每天在下午自习结束的时候去爬那不是太高的山。

或许是自己学习比较勤奋，我当时以县文科并列第一的成绩考上了厦门大学经济系。那时，感觉自己胆子还是小了点，如果当时就敢报考北大，后面的路或许就完全不一样了。在自己就要离开家乡去厦大读书的前几天，我写了一首诗歌《可爱的家》，颇能看出我当时高兴的心情。

  我从小就在乡村长大，
   因此，我深深地热爱着那——
  群山起伏里的可爱的家。

  高山是我们家的绿墙，
  上面也挂着一幅幅清新美丽的图画；
  蓝天是我们家的屋顶，
  下面那飘逸的白云是我们天窗流动的幔纱——
  那明净碧绿的小溪，
  是妈妈梳妆的镜子，
  她如歌如诗地潺潺流下……

  那蜻蜓，那蜜蜂，那知了，
  那百合，那蒲公英，那桂花，
  那乌龟，那螃蟹，那鱼虾，
  她们都生活在我们美丽富饶的家……

  我从小就在乡村长大，
   因此，我深深地热爱着那——
  群山起伏里的可爱的家。

  是的，我们没有积木、巧克力、洋娃娃，
  只知道在黄土地里不停地跌打滚爬；
  但我们抓我们的泥鳅、捉我们的鱼虾，

看燕子搭窝，蚂蚁搬家……

清晨，当天空刚露朝霞，
我们便赶着牛群到水草丰美的河坝——
伙伴们都争着要攀那最高的枝丫；
中午，在炎热的盛夏，
我们都在清凉的小溪里，
激溅起我们生活的晶莹浪花；
黄昏，我们跟着爸妈，
踩着新割的稻茬，尽情地嬉戏，
嫩稚的歌喉欢唱着我们金色的年华……

我从小就在乡村长大，
因此，我深深地热爱着那——
群山起伏里的可爱的家。

高山是我们伟岸英俊的爸爸，
小溪是我们温柔秀丽的妈。

白天，妈妈喃喃地跟我们讲贝壳里的安徒生童话，
夜晚，爸爸窸窣地对我们说遥远星系那牛郎织女的喧哗……

爸爸说，我应该是一个不懈的攀登者，
用我稳实的双脚攀登事业的珠穆朗玛；
妈妈说，我应该是一个执着的探险家，
用我火热的心探求学海之马里亚纳……

二、立志出乡关

考上大学后，我决定不再以成绩为学习的中心，开始大范围地自由学习，我想这是很对的，这培养了我比较强的自学能力和比较广泛的学术兴趣。我记得那时看过冯友兰先生的书或文章，也有人向我推荐熊十力先生的书，可惜我没有看。那时我对西方的东西比较感兴趣，柏拉图的《理想

国》看不懂也在硬着头皮看。

1999年大学毕业时，由于深受东南亚金融危机的影响，朱镕基总理开始了大刀阔斧的国企和政府机构改革，很多以前能进的单位都进不去了。我当时有考北京大学中国经济研究中心，可惜因为数学不好，花了不少时间也没考出好成绩。本想再考一年，一个同学拉我去应聘一家民营企业，没想到刚好应聘上了，自此开始了约九年的销售生涯，这是我完全没有想到的。

2002年我到了北京，工作应该说非常之不如意，在工作之间的失业时间比较长，还好我生性乐观，我就充分利用这个时间看书。我到北京时，就住在东城美术馆后街，走几十步就到了三联书店的总店，而且，离国家图书馆北海分馆非常近，那时我是"文津讲坛"的常客，慢慢地受到了传统文化的熏染。在北京工作的几年，我曾经做过一年多保险，那时我写了一篇小文章介绍自己，颇能看出我当时的性格：

  我来自山清水秀的福建，长在农村，独立、自信、真诚、乐观。我觉得我很平凡，也很幸运。因为，在我生命发生转折的时候，总有生命中的贵人给我很大的帮助。他们有些是我的恩师，有些是我的挚友，特别是我的养父母。在我嗷嗷待哺的时候，妈妈就离我而去了，爸爸也在我读小学六年级时随妈妈而去。我们七兄弟，抱养的抱养、入赘的入赘，一个温暖祥和的家就因为妈妈的离去而支离破碎了。或许，对于我的爸爸和哥哥们来说，真是"妈去家何在，山春草木深；感时花溅泪，恨别鸟惊心"吧。

  我虽然平凡，但我的心总是在向往、追求、渴望着什么。

她就像白荻笔下的《雁》：

"我们仍然活着，仍然要飞行。
在无边际的空中，
地平线长久在远处退缩地逗引着我们，
活着，不断地追逐，
感觉它已经接近，而抬眼仍是那么远离……"

又像张承志笔下的"旗帜":

"旗帜不追求石头砌造的墓碑。我总在想,旗帜的追求是飘扬过。不管它飘扬得高不高,别人是否看见,飘扬过后留下了什么。旗帜的追求是猎猎飘扬,激烈地抖着风。美丽的飘扬——"

也像刘湛秋笔下的《帆》:

"我愿意看见一只只白帆。

无论在小河,在大江,还是在海洋,它都在前进,都在和风浪搏斗。在每一片鼓满风的帆里,都藏着一个美丽的幻想。"

更像高尔基笔下的《海燕》:

"看吧,它飞舞着,像个精灵,——高傲的、黑色的暴风雨的精灵,——它在大笑,它又在号叫……它笑那些乌云,它因为欢乐而号叫!

这个敏感的精灵,——它从雷声的震怒里,早就听出了困乏,它深信,乌云遮不住太阳,——是的,遮不住的!"

相识相知总在凝眸的刹那,相携相助却似镌铭于心间……

2004年底到美国一家保险公司做保险的那个选择对我人生来说,可能是一个重要的选择,因为没有那个选择,我也不知道以后会不会从事中国哲学的研究。前五个月我一张单子也没有出,竟然还能坚持下去,没有出单就一点收入也没有的。后来因为大环境的原因,我终于做不下去了,真是颇有山重水复疑无路的那种感觉。后来我决定在我住的附近的首都图书馆闭关三个月,好好深思出路。不巧那时我看到了陈来先生的《有无之境》和熊十力先生的《新唯识论》,顿觉豁然开朗,发觉儒家才是自己真正心之所往,我之前就有接触过佛教和基督教。后面我决定报考北京大学哲学系,就跟陈来先生联系。(当时我哪里知道先生在学术上的成就。不过,在之前的2003年,我参加过安乐哲老师的一个讲座,由先生主持。

当时也很奇怪，我没有向安乐哲老师提问，倒是向先生问了两个问题，当时我可根本没有从事中国哲学的念头，不过也结下了一面之缘。）那时先生远在哈佛，没想到很快回复了我，可惜我考了两年也没考上，最后先生和白奚先生联系，把我调剂到了首都师范大学。有一首小诗颇能反映我当时顿悟儒学是我心之所向时的心境：

三十春秋竟浮沉，山溪一缕觅至京。
昆仑沧海怅寥廓，道山理径指寰宇。
上下求索虽寂寞，逝者如斯终不息。
心舟已过山万重，敢问何处下一津？

三、面壁十年图破壁

从 2008 年起我又开始了求学的历程，那时已经过了而立之年了。在首都师范大学读书的期间，因为国家图书馆离学校很近，我几乎天天在国图看书。在我读硕士之前，陈来先生在博客上放了一篇《张岱年先生开的一份"国学"书目》，硕士三年我基本在看这个书目，不过先秦部分都没有看完。看此书目之余，我也翻看《碛砂大藏经》，读了不少佛教经典。

2011 年，我同时报考了陈来先生、楼宇烈先生的博士，两个都考上了，最后我选择到了清华。在清华读博的三年，当然是我学术生涯最关键的一个时期。先生循循然善诱人，我记得入学第一次和先生见面，先生说："尚清，别以为你年纪比别人大，博士论文就一定要写得比别人好。"博士第一年，我基本延续了硕士三年的学习状态。一次同门聚会，先生若有所指地说："也不能做个书虫。"我猛然一惊，有谁比我像个书虫呢？自此，我便大开手脚，通过视频自学羽毛球、网球、游泳，也开始学习书法、绘画和钢琴。不过，我尽量不让花在业余爱好的时间超过十分之三。

由于博士毕业找工作费了点周折，我便选择了去南京大学跟从赖永海先生做博士后，研究课题为理学与佛教。我想在儒学和佛学两个领域都有比较精深的研究，这个选择应该是我精心设计的。

四、但以静恒心

我很想把学术作为自己终生的志业，如果之后的学术生涯可以分为上下半场的话，我想可以二十年为一节点。也就是说，在四十到六十岁这上半场，我拟以朱子学为中心，依次完成朱子仁论研究、朱子与佛教、朱子与康德这三个课题。做完这三个课题，可以使我的知识结构相对完善，也比较有能力接续前辈儒家学者的开拓工作。六十到八十岁这下半场，我拟把前面三个课题的研究做进一步的拓展与深化，如果有能力，也很想结合时代的需要与实际，对中国哲学做出进一步的推进，在深入研究儒道佛的基础上转化和吸收西学。

我在硕士论文之《后记》中曾说："我总在想，自己应像家乡那山间的一条小溪，潺潺地奔流。一路寻找，一路欢歌。时而迂回，时而直进。或激越，或舒缓，或深沉，或雄浑。虽千沟万壑亦无所畏惧，虽百转千难，亦毫不颓馁。"

如今，我非常荣幸能在具有千年历史的岳麓书院扎根，我想用我博士论文答辩时写的一首小诗作为结尾：

余生愿小树，
不计花与荣。
但以静恒心，
日夜且孳孳。